中國書畫基本叢書

遐庵清秘録
遐庵談藝録

葉恭綽 撰 李軍 點校

上海書畫出版社

中國書畫基本叢書編輯委員會

總序

王立翔

藝術伴隨着人類文明的發生發展而源遠流長，這其中，散落在華夏大地上的中國藝術瑰寶，成爲了世界文明源頭的重要標志。而與其他文明古國相比，中國藝術（主要指書畫藝術）與文獻的淵源特别綿長悠久。唐張彦遠《歷代名畫記》云：『書畫同體而未分，象制肇創而猶略，無以傳其意，故有書；無以見其形，故有畫。』他不僅追溯了華夏文明文字與繪畫的源頭，同時揭示了中國人對這两者功能及其互補特性的認識。中國的書畫藝術及其與文獻的特殊關係，便是在這樣一種淵源之下生長起來。這一傳統綿延有二千餘年，使得中國的書畫文獻成爲了世界文化的一筆豐厚財富。

因着中國人的特有禀賦和山川養育，中國的書畫藝術形成了獨立世界藝術之林的表現方式，承載着中國人的主觀與情感，寄托了他們看待人生、理解世界的思索，而這些形式和内涵也早早地以文字的方式，匯入在中國各類文獻之中，并伴隨着書畫藝術發展的不同時期而形成由分散而漸獨立，由片言殘簡而卷帙浩繁的奇觀，更爲重要的是，在記録與闡釋中國書畫藝術的進程中，逐漸形成了諸多中國書畫文獻的特質，并與圖像遺存一起，成爲認識中國古代書畫藝術狀貌，觀照中國書畫發展史，揭示中國藝術精神不可或缺的重要憑據。

中國書畫文獻的構成，是以書畫藝術爲對象、以文字方式進行記録、觀照和研究的歷史文獻。現今存留的早期文獻，散見在先秦諸子之言中。作爲中國思想文化的萌發時期，中國諸多的藝術觀念源頭也發軔於斯。其中以孔子的『明鏡察形』之説和莊子『解衣般礴』之説爲最重要的代表，分别借藝術創作述儒家、老莊的人生哲思，雖重點不在藝術，但都切中藝術功能的本質，這形成了後世藝術創作『外化』和『内求』两種功用和理論的分野。中國藝術在其早期即與中國的學術思想聯動，這種特性與中國書畫的筆墨呈現方式相結合，形成了中國文人在藝術創作和理論上的深度契入。繪畫在宋元以後形成了重要一脉，書法則因文字的關聯，更是早早成爲主角，在魏晋時期主導藝術達到巔峰。同時，文士的契入，更是在書畫文獻的發育和積累中擅其所長，發揮了巨大作用。如漢魏六朝時期，湧現出一批文學色彩濃厚的書法文獻，如漢末崔瑗《草書勢》、西晋衛恒《四體書勢》、索靖《草書勢》、南朝齊王僧虔《書賦》等等，竭盡描述書法美感之能事，深深影響了當時和後世的書法創作。現存最早的完整繪畫文獻是南朝謝赫的《古畫品録》，這部著作不僅提出了系統的繪畫六法，還以獨特的方式涉及了畫品和畫史，影響深遠。在此之後，歷經後世各朝，文人和畫家，或兼有雙重身份者，分别從其特長出發，更多地投身到書畫文獻的著述中，書畫文獻著作數量逐漸宏富，内容更爲廣闊，闡述愈加精微，并建構起論述、技法、史傳、品評、著録、題跋等多樣體式，形成了中國獨有的書畫文獻體系。

除專著、叢輯、類編等編撰形式之外，更有大量與書畫藝術相關的文字，散落在别集、筆記、史傳等書中，成爲我國彌足珍貴的藝術文獻遺産。

前後二千餘年的累積，雖因年代久長，迭經變遷，尤其是早期的書畫文獻散佚甚多，但留傳下來的數量仍稱浩繁。古人以上述諸種的撰著體式，將書畫藝術所涉及的研究對象均包羅在内，毫無疑問成爲後人理解和借鑒的重要寶藏。除了其他文獻都具備的史料特性外，我們還可以認識到中國書畫文獻許多重要特質。

前述孔子與莊子對繪畫功能的重要論述，實是中國藝術思想和精神的發軔源頭。先秦時期，『畫繢之事』雖爲百工之一，但其社會地位仍然低下。孔子從統治秩序和人生哲思層面將繪畫的社會功用作了理想闡述，這一思想通過文獻流播當時和後世，爲歷代帝王和士大夫所接受，認爲繪畫可以『成教化，助人倫，窮神變，測幽微』，『有國之鴻寶，理亂之綱紀』，可與『六籍同功，四時并運』（《歷代名畫記》）。這大大提升了藝術的社會地位，成了藝術功能社會化的發端。也正是這一認識，解釋了中國歷史上文人士大夫乃至帝王熱衷於書畫創作和鑒賞的原因。

相對社會功用的『外化』，孔子還提出了藝術『内省』的『繪事後素』一説，揭示了繪畫『怡悦性情』的内在本質，引導出影響中國藝術的一項重要審美標準『雅正』。同樣，孔子的這一觀念，也淵源於其内省修身的理論，『依仁遊藝』是儒家思想的歸屬（藝原謂六藝），但其中也包含與藝術相關的内容），并由此引申出『君子比德』的『品格』之説。同樣是觀照藝術本體，與孔子的中庸思想不同，莊子的『解衣盤礴』以不拘形迹的方式探求藝術家内心的真率，更容易被藝術家所接受。

這两種觀念的不斷深化和融合，逐漸構成了中國藝術精神博大精深的内核，而這種深化和融合的諸種軌迹，隨着後世政治宗教倫理學術思想的豐富而曲盡變化，行諸文字，則大量反映在後世的書畫文獻之中。而後世的書畫文獻基本依存其自身發展的需求，在更寬廣的領域對書畫藝術的成果、現象、技術、規律、歷史、品鑒等等内容進行記録和研究，産生了浩瀚的文獻，成爲今天極其豐厚的文化遺産。

在二千多年的累積過程中，中國的書畫文獻雖然數量龐大，但仍有一定的系統性，許多文獻因具有開創性和典範性而具有經典意義。如南齊謝赫《古畫品録》，唐孫過庭《書譜》、朱景玄《唐朝名畫録》，宋郭熙《林泉高致》、郭若虚《圖畫見聞志》、黄休復《益州名畫録》、米芾《海嶽名言》，明董其昌《畫禪室隨筆》、清石濤《畫語録》等等。最爲著名的當屬唐張彦遠的《歷代名畫記》。這部完成於唐大中元年（八四七）的繪畫史專著，被人譽爲畫史中的《史記》，是我國第一部美術通史著作。它以中國傳統學術史、論結合的方式，開創了繪畫通史的體例，對繪畫的社會功用、自身規律、畫家個人修養和内心精神探索等重要問題發表了客觀而積極的見解；在保存前代繪畫史料和鑒藏資訊方面，尤其功績卓著。《歷代名畫記》之所以對後世具有經典意義，張彦遠對文獻的搜羅及研究之功至爲重要。

經典文獻毫無疑問具有重要的學術價值，因此對後世而言具有引領性和再研究價值，甚至在體式上也具有示範性。在書畫文獻的歷史上，這種特徵最明顯，并形成了傳統。南齊謝赫《古畫品録》之後，有陳姚最《續畫品》、唐李嗣真《續畫品録》；唐張懷瓘撰《書斷》之後，有朱長文《續書斷》；孫過庭著《書譜》後，姜夔作《續書譜》。有的後來居上，聲譽蓋過前著，如元人陶宗儀以《書史會要》接續南宋陳思《書小史》和董史《書録》；也有雙峰并峙、相互輝映者，如康有爲《廣藝舟雙楫》與前著包世臣《藝舟雙楫》。當然，傳統的承續性和内容的再研究，并不完全僅僅體現在書名上，更多的是在體式上和内涵中。

與其他類型文獻的歷史過程一樣，書畫文獻這一豐厚的文化遺産，也是經歷了漫長的歷史年輪，有着自身的成長軌迹。書畫藝術雖然與中國美術的淵源極爲悠久，但因其與載體（紙帛、金石、簡牘等材料）有不可分割的關聯，書畫文獻無疑也以其記述之對象的内涵和外延爲範圍。漢魏兩晋時期被視爲書畫文獻的發端期，東漢崔瑗的《草書勢》、趙壹《非草書》等文被視爲現存最早的書法專論。這個時期的書畫文獻因散佚而遺存十分有限，一些重要名家的文字，多被後人推斷爲後世托名之作，若王羲之的《題衛夫人筆陣圖後》等。比較可靠的文獻，多有賴於他人的引録。

六朝隋唐則是書畫文獻的成熟期。這時的書畫創作和批評鑒賞已蔚然成風，一些美學觀念和研究方式得以建立，對書畫藝術的認識進入到一個更加系統的階段，出現了謝赫《古畫品録》、張彦遠《歷代名畫記》、孫過庭《書譜》這樣彪炳後世的著作。

宋元進入深化期，帝王士大夫深度介入書畫藝術，創作和理論研究相得益彰，書畫藝術更多地融匯在上層階級的政治文化生活中，書畫文獻數量進一步擴大，顯示出深化發展的特徵。

明代是書畫文獻的繁盛期，主要原因一是商品經濟進一步發展，市民階層興起，社會思想活躍，藝術上分宗立派，鑒藏風氣大盛，書畫藝術呈現出嶄新的需求；二是刻書業的發達，文人和畫士看重傳播效應，著述熱情高漲。這些都使得明代的書畫文獻數量和體量均超越了前代。

清代可稱承續期，書畫文獻的數量進一步增加，作者身份和著述目的亦更加多樣複雜，書畫文獻的門類在進一步完備的同時，也延續了明人因襲蕪雜之風。樸學、碑學的興起，則大大刺激了金石書畫論述的開展，皇宫著録規模更是達到了巔峰。對書畫研究和著録的熱衷，并未因清王朝覆滅而停滯，而是繼續綿延至民國。

受現代西方藝術史學的影響，今人將圖像也視爲文獻的一種。這種觀點放置於中國書畫，確實也更有其合理性，因爲圖像兼具有可闡釋的諸種資訊，是可以用文字還原的；而在中國書畫中，文字之於作品的不可忽視的地位，也足以顯示圖像與文獻相映的多元關係。然而中國書畫文獻的體系是中國古代自身固有的，梳理中國歷代書畫文獻，還是主要依靠中國的傳統學術，從其自身的系統中去觀照進行。因此，我們今天討論的中國書畫文獻，仍然是以文字形態存在的典籍爲主。而事實上，中國書畫著述的傳統，向來是超越作品本體，更注重揭示其豐富的内涵和外延，這正是中國書畫文獻特别重要的價值所在。

書畫典籍作爲書畫藝術研究具有核心作用的材料，是我們解決書畫藝術本體問題和歷史現象可靠性的基本依據。因此，書畫文獻的專門化梳理，是我們繼承和用好這筆豐厚遺産的前提。但在古代學術分類中，書畫典籍的專門化則有一個過程。在《隋書·經籍志》之前，史志均未專設與書畫有關的門類，與藝術有關的樂（樂舞）、書（小學）作爲儒家經典的附庸，被安排在六藝（或經部）之中。但彼時藝術（書畫）的自覺尚未發端，典籍亦不够豐富，故難有獨立之目。《新唐書·藝文志》始有『雜藝術類』，僅録張彦遠《歷代名畫記》等書畫之屬典籍十一種。直至清《四庫全書》，書畫（另有篆刻）之屬被歸在子部藝術類中，這纔與今天書畫篆刻之藝的歸屬基本一致。但有些書法文獻則因與金石、文字有關，仍分散在經部、史部等類别中。

如同其他專門之學對於史料的需求一樣，歷代書畫文獻之於今天中國藝術學科研究的重要作用是不言而喻的。不過以中國歷史研究爲參照，書畫文獻的史料價值至今遠未得到有效利用，這在某種程度上與書畫文獻的整理不够有關。歷史研究有三段説，即史料之搜集、史料之考證解讀、史料之運用，史料須從浩瀚的歷史文獻中鈎稽而出，同時又在研究、運用過程中被更深度發掘。因此，對書畫文獻進行『整理』、『研究』和『整理之研究』，是一項大有可爲的工作，對治書畫史和藝術史來説尤爲重要。

中國古籍卷帙可謂汗牛充棟，歷代書畫文獻也堪稱浩繁。由於學界研究和新一代書畫讀者的閱讀需要，從歷代文獻裏梳理出更多的重要書畫典籍，并以適宜現代讀者正確閱讀理解爲指向地加以整理研究，是今天出版人所應做的工作之一。上海書畫出版社向以中國藝術文獻的整理出版爲己任，《中國書畫基本叢書》就是在認真梳理歷代書畫文獻的基礎上，借鑒業已積累的經驗，充分發揮本社的專業優勢，有效組織各種資源，借助當下之技術條件，决心出版的一套主旨明確、内容系統、版本精良、整理完備、檢索便捷、切合時代、適合讀者的大型歷代書畫典籍叢書。叢書之『基本』寓意，一是以傳統目録學方式觀照歷代書畫文獻，選取史有公論、流傳有緒、研究必備的書畫典籍，以有助讀者『辨章學術，考鏡源流』。二是指整理出版的範圍，確定爲流傳、著録有序之歷代書畫典籍。今廣義之文獻，多含散見於其他文獻中的書畫資料，包括未見諸已編集著作中的詩文唱和、往來書翰，以及留存於書畫作品之上未經集録的相關題跋等等，此類文獻的搜輯整理出版，尚有待於將來。三是以當今標準的古籍整理方式爲基本要求，充分吸取已有之研究成果，達到規範的文獻整理出版要求。

需要指出的是，治中國傳統之學的一大特徵，是融文史哲於一爐，治書畫藝術之學，既要結合書畫藝術之本真，又當置身於中國國學之中，這是土壤，這是血脉。因此，整理研究好書畫文獻，必須以傳統的版本校勘之學爲手段，以深厚的中國歷史文化爲基礎，做更多具體而微的工作。

願所有參與本叢書整理研究編輯出版工作的同道們，能爲傳承和弘揚這份優秀的遺産作出應有的貢獻！

前言

《遐庵清秘録》二卷《遐庵談藝録》一卷附《紀書畫絶句》一卷，葉恭綽撰。

葉恭綽（一八八一——一九六八），字裕甫，又作玉甫、玉虎、譽虎，號遐庵、矩園等。廣東番禺（今屬廣州）人。葉衍蘭（南雪）之孫、葉佩琮（叔達）之子，出嗣二伯葉佩瑲（一八五三——一九一六，字雲坡，號仲鑾）後。葉氏祖籍浙江餘姚，因六世祖葉謙亨（號楓溪）游幕粤中，定居番禺，遂爲嶺南人。而其遠祖可追溯至宋人葉夢得（一〇七七——一一四八，字少藴，號石林居士），因此葉公綽於抗戰前一度僑居蘇州，與張善子、張大千昆弟結鄰網師園，後又購得西美巷汪鍾霖（甘卿）十畝園，修葺園林屋舍，準備長期居住。因日寇全面侵华，不得已避走香港，而仍眷眷於此，遂請吴湖帆繪圖，名曰《鳳池精舍圖》，殆葉夢得舊居在吴縣鳳池鄉，故名焉。此圖於二十世紀五十年代，由葉氏捐贈蘇州博物館，并録之於《遐庵談藝録》。

清光緒七年（一八八一）十月初三日，葉恭綽出生於北京米市胡同葉衍蘭寓邸，次年隨父、祖等南下返鄉。五歲時由祖父啓蒙，後從表兄任世傑（穆臣）學。十二歲隨父入都，旋侍父往江西任職。十八歲，入庠。二十一歲，肄業京師大學堂，入仕學館，同年冬赴上海，任職廣雅書局，主編譯事。次年，改任湖北農業學堂教員。光緒三十二年（一九〇六）十一月，二十六歲的葉恭綽調入清廷新設立之郵傳部文案處，自此步入仕途。辛亥革命以後，歷任北洋政府交通部次長、總長，孫中山陸海軍大元帥大本營財政部長，國民政府鐵道部長等職，爲『交通系』要員。民國十七年（一九二八）五月，葉氏息影南下，移居上海，頻繁往來於江浙兩省。日軍侵華，不得已避居香港。珍珠港事件後，香港淪陷，葉恭綽因預定飛機座位爲豪强奪去，未能離港，以致遭日軍逮捕，次年被押往上海軟禁，至日本投降後，始獲自由。是時，葉氏年逾花甲，藏品歷此大劫，多有流散，返鄉兩年後，再次遷港。一九四九年三月，應邀赴京，歷任中央文史館副館長、北京中國畫院院長。一九六八年八月六日，病逝於北京。葉氏一生著述頗豐，已刊行者有《遐庵彙稿》《矩園餘墨》《遐庵談藝録》《遐庵清秘録》等，其生平可參看俞誠之《葉遐庵先生年譜》、楊雨瑶《葉遐庵先生年譜補編》。

葉恭綽從政期間，於我國之交通事業貢獻尤多，在教育、文化方面，亦積極參與，成績頗爲可觀。如與同人集議影印《四庫全書》《大藏經》，呼籲保護山西雲岡石窟、蘇州甪直保聖寺唐塑、北京袁崇煥墓等，至今猶爲人所稱道。葉氏本人酷愛收藏，且範圍廣泛，涉及青銅器、陶瓷、書畫、古籍善本、碑帖、錢幣、竹刻、古墨、硯臺等門類。葉氏之收藏，大抵可分爲四個時期：民國十七年（一九二八）之前任職故都，二十餘年間大肆搜羅各種藏品，是爲遐庵收藏之積累期；移居上海至抗戰爆發約十年間，遐庵藏品繼續增加，研究日漸深入，走向鼎盛期；抗戰時期，葉氏歷經劫難，藏品多有散失，可稱爲流散期；一九四五年至一九六八年，葉氏陸續將劫餘藏品捐存公立機構，是爲捐贈期，亦可視作流散期之延續。遐庵所藏古物中，最著名者有濰縣陳介祺舊藏之毛公鼎，僅此一器，便可留名後世。特其收藏觀念頗爲開放，曾將古籍捐存私立上海合衆圖書館，碑拓捐存蘇州包山寺（今存南京博物院），書畫捐存故宫及上海、廣州、蘇州等地博物館。在諸多藏品中，葉氏於書畫之整理、研究用力獨多，留有《遐庵清秘録》二卷，另外《遐庵談藝録》亦有很大篇幅談及。

葉氏對於中國古代書畫之搜集、整理與研究，最早源於家庭之影響，《遐庵清秘録》自序稱『少嗜名家書畫，中年蒐采頗多』，書中所著録各件，就有其祖葉衍蘭之舊藏，如明趙左《雪竇山圖》卷；《談藝録》著録大伯父葉佩瑗（字伯蘧）携京，因負債售去者，如清韻香《空山聽雨圖》册之屬。清末任職京師期間，適逢收藏家完顔景賢（樸孫）、溥儒（心畬）、顔世清（瓢叟）等出讓藏品，葉恭綽斥巨資收獲一批名畫劇跡。移居上海後，他又與龐萊臣（虚齋）、吴湖帆、蔣祖詒（穀孫）、張大千等交往密切，時有雅集，賞奇析疑。避居香港時，前期專心整理、研究，後期則不得已以藏品易米。在此期間，遐庵所藏書畫，曾歷割裂大劫。日軍陷香港後，葉恭綽於準備離港前夕，爲隨身多携書畫，乃忍痛截去各件之首尾，俾減輕行李負擔，不料飛機座位被人奪去，不克成行，而割斷之件不能恢復，遂造成葉氏切膚之痛。如今藏上海博物館之元雪庵和尚草書《草庵歌》卷，其後原有清人題跋一段，近年現身拍場，即葉氏截斷此卷以致分散兩地之結果，尤令人嘆惋。抗戰勝利後，葉氏懲於前事，决定將藏品部分捐獻，部分留贈子孫，就目前所知，遐庵所藏書畫之菁華，主要歸藏北京故宫博物院、上海博物館、美國舊金山亞洲藝術博物館等處。

今日欲窺葉恭綽所藏書畫之概貌，《遐庵清秘録》《遐庵談藝録》兩書無疑爲最重要的記録。前者體例較爲純粹，書係手寫影印，凡二卷：卷一書法，共計四十件；卷二繪畫，共計七十九件。除一件日本藤原皇后寫經外，其餘均爲中國文物。每卷略按時代排列，始於東晋，終於清中期（書法斷自明代），而唐宋元三代之物居强半。葉氏自言此非其所藏書畫之全部，但精華想已囊括殆盡，則毋庸置疑。此書著録形式仿照清内府所編《石渠寶笈》，詳記書畫之時代、作者、名稱、形制、尺寸、内容、藏印、題跋等，并用小字補充説明，而不加評騭。書法部分多録其文，繪畫記其署款，更將藏印按原式摹出，實屬難得。儘管《清秘録》中所載遐庵藏品，間有持不同鑒定意見者，然此書作爲研究中國美術史、收藏史之文獻，至今仍具有不可忽視之價值。之所以葉恭綽不惜耗費半生、竭盡資財搜集、記録這些藏品，其目的亦正如是。

《清秘録》正式印行於一九六一年，係諸親友生爲祝其八十大壽而慫恿實現者。惟此書稿本之殺青，早在十餘年前。據一九四八年葉氏所撰《紀書畫絶句》開篇自注云：『余別有《遐庵清秘志》，紀述較詳，堪以互證也。』是彼時稿本已就矣，十二年後印行時，僅書名改易一字耳。葉氏《紀書畫絶句》所詠之物，泰半與《清秘録》相重出，偶有溢出者，數量不多。絶句之體，限於形式，大抵情勝於質，幸有葉氏自注，内容可與《清秘録》互證，故不憚繁，附録於後，以供參考。

《遐庵談藝録》排印本一卷，篇幅轉較《清秘録》略大，内容相對駁雜，主要收録葉恭綽歷年所作討論有關藝術、鑒藏之文章，附載一小部分文學創作。時間上，從二十世紀二三十年代開始，直至二十世紀六十年代。謝蔚明在《高山仰止葉老》一文中回憶，爲《文匯報》向葉氏約稿，若干文章後即收入《談藝録》。此書内容除了記録書畫之外，旁及古籍、青銅器、石刻、冢墓、古琴、竹木牙角、文房四寶、印章、文字改革、工藝美術、藏書家，乃至自作別號圖、粤曲、集句等。其中書畫部分，《談藝録》不單收録自藏之品，亦收如王希孟《千里江山圖》、蘇軾《寒食帖》、王蒙《青卞隱居圖》等經眼之物，與《清秘録》僅收遐庵藏品有所不同。不過，二者重複著録者不少，而體例有所差別，内容往往可互補。

《遐庵清秘録》《遐庵談藝録》均於二十世紀六十年代在香港出版，流傳未廣，覓讀不易。上世紀九十年代，施蟄存曾呼籲重印《遐庵談藝録》，惜終未果。今值葉恭綽逝世五十周年之際，據香港原版重新標點整理，并附人名作品名綜合索引，以饗讀者。整理過程中，責編雍琦先生匡我不逮，教正尤多，并誌謝忱。

戊戌仲秋，李軍謹記於吴門聲聞室

總目

遐庵清秘録……一～二七〇
紀書畫絶句……二七一～三〇二
遐庵談藝録……三〇三～五一一

遐庵清秘録

自序

余昔爲文別所藏書畫，意謂作者雖勞，而藏者出精神、勞力、資財從事搜求購置藏護，復縈懷得失，多所憧憬。勞倍作者，其所得不過暫時之觀賞、效法，乃至誇耀而已。故爲計甚愚，而所損寔大。此蓋一時憤激之言，寔則保存傳統文物，凡人民皆應有所事，且含英咀華，遠賢博奕，未可一筆抹煞也。余少嗜名家書畫，中年蒐采頗多，且不少奪之胠盜賈胡之手，拔之塵封廢簏之中，而令顯於世者。屢遭變亂，窘于貲力，乃廢然思返，知不能終爲己有，則欲聊存其目，以供他人之考索，意謂可不負此過眼之雲烟，亦所以娛苟延之歲月也。抗戰時隱居香港，不欲入渝，復遇倭警，不得已擬徘徊桂黔間，而飛機座位爲權貴所奪，致遭敵軍囚虜，不知命在何時。杜門無俚，乃簿録其較優異者以遣日，了無詮次，未及畢而爲日軍監押至滬。余義不受何供億，而謀生無計，始斥售若干，以給朝夕。其中有不少未入紀載者，其端一開，金石碑帖以至文玩相次而散。時局倏忽，病體支離，自揣朝不保暮，遂將所餘分與家屬，以冀保全百一，而菁華既竭矣。解放以還，當道對保存固有文物特爲注意。于是翻然變計，一以歸公爲的，或捐或售，多不及詳記。其已去者既不克索回詳紀，而曩昔所録本非全璧，久置篋中，不復省視矣。既百病叢生，有同廢物，不復能整理故籍，視此蠹痕雁影，概如幻夢。今歲八十，諸親友主印此爲壽，堅不可却，乃取而與之，默計入録者似不及原存之半，而百之九十餘早不爲我有，雖欲重取入録，已不可得。轉幸當時留此殘編，等于説食尋夢，自欺自慰而已。因知曩所謂藏者甚愚，亦非篤論，且藉此編以供研究文藝史者之考索，亦終勝于灰飛烟滅。此或亦聊可解嘲，非同玩物喪志者歟！因漫序如上。公元一千九百六零年秋日，遐庵老人記。

編輯説明

一、本録分書、畫二種，卷一爲書，卷二爲畫。每卷各略按時代排列，惟作者生卒年月庸有參差，未及詳考。

二、本録爲抗戰時就行篋所携擇要編入，并非遐庵所藏書畫全璧，其後又經捐獻公家、轉讓或分贈，復有毁損、掠奪、遺失，故所録難免或有錯漏，閲者諒之。

三、書畫印章概以楷書列出。其原有漫漶或怪誕難辨者，皆注以『不明』二字，免致訛傳。又印章凡白文均註明，朱文者則省之。又，所列卷軸尺寸概以公尺爲準，間有當時未經記録尺寸者，只可從略。

四、歷來書畫著録，藏者多自加評斷，兹編因原物多已散失，難以憑虚立論，故除舊有跋文或當時酌加按語者外，均未作評騭。

五、凡未入本録之物，如或重逢，當加補録，以入續編。

遐庵清秘録目録

自序……三
編輯説明……五

遐庵清秘録卷一

晋王獻之鴨頭丸帖字卷 絹本……一三
北齊武平王江妃墓版 木質……一七
唐褚遂良大字陰符經真蹟册 紙本……一九
唐僧高閑千文真蹟卷 紙本……二三
五代羅隱代吴越王草謝鐵券表稿本真蹟卷 紙本……二六
五代錢信金字妙法蓮華經七卷 紙本……二九
日本藤原皇后文殊師利問菩提經卷 紙本……二九
宋文彦博三札真蹟卷 紙本……三四
宋王安石字卷 紙本……三九
宋邵雍大字屏 紙本……四二
宋米芾多景樓詩帖册 紙本……四三
宋黄庭堅伏波神祠詩真蹟卷 紙本……五〇
宋王詵書蝶戀花詞卷 紙本……五六
宋朱熹字卷 紙本……六二
宋朱熹字册……六三

宋楊時自書詩卷 紙本……六四
宋張即之書華嚴經卷第二十八 紙本……六七
宋張即之書華嚴經卷第六十五 紙本……六八
宋陳容書自作詩卷 紙本……七〇
宋拓石熙明刻黄庭經册 紙本……七一
宋元書翰册十二幅 紙本……七五
元白玉蟾仙廬峰六詠字卷 紙本……八二
元鮮于樞草書卷 紙本……八三
元鮮于樞書道經卷 紙本……八六
元揭傒斯真草千文卷 紙本……八九
元董復千文卷 絹本……九一
元周伯琦篆書宫學國史箴真跡卷 紙本……九三
元吴草廬字卷……九四
元張雨字卷 紙本……九六
元柯九思老人星賦字卷 紙本……九八
元鄭元祐楷書師孺齋記卷 紙本……一〇〇
元雪庵和尚草書草庵歌真跡卷 紙本……一〇一
元楊維楨字軸 紙本……一〇五
明初諸人和陶南村詩稿卷 紙本……一〇六
明豐道生草書卷 紙本……一一二
明祝允明手鈔夷堅志册 紙本……一一四
明婁子柔詩卷 紙本……一一七
明黄道周召對分注卷 絹本……一一八
明黄道周詩卷 紙本……一二四
明末南園諸子送黎美周

北上詩卷 紙本……一二六

遐庵清秘録卷二

北齊河清年佛像軸 粗布……一三七
唐人繪佛像軸 絹本……一三八
唐西域畫觀音立像軸 布質……一三八
唐或五代人畫佛像卷 絹本……一三九
五代貫休羅漢軸 絹本……一四〇
五代石恪春霄透漏圖卷 紙本……一四一
宋僧法能畫五百羅漢卷 紙本……一四二
宋宣和内府藏揭鉢圖卷 紙本……一四五
宋高益鍾馗圖立軸 紙本……一四九
宋李公麟十六應真軸 紙本……一四九
宋李公麟蕃王禮佛圖卷 紙本……一五一
宋燕文貴山水卷 紙本……一五八
宋燕文貴武夷山色圖卷 紙本……一六〇
宋梁楷布袋和尚像
真蹟軸 絹本……一六二
宋人畫馬卷 紙本……一六三
宋人畫列仙卷 絹本……一六四
宋徽宗御筆祥龍石卷 絹本……一六四
宋梵隆和尚畫羅漢卷 紙本……一六六
宋法常和尚花鳥蔬果
真蹟卷 紙本……一六九
宋揚補之梅花軸 紙本……一七〇
宋馬遠醉仙圖卷 紙本……一七一
宋陳容畫龍卷 紙本……一七三
宋趙孟堅春蘭卷 紙本……一七四
宋趙孟堅畫蘭卷 紙本……一七八
宋趙孟堅水仙卷 紙本……一八二
宋趙孟堅水仙卷 紙本……一八四
宋僧温日觀葡萄卷 紙本……一八六
宋龔開洪厓先生出遊圖

真蹟卷 紙本……一九〇
宋人渡海羅漢真蹟卷 絹本……一九五
元錢選郊園春意卷 紙本……一九七
元錢選石勒問道圖卷 紙本……一九九
元王淵竹石雙鴛軸 紙本……二〇一
元管道昇墨竹卷 絹本……二〇二
元管道昇手繡羅漢册 綾本……二〇五
元顔秋月捕魚圖卷 紙本……二〇七
元顔秋月畫鍾進士元夜出
游圖卷 紙本……二〇八
元方從義依緑軒圖卷 紙本……二一〇
元顧定之畫竹真蹟軸 紙本……二一一
元趙麟蕭翼賺蘭亭圖卷 紙本……二一二
元曹知白山水軸 紙本……二一三
元王振鵬金明池圖卷 絹本……二一四
元盛懋秋林漁隱軸 紙本……二一六
元方從義雲林鍾秀圖卷 紙本……二一七
元陸廣山水真蹟軸 紙本……二二三
元吴鎮畫竹卷 紙本……二二三
明楊基江山卧游圖真蹟卷 紙本……二二五
明陶成雪羽圖軸 紙本……二二八
明姚公綬詩竹真蹟卷 紙本……二二八
明姚公綬紫芝圖軸 紙本……二三一
明尤求白描高士傳象卷 紙本……二三二
明邢慈静女士白描
大士卷 紙本……二三二
明孫克弘花卉卷 紙本……二三四
明李流芳山水小卷 紙本……二三四
明趙左雪竇山圖卷 紙本……二三五
明項聖謨五牛圖卷 紙本……二三八
明邵彌山水卷 絹本……二四〇
明邵彌仿古畫册 絹本……二四三

明居節松壑高閒軸 紙本……二四六
明薛素素蘭竹卷 紙本……二四七
明馬湘蘭畫蘭卷 紙本……二五〇
明夏仲昭畫竹卷 紙本……二五二
明魯得之畫竹軸 紙本……二五五
明朱之蕃畫竹并題軸 紙本……二五五
明周祚新畫竹軸 紙本……二五六
明萬壽祺妙品真蹟……二五六
明項聖謨山水册 紙本……二五七
明歸昌世畫竹長卷 紙本……二五九
明歸昌世畫竹石軸 紙本……二五九
明歸昌世墨竹小横幅 紙本……二六〇
明張大風題周祚新竹卷 紙本……二六〇
明僧珂雪春景山水卷 絹本……二六一
明清諸家畫竹扇面十一件……二六二
清半山和尚爲王漁洋畫竹亭軸 紙本……二六四
清各家爲王西樵畫册 紙本……二六四
清王鑑仿古山水册十幀 紙本……二六六
清張見陽仿米山水小卷 紙本……二六八
清戴明説畫竹軸 綾本……二六九
清戴明説畫竹軸 絹本……二六九
清畢澗飛竹石軸 紙本……二七〇
紀書畫絶句……二七一
紀書畫絶句書後……三〇二

遐庵清秘録卷一

晋王獻之鴨頭丸帖字卷 絹本

外籤：王大令鴨頭丸帖真蹟。長沙徐叔鴻珍藏。

引首：仿澄心堂紙。

紹興　寄壽　齋　紹興　心賞

三　德壽　奉華堂印

隔水綾　寧古塔裔 白文　廷雍祕笈書畫

騎縫　廷　侶樵曾觀 白文　王印國均

晋尚書令王獻之鴨頭丸帖。綽按：此籤乃王肯堂所書。

印　不明　不明

徙書

雙龍璽　宣和

鴨頭丸故不佳，明當必集，當與君相見。

政和　姑熟曹氏珍玩　恭綽長壽白文　第一希有　昌白文　自庵　宣和

綽按：此爲宋絹。

天曆之寶

天曆三年正月十二日。勅賜柯九思。侍書學士臣虞集奉勅記。

政　和　不明。綽按：半邊乃刮去者。　臣九思　審定真蹟　祕笈　恭綽　侶樵審定白文

綽按：此處有二方印，朱沁猶在，亦經刮去。

騎縫 甲 午

四明袁氏祕玩真跡子孫永寶

廷雍審定 白文

大令擿華，敻及今古。遺蹤展玩，龍蟠鳳翥。藏諸巾襲，冠耀書府。紹興庚申歲，復古殿書。

壽昌臣印 白文

程軒之印 白文

御書之寶

綽按：此印加蓋在『庚申歲』字上。

河東柳充聖美、京兆杜昱宜中同觀於安静堂，元豐己未十月望日。

廷雍眼福

平生事業書畫金石

吴新宇中翰家法書第一，亦天下法書第一。肯堂重題。

王印肯堂

王大令書，米老以爲遠勝乃父，當爲定論。其真迹宋時已稱難得，況今日乎？此卷筆法之妙，不待知書者而後賞，況有思陵手書贊與天曆印記，其爲真跡無疑。昨於吴用卿齋中得見大令《十二月帖》，今又得兩展此卷，區區餘年何多幸也。延陵王肯堂。

王印肯堂

元文宗命柯九思鑒定法書名畫，賜以《鴨頭丸帖》與《曹娥碑》真蹟。《曹娥碑》卷首有趙孟頫跋，具言之。此卷止虞集記耳。二卷右軍父子烜赫有名之蹟也。董其昌觀於袖

石齋，因題。江標借觀

小對竹軒

十年前見王右軍《行穰帖》真蹟，前歲見唐人雙鈎大令《黄耆湯帖》。今歲復得見大令《鴨頭丸帖》真蹟，爲嘆觀止。以直昂不能得，而又不忍捨，以語徐叔鴻户部同年。叔鴻宛轉購得之，復見示，歡喜讚嘆，不啻其在己也。書法之佳，有宋高宗贊，王、董諸跋，無庸贅辭。第細審真蹟，始知各彙帖鈎刻失真，尚以明吴氏餘清齋刻爲勝。或尚有疑此帖爲唐人鈎填者，殆未精審也。余平生見唐人雙鈎廓填十餘本，多用硬黄紙，未有用縑者。此縑古而微蝕，幾難着手，斷非僞爲，一也。宋高宗小楷贊并題款共廿三字，字字超渾圓勁，在高宗書中爲劇跡，非尋常書家可到，二也。元天曆以賜柯敬仲，勅虞伯思題記，有『天曆御寶』，伯思小行押兩行，三也。此外，如宋元無間諸人題名，明王肯堂太史、董香光宗伯之跋，并皆佳妙。而卷前贉首紙係仿澄心堂紙，寔宋初麻牋。上鈐乾卦圓印、『德壽』小圖記、『奉華堂印』。德壽是宋高宗爲太上皇宫名，奉華堂則高宗之劉夫人後封劉妃者。凡帝鑒賞古書畫，皆妃職掌，最銘心者妃用奉華印識之。故此紙千年來無人敢著墨也。庚申爲紹興十年，高宗方壯歲。至居德壽稱太上皇，已將大耄，猶緜襲鄭重如此，可想見數十年於此卷有一日三摩抄之樂。大令書至今日已成天球河圖，得其十餘字已不止壓倒鄴侯三萬籤。若横生疑炫，恐後來丹青易惑，故特爲辨識於左，還以質之叔鴻。光緒八年壬午仲夏月十八日，夜雨生凉，早起坐小對竹軒，視竹陰碧鮮可愛，率筆書此。六十九叟長沙周壽昌并識。周壽昌印白文 自盦

宋宣和御府所藏大令帖八十有九，《鴨頭丸帖》其一也，列入行書類。文宗時賜柯敬仲，始出禁中。明時又入大内。《畫禪室隨筆》云神宗皇帝每携獻之《鴨頭丸》以自隨，聞之中書舍人趙士禎云云。今按：卷後有香光跋，無年月。不知何時又出禁中，入吴用卿家以後，遂展轉人間。今爲長沙徐叔鴻方伯所得，借觀數月，嘆爲希世之寶。手自鈎摹上石，并題語卷尾，以志生平奇遇也。光緒二十三年丁酉十月，元和江標書於長沙使院。建霞

北齊武平王江妃墓版木質

高二十九公分半，闊十五公分三釐。

齊武平四年歲次癸巳七月乙丑朔六日庚午，釋迦文佛弟子高僑敢告：□□浮里地振諨

國土高僑，元出冀州勃海郡，因宦仍居青州齊郡益都縣澠□里。其妻王江妃，年七十七，遇患積稔，醫療無損，忽以今月六日命過壽終。上辭三光，下昂蒿里。江妃生時十善持心，五戒堅志，歲三月六，齋戒不闕。今爲戒師藏公、山公所使，與仏取花，往如不返。江妃命終之時，天帝抱花，候迎精神，大權杜接侍靈魂，勑汝地下女青詔書，五道大神、司坡之官，江妃所賚衣資雜物，隨身之具，所逕處不得訶留。若有留詰，沙訶樓陁碎汝身首，如阿梨樹枝。來時怱怱，不知書讀是誰。書者觀世音，讀者維摩大士。故移 [illegible]。

□□□□□一量　故金胡□□一量　故錦□膝一襲　故絹□一要　故單褌一要　故貝絹單衿一領　故黄綾袂□一要　故京紬袴一要　故紫□□一要　故紫紬袍一領　故錦手衣一具　故帛頭□一枚　故柞楝一枚　故□□一□　故銀釵□□　□帛面衣一領　故錦□褑一張　故鷄鳴枕一枚　故帛練□□　□枚□一具　帛絹二疋　□□二枚

北齊武平四年王江妃柏木版，前清光緒年間于山東臨朐縣出土。已歷一千三百餘年，字尚完整。兩面均畫八行直格，正面墨光如漆，僅版首約一寸已蠹爛數字。始爲端匋齋所得，載入《匋齋藏石記》。惟原石字多別體，依其所釋，余見略有異同。一、第二行『振胆國土』四字原未釋，余意乃『震旦國土』四字。二、第五行『天帝抱花』應爲『把花』，蓋原木明非『抱』字。三、第五行『往知不返』『知』乃『如』字之誤，亦可從真蹟證明。

又，反面字蹟在歸匋齋前因爲無識者所洗，已形黯淡，今更模糊，僅恃《藏石記》所録，勉强映日略辨而已。惟其中『□帛画衣一領』『画』字實係『面』字（即《西京雜記》之面衣）。『故鷄鳥椀一枚』第二字僅存半『鳥』字，疑應作『鷄鳴枕一枚』，以上下文均係衣被等，不能忽有『椀』，且細辨真蹟作『杬』，乃係『枕』之別寫。今習俗，亡人殮具尚有『鷄鳴枕』之名也。因此，其上之『故錦□⿰衤段』之『⿰衤段』字恐是『被』字，因其不稱一枚、一具，而稱一張，當係大幅之物。釋文以爲應釋作古稱履跟之『緞』字，不知『糹』旁與『衤』旁不易相混，况履跟亦無稱爲一張的量詞習慣也。兹將《匋齋藏石記》卷十三原文附録於下，以備參考。又，况夔生《香東漫筆》、李文石《舊學庵筆記》均載此版。

番禺葉恭綽跋。

唐褚遂良大字陰符經真蹟册 紙本

建業文房之印　宮爾鐸獲觀 白文　鄧邦靖觀 白文　武陽世保 白文

唐尚書右僕射河南郡公褚遂良陰符經真蹟。

左拾遺充崇政院直學士臣李愚鑑定，□□二年丙子二月朔。

得一堂印　河東南路轉運使印

太師中書令臣羅紹威奉勅恭慎檢閱。褚書第一。

邵叶文房之印

陰符經

鄧邦靖觀　邵叶文房之印

上篇

建業文房之印

『觀天之道，執天之行，盡矣』至『昭昭乎，盡乎象矣』。

起居郎臣遂良奉勅書。綽按：每頁四行、行五字。每頁高二十四公分，闊十九公分。

建業文房之印　四代相印　方書　不明　鄧邦靖觀　白文　邵協文房之印

昇元四年二月十二日，文房副使銀青光祿大夫兼御史中丞臣邵周重裝。

建業文房之印

武陽世保　白文　河東轉運使印

崇英殿副使知崇英院事兼文房官檢校工部尚書臣王鎔覆校進。

得一堂印　神品　農山審定　宮爾鐸獲觀　白文　鄧邦靖觀　白文　邵叶文房之印

褚河南奉勅書《陰符經》一百九十卷，草書、行楷，世有傳刻，曾見數本。然石頑工拙，了乏神氣。今武陽李大參孟雄寶藏兹册，出以見示，筆力雄贍，氣勢古澹，深合魏晋遺法。評書者謂如瑶臺嬋娟，不勝綺羅，詎能盡其妙也。大中祥符三年仲冬廿四日，前進士蘇耆敬題。蘇耆 武陽世保 白文 世寶

草書之法，千變萬化，妙理無窮，今於褚中令楷書見之。紹興十年十月望後二日，逃禪老人无咎書。李氏

右褚公書《陰符經》三篇，五季入朱梁内府。梁末散落人間，爲武陽李氏所得。李氏子孫不能守，轉售西京邵氏。兵燹之餘，杳無聲聞。又不知幾易主，爲原吉伯舅潁川郡公所有。公諱穆，字穆之，號養正。博學能文，尤善楷隸，然有嗜古癖，每得前人佳書，必擇静室中，屏去奴隸，敬置案頭，衣冠再拜，然後展閲。苟非知人，雖兄弟子侄輩不使見。原吉醉心褚書，所臨習者近世碑刻耳。久聞郡公有此奇珍，欲求一見，不敢啓齒。昨因書樸素先生南遊詩卷，公注視良久，訝曰：『頗有褚中令筆意。』夜闌人静，侍坐書齋，乃出此册示，曰：『視此當有進益。』捧玩之頃，神爽靈和，血脈通融，似瘦而腴，似弱而遒，意外巧妙，言所不能盡。米海岳有云，褚法之神，魏、薛、歐、虞所不能及，誠至論也。首尾梁、宋諸賢手筆，又皆奇古絶倫，真墨池鉅觀也。看畢命題，因疏其始末如此。永樂三年歲次乙酉仲春上浣，資善大夫户部尚書後學夏原吉拜手謹識於養正齋中。

康熙壬戌嘉平月杪，看宋牧仲比部家藏河南褚中令墨跡神品。弟施閏章題名，時年六十五。

夏印原吉 白文　維哲　三南居士　應寧　養正齊　施閏章印　一字愚山

慈水姜宸英、黑窑廠馮一淦同觀於宋氏西陂之湛華樓。廿三年甲子十月已望二日記。

姜印宸英 白文　西溟

褚河南書接晉魏鍾、王之緒，超開唐歐、虞之蹟，千百年來真墨絶少，後學瞻仰，不啻應龍游乎玄闕，豈復能見此神妙造極之至寶耶。牧仲公鑒賞之豪，可以追媲前賢，殆神物留之以遺真知真好者，非偶然也。雲中老人魏象樞跋。

環谿

唐褚河南奉勅書《陰符經》真蹟。商丘宋氏綿津山人犖。丙辰七月重裝，子孫永寶。

商丘宋犖書畫府印

白蘋村徐倬獲觀，壬戌冬十月廿九日記。

徐倬之印　方虎

宋比部牧仲先生書畫府儲藏。辛酉九月廿九日，宛陵高詠題。同觀者黄俞邰、尤展人。

咏印 阮懷 白文 遺山

唐僧高閑千文真蹟卷 紙本

高三十一公分半，闊三公尺三十公分。

外籤：唐高閑半卷千文。麓村珍藏。西一。

第一希有　式古堂　之裔　番禺葉氏所藏　鄧邦靖觀 白文　小如庵祕笈　李慎審定 白文

耦園至寶 白文　畢澗飛珍藏印　婁東畢氏家藏 白文

高閑上人妙墨。李慎審定。

李慎之印 白文　勤伯

『莽抽條』至『焉哉乎也』。

吴興高閑書。

式古堂
箕子之裔
神品
農山欣賞
宮爾鐸審定　白文
安儀周家珍藏
勤伯過眼　白文
映山珍藏
葉恭綽　白文

式古堂書畫
卞令之鑑定
遐庵銘心之品
完顏景賢精鑒
耦園至寶　白文
鄧邦靖觀　白文
林左民　白文
喬氏成
喬氏賞

樞
式古堂書畫印
項墨林花押章
遐公　白文
箕子之裔

番禺葉恭綽所藏名僧法書第一品。民國九年，景樸孫割愛讓歸葉氏。

遐公　白文

第一希有
番禺葉氏遐庵珍藏書畫典籍之印記
蓮社
查映山氏收藏圖書
式古堂書畫印
項墨林花押章

余讀韓文公《送高閑上人序》，大抵言張旭平日之所感蓄者，一發于書，故旭之書變動猶鬼神。今閑此書馳縱不定，動不可留，静不可推，有類於旭。豈聞公之言，而後書耶？公未嘗以書名。按林藴《撥鐙序》曰：昔嘗學書於盧安期，安期授以撥鐙法推、拖、撚、拽四字。其自稱得法于公，則公蓋亦深知乎書者，宜乎於閑有以發之也。公以道德文章深一世，豈書不足以名公，而世亦不敢以書名歸之於公乎？洪武丁卯冬十有二月望日，天台林佑跋，歸之鳴謙方侯。

林右私印 白文

林左民 白文

式古堂書畫

朝鮮人 白文

安岐之印 白文

遐公 白文

項墨林花押章

安氏儀周書畫之章

蔡印西松 白文

聽濤

金陵蔡友石收藏圖書

樸孫都護得此卷於光緒戊戌，沈氏耦園舊物也。于庚子秋失於瀋陽城中，十年之久，未嘗一日去諸懷。匋齋尚書忽得于廠肆，即以持贈，有珠還合浦之喜，自是墨林韻事。都護屬爲記其顛末，時宣統庚戌端陽日也。福山王崇烈敬記。

韓昌黎序送高閑，善草聲名震宇寰。自是上人能變幻，超於象外得於圜。米家待訪寶章録，酒肆堪懸語竟刪。米老嘗謂高閑草書但堪懸之酒肆，乃《待訪録》又載閑所書《千文》，真欺人語也。困學論書旭、素比，涪翁壞法難追攀。鮮于樞云，高閑草書可繼旭、素，至于山谷，乃大壞晋法耳。《千文》半卷存真蹟，墨印簣成喬仲山。宋趙明誠之故物，鮮于雜記攷斑斑。《困學齋雜録》記此卷云，在喬仲山處。余家物，趙明誠故物。耦園至珍兼金購，庚子遺恨第一關。禮佛居然食果報，匋齋酬贈若珠還。

完顔景賢精鑒

此高閑傳世孤本劇跡，余久耳其名，固未之見也。歸景樸孫後，有人介之余。以其居奇，無法諧價。閲數年後復提議，且謂倭人已出重價。余詗之，確有其事。樸孫謂債多，非七千金不能了，且言此卷早質與人，須四千金乃能贖出。往返久之，卒以六千金成議。余力竭，乃分期以付。此卷置手笥中，廿年來流離轉徙，幸未失去，而余則既老矣。抗日時，余在香港，日軍將攻入。余將乘飛機入内地，因此將書畫悉裁去裝褫，以便携帶。竟夕不寐，摒擋粗畢。以座位爲豪家所奪，未成行，而已割裂者不能復合，如人之裂裳毁冕、刖足劓鼻，傷痛已極。此卷亦在其列，同遭此劫。幸卷心未致損壞，尚爲幸事耳。暇日展觀，因紀其事于此。一九四八年六月，葉恭綽。遐翁

五代羅隱代吳越王草謝鋏券表稿本真蹟卷 紙本

高二十四公分半，闊五十八公分。

不明

小如庵祕笈

陸氏叔同眼福

白文

恩主賜臣金書鐵券一道，恕臣九死、子孫三死者，出於睿眷，形此綸言。録臣以絲髮之勞，賜臣以山河之誓，鎸金作字，指日成文，震動神祇，驚飛肝膽。伏念臣微從筮仕，殆及秉麾，每自揣量，是何叨忝？所以行如履薄，動若持盈。惟憂福過禍生，敢望慎終護末。豈期此志上感宸聰，憂臣以處極多危，慮臣以防微不至，遂開聖澤，永保私門，屈以常刑，宥其必死。雖君親囑念，皆云必恕必容；而臣子爲心，豈敢傷慈傷愛。謹當日慎一日，戒子戒孫，不敢因此而累恩，不敢乘此而賈禍。聖主萬歲，愚臣一心。謝恩表具上。

羅隱頓首代脱，乾寧丁巳十月吉。

金章世系景行維賢 白文

任齋銘心之品

番禺葉氏遐庵珍藏書畫典籍之印記

第一希有

篴庵珍玩

陸樹聲鑑賞章 白文

公綬

安陽開國 白文

雙龍璽

葉恭綽 白文

錢琦印 白文

澂碧齋精玩

景賢審定

春渠

徐攷唐史，吴越王于乾寧四年丁巳八月四日親受昭宗金書鐵券，謝恩表一通乃羅隱先生之所代也。于中忠君愛國，全始慎終，享用綿長，子孫安妥。前後三十多言、一百九十餘字，讀之令人不忍釋手，誠繡腹錦心、良金美玉之不若也。紫虚觀高士吴梅澗出以示予。梅澗遭世亂，閉户讀《黄庭》《道德》，得其旨趣。少暇喜法書，此帖寶藏不偶。予細觀之，羅君之作故如是之富，而脱稿親書，于兹有年矣。然上字之于下字、左行之于右行，脈絡貫通，精神條暢。君故不以法書鳴世，而此稿之善，信乎人不能易到也！聊書數語于墨尾。至正十五年春三月，青田劉基跋。

基

伯温

樸孫庚子以後所得

三虞堂鑒藏印 白文

陸樹聲鑒賞章 白文

恪恭家法

陸氏叔同眼福 白文

右《錢越王謝表》一通，羅昭諫撰稿。考之史，丁巳爲唐昭宗乾寧四年。時董昌叛，鏐奉詔討平之，晋拜鎮海東軍節度使，加檢校太尉中書令，賜鐵券免九死，表所作也。昭諫與沈崧、皮光業、林鼎輩偕游錢塘，爲鏐賓客，但以詩文鳴，不聞其工書也。今觀此稿，措詞有體而行楷秀勁，亦當不讓顔、柳，才人之多能如此。以布衣而干諸侯、動公卿，不虚耳。吾友丁君持是册示觀，囑爲書尾，聊志數言。乾隆丁巳冬十月，竹溪漁者宗萬。

臣宗萬

昭諫詩文，惟《兩同書》最著。此稿應在《吴越掌記集》内。兹千百年墨蹟可見，誠寶物也。其本傳云，初新登，有二氣亘於江，識者謂所以兆生江建徽與隱焉者，不亦奇特耶？

繼得青田跋，蓋可并傳矣。静觀主人幸珍藏之。濠東世倬。

□ 不明

晋墨堂

完顔景賢字亨甫號樸孫一字任齋别號小如庵印

五代錢信金字妙法蓮華經七卷 紙本

鳩摩羅什譯本，前有唐道宣法師序。每卷圖末書有『弟子彰義軍節度使錢信敬捨』字樣，隱約可辨。經爲羊腦箋，金泥書。每頁五行，行十七字。字體完全類唐經生書，紙厚如錢。似原係卷子本，然接縫處竟看不出。圖像中所繪塔形，正如錢武肅王所製金塗塔。同卷首尾有圖，所繪樂隊則有拍板、鼓、鳳簫、龍笛、笙、琵琶、小鈸、箜篌、簫等諸樂器。按錢信乃元瓘之子，俶之弟。見《十國春秋·吴越世家》。遐庵誌。

日本藤原皇后文殊師利問菩提經卷 紙本

高二十五公分，闊三公尺六十五公分。

稷山

元和江標錢唐汪鳴瓊夫婦同觀書畫記

靈鶼閣夫婦所藏金石書畫 白文

恭綽長壽 白文

文殊師利問菩提經。

『如是我聞，一時佛初得道，在摩伽陁國伽邪山祠，與大比丘衆千人俱』，至『聞佛所説，歡喜信受』。共七十四行，行十七字。

皇后藤原氏光明子奉爲尊攷贈正一位太政太臣府君、尊妣贈從一位橘氏太夫人敬寫一切經論及律，莊嚴既了。伏願憑斯勝因，奉資冥助，永庇菩提之樹，長游般若之津。又願上奉聖朝，恒迎福壽；下及寮采，共盡忠節。又光明子自發誓言，弘濟沉淪，勤除煩障，妙窮諸法，早契菩提。乃至傳燈無窮，流布天下，聞名持卷，獲福消灾，一切迷方，會歸覺路。天平十二年五月一日記。

恭綽長壽白文

碩庭眼福

建覹同年自日本歸，出唐寫殘經百許種見示。獨此卷首尾完具，末題『天平十二年五月一日』，當唐開元二十八年也。攷日本靈龜二年當開元四年。八月，遣吉備真備、阿部仲麻吕、僧亾昉使中國留學，至天平七年開元廿三年。而還，獻樂律及藏經。至十三年，遂下諸州寫經造塔之令。蓋自慶雲和銅以迄天平、神護景雲，七八十年之間，寫造最盛。神龜、延曆而後，風氣少衰。彼國舊傳善書之人曰嵯峨天皇、曰橘逸成、曰宏法大師、曰小野道風、曰參議佑理卿、曰大納言行成，皆歷世所珍。此卷署『皇后藤原氏光明子爲尊妣贈從一位橘氏太夫人』，其諸橘逸成之所書歟?唐代寫經人書，在當時別是一種，雖工拙不同，而千手如一。大抵開元前多褚法，天寶後漸似顔清臣、徐季海，殆亦風會使然。至宋而其法遂微，元明以來益無有能爲之者。而流傳異域，至今不絶，所謂禮失而求諸野者，即藝事之微，亦足慨已。光緒十七年歲在辛卯正月廿二日，武進費念慈。

屺 花押　（象屬章）

玉甫造象記

日本寫經之風，莫盛於唐開元、天寶時。蓋彼國數遣使至唐，其時效慕華風，傾誠悦服，亦如今日之崇重西法，故凡有寫經，概以唐目之。宋元以還，此稱不替，然其字體之濃纖厚薄，亦可以時代求也。此卷首末完具，末題『天平十二年五月一日』，正當唐開元二十八年。以余在東倭所見經卷數百種證之，其爲天平中所寫無疑。光緒庚寅，建霞太史往游日本，與余盤桓月餘，所得經卷頗多。靈鶼閣中要以此卷爲第一，斯足珍已。辛卯夏日，余還京師，適裝潢成卷，因記其後。遵義黎庶昌。

蓴齋

人書俱老　白文

寫經刻石莫古于泰山經石峪，包安吴以水牛山文殊般若碑爲東晋人書，然玩其字體，尚在經石峪之後。雖無年月，的是元魏人書。其後北齊風洞及鼓山、岨崍山各寫經、摩厓踵武而起，至隋房山而極盛。昨劉葆真吉士云，河南涉縣有一山，環厓皆刻梵經。曾親至其地，亦北朝人書。此山巍然千百年，并未入土，何迄無見之者。近歲日出古刻，地不愛寶，亦氣運使然。唐人寫經之風，更盛于北朝。日本初通中國，慕效華風，自慶雲以迄景雲，傭經造塔，舉國靡然。此卷寫于天平十二年，其時佛教剏行，崇奉彌篤。建㲉編修自日本得唐以來寫經卷百許種，此卷獨首尾完具，字亦極似唐初人書，尤可寶也。光緒十八年五月，陶濬宣記。西。陶花押　濬宣長壽白文

衡山

日本光明皇后寫經，泥金花鳥箋稱首，黄白箋亞焉。完者上，切者次焉。經本流傳多截作數行，分藏諸寺。花鳥箋名鳥下卉切，黄白箋名出雲等名，未易枚舉，古筆了仲有印有書紀之。日人藏經，衣以宫錦，軸以水晶，鑄銅代囊，束以紫綬。余游東西京諸寺，泥金花鳥箋未見全者，僅獲數行。携入滇中，唐鄂生中丞見之，詫爲奇寶，勒之藥師院壁。按《日本史》：聖武天皇天平元年秋八月，以光明子爲后。光明本藤原淡海次女，體膚姝白若雪，自有光艷，其名以此。性嗜佛，建寺度僧，修悲田院、救藥院，恤天下餓恙。繼阿閦佛降浴室，乘紫雲去。建阿閦閣，發願寫經，流播彼國。先是，日本使來中國，多齎晋人筆蹟歸。后書深得晋法，清迥秀麗，冠絶一時。今觀建霞太史此卷，雖係黄箋，然首尾完具，流傳至今已千餘年，又無潮蒸蠹蝕之傷，藏之靈鶼閣中，當與

玉環繕經、彩鸞寫韻并爲天壤奇秘矣。光緒十八年冬十二月望日，貴陽陳榘記于都門景文閣。

榘印　扶桑訪古　景文閣

光緒癸巳三月朔，貴陽陳田、陳榘、江陰繆荃孫、丹徒丁立鈞、瑞安黄紹箕、嘉興沈曾桐同觀于靈鶼閣，元和王同愈記。

筆妙簪花體格舒，東瀛文物昔何如。至今想像阿閦閣，珍重如繙貝葉書。閣爲后所建，當日寫經禮佛之地。

靈妃親受摩厄戒，手蹟留貽一卷經。却笑中原天寶侯，深宫艷説禮雙星。

詩境 白文　遐庵 白文　恭綽

建緞譜仲曾游日本，于古刹中得其國藤原后所寫《文殊師利問菩提經》一卷，首尾皆備，色韻俱古。裝潢成卷，携以見示。因口占二絶題後，不足言詩，聊以塞責而已。光緒己亥新正人日，潘志萬識。

志萬　六佛潘氏 白文

番禺葉氏遐庵珍藏書畫典籍之印記

宋文彦博三札真蹟卷 紙本

高四十四公分，闊二公尺二十二公分。

外籤：宋文潞公三書真跡。米元暉、向冰甫二跋。真跡第一。南韻齋記。餘清書屋珍藏。

隔水綾

榮郡王 白文

凝瑞堂 白文

珍藏之章

江表黄琳

美之

休伯

賈伯燕圖書子孫永保之

觀古齋鑒賞書畫記

恭綽

番禺葉氏所藏

完顔景賢精鑒

適見報狀，已差趙待制卨、張都知茂則、鄖王葬禮使副送乡綽按：疑「都」字。廳。凡干葬禮事，兹速牒護葬使司，并牒管句，□尚綽按：疑「嘗」字。早見集，仍看詳牒語周備，如法修寫。

琳印 白文

孝謩 白文

許氏

觀古齋藏 白文

皇三孫榮郡王南韻齋圖書記

榕林居士

皇十一子成親王詒晉齋圖書印

番禺葉氏遐庵珍藏書畫典籍之印記

第一希有

觀古齋 白文

生機　秦　氏　不明　不明　黃美之氏　黃氏淮東書院圖籍白文　完顏景賢精鑒　葉恭綽譽虎印白文

預差定將來監開濬漕河官，

琳印白文　南韻齋印　孝蓍白文　許氏　榕林居士　皇十一子成親王詒晉齋書畫印　觀古齋

生機　秦　氏　不明　不明　黃琳美之　浮玉道人許孝蓍仲謀廓齋文籍之印　黃氏淮東書院圖籍

葉恭綽白文　完顏景賢精鑒　觀古齋藏白文

淮都提舉汴河隄岸牒。爲洛口水小，有妨行運，請權閉分洛堰口，權住放水入城，留府即時已閉斷分洛堰入城水口。比欲更將午橋入城伊水閉斷，又爲正值磨焦踏麪，年計事大，

遂將入城伊水一支□□岸分水小口子依例封閉，專用伊水一支動磨磨焦。其水只自磨下直流過，便却自東羅門出城合洛，

琳印（白文）　奕（白文）　繪

生機　秦　氏　江表黃琳　榕林居士　許氏　浮玉道人許孝謩仲謀廓齋文籍之印　黄氏淮東書院圖籍（白文）

第一希有　葉恭綽譽虎印（白文）　葉恭綽（白文）

并不滲耗却水勢。尚慮寅夜未得雨澤，伊水減少，又妨動磨磨焦，却致將焦麥配與步磨行轉，致不便有妨踏麴。今切會除睦仁官磨上下有私磨四磨，今來只因睦仁官磨帶得使水比西河諸磨一例停住，乃是優幸。今擘畫將合磨焦麥量事分配與四盤水磨，都廳相度配定分數磨焦，所貴早得了當，却令衆户使水户依舊使水。

琳印（白文）　南韵齋印　榕林居士　許氏　浮玉道人許孝謩仲謀廓齋文籍之印　奕（白文）　繪　小如庵秘笈　皇十一子成親王詒晋齋圖書記

生機

秦

氏

□ 不明

豹隱仙裔

黄琳美之

長

秋壑珍玩 白文

黄氏淮東書院圖籍

葉恭綽 白文

江表黄琳

美之

完顏景賢精鑒

滇生過眼

潞公於草法極留心，家中舊亦藏數紙，今不復有。忽觀此書，想見其功業之偉。搢紳先覺，餘韻燦然在目，是可嘆賞。米友仁元暉跋。

友仁

琳印 白文

葉恭綽 白文

遐庵

悦生

榕林居士

天章

葉恭綽 白文

黄美之氏

黄氏淮東書院圖籍 白文

琳印 白文

公之勛德，舉天下孰不仰而敬之，公之字法，則天下之所未聞。非未之聞也，兵火殘燼之餘，十真九僞，識者稀有。蓋公之真蹟益艱得而見矣。此三帖舊藏許仲謀家。觀元暉之跋，在承平時好事者已保而珍之，况今之日耶。然非元暉之明，則曷知公之於草法極留心也哉。尤當嗇於襲室而靳諸俗眼，期百世之傳云。慶元戊午元日，榕林居士向水若冰甫書于月河別止之冰齋。

向水之印 白文

若冰 白文

榕林居士

推忠協謀同德守正佐理功臣相國燕文簡王之裔

美之

黃氏淮東書院圖籍 白文

葉恭綽 白文

恭綽

觀古齋鑒賞書畫記

完顏景賢精鑒

玩物而不喪志

潞公四判河南，一判河陽，此第三札不可考其歲月矣。然本傳有神宗導洛通汴，而主者遏絶洛水，不使入城中，洛人患之。公因中使劉惟簡至洛，語之故，惟簡以聞，詔令通行如故，遂爲洛城無窮之利云云。或即其事耶？詳札意，蓋未見中使以前權宜籌劑之方，詞意周詳縝密。《書》所謂弼亮四世、克勤小物者，潞公有焉。

向若冰第四印文曰『推忠協謀同德守正佐理功臣相國燕文簡王之裔』，按向敏中字常之，開封人。真宗天禧三年進左僕射、昭文館大學士。明年三月，卒，贈太尉中書令，謚文簡。五子，第三子傳亮，亮子經，經女即欽聖憲肅皇后也。以后族贈敏中燕王、傳亮周王、經吴王云。嘉慶十三年歲次戊辰閏月十六日，成親王識。

成親王 白文

永瑆之印 白文

詒晉齋印 白文

潞公真蹟三紙，不署名，不鈐紙尾，是赤牘底本。一時振筆揮灑，無意求工者，而一種渾樸之氣溢于楮墨間。第三幅點竄數字，絶類魯公《争坐位》書也。公一代偉人，初不以能書著，良由勛業掩之。米元暉稱其極留心於草法，鑒賞不虛耳。嘉慶十六年初伏日識。榮郡王。

綿億之印（白文）　南韵齋印

宋王安石字卷 紙本

高三十一公分半，闊二公尺七十二公分。

包手：新緙絲團鳳。

織成標籤：宋王安石字卷。葉氏玄著齋藏。十二字。

引首：宋藏經紙。

內籤：宋王荆公書真蹟。光緒戊戌再裝。綽按：此籤十三字無題款，審其字迹，當係仁和王子展存善所書。

卷首

叔衡　崇川陳氏書畫印　第一希有　恭綽長壽（白文）　玩物而不喪志　番禺葉氏遐庵珍藏書畫典籍之印記　玄著齋（白文）

溪水清漣樹老蒼，行穿溪樹踏春陽。溪深樹密無人處，只有幽花渡水香。介甫。

臨川王氏

紫薇房

樹鏞私印（白文）

（不明）

葉公

綽

聽桐吟館珍藏書畫印

廣陵焦眉卿鑑賞之章（白文）

隔水

曉臺

叔衡

丁立鈞印（白文）

亂山無數鬱蒼蒼，路轉峰回見夕陽。衹有村翁最堪羡，杖藜歸去晚炊香。和荊公韻。子昂。

趙氏子昂

百里雲山自莽蒼，幾朝人物付斜陽。此中喬木吾能識，况有流傳翰墨香。蔣正子題。

蔣正子

延陵

陳君堅遠舊嘗爲余言，其先艾庵先生藏王荊公墨迹于家，亟欲見之而不可得。頃其弟明遠始持來示覽，蓋公爲鄞令時游天童作也。陳之先出宋相升之，升之與公善，復嘗共事。後人自建寧徙鄞，再徙南京。至堅明兄弟，并以科第發身，通守湖湘間，清才雅操，有光祖德爲多。夫先友不作而詞語若新，故鄉雖離而景物猶在，非耶？弘治五年歲次壬子秋九月，吴寬書。

吴寬

原博

平原

歸石堂印 白文

自昔評詩家，多以宋人於詩本無所解，夐與唐別。於舒公謂學韓而乏其風采，是固也。而何可以概論耶？公才雄視唐之諸子，而爲詩精緻，善體物，窮極要眇，若有足以頓盪人衷而莫能自已者。未論其他，只如《四明天童山溪上》一絶，模寫幽寂之趣，千載讀之，宛然在目。置之唐集，恐非韋、柳以上諸大家未易方駕也。然觀公此詩，殆若出人勝士、富於情致者之所爲。及他日立朝，措大乃以彊戾絶物，而與詩不類，知言者難，豈不信哉！然公之居鄞，别有詩云『也學世間兒女態，亂栽花竹養風烟』，究其中固有耿耿未盡施者在，非若他詩人徒留連光景之間而已。此爲鄖陽府判金陵陳明遠先世所藏。陳之先出宋相成肅公之後，自鄞徙金陵者凡若干世。明遠仲兄堅遠，亦以黔令擢判長沙。二難皆清修雅尚，多蓄法書名畫。堅遠嘗爲余言，其先塋多在鄞大涵山之麓，然莫由得歸一展省。每誦此詩，度二地之相距不遠，豈勝東望之悲也。明遠比云在鄖，因綏輯四方流逋，深入萬山中，每遇山溪勝處，盤桓不能去，因益嘆此詩之妙，若與景會。且知天壤之間，大有嘉境，非人居之不可。向來驅迫翦屠之詩，誠左也夫。一討之微，本出偶興，詎知異世有賢如陳氏昆仲者得之，一則興水木之感，一則懷保障之圖。詩可以興，亦此類也夫，亦此類也夫！弘治龍集壬子秋九月上日，晉陵陸簡敬行甫書于

寓邸之歸石堂。廉伯 龍皋 學士之章 白文

宋張邦基《墨莊漫録》謂王荆公書清勁峭拔，飄飄不群，世謂之横風疾雨。黄魯直謂學王濛，米元章謂學楊凝式，至牟獻之乃謂其性卞急所致，然不妨書法。此卷書《天童山溪上》詩，無意求工，而蕭澹超逸，如散僧入定，上變風子，下開温夫，爲書家別立一派，亦見其人之矯同立異，生性使然耳。甲戌九月十有七日，試朱虚齋郡伯所贈筆書，南海吴榮光。延州來季子後

宋邵雍大字屏 紙本

高二公尺二十四公分半，闊五十六公分。按每幅計。

京華游俠窟一首。

青溪二千仞一首。

翡翠戲蘭苕一首。

末幅題款邵雍。邵雍書印 堯夫

御書之寶

不明

不明

開國 不明

獻之 白文

卧月山房 白文

澹

谷 不明

綽按：此書共十幅，字作五寸大楷。係録郭璞《游仙詩》。筆力横恣，氣象恢偉，迥出籬樊。昔楊龜山謂康節喜作大字，以爲快意，此誠快意所作也。

宋米芾多景樓詩帖册 紙本

高三十公分，闊四十五公分半。按每頁計。

不明

不明

五福五代堂古稀天子寶

八徵耄念之寶

蕉林攷藏

玉立氏

遐庵銘心之品

多慧 白文

古香書屋

石渠寶笈

檜

秦熺之印

黔寧王子子孫孫永保之 白文

成克鞏 白文

古林

大名成氏象督堂珍藏圖書印 白文

曹溶鑑定書畫印

華胥兜率夢曾游，天

乾隆御覽之寶

乾隆鑑賞（白文）

心賞

三希堂精鑑璽

宜子孫（白文）

沐璘廷章（白文）

公餘清玩（白文）

征南將軍圖書

左史江氏

遐公（白文）

永瑆之印（白文）

詒晋齋（白文）

恭親王（白文）

錫晋齋

儀周鑑賞（白文）

多慧（白文）

黔寧王子子孫孫永保之（白文）

儀周鑑賞（白文）

檜

秦熺之印

古林

曹溶祕玩

下江山第一樓。冉冉明廷萬

心賞

沐璘廷章（白文）

公餘清玩（白文）

征南將軍圖書

遐公（白文）

左史江氏

黔寧王子子孫孫永保之（白文）

儀周鑑賞（白文）

檜

秦熺之印

古林

靈入，迢迢溟海六鼇愁。指

心賞
沐璘廷章 白文
公餘清玩 白文
征南將軍圖書
左史江氏
遐公 白文

黔寧王子子孫孫永保之 白文
儀周鑒賞 白文
檜
古林
秦熺之印
檇李曹溶 白文

分坱圠方輿露，頂矗昭迴列緯

心賞
沐璘廷章 白文
公餘清玩 白文
征南將軍圖書
左史江氏
遐公 白文

黔寧王子子孫孫永保之 白文
儀周鑒賞 白文
檜
古林
秦熺之印
曹溶 白文

浮。衲子來時多泛鉢，漢星歸未

心賞
沐璘廷章 白文
公餘清玩 白文
征南將軍圖書
左史江氏
遐公 白文

黔寧王子孫永保之 白文
儀周鑒賞 白文
檜
古林
秦熺之印
曹溶 白文

覺經牛。雲移怒翼搏千

心賞
沐璘廷章 白文
公餘清玩 白文
征南將軍圖書
左史江氏
遐公 白文

黔寧王子孫永保之 白文
儀周鑒賞 白文
檜
古林
秦熺之印
曹溶私印 白文

里，氣霽剛風御九秋。

心賞
沐璘廷章 白文
公餘清玩 白文
征南將軍圖書
左史江氏
遐公 白文

黔寧王子孫永保之 白文
儀周鑒賞 白文
檜
古林
秦熺之印
曹溶私印 白文

康樂平生追壯觀，未知席上極滄洲。

心賞
沐璘廷章 白文
公餘清玩 白文
征南將軍圖書
左史江氏
遐公 白文

黔寧王子子孫孫永保之 白文
檜
古林
秦熺之印
李樵曹溶 白文

朝鮮人 白文
安岐之印

成克鞏
大名成氏象督堂珍藏圖書印
曹溶鑒定書畫印
左史江氏
曹溶祕玩

心賞
沐璘廷章 白文
公餘清玩 白文
征南將軍圖書
遐公 白文

黔寧王子子孫孫永保之 白文
儀周鑒賞 白文
檜
古林
秦熺之印
曹溶之印

多景樓。禪師有建樓之意，故書。

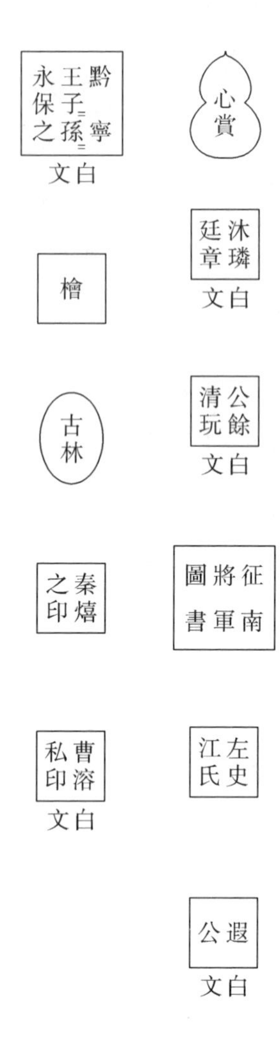

昨日元度座上見襄陽米元章所題《多景樓詩》，不獨仰其翰墨，尤服造語之工，真可目之三絶。崇寧元禩明前一日，劍川何執中謹跋。

蕉林

曹溶祕玩

建康秦埴印章

錫晉齋 白文

心賞

沐璘廷章 白文

征南將軍圖書

遐公 白文

張鈐 不明

黄美曾觀

永瑆之印

皇十一子

公餘清玩 白文

多慧 白文

松雨軒 白文

心跡雙清 白文

詒晉齋印 白文

安氏儀周書畫之章 白文

多景樓第一之勝，非第一流人品題，不能極其妙。米襄陽，《宋史》稱其風神蕭散、音吐清暢，其書則沉着飛翥，爲詩尤奇峭。荆公嘗摘其句書扇上，東坡亦喜譽之，見重於當時如此。是必書於潤之致爽軒者，何太傅目爲三絶，信非溢美。惜畀僧舍，馴至淪落，後爲檜、熺父子所藏。陸沉悠久，天發其秘。永樂辛丑，素軒沐公自滇來朝北京，得而寶之，解襲見示。觀其超邁不凡，令人痛快，真所謂天馬脱銜者。於虖！忠孝世家，物類斯感，奇蹟逸氣，翕然有歸，視昔之隕穫誤國，姦臣之辱，萬萬霄壤矣。不辭蕪陋，僭識左方，南宮有神，亦幸其書之遇。是歲秋季之望，松雨老人虎林平顯拜題。

遺齋 白文

百潭頃風 白文

平顯仲微

心賞

聽雨屋印

沐璘廷章 白文

公餘清玩 白文

多慧 白文

宋黄庭堅伏波神祠詩真蹟卷 紙本

高三十三公分，闊五公尺三十五公分。

外籤：黄文節公伏波神祠詩。張孝祥。文徵明題。詒晋齋。

詒晋齋 白文

引首

李檇

墨林山人 白文

項叔子

騎縫

桃花源裏人家

項子京家珍藏

葉恭綽 白文

賢者而後樂此 白文

芷巖

蕉林居士 白文

沮溺之儔 白文

騎縫

不明

子孫永保 白文

項墨林甫祕笈之印

神

品

寄敖

三槐之裔

花押

項元汴印

子京甫印

墨林祕玩

田疇耕耨 白文

賢志主人 白文

宮保世家 白文

永理之印 白文

詒晉齋印 白文

葉恭綽 白文

玩物而不喪志

經伏波神祠。

乾隆御覽之寶

石渠寶笈

鴛鴦湖長 白文

墨林項季子章 白文

賢志堂印

葉印恭綽

石庵

天籟閣

蘧廬

有何不可 白文

項氏子京 白文

田疇耕耨 白文

蒙蒙篁竹下，有路上壺頭。漢壘磨鼯鬭，

元龔氏 不明

子京珍祕

平生真賞

黄氏 不明

蠻溪霧雨愁。懷人敬遺像，閱世指東流。自負霸王略，安知恩

退密

亭長 不明

黄氏 不明

元龔氏 不明

澤侯。鄉園辭石柱，筋力盡炎洲。一以功名累，飜思馬少游。

墨林嬾叟　白文
項元汴印　白文
項元汴氏審定真跡　白文
惟心净土　白文
博雅堂寶玩印

神
奇　白文
世外　不明
子京
黄氏　不明
隱居放言　白文
元龔氏　不明

師洙濟道，與余鬼婦有瓜葛。又嘗分舟濟家弟嗣直，因來乞書。

黄氏　不明
□　不明
齋　不明
墨林外史　白文

會子新病癰瘍，不可多作勞，得墨瀋漫書數紙，臂指皆乏，都

元龔氏　不明
會心　白文
游方之外　白文
黄氏　不明

不成字。若持到淮南，見余故舊可示之，何如？元祐中黄魯直書也。建中靖國元年

元龔氏（不明）

墨林硯癖（白文）

桃花源裏人家

黄氏（不明）

五月乙亥，荆州沙尾水漲一丈，堤上泥深一尺，山谷老人病起，鬚髮盡白。

山谷道人（白文）

恭綽長壽（白文）

第一希有

子孫世昌（白文）

項墨林鑒賞章（白文）

神品

子京所藏（白文）

惠泉山樵（白文）

真賞

華夏（白文）

黄氏（不明）

元龔氏（不明）

賢志主人

皇十一子成親王詒晉齋圖書印

退密

項元汴印

墨林山人（白文）

項子京家珍藏

項叔子（白文）

檇李項氏世家寶玩

玩物而喪志

番禺葉氏遐庵珍藏書畫典籍之印記

葉恭綽（白文）

寒木堂

墨林

西疇耕耦（白文）

譽虎

葉恭綽

東武

墨林

子京甫印

張孝祥安國氏觀于南郡衛公堂上，信一代奇筆也。養正善藏之。乾道戊子八月十日。

墨林祕玩

不明朗齋

遐庵珍祕

退密

裹人家

墨

林

番禺葉氏所藏

若水軒

子京珍祕

張偉

鑑賞章白文

右黄文節公書劉賓客《伏波神祠詩》，雄偉絶倫，真得折釵屋漏之妙。公嘗自言，紹聖甲戌，黄龍山中忽得草書三昧，又云自喜中年以來字書稍進。此書建中靖國元年五月乙亥荆州書，于時公年五十有七，正晚年得意之筆。且題其後云：『持到淮南，見余故舊可示之，何如？元祐中黄魯直書。』按公常自評元祐中書云：『往時王定國嘗道余書不工，余未嘗心服。由今日觀之，定國之言誠爲不謬。蓋用筆不知禽縱，故字中無筆耳。字中有筆，如禪家句中有眼，非深解宗趣，豈易言哉。』此書豈所謂字中有筆者耶！公元符三年自貶所放還，建中靖國元年四月抵荆南，崇寧元年始赴太平，凡留荆南十閲月。嘗有辭免恩命奏狀云，到荆州即苦癰疽發於背脇，毒痛二十餘日，今方稍潰。而此帖云『新病癰瘍，不可多作勞』，正發奏時也。三十年前，徵明嘗於石田先生家觀此帖。今歸無錫華中甫，中甫持來求題，漫識如此。嘉靖辛卯九月晦，長洲文徵明書。

文徵明印白文

悟言室印白文

拖尾

世傳山谷法書第一。吾家宋代法書第一。恭綽。葉恭綽譽虎印 白文

鄰華簃

雙井老人《伏波神祠詩》卷，華東沙真賞齋物也。見豐南禺《真賞齋賦》。黃書者最烜赫者，歷經項墨林、梁棠村收藏，《清河書畫舫》《履園叢話》《書畫鑑影》均記載。嗣由劉石庵歸詒晉齋，不知何時轉入陳壽卿。今冬由陳氏歸余寒木堂。自幸東坡《寒食帖》甫來，山谷是卷恰到，翰墨有緣，誰能如我，不覺喜躍三百。戊午東坡生日，瓢叟記。顏印世清 白文

是卷跋尾尚有范石湖一跋，及楊寅、鍾必高、王中敬觀款一行。《書畫鑑影》已不載，想割去在嘉道間。細審紙尾裂縫兩處，顯然可見。而隔水綾項氏合縫鈐印，均闕其半。用

特識于卷尾，以告後來。瓢叟。寒木

今年春，因事赴津沽，復由陳氏售余劉石庵行楷册子。内有臨此卷一段，有跋云『詒晋齋主人愛吾所藏唐人銅琴，以黄文節公此卷易焉。各獲所喜，皆非巧偷豪奪，其爲愉快可勝言耶』云云。觀此跋是由詒晋齋歸石庵，由劉氏轉入陳氏。前云由劉轉成邸，乃陳氏後人誤傳爾。他日或重裝，當將石庵此册附于卷尾，亦一段考證也。丁巳春三月，己未誤丁巳。瓢叟再記。顔大手稿　白文

瓢叟初得此卷，持以示余，余嘆爲得未曾有。瓢叟頗欲以歸余，余向不爲巧偷豪奪，故未之應。今春京師重晤瓢叟，復理前説，且以石庵、成邸故事爲喻。余感其意，從焉。其愉快殆亦不在東武下也。翌日，瓢叟復媵以石庵臨本，即述易琴故事者。兩美之合，更增光耀。紀此，爲他日攷藝林者證焉。共和乙丑春日病起，葉恭綽。遐盦

宋王詵書蝶戀花詞卷 紙本

高三十公分，闊二公尺七十一公分。

外籤：宋王晋卿書蝶戀花詞卷。己未閏七月金城題。金城印

内籤：王詵詩詞帖真蹟。

欽文之璽

神品。内府寶藏。

乾隆宸翰

稽古右文之璽 白文

引首：王晉卿詩詞帖真蹟。晉卿畫超妙，書亦奇逸，詩詞并麗。蘇、黄、蔡三跋誠僞，如純廟御題。癸亥四月，康有爲。

康有爲印 白文

隔水綾

五福五代堂古稀天子寶

八徵耄念之寶

太上皇帝之寶

此寶今在法國巴黎博物院。昔游巴黎，見之痛心，常賦詩。有爲。

康有爲印 白文

紹

興

内府書印

金城

樸孫庚子以後所得

仙客

式古堂書畫

西山外史

乾隆鑑賞 白文

淳化軒圖書珍秘寶 白文

余前年恩移清潁，道出許昌，前途小阻，留西湖之別館者幾一月。常與韓持國、范景仁泛舟嘯詠，使人頓忘去國流離之恨也。韓公德性温厚，風度高雅，固已可愛。范公雖老，而精神不衰，議論純正，白鬚紅面，動輒醺酣。時余有所賦詠，公即取紅蓮葉命筆疾書。初不經思，佳辭麗句，頃刻而成，坐客莫不驚嘆也。比聞朝廷就除端明殿學士以寵之，因思方今進任老成，如公者若再起之，亦足以厚風俗耳。

騎縫　式古堂　西山外史　厂獻

的是真蹟。　古希天子

潁昌湖上，余有贈諸公詩。其略曰：『清影十分月，暗香千柄蓮。不知從此別，高會復何年。』韓公詩曰：『浩歌輕白雪，密意得青蓮。詩就西橋月，留爲好事傳。』而蜀公云：『慣乘霄漢鶴，翻説淤泥蓮。可惜玉臺處，等閑閑幾年。』蓋公不喜釋氏，故有是句，亦可一笑也。

騎縫　式古堂　厂獻

淳化軒

乾隆宸翰 白文

信天主人

小雨初晴迴晚照，金翠樓臺，倒影芙蓉沼。楊柳垂垂風裊裊，嫩荷無數青鈿小。似此園林無限好，流落歸來，到了心情少。坐到黄昏人悄悄，更應添得朱顔老。右《蝶戀花》。

乾隆御覽之寶

三希堂精鑒璽

宜子孫 白文

石渠定鑑

寶笈重編

余舊不飲酒，近年輒能飲，故多醉中所書耳。

内府書印

石渠寶笈

吴興金城鑒定宋元真跡之印

令之

式古堂書畫

卞令之鑒定

完顔景賢精鑒

句曲外史

騎縫

寓意于物

金鞏伯精鑒印

景行維賢 白文

小如庵祕笈

卞令之鑒定

晉卿爲僕所累，僕既謫齊安，晉卿亦貶武當。飢寒窮困本書生常分，僕處之不戚戚固宜。獨怪晉卿以貴公子罹此憂患，而不失其正，詩詞益工，超然有世外之樂。此孔子所謂與久處約，長處樂者耶。元祐元年九月八日，蘇軾書。

騎縫　雲明（不）　式古堂　厂獻

昔之貧賢寒俊，偶有流落失職者，其爲文章多所怨悱，不得其正。又况久處樂而行患難，乃能刓意文翰而無前所累者，非胸中泰定有以處之，未數數能也。故人之弟以示余，故書。襄。

騎縫　用筆在心（白文）　式古堂　厂獻

三跋皆僞。

八徵耄念之寶　自彊不息（白文）

余舊不多見晋卿詩，不謂琢句精巧迺能如是，所謂欬唾成珠者也。庭堅。

完顔景賢精鑒　鞏伯　仙客　卞永譽印　式古堂書畫

騎縫　萬有同春

王詵自書詩詞，筆勢豪健，宋紙精潔，雖無名款，爲真蹟無疑。卞永譽《書畫彙考》載元趙肅、明王洪、陳繼儒三跋，皆以爲黄庭堅作。我朝曹溶始據《草堂詩餘》及韓維《南陽集》定爲詵蹟。詵集不傳，而溶能旁引曲證，可謂典確。不知何時乃易此蘇軾、蔡襄、黄庭堅三跋。考軾跋，見本集，非專題是卷語。襄集無此跋。襄以英宗治平二年卒。至神宗元豐三年庚申，軾謫黄州，詵始坐累謫均州後十五年。庭堅集亦無此跋，且既有跋，安得復稱爲庭堅書？蓋市賈因前三跋訛，慮其不足增重，而妄易之，併去溶跋。失始之謬者正之，亦既涣然明白矣。知其謬更加緣飾，則其謬不滋甚乎。幾餘題識更正，仍存僞跋，以見考訂之由。命彭元瑞書溶跋於後。

壬子孟夏，御識。八徵耄念之寶　自彊不息白文

此卷舊傳雙井書，眂其執筆，迥不相肖。公平生無移潁上、留許昌事，集中亦無此絶句。而楮尾《蝶戀花》詞入《草堂選》，余心儗王晉卿蹟，不敢遽謂然也。出家藏韓持國《南陽集》考之，『白雪青蓮』之句爲和王都尉詩，蜀公用玉臺故實，的的可證。余自喜老眼生花，猶堪懸定古人墨派也。晉卿繪事爲時所重，不以書名。山谷曾以番人錦囊致誚，然其去國羈栖，自云能飲，託意信陵，至推服蜀公大能忠君愛國。蓋親受眉山陶鑄，一洗

膏粱夙習，超詣乃尒。即使未諳八法，猶當以人重，況豪落之氣躍躍行墨間者乎！先生幸珍惜，勿河漢余言。康熙庚申九月望前一日，檇李曹溶。臣彭元瑞奉勑補録。元瑞白文

安岐《墨緣彙觀續録》載王詵《蝶戀花》詞云：草書。紙本如新。真而佳。後有蘇、蔡、黄真蹟，雖非原題，宜續于後。乃純廟御題三跋皆僞，草野臣庶固不敢辯。今喜失而復得，爰筆記之。時大清宣統皇帝明詔縮短國會日，獻厂。獻厂 景行維賢白文 小如庵祕笈

宋朱熹字卷 紙本

高四十一公分，闊二公尺四十一公分。

第一希有 葉恭綽譽虎印白文

昔我抱冰炭，從君識乾坤。始知太極藴，要眇難名論。謂有寧有跡，謂無復何存。惟應酬酢處，特達見本根。萬化自此流，千聖同兹源。曠然遠莫御，惕君初不煩。云何學力微，未勝物欲昏。涓涓始欲達，已被黄流吞。豈知一寸膠，救此千丈渾。勉哉共無斁，此語期相敦。乾道三年九月八日，二詩奉酬敬夫贈言，再以爲别。新安朱熹書。晦翁 朱熹之印

新安朱氏寶藏圖書記

白氏收玩文

華亭朱氏收玩

宋朱熹字册

高三十一公分半，闊二十七公分半。按每葉計，共二十四葉。

蕉林圖史

晴岩祕玩

曾在白劉登初處文

巖居秉貞操，所慕在玄虚。清夜眠齋宇，終朝觀道書。形忘氣自冲，性達理不餘。於道雖未庶，已超名跡拘。至樂在襟懷，山水非所娱。寄語狂馳子，營營竟焉如。失志墮塵網，浩思屬滄□。靈芝不□得，歲月逐江流。碧草晚未凋，悲風颯已秋。叩首鸞鶴期，白雲但悠悠。白雲墜秋節，碧陰生夕凉。起步廣庭内，仰見天蒼蒼。東華緑髮翁，授我不死方。願言勤修□，接景三玄鄉。四山起秋雲，白日照長道。西風何蕭條，極目但烟草。不學飛仙術，日日成醜老。空瞻王子喬，吹笙碧天杪。鬱羅聳空上，青冥風露凄。聊□□玉鸞，上與九霄期。激烈玉簫聲，夭矯飡霞姿。一回流星盻，千載空相思。王喬吹笙去，列子御風還。至人絶華念，出入有無間。千載但聞名，不見冰玉顔。長嘯空宇碧，亻許蓬萊山。

乾道元年□酉歲仲秋既望，寓南嶽，讀道書有感成六首。晦庵朱熹書。

晦翁　朱熹之印

虞集　馬琬私印（白文）　困學齋（不明）　行之　平生真賞（白文）　蕉林圖史　存樸堂珍藏　劉登初珍賞（不明）

御賜學有本原

子朱子不必以書法名家，故真蹟流傳絶少。然如《停雲館》所摹，神韻直逼《蘭亭》，不止目爲心正筆正已也。是册爲松陵孫氏所藏，得《停雲》本之渟雅，而嚴重過之，視近日採入《三希堂》本，同其渾樸堅削，而體勢大小正復相似，無疑其爲真蹟。孫氏永永寶之，勿概與書家論工拙也。沈德潛謹題。

沈印德潛　歸愚（白文）　登初

宋楊時自書詩卷 紙本

高三十八公分，闊七公尺五十九公分。

儷荃鑒賞之章

南海伍元蕙寶玩

不明賢寶

儷荃鑒藏

南雪齋

按此二印各兩見，鈐在下書字行之間。

此日不再得，頹波注扶桑。躔躔黄小群，毛髮忽已蒼。願言媚學子，共惜此日光。術業貴及時，勉之在青陽。行矣惜所之，戒哉畏迷方。舜蹠義利間，所差亦毫芒。富貴如浮雲，苟得非所臧。貧賤豈吾羞，逐物乃自戕。胼胝奏艱食，一瓢甘糟糠。所逢義適然，未殊行與藏。斯人已云殁，簡編有遺芳。希顔亦頑徒，要在用心剛。譬猶千里適，駕言勿徊徨。驅馬日云遠，誰謂阻日長。末流學多〔歧〕(岐)，倚門誦韓莊。出入方寸間，雕鎸事辭章。學成欲何用，奔走名利場。挾策博塞游，異趣均亡羊。我嬾心意衰，撫事多遺忘。念子方妙齡，壯圖宜自彊。至寶在高深，不憚勤梯航。茫茫定何求，所得安能常。萬物備吾身，求得舍即亡。雞犬猶知尋，自棄良可傷。欲爲君子儒，勿謂予言狂。元符三年八月既望，龜山楊時漫書于舍雲精舍。

楊時之印白文

中立氏

羅天池印白文

儷荃審定白文

伍氏南雪齋書畫之印

盧氏東侯延晋齋藏

東侯

羅六湖家珍藏白文

延晋齋白文

停雲 白文

石 珍藏 不 明

楊文靖公學問素優，尤敦品望。此卷乃其四十八歲所書，字裡行間，饒有真意貫注，筆力筋節，氣息純静，字品如此，不徒以人品重矣。丁未秋，儷荃老棣過訪，見此卷贊嘆不置，即以持贈。予與儷荃莫逆交，心賞之品，在此在彼，何分畛域，但願藏之南雪齋中，不輕出以示人，是亦前賢之厚幸也夫。道光丁未七月，盧福普記。

盧福普印 白文

東侯

文靖游二程之門，年四十謁正叔于洛。正叔瞑坐，侍立不去，既覺，則門外雪深一尺矣。晚登諫垣，奏罷王介甫配享，力排靖康和議，學術醇正，概可想見。此勸學詩，可作士人座右銘。筆法全仿山谷，精嚴之色流露于楮墨間。南雪樓主人屬題，因識。陳其錕。

儀部之章

百三十六蘭亭之寶

楊文靖公品學彪炳人間，固不待言。而此卷以精悍之筆，書勸學之章，允推雙絕，誠爲希世之寶。潘德畬方伯曾借刻入《海〔山〕（珊）僊館集帖》中，壽諸金石，永傳不朽，可補南雪齋藏真品之所未備矣。乙卯乞巧日，舟渡楊子江，南海伍保恒記。

伍保恒儷荃

南雪齋印

宋張即之書華嚴經卷第二十八 紙本

高三十四公分三，闊二十九公分。按每開計算。

外籤：宋張即之書華嚴經真蹟。宋裝册子，無上神品。覺羅崇恩敬書。

玉牒崇恩

《妙法蓮花經》已傳，樗寮端欲學逃禪。於今又覩《華嚴》蹟，吉見休同過眼烟。歷陽書迹本奇新，健筆驚神迥絶塵。七百年餘瓌寶在，幾回莊誦悟前因。樗翁書在南宋時名甚盛，其書法與衆異，由其胸次與俗乖違，一洗世儒圓渾之習，標立成家。書道至此，大是難事。今得觀此册，詩以紀之。嘉慶戊寅正月二十日，仁和趙魏。

趙魏 白文

鄭親王 白文

惠園

楊

《大方廣佛華嚴經》卷第二十八《十迴向品》第二十五之六。

乾隆御覽之寶

樂壽堂鑑藏寶 白文

香南居士祕笈銘心絶品

遐庵銘心之品

『佛子菩薩摩訶薩若見如來出興於世』至『爲今衆生離生死苦得于如來上妙樂故』。綽

太上皇帝　石渠寶笈　宜子孫白文　完顏景賢精鑒　第一希有　葉恭綽白文

按：共五百二十行、行十五字。

乾隆鑑賞白文　三希堂精鑑璽　乾隆御玩白文　内府圖書

宋張即之書華嚴經卷第六十五 紙本

外籤：宋張即之書華嚴經希世名蹟。宋季裝册。

御府賜出，鄭邸舊藏。丙午冬，殷學士得于海王村。戊申春，割愛歸余，藏之香南精舍。崇恩欣賞敬書籤。

香南　崇恩

内葉：嘉慶壬申仲秋，觀于灤陽别墅，榮郡王。南韵齋白文

乾隆五十八年穀雨後二日，條山王鼎觀。

述齋欣賞　楊　遐庵銘心之品　番禺葉氏所藏

《大方廣佛華嚴經》卷第六十五《入法界品》第三十九之六。

神　品　白文　天府珍藏　白文　柯九思　乾隆御覽之寶　樂壽堂鑑藏寶　白文　太上皇帝

『爾時善才童子于善知識所起最極尊』至『繞無量帀殷勤瞻仰辭退而去』。綽按：共五百十六行，行十五字。

乾隆御賞之寶　三希堂　乾隆鑑賞　白文　三希堂精鑑璽　乾隆御玩　白文　内府圖書　石渠寶笈

宜子孫　白文　小如庵祕笈　王澍之印　白文　何印瑗玉　白文　曾何藏庵遽處

此張温夫經册。其書已功深力至，故神采勁秀，恍如唐代佳碑石刻，宋以後無此風骨。故韻致本自河南，而新意溢出，遂自成家。萬曆丁亥冬十月，吴郡王世懋題。

王氏敬美　白文　寶佛庵主　白文

即之寫經，用筆如銀鈎蠆尾，千載如生。幾經宋秘元珍，得入余手，摩抄竟日，恍若立索靖碑下之不舍去。乾隆丁巳九月，姚世鈺。

世鈺白文　鄭親王白文　惠園

香南　香南居士祕笈銘心絶品

宋張樗寮楷法，當世獨步。此《華嚴經》字最謹嚴，深具唐賢流風遺韻，有雍雍然之雅度，衣履皆自飭，亦復矯矯不群也。王虚舟謂，當與黄、米雁行，詢真鑒也。此書雖無款識，玄賞之士自能辨之。元經柯敬仲鑒定，入國朝御府賜出鄭邸寶藏，曾經入石，以紀寵遇。審其所裝池古色，尚是宋代原裝册子，尤爲鑒藏家之所希見，誠宇宙間瓌寶也。丙午冬，殷學士以五百金購于海王村肆。戊申春，蒙以元值相讓，并得其北宋《聖教》。吾兩人癖金石名書，墨緣契洽，有如此高誼者，真足與此希世神物同垂不朽，他日墨林中又增一重嘉話也。二月十日，豈匏尊者覺羅崇恩敬誌。

不明之　禹舲

宋陳容書自作詩卷 紙本

高三十一公分，闊三公尺八十三公分半。

駿清

是爲婁氏在山泉館藏物

葉恭綽 白文

玉虎

潘公海夜飲書樓。陳容。

夫君美無度，眎世一鼠肝。□夫失意時，不知樞在環。雲氣上罍樽，渠作瓦缶看。八溟同眼精，我眼雙劍寒。潘江字公海，陸海無波瀾。文章有戰勝，此道難躋攀。嚮來聞歌商，政以静體觀。收心學潛聖，吾身重丘山。豈必獵衆智，茫茫芡走盤。誠身與教子，户内天壤寬。苜蓿上朝盤，道人齋八關。土田非蒺蔾，莫問歲事艱。夫君不長貧，身在世轉難。戊戌前四月，潘公海執此爲曆。此紙得之臨川故人家，借此言久交耳。詩不足道。綽

按：『曆』字恐誤。

宋拓石熙明刻黄庭經册 紙本

題籤：黄庭。宋拓。眉公。

宋高宗摹勒黄庭經。文壽承臨唐《林藻帖》，董玄宰藏小楷第一。陳眉公、韓古洲書跋。馮氏三餘堂重裝。

石熙明刻黄庭經。此籤爲郭蘭石書。

思翁定爲石本，云第一。郭跋有可存者。癸酉五月九日記。此紙乃陳簠齋筆。遐庵記。

此越州石氏本。宋高宗刻于大内，首標『師古齋帖』四字。余所藏小楷第一。其昌。

此帖宋高宗手臨，摹勒極其精工，宋搨之最佳者，與太倉王奉常所藏宋搨《黄庭内景經》行筆、墨氣、紙色絶相似。余臨學此書六十餘年，稍得窺其一二，故爲拈出，以取信於將來。海内固有精鑒具目者，當不以愚言爲妄也。宋搨《内景》聞尚在吴江吴長庚處。此帖誠爲雌、雄二劍，董宗伯稱所藏小楷第一，可信可寶。歲在乙未清和月之十五日，八十翁韓逢禧書。

高宗居德壽宫二十一年，屏去一切玩好，惟篤好臨摹漢魏六朝諸名跡以自娯，隨僞作諸名賢之書，輒自題跋於尾，欲以虞後世之人。其書圓渾，全師永師、虞世南。余家藏王右軍小楷《曹娥碑》《湘東絶交書》、虞永興《二體千文》、懷素《畫訣帖》，悉是其臨也。書法固是一小道，臨摹雖曰極精，然不能脱其本色。如急水灘頭下篙，用盡生平氣力，而不脱故處，此喻誠然。絹素紙質自有朝代分别，一見自能辨識。米元章論之已詳。余潛心臨學，探討有年，獨得之見，作此迂談，恐元章復生，不易斯言矣。余老邁龍鍾，好書之癖不減當年。日望聰明特達，相與講究此義，謹拭目以俟。是日柱孫成婚，連宵風雨，悶極，因挑燈書此遺興。半山老人識。

楷書不宗晋人，終歸淺俗，此紫陽論書貴能超然遠覽也。含尊閣家法，與此帖筆意可通，由此致力，宜無〔歧〕（岐）見矣。乾隆丁亥八月，書於保陽之荔青軒。

博古堂《黄庭經》，越州石氏取秘閣本重摹之。摹勒精審，遂與方駕，寔非光堯刻，香光或誤記耳。韓跋稱光堯手臨，尤誤。光堯臨本有二：一、真定梁氏收入《秋碧堂帖》；一、成邸借陳伯恭所藏勒入《詒晋齋帖》。陳本余曾見之，信爲瓌觀，然與此固不類也。莆田郭尚先識。道光壬辰六月，龍溪鄭開禧觀。

此刻與余所藏米紫來本并几對勘，無筆不肖，而米本較爲圓厚。要之，均宋拓也。家瀹齋洗馬、徐星伯編修、陳皋蘭、廖鹿儕兩農部同觀，吴榮光記。

民國二十年夏日，於濰縣得此，蓋陳簠齋舊藏也。韓世能謂爲宋高宗書，細觀終不類，或者高宗曾刻此單行，故有《師古齋帖》之題耳。番禺葉恭綽記。『韓世能』乃『韓逢禧』之訛。綽記。

韓世能號存良，官宗伯。董文敏《畫禪室隨筆》中所稱館師也。逢禧爲存良之侄，號古洲。吾家所藏《内景經》爲存良書，并有古洲跋語，可稽證。韓氏藏永興《二體千文》，余前年收得。又臨《内景經》卷子，向藏吾家。二事俱見韓氏跋語中，今得觀宋拓《黄庭經》于遐庵丈許，識此以志眼福。吴湖帆。

越州石氏所刻楷帖，宋時已珍同瓌寶，北海孫退谷收貯最多。余嘗見《陰符經》《東方畫贊》，皆孫氏舊物，紙色如玉，墨光如蠟，與此絶相似。此帖董宗伯題曰『越州石氏本』，不謬，何以又疑爲高宗重刻于大内。首標『師古齋』等字。此拓之上既無『師古』

字樣，應是越州無疑。七月廿七日，重校又識。同觀者吴梅霜崖、蔣祖詒穀孫，在吴氏四歐堂。湖帆記。

余收永興《真草千文》，有韓逢禧題識，記入《南陽法書表》中，并有宋思陵跋。今據此帖韓氏跋，知虞書《千文》亦出思陵手摹無疑。遂改正標題爲思陵書矣。與此相關，附識於後。八月廿三日。

民國三十年，余捆載書畫而南，此帖亦在其中。因展觀數四，其決非宋思陵筆。大約韓跋係因董跋而訛，其實細審董跋意，殆謂此爲越州石氏本，宋高宗曾以此本楷刻于大内，首標『師古齋帖』四字。『此帖石氏本爲余所藏，小楷第一』，蓋指此本即爲石氏本，非指此本爲宋高宗翻刻本，僅謂曾經宋高宗翻刻耳。因文字稍簡，遂致韓氏誤讀誤信。以韓氏之精勤專一，而有此千慮之失，足徵言鑒别之非易事矣。郭氏判斷殊明確。筠清跋語不免模棱，或者匆匆下筆，未及詳審耳。石氏刻小楷世傳極稀，余幸獲此，足自侈矣。遐庵葉恭綽志。

《容臺集》云，《黄庭》以《思古齋》爲第一。與此所稱師古，未知是一是二？明人鑒别甚精，而往往疏于考訂。香光尤然，恒興到信筆，未可據爲典要。蓋《黄庭》固不應以褚臨本爲第一，且如此精刻，非石氏其孰當之？故定此即越州石氏本，可無疑義也。恭綽再志。

卷首有『蕉林書屋』印章，蓋曾經梁清標氏所藏。梁氏精鑒，所藏固無中下駟也。

《秋碧堂帖》中《黄庭》與此不類，決非以此上石。可證此決爲石氏本，而非宋高宗臨本也。民國三十二年十一月九日，遐翁。

宋元書翰册十二幅 紙本

第一幅：趙孟頫。

手書頓首。復國宀山長人英足下。孟頫拜封。

孟頫頓首。國宀山長人英坐右：近承遠顧，媿不能欵曲。别後極深□仰。兹得惠帖，就審即日履體侍奉清適，殊以爲慰。□至餘何必爾耶。領次益增媿感。草草具答，不宣。孟頫再拜。十六日。

查瑩一字映山　竹南逸史白文　么武　宜生白文　南有堂

菰邨珍賞　竹南珍藏　清森閣書畫印　何氏元朗白文　黄天　均湖審定

綽按：書者待考。但筆法似亦子昂所書。

第二幅

之印　年羹堯字諒工別號雙峰

二蔵已行中外，存此真書以爲永保，後世子孫不可輕慢。邕題。

查瑩　竹南珍藏　硯溪清玩　項墨林甫祕笈之印　張羽鈐白文

第三幅：康里巙。曰藻珍玩

歸去來辭。全文。至正癸酉十月既望，子山。

竹南草堂珍藏白文　南有堂　均湖審定

第四幅：陳基。竹南珍藏　曰藻珍玩

《瞻雲軒詩叙》：吴郡金伯祥氏，家故士族，而好施與。其以善士稱于鄉，殁而葬吴江久詠鄉之韓墅者，伯祥之先君子也。其改葬吴縣横山之吴巷村，冢上之石，内翰金華先生黄公寔誌焉。伯祥居松江、笠澤間，力田教子，益務以善世其家。家去韓墅財數百武，然水淺土薄，四顧皆陂田涂潦，沮洳滲溢，耒耜之涂，牛羊之徑，又出没旁午，在五患之所必還者也。横山在太湖上，與郡西南衆山旁礴，距笠澤不下七十里。然土益厚，水益深，草木益豐茂，蓋樂丘也。伯祥始不忍委其親于五患之區，還而得善地，終舍近就遠，又非其所得已者。每歲時尚塚，銜哀茹恤，踐霜露，撫松梓，輒徘徊不忍去。嗟夫！人子之于親，所謂不能自已者，蓋至此而後見焉。既廬墓旁，以備風雨，又即其南榮爲軒，曰『瞻雲』。是雲也，即狄公登太行而望河陽之雲也。河陽之雲，親之所舍，横山之雲，親之所藏。古今殊時，存殁異感，然雲之所在，親之所在也。親之所在，雖亡猶存，雖古猶今也。彼觸石而起，膚寸而合，不崇朝而雨於天下，無他，亦和氣之所積爾。和氣之積，在天爲慶雲，爲甘雨，在人爲忠臣，爲孝子。唐有狄公，猶天地有元氣也。金氏世積善，曾大父嘗舉進士。金華先生曰：『引而勿替，必有興者。』然則覽是軒而賦詩者，豈直山川草木、一泉一石之勝而已哉！蓋力田足以追養，教子足以厚本，積之也久，發之也漸。先生之言，其尚有徵乎！詩凡若干首，爲之叙者，韋羌山人陳基也。至正十五年歲乙未八月甲子叙。

天台陳基 白文

敬初

吴寬

均湖過眼

第五幅：張雨。

均湖審定

翁方綱

正三

天雨稽首復啓上堯民茂才尊契友侍史：頃辱騎氣枉顧岩栖，松風茗椀，少獲奉教，而未究所懷。區區迂退之久，荷足下知遇。此來謬副宗庭，甚非得已。詎謂賀書之及，寵以儀物，厚意何敢過却。兼惠古鏡，使蕭疎白髮對之，是媿其無勳業耳。冗次率爾具謝，尚圖專謁以既，兹不宣。五月二日，張天雨稽首復啓。來使奉十兩。

江 查瑩 白文 竹南珍藏

《舊館壇碑》悟幾年，泰和神骨故依然。空山古鏡勞持贈，鶴唳華陽月滿天。茗椀重盟玉局詩，誰摩石刻鬢成絲。何如環慶堂前夢，笑對奎章博士時。予前年見伯雨和蘇虎邱詩墨蹟，自跋有『摩挲石刻鬢成絲』之嘆，在此迹後十年。而予所藏蘇書《天際烏雲帖》後有伯雨手迹，在此後七年也。文衡山云，伯雨書初學松雪，後入陶隱居，稍加峻厲。此書正其得《茅山碑》時也。今夕以蘇帖後伯雨、敬仲跋字對看，恰相符合，喜而賦此二詩。甲辰正月廿五日燭下書，北平翁方綱。

江恂 德 量

第六幅：楊椿。

利賓稅使之官勾曲兼簡伯雨真人一笑。

君才經濟不爲難，暫向明時試小官。九市謳歌歸掌上，三茅風月入毫端。青雲快展鵾鵬翼，白下曾簪獬豸冠。寄問仙山老詞伯，鼎中龍虎幾成丹。至元丙子孟春吉日，友人妲古伯子壽拜手。

子壽 裕齋 白文 竹南珍藏 岩 南有堂

楊子壽名椿，蜀人。博學能詩文，以舉子業爲大師。淮張兵入平江，巷戰而歿。

文子

第七幅：宗起。

子京

項元汴印

項墨林鑑賞章 白文

宗起頓首再拜鶴皋先生文侍：久不致書尺，而嚮仰之心常爲之東注，迹疎心邇，期不以此爲間也。閑居中偶有一事奉浼，向者家下初析之時，有官窑棒槌、山龍。瓶二枚，愚與白弟各得其一。今欲以山龍瓶一枚相易，庶幾爲全璧，可否試一言之？就致敬雲西、居竹二親家，草草不謹。宗起頓首再拜。

近自吴中得奇書數十種，其《金樓子》《漢武故事》等書，皆范石湖家藏，然所費不尠矣。

李構

墨林祕玩

項子京家珍藏

竹南珍藏

江德量鑑藏印

覃谿過眼

新安江氏《職思堂帖》内亦有『宗起再拜鶴皋先生』一帖，其文内皆稱『宗起』，信此二字乃其名，非姓也。《職思堂帖》刻手不佳，竟訛作『米』字矣。元人有宗起，亦有書名，豈即斯人耶？《蘭亭》『崇』字中間直畫貫二横，亦一證也。

翁方綱 白文

覃谿 白文

第八幅：胡布。

江静銀河接，雲銷玉宇空。門當五柳外，身在百花中。寶瑟紅樓上，仙槎碧海通。自全樗櫟質，不是傲英雄。右《所居》一首。乙巳歲，五岳樵人胡布識。

五岳樵人（白文）

道蓴葆光之樓（白文）

竹南珍藏

吴寬

第九幅：王本齋。

烈火西焚魏帝旗，周郎開國虎争時。交兵不用揮長劍，已挫英雄百萬師。折戟沉沙銕未銷，自將磨洗認前朝。東風不與周郎便，銅雀春深鎖二喬。予宦湖海，道經黄州，訪舊府侯楊公，留飲既畢，同登竹樓覽勝，忙然感懷。俄誦古作，遂以筆之。至元甲子仲秋望日，江西路參政王本齋試東坡研剩墨。

公餘清暇（白文）

王本齋名都中，福清人。官參政。子畛季野、畦季耕皆有文行。

文子

第十幅：王畦。

次前韻，畦。

至人無復事存亡，睡足身猶在華陽。何似江鄉老迂客，終朝散髮對爐香。鈎簾早起看華飛，過雨修篁蔽竹扉。近日身如野鷗狎，得魚逐浪竟忘歸。茅屋柴門少市人，時看麋鹿走踆踆。風前忽見飛花墮，想是山中又一春。洞庭月色夜，蒼茫欲擅場。爲問林間倪外史，古今塵世幾興亡。種朮耕雲不厭勤，林間着我作閑人。漁磯沙渚方洲上，極目天涯總是春。穹窿五月倍生寒，古屋青燈顧影單。詩卷忽從風裏墮，長歌終日竟忘餐。文星落落隕宸奎，林下無枝寄鳥栖。江湖浩蕩春雨闊，嗟我抱道如醯鷄。久矣維摩誤色空，媿無長翮遡晨風。空巖長笑一回首，又在扶桑東復東。成都府判官王畦，字季野。綽按：此行乃朱字。

竹南珍藏　文子

第十一幅：杜本隸書。竹南珍藏　大明安國鑒定真跡　石澗書隱

山行侵夜到，雪竇一星燈。草動蛇尋穴，枝摇鼠上藤。背風開藥灶，向月展漁罾。明日前谿路，烟蘿更幾層。京兆杜本書。

第十二幅：無名。神品

俯瞰清流徧倚闌，恍疑塵世一枰間。纓冠洗濯歌孺子，透徹泥途名利關。

竹南草堂珍藏　曰藻珍玩

元白玉蟾仙廬峰六詠字卷 紙本

高三十一公分半，闊一公尺五十七公分。

御賜清韻堂

完顔景賢精鑒

竹垞審定

番禺葉氏遐庵珍藏書畫典籍之印記

第一希有

嘉善樂儀堂周氏珍藏書畫圖籍印記

張

寒木春華 白文

綽按：紫清書法存世祇關伯衡丈一卷及吴湖帆一卷，并此爲三。紫清之超逸，與圖南之遒渾，堪以并駕，皆不落塵俗恒蹊。

奉題仙廬峰六詠，紫清白玉蟾。

丹光亭：仙人不見張鷩喜，尚有藥爐荒碧苔。亭下丹光猶夕夕，我今辨此恰方纔。

藏丹巖：想得金丹初熟時，無人堪與乃藏之。巖前穴有六七跡，人不能尋鬼不知。

梯雲棧：莫把凡胎問聖胎，君看石壁是誰開。後來唤作梯雲棧，不是好仙那肯來。

聽鶴臺：心知有路透青雲，不可將機泄與人。來此臺邊時自聽，鶴來則去去超塵。

宣詔石：帝遣朱衣司命君，火鈴捧詔此中宣。臺石上宣臺下聽，一宣詔罷上三天。

整衣壇：仙骨瘦來無一把，却將鶴子養教肥。鶴肥不可還同瘦，舊上□□此整衣。

玩物而不喪志

葉恭綽 白文

林氏曾觀 白文

棟亭祕玩 白文

閔曠齋珍賞印

來青閣

陸鍾煇印 白文

子孫保之

元鮮于樞草書卷 紙本

高二十九公分，闊二公尺六十二公分。

外籤：元鮮于樞草書。寒雲藏。民國十九年歸于遐庵。

遐庵

引首

皇二子

隔水綾

重光

鬱岡精舍 白文

景周祕藏

景周鑒賞

循良世澤

黃印華鎬 白文

騎縫

遐庵

寒雲珍藏元人名蹟

侍兒文雲掌記

田甫心賞

筸在辛　白文

曲江後人

壽賚堂藏

大明安楚昭勇將軍李氏珍玩

戊午十二月十二日即事。

寒冬尚閉藏，行子戒遠塗。出門少人迹，霜露霑衣裾。强顔辭老親，低首戀蓬廬。牽舟迎北風，墮指哀僕夫。十年賦倦游，卜築滄海隅。既無官守責，亦作飢寒驅。宴坐固所懷，復此畏簡書。仰慙隨陽雁，俯羨在藻魚。

過桐廬漏港灘示舟人。

驚流激長灘，百折怒未已。篙師與水争，退尺進纔咫。技窮解衣下，力排過乃止。維時春冬交，冰雪寒墮指。我時卧舟中，起視顙有泚。迂疏一何補，辛苦媿舟子。困學民鮮于樞書。

鮮于

困學齋徒

騎縫

筸在辛　白文

寒雲子子孫孫永保

筸印重光　白文

江上外史

忠孝之家

葉恭綽　白文

遐庵銘心之品

第一希有

子研

夔席印 白文　臣復初印 白文　顧氏子遠　陳氏彦廉 白文　貞節堂印　春草堂圖書印

隔水綾　鵝池閣　江上笪氏圖書印　潤州笪重光鑒定印　葉恭綽 白文

燦然墨妙見天真，展卷争看意態新。□自臨池手腕拙，輸君顛旭是前身。鮮于太常漁陽郡人，至元間以材選爲浙東宣慰，自經歷改江浙行省都事。意氣雄豪，每出必載筆櫝。及歸，則焚香弄墨，奇傲不凡。公卿薦入館閣，遷太常典簿。余愛其筆墨横逸，展省之餘，爲識一絶句，併跋數語于後。寧海禮學舊史方孝孺書。內翰第府　方孝孺印 白文

騎縫　後百宋一廛　遐庵　笪重光印

嘗考鮮于公與高彦敬、李仲芳、梁貢父、郭佑之交相引重。居錢唐時，趙文敏貌其神，虞伯生贊之曰：『軼米、薛而有餘，擬晋宋而無怍。』其見重於時也若此。今觀其詩與書，璧合珠聯，神彩焕發，可以想見其人矣。成化六年庚寅歲春二月廿有四日，賜進士及第禮部侍郎致仕前翰林學士左春坊大學士國史倪謙書於静存齋。

克讓（白文）　大學士章　經鋤後人

鮮于太常伯機，性喜古鼎彝器，陳諸座隅，搜抉斷文廢款，及鑒定法書古畫，故其於臨池之學一臻神化。此卷自書己作，詩既高逸，而得意一揮，行間字裏正復直舉胸情，目空前哲。昔人評書謂渴驥奔泉、怒猊抉石，又言龍跳天門、虎卧鳳闕，乃知勝境固遥相印證也。腕弱手癡者，當自崖而返矣。華亭張駿觀再識。天官大夫

華亭張天駿甫　葉恭綽（白文）　潤州笪重光鑒定印

元鮮于樞書道經卷 紙本

高二十四公分，闊六公尺四十三公分。

外籤：鮮于伯幾道經真蹟。松下清齋鑒定。綽按：此籤乃陸氏親筆。神品

引首，宋麻藏經紙。何以保貞堅贈君青松色

隔水

遐庵珍祕

番禺葉氏所藏

番禺葉氏遐庵珍藏書畫典籍之印記

興文薛氏審定真蹟神品

小記室珍藏書畫記

謹庭祕玩

松下清齋

終期滿字更獲半珠

『天長地久，天地之所以能長且久者，以其不生自，故能長生』至『不欲以靜，天下將自正』。

老子道經卷上。綽按：共一百十一行，行九、十、十一字不等。

第一希有

葉恭綽 白文

三教弟子

覃谿審定

蘇齋墨緣

曾藏葉氏遐庵

遐庵銘心之品

三教

隔水

枕經書屋攷藏之印

終期滿字更獲半珠

陸恭私印 白文

曾在茉坡案頭

恭綽長壽 白文

石墨書樓

漁陽太常與趙承旨同時以書名世，而世間所傳真蹟最少。錢塘黃秋盦藏有伯幾書《梅花賦》卷。壬子之春，按試濟上，飯于秋盦官廨。予篋中適携松雪書《天冠山》廿八詩手草，與之對看，覺《梅花賦》神氣短弱，迥非趙比。竊怪當時何以齊名至此，心甚疑之，耿耿數歲矣。今見謹庭兄所藏此伯幾書《道德經》上半卷殘本，天然遒媚，真得永興、河南神骨，直當上遡右軍，正恐松雪當遜席耳。恨不與秋盦并几而對論也。展玩二旬之久，筆舌苦短，讚説莫罄，姑繫數語于卷後，以識墨緣。嘉慶六年歲在辛酉春二月廿有四日，北平翁方綱。蘇齋墨緣　覃谿　小記室山房珍藏書畫　古吳潘介繁椒坡氏印記

嘉慶庚午六月廿日，南海吳榮光觀。伯榮　飛卿過眼

右鮮于伯幾真書《道德經》上卷，前闕『道可道』至『用之不勤』約三百餘字，自『天長地久』至卷終尚兩千餘字，通體如一筆書，深得《蘭亭》、虞、褚神韻。元人書法首推伯幾，其墨迹亦獨少，真書尤罕覯，僅于題跋偶然遇之，吉光片羽而已。若此卷洋洋兩千餘言，而又精好完整，世界恐無第二本也。覃谿跋亦推崇甚至，惟云殘本，恐此老所見不廣耳。昔大令《洛神賦》僅十三行，鍾紹京《靈飛經》亦割裂十二行，高閑《千文》祇賸半卷，即伯幾行書《千文》寫至『多士寔寧』止。此數者見於歷代著録，皆炫赫名迹。伯幾真書，天壤間僅留此本，鴻寶何疑。松下清齋隔水綾前後鈐有『終期滿字』『更獲半珠』兩印，在當時珍重此書，可以想見。潘氏《須静齋烟雲過眼録》曾記觀于陸謹庭處，

下注『嗣歸三松堂』。蓋陸、潘世爲姻戚，古物彼此流通，亦想見盛世風雅。今歲新春，首獲是卷，書以誌喜。壬戌上元日燈下，記于寒木堂，瓢叟顔乙。

顔璽　不明

伯幾書卷余藏有三，各極其妙。大約吳興十卷，不若漁陽一卷，此可爲知者道耳。寶熙侍郎藏有《游皋亭山記》，安麓村評爲第一。然墨脱紙黯，以視此本，未免却步矣。瓢叟又記。

觀伯幾真書，知其于《蘭亭》、智永、虞永興用功最深。曩見楊凝式《韭花帖》有其跋尾，與此正同。跋尾大德五年，乃歸道山前一年所書。證諸是卷，蓋晚筆也。瓢叟。

元揭傒斯真草千文卷 紙本

高二十八公分，闊四公尺三十三公分。

外籤：揭文安真草千文真蹟。

引首

石林　白文

玩物而不喪志

遐庵　白文

葉公

周櫟園氏

希晉齋　白文

曹子文

繼世金吾　白文

太原

載福堂審定圖書鑒藏之印　白文

恭綽長壽　白文

譽虎

智永《千文》。吉刀王逢元。王印子新白文　喬山子印白文　『吉』下一字照原式寫，不可解。

真草千字文。綽按：全卷首尾完整。『律召調陽』不作『律吕』。

元紀二年歲在甲戌秋九月，翰林直學士揭傒斯臨。揭印傒斯白文

慶　乾坤一草亭　第一希有　番禺葉恭綽遐庵審定金石書畫文字之章　亮工　賴古堂白文　乾坤一草亭　載福堂珍藏古書真蹟之印　希晋齋圖書印白文　曹子文　古鼎堂白文

右元揭文安公仿智永《真草千文》真跡一卷。公諱傒斯，字曼碩，龍興富州人。延祐初薦授翰林國史院編脩，天曆初進侍講學士。文章之名偏海寓，與虞道園齊名，時稱『虞揭』，又與楊仲弘稱『楊偈』。蓋一代詞壇宗主，雖黄文獻、柳文肅尚皆後進，不能突過之，况餘子乎？即其餘技作書，已精卓如此，迴出元代諸家之外，真能得永師骨髓，不專以趙吴興面目盡其長也。余非知書者，第能識其用意所在，無一懈筆，無一弱筆，而一種

樸茂之氣，有非世之書家所能及，故足珍耳。弘治十五年冬十月廿有四日，翰林院國史檢討徵仕郎西蜀劉瑞書。

劉瑞　乙丑進士　雲林櫟老白文　鍾山逋客白文　葉恭綽白文　譽虎白文

嘉靖丙午夏四月既望，汝南袁袞同海陵徐伯虬觀於敦素堂。

補之白文　希晋齋白文　古鼎堂

綽按：此卷遒厚古澹，上繼宋高，下開仲温，足與伯幾、子山抗衡，或且過之，子昂畏友也。余別有子山《歸去來詞》及伯幾《道德經》真蹟，與此參觀，足徵元人本領。

元董復千文卷 絹本

高二十五公分二，闊四公尺二十八公分。

外籤：董復千字文。詒晋齋。 詒晋齋白文

引首 仙史氏　周文董翰。逢年。 舜華　天地心齋　遐庵銘心之品　詒晋齋印白文

番禺葉氏遐庵珍藏書畫典籍之印記

千字文。綽按：全卷用烏絲闌，字約方寸。

致和改元秋八月，後學董復涂記。

淡如齋珍藏

雪心齋

沂陽董氏

玉壺秋碧

成親王 白文

恭綽

遐庵長壽 白文

聽雨屋

此末署『致和改元秋八月』，按元泰定帝以泰定五年爲致和元年，是年七月泰定帝崩，其八月皇太子阿速吉八即位于上都，改元天順。其九月，懷王圖貼睦爾襲帝位于京師，改元天曆。懷王，文宗也。致和元年即天曆元年，然文宗改元在九月，則董復書《千字文》在前。其時雖有太子所紀之天順，或一月之中上都頒詔尚未至京師耳。及十月，文宗陷上都，太子不知所終，故天順年號迄未行于天下。皇十一子識。

皇十一子章

慶邸鑒賞書畫之章

此卷余于民國十三年得于京師，市賈謂出自恭邸。其如何由成邸入恭邸，則不可考矣。君復字傳世至稀，相傳謂學鮮于太常。此卷果得困學真髓。詒晋齋跋具存《集》中。又《集》載紀書絶句云：『漁父謫龍康里筆，取妍太覺嗜偏鋒。何如董復千文卷，黄素猶傳鍈限蹤。』竟許以爲永師法乳，推許可謂至矣。余意永師未易追蹤，若元代趙與鮮于，此或未遑多讓。不審鑑家以爲何如？民國丁卯夏，恭綽。

元周伯琦篆書宮學國史箴真跡卷 紙本

高二十六公分，闊一公尺八十六公分。

外籤：周伯琦宮學國史箴。 小琴書畫 白文 小琴岳琪秋好軒審定真蹟印

宮學箴。 玉雪坡真逸 白文 自强齋存

惟民生㫗，迷復曷反。爰作之師，由近及遠。夔興虞庠，旦揚周典。有美國胄，執經宮館。養正匪蒙，勿亟勿緩。牖之煣之，聖功斯顯。經國子民，所賚豈淺。惟嚴惟尊，不在躬踐。毁範裂模，皋比有靦。敬諗從者，函丈時勔。

國史箴。 玉雪坡真逸 白文

乾象昭列，人文肇興。結繩既邈，方册是徵。姚始典謨，三代誥命。褒善斯勗，貶惡有懲。獲麟筆削，是式是承。合辭比類，歷世相仍。晋狐稱良，姦慼齒冰。暴私蔑實，起穢售憎。史尚傳信，匪信匪能。執簡以告，下言或聽。番昜周伯琦述并書。

致用齋

周氏伯温 白文

獵古齋印 不明

進德脩業

文房之印

岳琪私印

榮禄大夫 白文

秋好軒主人岳小琴珍藏書畫金石書籍印

長白李氏慎勤伯鑑賞章

伯温篆書爲本朝冠，而偏旁畫點皆有來歷，無間然者。觀此會之。洞玄御史左廉察祭酒茅山張雨題。

張雨私印 白文

勾曲外史

綽按：全卷烏絲闌，作寸半方格。筆勢洞達沉着，信爲元朝篆書第一，非鷗波輩所及也。

第一希有

葉恭綽譽虎印 白文

岳小琴 白文

谷口鄭 白文

元吴草廬字卷

高二十三公分，闊四十四公分。

木E

青山不堪作供，略以荷香佐之，欲使清淡界中聊加粉臘耳。然蟬噪蛙鳴，又汙清耳。祇覺野人乏趣，當以純灰三斗滌之可也。秋月娟娟，芙蓉吐艷，桂子飄香，此時又是一番景色。倘乘剡溪之棹，一問山靈無恙，是所願也。望之望之。香丁之惠，遂令塵世穢惡蠲除。愛我非淺，感謝不能盡吐舌端，惟有寸心耳。佳箋三紙，敬如命書上，即醬瓿不堪覆，豈堪犽尊壁乎！中秋二日，吴澄頓首。

二泉

吴興 白文

番禺葉氏遐庵珍藏書畫典籍之印記

恭綽

弇州 白文

虞琴祕笈

雲間徐氏

泰山殘石樓

詅癡符

元吴澄字幼清，崇仁人。幼穎悟，既長，用力聖賢之學。至大初，爲國子監司業，遷翰林學士。泰定初，開經筵，以澄爲講官。會修《英宗實録》，命總其事。《實録》成，即移疾。詔加資善大夫。四方之士負笈從學者，不下千數百人。其著書，于《易》《書》《春秋》《禮記》各有纂言。所居草廬，程鉅夫題曰『草廬』，故稱草廬先生。卒，謚文正。虞琴記于海上寓齋。

姚虞琴詩畫印 白文

此卷爲姚虞琴所贈。草廬不以字名，然冲和遒逸，具有典則，當可厠伯雨、紫芝之列。民國二十五年，葉恭綽記。

恭綽

元張雨字卷 紙本

高二十九公分，闊一公尺六十三公分。

外籤：元句曲外史墨跡詩卷。丙辰秋日得。夢翁。

夢幻老人　老痴

引首：詩留畫味。夢翁。

甘泉居　一日思看十二時　夢中人六十後所得　白文　華奴　李伯璣氏祕笈之印

壽石齋

句曲外史。梅壑

按：此處爲張雨畫像。

黄冠投隱意翩翩，句曲名山藉此賢。獨暢玄風貞白後，直追文筆太熙前。宵寒黄篋樓頭月，春澹華陽洞口烟。雙鶴入雲招不得，玉光猶潤隱居篇。嘉靖庚戌十月十日，于補庵

公舟中閲句曲外史手翰，謹題。後學周天球。周天球印白文 公瑕甫

子韶審定

清才絶似王摩詰，愛向高堂寫雪山。華蓋洞中如屋裏，赤欄橋外是人間。瓊樓只許飛仙住，珠樹應留織女攀。莫信寒泉傷玉趾，最宜清署聽潺湲。怪底朝寒雲氣濃，卷簾金翠出芙蓉。似傾三峽龍門雪，爲洗明星玉女峰。玄豹藏來深霧雨，緣陰缺處小房櫳。儗求許郭仙人宅，知隔瓊林第幾重。右題張彦輔畫《雪山樓觀》《雲林隱居》二圖。

雨㠯。張雨私印白文。蓋署名上。 句曲外史張天雨印蓋押字上。

四月廿六日晚雨，試筆天鏡拙庵。此時偃卧清凉室中，⚲小龍乃在大年袖中矣。雨。

仙 不明 華 雲

會稽

句曲外史今猶龍，倏閂變化人所宗。有時鱗甲蜷厓松，有時頭角縮過冬。醉捲滄溟破醇醲，大章小篇并春容。欻横顛倒留墨蹤，初觀駴人櫟棘蓬。久視一一金芙蓉，可憐斯人

已頭白。醉眠南山瞋世窄，此詩此字那可得。遂昌鄭元祐。一丘一壑白文

道光二十七年十月廿一日，羅天池審定。羅氏六湖

番禺葉氏遐庵珍藏書畫典籍之印記　從龍

附

之印　印　不明　二氏

微風入絃此君說，公家周彦筆如椽，此君語意當能傳。偶憶山谷有此石本，時一書之，不能得其萬一也。南郭翁。吴氏充符白文　西方之人白文

元柯九思老人星賦字卷 紙本

高二十五公分，闊二公尺六十九公分。

題籤：元柯九思真蹟。詒晉齋藏。

引首　藥洲氏　淮印白文

隔水　怡親王寶

老人星賦。宋紙青絲闌。　賜書樓鑑賞章　望之鑑賞

以『明星有爛萬壽無疆』爲韻，奎章閣鑒書學博士臣柯九思稽首奉勑書。

長生　商邱陳氏收藏𡧍章　國子先生　壽承氏　神品　湖海樓書畫記　望之鑑賞　恭綽白文

萬壽之靈，三辰之英。其出也，表君之瑞；其大也，助月之明。但仰祥光，莫辨皤然之象；方資睿算，斯垂耄矢之名。綽按：下略不録。共七十一行。

石渠寶笈　任齋　柯氏敬仲　伯恭　臣崇本印白文　望之鑑賞

石渠定鑒　商邱陳氏收藏𡧍章　自卧樓　望之鑑賞　畢氏秋帆　義門

三希堂精鑑璽　賜書樓鑑賞章　湖海樓書畫記　康虞　馮氏 白文

隔水：共和丙寅，得于京師。恭綽。　譽虎　北平李氏季雲珍藏圖書

吸歐、李之精英，爲趙、虞之勁敵。　玉虎　遐庵銘心之品　崇本 白文　伯恭

元鄭元祐楷書師孺齋記卷 紙本

高二十八公分，闊九十七公分。

師孺齋記。　錢唐仇遠　豐氏子　恭綽長壽 白文

梁溪徐環歲晏將復省其親於⿰氵丌，□於遂昌鄭山人曰：徐自得姓，以迄于今千餘年矣。其顯偉而茂大者，顧豈少其人哉？獨南州高士最爲人所慕仰，豈其功名貴富足以使人歆豔哉？世無悶樂乎内，而無慕乎其外□。齒日長而學不加進，事日至而識不加遠，是由其中⿰牜甬而外陋也。鄉嘗之江右，拜高士像于精舍，逮今敬慕不忘。今復之江西，往返數千里，深惟弱齡小生，思所以齋戒儆省，庶或免于罪戾，不貽親之憂。夫跂而望之者，不若

親而炙之，□復拜高士之祠墓矣。請以師孺名齋，如何？山人乃爲之言曰：人之生，言行不同，出處亦異，故虞仲、夷逸隱居放言，而其人不棄于孔子，矧南州高士哉？夫高士蟬蜕汙濁之中，鳳舉霄漢之上，即其孝弟忠信，形之動静語默，又豈獨高出于一時，可以師表萬世者也。環行矣，至洪都之日，既已即省署以拜其親，其復往東湖之上，肅瞻儀刑，挹其人之清風，其足以廉頑而立懦，範世而矯俗。則環之所以觀感而興起者，本之以心術之隱微，見之于言行之章箸；形之而爲孝弟，發之而爲問學。處而窮居，不失爲善士，出而干禄，思所以致身，是皆師法高士之大致也。于其行遂爲之記以勉之。江西文儒淵藪也，以是記質之儒先君子。歸之日，其有以復我。歲晏爲至正五年冬，山人則遂昌鄭元祐也。

環至洪都之日，持此記爲元祐往拜江西廉使劉相于賓階之下，以展其鄉慕傾企之心耳。鄭元祐再拜。鄭印元祐白文

樂琴書以銷憂 勝叔鑒定白文 明發善藏

元雪庵和尚草書草庵歌真跡卷 紙本

高四十六公分半，闊六公尺二公分。

吾結草菴無寶貝，飯了從容圖睡快。成時初見茅草新，破後還將茅草蓋。住庵人，鎮長在，不屬中間與内外。世人住處我不住，世人愛處我不愛。庵雖小，無法界，方丈老人相體解。上乘菩薩信無疑，中下聞之必生怪。問此庵，怪怪怪，怪與不怪主元在。不居南北與東西，基下堅牢以爲最。青松下，明窗内，玉殿珠樓未爲對。衲被蒙頭萬事休，此時山僧都不□。住此庵，休以解，誰□鋪席國人□。回光返照便歸來，廓達靈根非向背。遇祖師，親訓誨，結草爲菴莫生退。月年抛却話縱横，擺手便行且無罪。千種言，萬種解，只要教君長不昧。欲識庵中不死人，豈離而今遮皮袋。石頭和尚《草庵歌》，玄悟老人書。第一希有（白文）　葉恭綽譽虎印（白文）

余奉命典試南行，舟至武林，有人持此卷來問於余。余曰：『宋元名物，就其紙質墨光，真無疑也。』元悟大師原名溥光，字元暉，號雪庵，俗姓李氏，大同人。特封昭文館大學士，賜號元悟。其書法盛傳，余何敢贊一詞乎！曹文埴謹識。文埴（白文）　原（不明白文）

蔡練江《鷄窗叢話》稱元悟大師書得顔魯公、楊少師神髓，未得一見。道光元年季冬，奉訪夢廬先生，出此卷示余，知《叢話》所稱不誣也。爲識數語于尾。同觀者爲方孝廉子春，吴江翁廣平呵凍書于味夢軒。

道光元年十二月十七日，錢德威南溪、黃安濤霽青、屈爲章菼園、李泰墉石渠、胡金勝東井同觀于錢子嘉味夢軒中。霽青書畫題志

元雪庵僧大楷書《八大人覺經》，舊藏郡城東塔寺，近已轉入淮海士夫鑒藏，絶少真蹟矣。此草書《草庵歌》結體古逸，用筆健勁，何減楊少師《神仙起居注》耶？若得市石鎸陷禪林，以儷楷法，是又吾禾一故實也。道光壬午九日，過味夢軒，與吴杏村恩祺同觀，因題。張廷濟。張叔未白文

番禺葉氏遐庵珍藏書畫典籍之印記

道光壬午孟冬廿有六日，蕪湖繆元益同楊乙雲、吴頤軒、小菘昆仲、令侄小萊、朱屺瞻敬觀于不可一日不讀書之齋。元益書。繆印元益白文　承香

夢廬七兄〔珍藏〕元雪庵和尚書《草庵歌》墨蹟。道光甲申三月借觀，因記。後山弟文鼎。文鼎私印白文　信國公孫

《懷麓堂集》載趙松雪過酒肆見帘字，駐視久之，曰：『當世書無我逮者，而此書乃過我。』問知爲雪庵李溥光也，因薦之朝。《書史會要》亦稱釋溥光爲詩沖澹粹美，善真行草

書，尤工大字，國朝禁扁皆其所書。據此二説，可見雪庵書法擅美一時，即趙魏公亦推重之。惜其真跡流傳甚少，不獲多見。此卷草書石頭和尚《草庵歌》横卷，爲當湖錢夢廬先生所藏，筆力雄勁，姿態横生，真有飛鳥驚蛇之妙。金山錢君熙載假此刊作屏幅。先生曾以搨本貽余，覺鐫刻亦甚佳。昨過味夢軒，携得墨跡歸，與兩弟激賞累日，始知此書用墨用筆，其轉折神妙處，正非石刻所能摹繪。先生嗜古有卓識，當不以余言爲河漢也。因題而歸之。

道光四年歲次甲申秋八月丁卯，錢塘孫觀借閲，并識于賜書樓下。同觀者爲三弟正祥、四弟蒙。 孫觀私印　東雅　白文

道光四年重陽後二日，平江張桐觀。 青生

甲申長至日，〔拙〕（按）安陳貫霄、慎庵吴經堃、省吾汪國琛、研樵張培敦同觀陳氏米庵。

培敦

往在雲間欽吉堂家，見金山錢氏石刻雪庵師書《石頭和尚草庵歌》。字跡奇古，有若怒鷹脱韝，燥弓初彀，圓勁雄健，深得顔、楊二家筆勢，宜當時漚波亭主得意外驚賞也。今墨跡爲當湖錢君夢廬所藏，五百年物而能一無損壞。用繭紙書寫，故墨光恒新。借閲數

日，未離夢寐，爲跋卷尾歸之。道光六年十月十有七日，吴江趙蓮。「白水」「蓮」白文 按此爲隸書。

吴興書法重一時，并世乃有玄悟師。擘窠大字號獨擅，遺跡無多惜未見。當湖錢七嗜古深，獲此長卷足饜心。草書幾及二百字，筆力勁若戈矛森。昔年揮灑松窗底，雪色横鋪丈餘帋。無端寫彼《草庵歌》，解脱從知悟生死。頻經劫火未化烟，高齋披覽墨尚鮮。吴興妙翰世争寶，何况此書傳更少。道光丙戌孟冬，偕趙君兕生暨門人沈子誦伯自烏戍放舟之海上，道經當湖，遂造味夢軒譚藝竟日，獲觀是卷。主人設酒留飲，乞爲題誌，爰成短古一首，越日書于田漾寓館，并贅數語。昭文蔣寶齡。「子延」

道光戊子十月廿八日，郭止亭承勳、金蘭坡傳聲、曹山彦世模同觀。「郭印承勳」白文 「曹世模」白文

元楊維楨字軸 紙本

高一公尺七，闊三十五公分。

溪頭流水泛胡麻，曾折璚林第一華。欲識道人藏密處，一壺天地小於瓜。老鐵。

「楊廉夫」白文 「鐵笛道人」

綽按：此帋用濃墨渴筆，跌宕爲其本色。『老鍊』二字幾不可辨。紙墨如新。

葉恭綽 白文

玩物喪志

遐庵所藏書畫金石記 白文

明初諸人和陶南村詩稿卷 紙本

退密

广沽

家珍藏

蔡咸和印信 白文

壺中人

潘氏仲子 白文

德畭心賞

六湖

朱氏象玄 白文

文石子印 白文

吳舜敏鑒定印

臣潘延齡 白文

健庵眼福

羅天池鑒定藏之脩梅仙館 白文

項元汴印

墨林祕玩

平生真賞

羅六湖家珍藏 白文

葉恭綽 白文

儷荃審定 白文

蛾術齋印

天池 白文

恭次《南村雜詠》十律嚴韻，録奉伯翁尊先生講席，伏希改教是禱。姪婿焦伯誠稟呈。

大白
勝文
不明

村居當地煖，草木易春榮。梅發南枝早，香飄合座清。間同禪客静，塊偶逸民耕。試欲爲長賦，應輸宋廣平。老去交游少，年來世務通。宦情香燼冷，霜鬢鏡光空。何暇論堅白，無由踏軟紅。西疇將有事，早晚倩農功。客久鄉書絶，神安歸夢賒。無端想流水，空自憶桃花。隣叟何妨俗，村醪亦可嘉。汙邪卜豐兆，秋穀擬盈車。投老憐知己，稀年喜免丁。静彈鳴鶴操，閑閲種魚經。健或憑金匱，行何問玉靈。衡門應少客，長爲落花扃。暮年辭鶚薦，長日效龜藏。今屋增僧舍，昔居如客航。簾虚浮草緑，屐潤帶苔蒼。最喜魚鰕美，東吴是水鄉。竹户生風爽，蓮塘過雨疎。遺僮時煮茗，有客日求書。每笑歌彈鋏，尤當戒覆車。里多淳厚俗，政合此安居。倚杖時觀水，看書始輟耕。人皆嗤嬾漫，我獨喜幽清。夢蝶真同幻，辛魚豈異庚。要須全德化，未擬學無生。山色閒憑几，潮聲憶渡江。鄉無傳信雁，夜有吠漁尨。稻熟雲浮隴，桐疎月滿窗。西成足豐稔，采藥嬾尋龐。足跡稀城市，才名滿士林。老添文帙富，愁散酒杯深。已分居吴地，何須效越吟。秋籬黄菊好，白髮尚能簪。老懷常日放，清興晚年多。自樂田園志，誰回砥柱波。地偏人罕至，山近虎曾過。獨愛深冬柏，青青只舊柯。

項墨林甫祕笈之印

子孫世昌　白文

葉恭綽　白文

遐庵銘心之品

退密

羅六湖家珍藏

合同

六湖

德畭

項叔子　白文

伍元蕙儷荃氏

羅天池書畫印　白文

子孫永保　白文

項墨林鑑賞章　白文

潘氏健庵

王繹頓首奉啓九成尊兄先生侍史：二哥來，承教帖，具審尊體勝常爲慰。陸景周承寄龜背綾，感激感激。小象專此納還，想不以遲滯見怪也。見當道謝意。偶得一絶奉寄，聊寫懷想之意云。江頭鱸魚鱠可斫，泖上蟹螯秋正肥。我亦時時動高興，欲從二子買船歸。《關山圖》胡爲不付來？《胡傳》納上，希目入。無紙，不及一一。稍凉，千萬自重，不宣。八月二日，王繹頓首奉啓。

項元汴印

嚴荄　白文

不明

不明

照

青山布衣　白文

退密

墨林山人　白文

項子京家珍藏

玉甫心賞

葉恭綽　白文

曾藏潘健庵處

儷荃審定 白文

蛾術齋印

天池 白文

奉和高韻雜詠十首，録似南村處士并諸先輩求教正，幸甚。胡鉉。

胡鉉印 白文

胡鼎文 白文

高隱南村上，優游薄世榮。尋鷗吟水曲，愛竹夢林清。教子傳經學，將奴助力耕。葛巾隨羽扇，終老樂昇平。羡君能結屋，四水一江通。潮退沙痕淺，簾虚月色空。曉窗含密翠，秋樹落疏紅。閑篤兒童課，勤成筆硯功。青山無價好，九朵爲君賒。雲巘留微月，松岩墮落花。閑情真自快，幽興亦還嘉。何似桐江上，清風一釣車。喜君餘七十，一子漸成丁。祖業遺三傳，家聲振六經。歸農隣叟睦，祈穀土神靈。歲歲桑榆好，逍遥户不扃。隱處真成僻，琛瑜久匱藏。采薇窮澗谷，理釣狎溪航。竹影移窗緑，苔痕耀日蒼。村南與村北，醉即是吾鄉。不到京華久，年來緑鬢疎。滿囊新著藁，插架舊藏書。家有朋罇酒，門無駟馬車。北窗高卧處，蕭散稱閑居。達人能味道，退處事農耕。塵慮俱消釋，心神遂獨清。一身安蹇劣，萬物得由庚。更欲尋幽隱，相從學治生。門逕水迂曲，清如躍錦江。春融閑舞鶴，夜静吠靈厖。菊蕊香凝袖，松梢月印窗。隱居安晚節，不論逐窮龐。堂虚香篆細，耿耿坐中林。泉石乾坤大，烟霞歲月深。百年青眼夢，萬事白頭吟。江海誰知己，相逢盡盍簪。柳外風蕭索，秋林野思多。黄花醒醉眼，白髮老江波。月淡殘蛩泣，霜寒早雁過。每思陶處士，應自盻遲柯。

寄敖

不明 不明 湖 合同 照白文 叔子白文 湖白文

遐庵珍祕 綽 修梅仙館祕玩白文 杜復 南海伍氏南雪齋祕笈印 羅六湖家珍藏白文

寫情 潘延齡印白文 蛾術齋印 項墨林甫祕笈之印 羅 天池白文 六湖

奉和南村先生《中秋不見月》詩韻，幸希改教。松庠王彦文上。

人間秋半飄疎雨，瑟瑟蕭蕭謾多緒。翹首徒瞻玉兔昇，側耳誰聞砌蟲語。層軒爽豁當溪頭，湘簾十二懸金鈎。平分四序總堪樂，况復此景逢清秋。追懽正欲如前度，姮娥忽被西風妒。驅逐陰雲捲復舒，一輪冰鏡籠縑素。憑欄浩歌當此時，安得善射庾公斯。長弓爲我落氛影，千里皎潔同襟期。瑶階無塵豈須帚，華筵高張且同守。倒吸金波入肺腸，暢飲寧辭百壺酒。

益齋白文 太原世家 恭綽 遐庵鑑定 項元汴印 子京甫印 項墨林甫祕笈之印

退密　娥術　天　合同　净因庵（白文）

道光十年庚寅二月三日，羅天池鑒定，藏之如如交修館，時年二十有六。六湖書畫之章（白文）

南村與思善之父日華友善，復與思善爲忘年交，見《輟耕録》十一。恭綽志。遐庵

王繹字思善，自號癡絶。居杭之新門。善丹青，長於小像。見《書畫緣》。道光丁酉，道州何紹業獲觀。子毅

焦伯誠，華亭人。潔身修行，教授于鄉。通五經，尤長于《書》。見《松江府志》。戊戌三月，羅天池記。六湖

郭人漳、陶邵學二跋未録。

葉恭綽補録南村詩未録。

余曩歲得此卷于燕京，嗣來滬，復得南村《古刻叢鈔》手稿。去秋，又得汲古閣所刊《南村詩集》，于南村可謂有緣。今夏患瘧經月，病起無俚，輒録南村原作于此卷之末，爲

將來參考，以《南村詩集》流傳較少也。卷爲粤中舊藏，後入蔣侍御式芬手，後乃歸余，爲遐庵秘笈之一。中華民國二十四年八月，遐庵葉恭綽。

玉虎

沈尹默、吴湖帆二跋未録。

明豐道生草書卷 紙本

高三十一公分，闊五公尺七公分。

外籤：明豐道生草書手卷。第一號六。

文王孫=

筆研精良人生一樂

丹山赤水　白文

南厓　不明

肅恭王孫輔國將軍晅訓珍藏

臨王右軍書。

臨王大令書。

録左太冲詠史詩二首。

文宗少洲馮先生以素卷見委，因臨王逸少書三十二帖、子敬八帖以復。嘉靖四十二年歲次癸亥春二月丁丑，南禺病史豐道生上。

四

明

豐氏人年 白文

土木形骸仙風道骨

天官考功印

（花押）

鞏龍氏 白文

太子太保司空之章 白文

葉恭綽 白文

第一希有

賢者而後樂此 白文

此卷已爲順德胡五以邵瓜疇畫幅易去，旋不慊，轉易歸玄恭父子合卷，遂復慶珠還矣。丙辰冬初，夜半展閱，喜而記之。夔。璧城 白文

南禺在明中葉書名赫赫，求之數年，不見片楮，甚矣其難也。此卷肆人不識是南禺病中作，古茂絶倫，行間氣滿無絲毫空隙，貌似拙醜，取二王書比勘，筆筆右軍父子法度，視董文敏所臨不免有婢學夫人之嘆。古人真實本領如此，市井賈人何足以知之。燈下一再玩味，熹而記之紙尾。甲寅，璧城試退穎。璧城

南禺以善隸稱，然所書劍拔弩張，略近文家父子氣習。此卷題首隸法圓厚逮古，當是晚年樸茂之作。夔公。

先生晚年乃更名道生，見《明史》父熙傳。

又，胡夔文丙辰九月一跋不録。

明祝允明手鈔夷堅志册 紙本

外籤：祝晞哲正書夷堅甲志。詒晋齋。按：此爲篆書。題籤爲『甲志』，文内作『丁志』。

祝京兆書名震一時，然其妙在小楷，行世者最少。此幀乃其中年書，楷法堅嚴，而出之以蕭散，尤其平生屬意之作。昔歐陽文忠與蔡君謨同時，得其《茶録》，謂善書者以真楷爲難，而真楷又以小字爲難，至比之如右軍《樂毅論》、率更《温彦博墓銘》。使文忠見此書，其稱美又當何如耶？余先得文待詔所書蠅頭楷《楚辭》，吴文定小楷詩稿，今又得京兆此幀，足以鼎足千古矣。丙午夏五月，識於硯山齋新竹下。

退谷逸叟　常熟翁同龢摩挲審定 白文　敏齋

夷堅丁志卷第一。十三事。吴祝允明録。

枝指生　祝印允明 白文

枝指道人　藥亭　均齋祕笈　翁印同龢 白文　北平孫氏　山中净侣　永瑆之印　錢樾之印 間白文

撫棠 白文　陳淮望之

夷堅丁志卷第二。十二事。

枝指道人

北平孫氏

山中净侣

永瑆之印

均齋考藏

錢樾之印 間白文

撫棠 白文

白羽 不明

陳淮望之

夷堅丁志卷第三。十四事。

朱石居 白文

枝指道人

葉恭綽 白文

遐庵銘心之品

心樵祕笈之印

陳淮望之

永瑆之印

皇十一子成親王詒晉齋圖書印

此册于民國十年得于北平。余先後得名人手鈔書，如陶南村《古刻叢鈔》、王雅宜《莊子》，皆罕見之物，與此鼎足而三，足爲遐庵生色。越十年，葉恭綽識于上海。

遐公 白文

錢樾之印

撫棠 白文

彦伯攷藏書畫

常熟翁同龢藏本

吴濂

蓮子 不明

采善鉏醜

張翰林 白文

余萬曆十九年三月二十七日得此枝指生小楷，精警無如此帙，亦無有如此帙之多者。當置之篋笥中寶之。夔叔記。夔叔甫白文

結法精嚴，波畫蕭散，《十三行》《大興寺碑》供奴使而不落窠臼，真無上法書也。當是先生四十左右書。王相國《毛夫人志銘》僅堪相亞，余家《袁介隱誄》退十舍矣。崇禎辛巳二月三日，後學文從簡焚香題。從簡白文 長水 陳淮望之

枝山先生手抄諸書，散見人間不下數十種。如《左》《國》之於劍光閣，志怪之於借綠軒，文稿之於停雲館，詩草之再購于三徑堂，其餘如碎珪斷璧，往往遇之，輒爾精移神爽。今復于雁蕩别業獲觀先生小楷《夷堅志》三帙，楷法中能具渴驥奔泉之態，恣往肆來，吾未見其匹敵也。人謂先生豪于文酒，詎識先輩苦心，非晚近所能測識如此。崇禎歲舍辛巳莫春幾望，後學邵彌恭跋。臣彌間白文 字僧彌白文

光緒辛卯正月十日，常熟尚書招飲宅中，得見所藏宋本《集韻》、宋本《鑑誡録》及枝山先生手書《夷堅丁志》。是日座上同觀者許筠庵少宰應騤、張樵野大理蔭桓、李山農

觀察宗岱、劉靜皆編脩世安，翁蓼洲大令爲龍，書此以志眼福。順德李文田司録。

昔先公得祝希哲書《佛圖澄傳》，行楷數千言，紙墨豔發，體勢在褚、米間，謹嚴秀逸。龢兒時所珍玩。迨伯兄赴西域，携以自隨，兄殁則歸篋中無之矣。光緒庚寅正月，乃購此《夷堅志》三卷，雖草草鈔寫，亦有趣致，宜僧彌、退谷諸先生之嘆賞也。今日有以《青蓮花經》來售者，三卷具足，頗奇逸，别是一格，因記之。戊戌二月十三日，冗迫中偶書，翁同龢。叔平

明婁子柔詩卷 紙本

高二十九公分，闊三公尺八十六公分。

牧守曾聞陽亢宗，自書下考庇三農。已看妻子皆身外，肯爲君王急上供。昔賢銜命亂軍營，人主哀憐止勿行。直欲身先飛鳥去，不將恩詔負平生。五載荒江麋鹿友，八年瘴海野鷗群。胸懷若箇能相似，方許從公一論文。右《詠古》。有才無識世應稀，每悟才人識處非。恰似遊蜂窗紙上，待人開取始能飛。古來機警屬英雄，邂逅非常合變通。咫尺盆池風浪少，唯應學取灌畦翁。平生最愛佳山水，圖畫看來不自持。開口未曾論繪事，自知應被解人嗤。毋爲櫪上追風驃，且學塗中曳尾龜。縱與支床能不食，仰人蒭秣共人危。朝爲層

嶺暮深坑，可嘆人間路不平。剗却崚贈填缺陷，莫教翻覆是持衡。子彬從弟持此紙索書，梅雨中爲録舊作十一首。子柔。

婁堅之印 白文

子柔 間白

婁子柔此卷詩中多見道之言，而胸懷之瀟灑，溢于楮墨。知詞翰之超邁，蓋有由也。

遐庵銘心之品

余新得李檀園字幅，縱橫酣恣，與此可稱雙璧。遐翁。民國二十四年春，病起書。

葉恭綽 白文

越十二年，扶病還鄉，重展此卷，時余藏珍星散，有類易安居士，念之慨然。綽志。

遐翁 白文

明黄道周召對分注卷 絹本

外籤：黄石齋召對分注。

焦桐山主

敬齋

葉恭綽 白文

召對分注。

崇禎十一年六月十八日中，上御中極殿，宣召群臣，自六卿至詹、翰、坊、局暨諸卿寺凡四十人，親自甄别。暨環衛、省、臺官班定，叩頭畢，以次入殿中，宣諭。上言災異頻仍，比年爲甚。金星晝見，已逾五旬，山西又以四月大雪，凍死人畜，是何所致而然？今民貧已極，夷寇未平，蠲留數多，徵輸不給，勦賊則期限已過，寬假則法令不行，又人少擔當，事多推委，囂尤易起，直枉難分，其欺妄好利、分畛忘公者，比比而然。閒有清操之臣，又傲物遂非，用之則恐誤事機，不用則又可惜了。要與諸臣商之，諸臣忠能體國，才足濟時，其悉心以對。諸臣叩頭畢，就左班柱下立，各五人序對。先五尚書奏職名畢，始更端，奏事已，趣去。上傳奏職名，即奏事，凡三班，諸亞卿盡。臣爲詹少，與屈可伸、黄錦及僉院徐燫、太常朱國棟爲第四班。臣念宣諭憂勤，諸談選將練兵、汰兵清餉、合勦爲撫、先内後外者，種種碩畫，皆在章疏，爛不勝陳。惟以清操之臣，傲物遂非，恐不可用，爲人才消長，主德成就第一關鞬。於是臣周就班中抗聲，言救時之實，只在知人。今日舍知人外，更無救時之法了。古稱思知人不可以不知天，人都言天只是虚公，不知天以清明爲體，以虚公爲用。清而後明，明而後公。天氣不清，即日月無以見其明，猶人心不清，即耳目無以成其功。所以夫子説知人愛人，既不知人，如何愛得人。凡天以愛人爲體，以知人爲用，人主以愛人爲體，宰相以知人爲用。當堯、湯時，七旱九潦，别無消弭之方，只是用一皐陶，用一伊尹，便使天下歸仁。這兩人學問皆從清處入手，古人亦説清任和，有此清字，纔成得任和。若無此清字，何處成得任和。所以孔子説智仁勇，司馬光説仁明武，此智字、明字即是清的意思；勇字、武字即是任的意思。如此纔成箇仁，纔仁得天下。古人知言知人之法，皆出于此。所以説昔我有先正，其言明且清，决無有舍清明别求治平之法了。臣所見止此，不敢多陳，遂叩首，從同官屈某、黄某及僉院徐某、太常朱某各奏畢。正俯伏間，上召問臣云：『黄道周這章書聞所未聞，却有可商量處。朕所云清者，乃學者造道之基。古所云清任和者，乃聖人完德之局。如何得一概説去。』殿中諸臣皆肅然悚聽，知聖學淵微，非小臣所及。道周造次，不知領受，却説清爲天地生人之本，人受于天者既清。又以學問雖尋常人可造于聖賢之域，人習染不清，又不肯學問，致雖經聖人造就，亦做一事業不成。譬如天地不清，風雨亦不能和，四時亦不能平，日月亦無以爲光了。上見道周未甚領略，却云：『不是了。清亦是美德，必智仁勇合，乃是聖賢學問。』道周於此聽未分明，又云：『聖人與天合德，得于天者全，所以首出庶物，五德全備。臣子勉强學問，得于天者不全，或清脩自好，亦可不玷名位，免于曠瘝。譬如皐陶九德咸備，亦有得其六德者，以爲諸侯；得其三德者，以爲大夫。如何皆得九德咸備。臣學問踈淺，非敢以一偏之學皆可造于聖賢，實不敢以完德之局，求多于臣庶。』上天顔益和，謂道周曰：『誤認了。只是泛論人才，不爲諸臣而發。』又云『起來』。

道周始同諸臣叩首而興。是後又四班各奏職名，敷陳畢，即過西柱下序立。上傳賜諸臣瓜菓，諸臣始出殿門内謝恩，尋趣出成閣西廊。中使已捧策題至，御筆琳瑯，可四五百字，如天語所宣而條欵詳悉，誦之始醒聾聵。傳録之下，日已就晡，援筆立書，牽于文義，反不得騁。緬憶咫尺之下，衡管所窺，昭回炯然。蓋自三代而下，玄成、馬周粗引仁義，未及造道之方。正叔、温公略談道德，未究淵源之極。陸贄多陳而不精，伯淳引端而未竟。求其親睹堯舜，預聞性道者，蓋亦寡矣。至于諸儒生質既殊，入門各別，或云居敬爲本，或云主静爲宗，或云養和以守中，或云致良以格物。唯我聖主，確以清爲造道之基，仁爲完德之局，得天之至，先後而不違，體聖之全，今今而合節。見而知之，聞而知之，於斯爲盛。精而思之，略而行之，百世可師。臣又何幸，親與颺言。以是敏德，光被四表，昭格玄穹，巍巍蕩蕩，臣又何能名焉。崇禎十一年六月十八日，經筵日講官詹事府少詹事協理府事兼翰林院侍讀學士臣黄道周謹記。

道周私印 白文

不明

太谷孫氏家藏

衛陽道孫壽昌珍藏印 白文

萊陽初頤園先生示余黄公石齋《召對分注》卷。蓋崇禎十一年六月十八日廷推閣臣，帝御中極殿，召廷臣七十餘人發策親試之。此卷則皆公於召見時面對語也。崇禎時，國事孔棘，帝憂勤恭儉，志在戡亂，而卒於敗亡。蓋前明國脈已盡斵喪於魏閹之手，帝承熹宗後，孜孜求治，而周延儒、温體仁輩孽牙其間，奸欺巧佞，置社稷生民於不顧，而惟植黨營私，有不合者則擠陷如恐不及。此正《大學》所謂娼嫉之臣所當放流屏逐，而帝顧信任之。無他，主德不清明，而耳目蔽於所溺也。公以崇禎五年方候補，遘疾求去，即疏陳時政，語刺延儒、體仁。比復故官，屢與體仁忤。凡公建白，未嘗得一俞旨，而公猶言不已。方廷推閣臣時，公已充日講官，遷少詹事，例得與。然帝雖以召對群臣爲名，而實嚮用楊嗣昌等意已前定。是日天大雨，諸臣面對後漏已深，終考者止三十七人。閲數日，即改楊嗣昌、程國祥、方逢年、蔡國用、范復粹爲東閣大學士。烏虖！帝用人如是，烏得以敗國殞身皆諉之天數哉！善乎公之言，曰救時之實，只在知人。思知人不可以不知天，天以清明爲體，以虚公爲用，清而後明，明而後公。天氣不清，即日月無以見其明，猶人心不清，即耳目無以成其功。君德王道，數言盡之矣。帝當末造，未嘗不思用人也。而所用者多延儒、體仁之輩，外而孫高陽、盧義興、孫鴈門，内而劉蕺山諸公，不能究其用也。其故由於不知人，然帝又未嘗不自謂知人也。忠言逆耳而正人遏，甘言熒聽而僉壬升。其故由於主德不清，而用人之不明不公因之。蓋以順爲正，妾婦之道，人主無不喜順而惡逆，而又中多猜忌。是以神宗不見群臣，而祚即於衰。帝反之，而土崩魚爛，仍一壞而不可支。可知喜怒任其性，即邪正易其位，雖憂勤恭儉如帝，而不免於亡。此讀公卷中奏對之語，所爲太息流涕於勝朝之覆轍者也。公既以論嗣昌得罪，嗣昌視師卒無功。公於明亡後起義，死江寧。其學問精深，爲有明一代大儒。事載《明史》，不具書。嘉慶十三年十一月既望，後學秦瀛。

明漳浦黄忠端公手書《召對分注》一卷，崇禎十一年六月事也。明世以大學士爲政本，而莊烈帝十七年中，至五十人。先是，八年六月，以翰林不習世務，召廷臣數十人各授一疏，令擬旨，而張至發入閣。及是發策親試，用楊嗣昌等五人，史言帝意已前定，特假是爲名耳。夫發策試判，古人用之庶僚新進常調選人，若股肱大臣孰賢孰否，簡在帝心，無取於是也。又况假是爲名，豈推誠以用賢之道哉！方帝即位時，國事固大敗壞矣，然老成人尚有存者，人才不乏也。使帝開誠布公，推心置腹，取人望之所在用之，俾轉相汲引，而不責效於旦夕之間，未嘗不可轉危爲安。而帝以剛愎之資，濟以猜疑，用舍無恒，賢否淆亂，又果於用刑，雖當世所謂正人摧折之不少恤，所始終信任者温體仁而已矣，嗣昌而已矣。且人主之職在乎擇相，而擇相之要，首在知人，知人不可學，必兼聽并觀，參取衆論而後可以無失。故孟子言進賢如不得已。宋人之稱仁宗曰人無賢不肖，一聽之於公論。未有發策親試，假是爲名，而可以得賢相者也。其後陳演亦以條對稱旨擢用，則以結中官探帝意所欲問而得之，事愈下而國亦隨之矣。公之所憂，蓋在乎此。惜乎以帝之勵精圖治，憂勞夙夜而不知求其本也。是卷爲萊陽初頤園先生所藏，無錫秦小峴先生既題其後，而鶴復推言其未盡之意如此。論其世者，可以鑒矣。後學元和陳鶴。

黄先生石齋生有明季世，與同時劉蕺山、瞿稼軒諸君子皆講明理學，以斯道自任。一代儒者，翕然稱之。釋褐後，極論時事，皆本古聖賢精確之旨。顧其時朝政日非，又承熹廟極敝之後，雖以崇禎帝之仁明，不能亟登先生輩於樞閣，則撥亂反正固未可得也。此卷乃崇禎十一年六月召對分注時語。先生首言知人，繼曰清而後明，即聖經知至意誠心正之學也。曰用一臯陶、一伊尹，便使天下歸仁，即《問仁》章『克己復禮，天下歸仁』之學也。反覆切陳，不外數者之間。卒之帝亦深喜先生之學，可以見矣。至其時朝綱之弗振，不能駸駸乎漸及有爲，則又非先生所得操其權也。賢者之於人國，如是焉而已。伏誦百遍，勉跋一通。嘉慶廿四年閏四月廿又五日，桐城後學光昭謹跋。

明黄道周詩卷 紙本

高二十六公分，闊三公尺八公分半。

引首：孤忠耿墨。光緒己亥陶濬宣。

陶印濬宣 白文

石道人 白文

恭綽長壽 白文

遐庵銘心之品

黄良私印 白文

飛雲

西河攷藏

雲磬聲柔花事迴，法王香沼與香臺。諸天飛動無名佛，盡向刀頭合掌來。
天家秘戲少人知，寶椀晶燈然火師。再作魚鰕生已細，不貪螺鼓鬧蛙池。
一年一現優曇花，便作芧狙與飯鴉。總是檻籠携去物，空煩佛手上琵琶。
簷池風雨各胡摸，記得真師梵唄無。已識刀絲同葉露，不分法水與香厨。
驪鸞肝髓已如柴，即化伊蒲未散懷。三萬六千鱗羽業，消多四十九日齋。
火雲勒雨五時□，禹步道人再上難。仙掌露非魚嘴事，腥風莛莛動綸竿。
何處蓴葵不可嘗，五溪熟釜尚膏香。卧麟未識解蹄訣，别向蛇醫領妙方。
竹籃柳貫且分携，惹得水田蛙鷺啼。試問鵾鵬天外事，更無慶弔到鷄栖。
報恩雀蛤眼空青，歲歲入關又破扃。斷臂幾回成法事，不看人寫藥師經。
已穿寶塔寶珠通，又記雲山龍虎功。總在碧囊收放裏，一番遶殿一番風。
百城飛乳滿啼號，沸鼎能游得幾遭。但願諸天弘網目，陀羅雨共洗屠刀。
希微天語但聞饒，議海星榆已度橋。五萬金花新結果，百行猿鳥共聞韶。

忠良報國（白文）　闕下完人（白文）　但學長不死（白文）

右至淮上聞裹邊法事已畢，作大放生。兩年以來，深慚魚鳥，漫成十二章，似圯孺詞壇一粲。

〔黄道周印〕白文　〔石齋〕　〔忠良報國〕　〔陶心雲〕白文

〔番禺葉氏遐庵珍藏書畫典籍之印記〕

此詩作于甲申後，淮南共建薦亡功德時。公特借事寓慨，幽顯迷離，可微會而不可實指。孤忠心事，正自昭然。此卷乃係裝成後書者，故筆墨尤酣暢云。〔庚生〕

是卷前數年得于燕中，衹『雲磬聲柔』『天家秘戲』『一年一現』『簷池風雨』『報恩雀蛤』五首見於集中，餘皆集中所無。得此補亡，誠爲快事。至於詩字之奇崛出群，固不待論也。民國廿一年十月十日，葉恭綽記。〔葉恭綽〕白文

明末南園諸子送黎美周北上詩卷 紙本

引首：祝轅拂席。

崇禎癸酉上巳，同吴仲先、朱叔子送美周詞兄于東林僧舍，各賦□□□別□行□□命□□珠玉在前，□□復形□叔子因所□□□□□晳，復作八□□，以塞明命。社弟曾

晳復。

季狂氏一字文

不明

我有紫霞根

白文

北望臺

白文

奉送美周先生翰撰公車北上小引。

夫口舌雖眇，曾致讓於蘇君；舟楫攸興，蚤屬情於祖逖。故古人重違時之勗，而遊士輕于邁之勞。若使夜光擅耀於隨掌，妙聲遏流于邕耳，任有尺美，等與世捐。當洛中豈廑機、雲之遊，在鄴下寧重徐、劉之武哉！故有必兕，識禮自隗始，矧吾美周，弱歲及昭融之代，書賢徵拜獻之言，聞聲相思，披帷斯在，積慧業於薰脩，窺理窟之勃窣。蓋山龍黼黻，無疑織女之章，而南北東西，不悵楊朱之路矣。公車夙戒，坐有祝轅，曲江舊遊，起而拂席。人各有篇，吾舉其意，蓋踰歲春明之候也。

易遣春風客思勞，花枝連日亞香槽。少年蓬矢知誰敵，豔婦蘭舟信所操。金谷從分錦步障，琵琶肯試鬱輪袍。一竿投贈任公子，東海如今許釣鰲。桐君陳子壯。

子壯私印

白文

集生氏

探花學士

白文

南地猶思北地寒，今春當作來春看。上林始信成名易，芳草無憂行路難。黃雀野田時一見，青驄到處欲爲歡。只今愁煞離絃箭，還望青雲整羽翰。陳子升。

春雨潮頭百尺高，錦帆那得掛江皋。輕輕燕子能相逐，怕見西飛是伯勞。張喬。

〔□□三□□□五城（白文，不明）〕〔陳公子升（白文）〕〔喬生（白文）〕

竹房芝閣數相從，先出雲林四百峰。夾道看花金騕褭，群仙分露玉芙蓉。尊開夜雨飄紅滿，帆帶春山點翠濃。却憶同時曾擬賦，吹噓猶切五雲重。歐主遇。

〔瓊花女史〕〔情禪（白文）〕〔主遇印章（白文）〕〔歐氏嘉可〕

綠雨分春春始分，紅香點點欲留君。遊心不那吴宫草，賦氣先摩漢殿雲。白紵四時皆絶唱，碧蹄千里自空群。定知洛下深相憶，豈必停舟詣撫軍。黄聖年。

〔黄印聖年（白文）〕〔黄氏逢永（白文）〕

三春日日送征驂，别思桃花千尺潭。蓮社乍違羊石北，杏園遥指鳳城南。行邊駟馬文俱五，握裡天人策已三。去住未忘諸有在，試將消息問瞿曇。徐棻。

〔徐棻之印（白文）〕〔木之生〕

于嵩于邁，于脂其車。青絲挈酒，執手路隅。春風蕩蕩，春水徐徐。送子之行，引領踟躕。昔我于征，徘徊海傍。極目萬里，命子相將。别子踰年，言返故鄉。歡笑晤語，登子之堂。踪跡暌離，鴻燕迴翔。我去子留，我止子發。雙眼未青，江月空白。駕言乘春，花明行客。嶺雲湖烟，恣君筆墨。吴越山川，看予銘勒。子有明珠，焜燿袖中。光輝自媚，不希遭逢。但自珍惜，神合景從。衒賈售聲，實虧厥躬。皇皇京洛，既旅既處。日月光華，暉鬘璇宇。聖人既作，曰堯與禹。子出而仕，爲虎勿鼠。謝長文。

紙窗竹屋　謝印長文（白文）　伯子氏

兩臂纔分雨壑淹，山忘巫小露纖尖。衡嘗有挾兒文舉，芾不能顛質子瞻。慧業在函行亦轉，雜花爲戲笑還拈。一丸自掉無儒墨，錦杼何絲不出縑。古杭顧圤賦贈。

顧圤之印（白文）　山谷臣（白文）

所之無遠近，遠近在心期。譬如下種子，所得恒視之。所以萬石弩，不爲鼠發機。黎生負宿慧，早歲得皈依。一心持戒律，焚脩徧六時。不離文字緣，便欲證菩提。今晨理寶筏，先我去江湄。遥瞻極樂國，乃在燕山陲。吾聞有漏因，不了大脩爲。一見宰官身，當作天人師。李雲龍。

雲龍之印（白文）　李氏烟客（白文）

詞客行將萬里鞭，長揚羽獵賦堪傳。談經自廢《蓼莪》後，説法因依繡佛前。滄海珠懸明夜月，青萍劍合躍虹烟。看花隔歲期何早，倘許秋光策騎聯。馮祖輝。

馮祖輝字克倩

連日奉教，前許爲青蓮庵主作數行疏語，因匆匆度歲，復遲之。何時回城，可以立就。總之，羊矢不牽不肯放，非敢自作喬張喬致也。無事幸見顧，後館饒風月，但無孔方兄粧點耳。又沈□庵中丞擬舉净社，所詠光孝寺十二題詩，欲求吾黨高和。以老叔日間有事，因未即過譚，當并小詩呈正也。一□□小詩奉爲帝識兄賀，敢先呈削，幸教之。不敢□□□具□□也。餘多未盡。安仲老叔大詞壇。通家子遂球頓首。

不肖行在即正，藉此□□□千□勿却，□爲老之力，不得屢催。既無□大□何時一借?只知之□。專此□□。安仲□□老詞宗。通家子遂球頓首。

不肖將以中秋十七日行矣。此去風塵逐逐，回想歌舞場中諸韻事，□□□云□□真不啻西方境也。而老師又且風流領袖、詞壇□宿，益不能不令人相思，如何如何。新詩一種呈教，不能遍奉諸公，惟□□堪噴飯□一相笑可耳。二日或能過一别□□。安翁老詞壇。通家子遂球頓首。

余于抗日時避之香港，時滬已淪陷矣。嗣倭人又將攻香港，余既不欲入重慶，因擬姑至桂黔間，已訂航空機位，以不能多携行李，遂選所藏書畫之尤異者，截去軸首拖尾，乃至引首題跋，擾攘竟夕，多所拋棄。乃凌晨知機位爲豪宗所奪，無法與争。飛機竟不再開，而斷者已不可復續，此卷亦然。後雖强爲黏合，終難熨貼，此亦平生遺憾之一事也。因附記于此。遐翁。

寂寂南園諸老輩，千秋志節在遺民。莫教此意殫殘盡，衹向風流説麗人。辛酉正月，原覺吾宗屬題，順德羅惇㬇。

故里常過巘野祠，丱年曾誦牡丹詩。兒童解重鄉先輩，爲説纓冠死節時。辛酉二月，里後學羅惇曧。

寥落蓮鬚閣裏詩，雲淙别館亦淩夷。十年舊憶南園會，留與傷心後輩知。此予辛酉上元夜題此卷之詩也。其時羅原覺携□此卷北來，屬爲題句。既以予與南園諸子淵源有自，乃慨然以之相讓。故予詩雖題，尋復裁去。荏苒又十二年，今日展卷，憶辛亥七月梁節庵先生重開南園詩社，與會者八人，予以齒最居後，今亦老矣。前輩零落已盡，不獨少陵有高才陵替之痛，因復取舊詩重題卷末。節庵先生《南園詩社重開賦詩》有云：『老柳疏疏人照水，山亭隱隱竹成烟。閒來風物當誰賦，空憶陳黎一輩賢。』予輟詠經年，去鄉萬里，悠悠往躅，自知非其人也。癸酉夏六月，黄節寓北平題記，時年六十有一。

卷中諸子顯著者不復叙，叙其幽光者。北居史志不備，其攷得者叙之，集録志傳，不標舉原書，亦舊史法也。後之覽者將攷焉。

朱學熙字叔子，清遠人。受兵法于其父文諒，悉粤海險要。永曆時上書陳恢復，授翰林待詔。廣州陷，與白嘗燦謀起兵，未就。陳邦彦敗走胥江，力孤無援，學熙乘間殺令，以城應之，傾家助餉，城破縊死。家□圖書琴劍間。著有《南越廣艾》及自作詩賦，編爲集。

安仲，韓日欽也。《惠州志·選舉表》：日欽，天啟元年恩貢。函可和尚《千山集》有《夢安仲叔》詩，有《遥哭安仲叔》詩。安仲當即日欽字。《廣東新語》云，日欽以戰敗死。蓋亦從如琰建義，於到滘或博羅之後死之也。

子升幼時，子壯教以爲詩，應聲而就。長與子壯、黎遂球、區懷瑞、懷年兄弟、黎邦瑊、黄聖年、徐棻、歐必元、歐主遇、黄季恒、僧通岸等十二人脩復南園詩社。

張喬字二喬，廣州校書。工詩畫。子壯脩南園詩社時，喬每侍筆墨。年十九，病垂危。彭孟陽以數百金贖之，及死，爲悼詩百首，名曰《惻惻吟》。葬之白雲山麓梅花坳。復集諸名士下至緇流各爲詩一首，植花一本以表之，號曰『花冢』。又哀喬詩及諸人弔喬詩爲《蓮香集》。

歐主遇，順德陳村人。質敏博學，篤孝友。十赴秋闈，不售。居平，客來問字，屨滿户外。優游林壑，絶迹公門。著有《西遊》《北遊》兩集、《醉吟草》《自酬篇》。

黄聖年字逢永，南海人。萬曆戊午舉人，當陽教諭。工書法，學務博洽，爲文下筆立就。卒年六十二。著有《薜蕊齋詩集》《壬遊草》《墻東草》《非有堂草》《説圃》《詩騷本草通》《坤輿志》《春秋測》《家乘》《金剛如義序》《存□》各若干卷。

徐棻字木之，後改名棻，南海人。諸生。

謝長文字伯子，番禺人。陳子壯、子升兄弟與黎遂球開南園社，長文與焉。嘗和遂球《黄牡丹》詩十首，名曰《南園花信詩》。又嘗築小圃，名花城。以屢試不售，就教職，後補鄖陽知縣。方行，而城已陷楚。會國變，福王立于南都。長文上下大江，求復補一令自效。聞母憂，乃歸廣州。授户部主事，遷員外郎。廣州破，不復出，未幾遂禮僧函□，名今悟，字了閒。著有《乙巳詩稿》《雪航稿》《秋水稿》。

顧圤字琢公，一字山臣，錢塘人。有《今年草》。工繆篆，詩不爲格律所縛，持論亦復不羈。《江皋》云：『江皋有梅梅有枝，青樓悦君君不知。水郭舟喧趁潮去，月落沙禽啼滿枝。』

李雲龍字烟客，番禺人。少補諸生，負奇氣，慷慨重節義，一時名士多嚴事之。梁元柱以疏攻魏閹，削籍歸，與雲龍及陳子壯、梁繼善、黎遂球、趙焞夫輩徜徉詩酒間。性跌宕，時張喬歌舞妙一時，雲龍復與之善。後走塞上，客袁崇焕所。崇焕乞休去，雲龍痛憤，作《感秋》詩。崇焕死，雲龍歸里，久之，遂參禮道獨，削髮爲僧，爲羅浮華首臺藏主，名二嚴。國亡後，不知所終。著有《鴈水堂集》《嘯樓前後集》《遺稿》《别稿》。

晦公讀書勵節，於鄉邦文獻蒐討獨懃，而對晚明諸子行誼服膺尤深。其三十年來學脯之餘，購弆前賢手蹟頗多。此卷乃其秘笈中之第一銘心絶品。自辛酉題句後，録十二年重裝易跋，并攷叙卷中諸子事略，蠅頭累千餘字，神智不懈。余去春僑寄公齋，茗話夜分，猶及出卷論賞，謂寧忍窮困，不欲藉是易粟。白頭期守，共葆歲寒，可知其晚境睠睠於南園先哲，珍愛逾球璧矣。卷中如朱學熙、歐主遇、黄聖年、謝長文、徐棻、李雲龍等墨迹，至爲罕見。而張二喬麗人題句，秀出天南一枝，固不厪爲當時之雅韻，直恐世間無此妙質已。公自去臘捐館，遺物飄蕭。予獨繫念此卷，有關吾粤文物，流之外方爲憾。不期今冬其姬人松鳳携以北來，展玩悵惘，如對故人。適遐庵先生至吴下，乃急介歸。遐翁本公故交，所藏楚庭耆舊名蹟亦富，牟珠在握，楚弓不遺，予幸物得善識，可告慰亡友於九原。因紀區區散聚，以著死生友誼。而南園詩脈感用徵存，遐翁亦當有微契云。乙亥冬夜，王薳金閶北濠堂寫記。

是卷歸余十餘年，未題一字，因欲詳加考證，然後下筆也。今秋齋又下世有年，時局變遷，余欲歸老穗垣，竟不寧厥居。遂又流徙香港，所藏書畫古物歷經離亂，毁失殆盡。此卷幸抱持未失，然竟未能有所闡述，重負秋齋見託之意矣。秋日展視，爰綴數行，以留爪迹。終盼能有考訂，以補南園故實也。民國三十八年八月，番禺葉恭綽記。

引首『□林僧舍』之第一字，經多人忖度未決。余意係『東』字，惟其地何在待考。

此卷余因重鄉邦文獻及故人之託，十年來流離轉徙，護如頭目，雖其他藏物星散，此終在行篋中。其美周畫幅及二喬《蓮香集》亦俱僅存，誠幸事也。一九五零年北来後，役於他務，所欲考訂者卒未能從事。雖《廣東叢書》已出至三集，屈翁山《四朝成仁録》業已刊布，而所願未償者猶有八九，衰年棉力，度終罕成就，方深悵抑。去夏脩理京師袁督師墓已竟，聯想及于百花塚，屢寓書粤垣諸友，調查防護，寂無返響。今年三月，再託羅翼群爲之。昨得羅書，謂日前往流花橋多方訪覓，始知其跡已迷于新建築中。余閲之，若受雹激。噫！是余之咎也。設余早爲之所，當不至是。彼蘇小、真孃埋骨之區，歷劫猶存，列爲湖山名勝。如二喬者，風流文采，視二人有過之。《蓮香》一集至今讀者猶有餘慕，且其時與陳集生、黎美周諸先烈往還，漸摩沉瀣，殆亦非蘇小、真孃比。而一抔莫保，能不令人感嘆耶！此卷中名人手蹟，固皆可珍，然可信尚有存者，獨二喬之詩字，必爲孤本，則無可疑者，以其早慧早死也。余往避寇香港，無俚時偶作歌曲，付之藝壇。初爲《緑綺臺》，詠鄺海雪故事。次即爲《百花塚》。又於二喬生日，集諸詩人墨客，祀以酒脯。其時全國多陷于倭，余方以民族氣節激勵同儕，故于鄉邦文物故事多所揚榷。《百花塚》一曲，于并時人物固多推重，對二喬遺蜕亦三致意焉。今若此將徒增慨想，爲之奈何。余老且死，并無歸骨故鄉之意，遺言將安息于京西翠微山麓，固非戀戀于一邱者，特以歷史名蹟一旦蕩爲飄風，意安能無動。故述記于此，後之見此卷者，當有同情焉。

一九五四年端午日，葉恭綽。時年七十又三。

六年前在廣州，值端午，有一絶句云：『日午臨江渡鼓喧，稍欣豐稔澹煩冤。虚舟我早心無競，獨坐空齋念屈原。』今時人争禮靈均，不知三閭大夫亦知數年前有一憔悴憂傷同情于彼之一人否也？呵呵。遐翁。

商音悽咽滿南園，一卷乾坤正氣存。當日稱王徒異種，黎以牡丹狀元馳名清代，因有人賦《牡丹》詩句云『奪朱非正色，異種亦稱王』，遂殺其人。非時留恨尚芳蓀。卷中張二喬詩字最爲罕異。流傳翻重黄壚感，此卷舊藏黄晦聞所，黄没始由王秋湄作緣歸我。今黄、王俱墓草宿矣。慷慨難招贛水魂。黎以抗清兵死于贛州。太息衰遲艱付託，鄉邦文獻與誰論。余以重鄉邦文獻，喜得此卷，然恒以付託無人爲慮。今年七十七矣，偶展此卷，感懷萬端，因題一律。後之覽者，當知余書此時之心緒何若也。遐翁葉恭綽，時右目昏暗，故字不如前。

收此卷時，以晦聞遺族甚貧窘，所費至千金，然不久燕去樓空矣。應云鳳去樓空，方符故事。秋湄之死，則與悼其故姬有關。愛溺之于人如此。

遐庵清秘録卷二

北齊河清年佛像軸 粗布

高四十七公分，闊三十四公分半。

綽按：此軸作釋迦文佛立象一尊，朱衣白足，立蓮花上，下有金剛乘之，左右各善童子一夾侍。下列功德主像，右女三人：一書。文女苣一心供養；二書。文媳貞孃供養；三書。文妻妙行供養。左男三人：一書。□□荀文供養；二書。文弟武供養；三書。文男正國供養。上方左右署款如下：原夫三塗八難，非聖無以拯其危。五律一乘，非像無以表其正。是以□□荀文合門以河清二年歲次癸未□月九日敬畫佛像一區，願七世父母、所生父母共成佛道，因緣眷屬，咸同斯福。

此像用堆彩繪于粗布上，與西洋油畫畫法相同。着色處皆凸起，朱色尤爲顯明，意必其時中亞細亞或印度畫法。因不知係何處所發現，無從據以研究。然必出于吾國之西北方，可毋疑也。六朝繪畫，吾國已無一存。今得此本，顧、陸、戴、衛猶或遇之，吴、曹畫法殆亦由此導源。吾國藝術與宗教之關係，及外來藝術輸入之痕迹，均可緣以探討，不可謂非一尤物也。署字亦方整類北碑。

唐人繪佛像軸 絹本

高七十六公分，闊三十六公分半。

綽按：此軸絹底金身佛像，雖絹地黯敝，而金光閃爍射人，墨彩更自騰耀。雖無題字，定出唐人手筆。佛像有鬚自宋始，已罕見矣。佛光及寶座衣帶等本皆着色，且似爲油漆之屬，當係其時畫佛通行之法。此像無收藏印記，當係近年由敦煌等處流出，惜無法知其歷史。

唐西域畫觀音立像軸 布質

高一公尺三十九公分，闊五十五公分半。

綽按：全幅如今之油畫，彩繪于粗帛上。身面均戴瓔珞，露胸及臍，足踏蓮花。左右夾侍者凡六人，又功德主二人。觀音像有鬚，而雙頰各加圓形脂暈，夾侍者及功德主亦有之。是否爲女性之表徵，不敢臆斷。

左上方書：

南無威靈叵測，不捨大悲。久成正覺觀音菩薩。

下方書：

垂拱元年二月，居士吴勿兒敬造，流通供養。

小娘子王氏一心供養。

小娘子吴氏一心供養。

仰答佛貺。

唐或五代人畫佛像卷 絹布

高二十六公分，闊五十二公分。

隔水上題籤：唐五代人畫佛像卷。番禺遐庵葉氏藏。

吴湖帆題。吴湖帆

綽按：此卷乃横幅，共繪三像，似阿羅漢，一披紅袈裟，一披絮葉。三人中一帶髮卷虆多髯，着靴；二落髮無鬚，着鞋。中一人捧經册。另二童子一執幡、一執杖，杖上掛一胡盧。另草木石綴景不多，皆極古拙，似係乘槎渡海之景。筆墨純粹，與中亞及敦煌出土各圖畫同一作風。其樸勁决非宋以後所能及。其底係較細之棉織物，是否中土所産，亦疑問也。

不是梵隆與貫休，尉遲甲乙庶相儔。千年洞府封泥豁，道向敦煌石室搜。唐代經文千萬卷，烏絲細寫硬黄繭。偶然畫像彩描精，蜀素莊嚴尤麗典。吴帶曹衣費品評，施朱堆漆猶鮮明。不須十丈鵝溪絹，尺幅也傾擁百城。遐庵丈新得唐人三佛象小卷，絹本頗粗而渾，筆致亦古拙有士氣，雖不署款識，自可珍也。或云出自敦煌千佛洞。丈篤好佛學，此卷之歸，定有神使。香花供養，可不負此神品矣。癸亥冬日，裝治工成，出眎屬跋，漫繫俚語，聊當論畫。吴湖帆。吴湖帆

五代貫休羅漢軸 絹本

高一公尺十公分，闊五十一公分半。

綽按：此幅用粗絹，水墨略着色，綫條粗勁有力，神彩躍然。手捧經卷，脱屨趺坐石上。

緝熙殿寶

第十半託迦尊者。真賞 在上左方 西岳僧貫休作。篆書。在下左方。

雙龍璽　不明　不明　在右上方　趙氏子昂　項墨林甫祕笈之印　在右下方

垂頭没肩，俛目注視。不知有經，而况字義。佛子云何，飽食晝眠。勤苦功用，諸佛亦然。宋眉山蘇軾贊。明吴江□□□。

綽按：此四行字題于上左方，係左行。

五代石恪春霄透漏圖卷 紙本

高二十七公分半，闊一公尺二十五公分。

外籤：五代石恪春霄透漏圖真跡。番禺葉氏遐庵所藏劇跡之一。

遐公　白文

引首：春霄透漏。篆書。松泉書。

參政之章　白文

吴伯榮氏祕笈之印　積穀山人

春霄透漏圖。石恪。

御府圖書　不明　真賞　伯榮審定　藏印　信公珍賞

綽按：此卷用薄羅紋紙，寫男女鬼各二，調笑歡酌，衆鬼奔走伺應，極恢詭姚冶之致。樹石筆意堅挺，人物用細筆而仍極宕逸，設色亦古厚異常。

都尉耿信公書畫之章　公　會侯珍藏白文　吴榮光印白文　蔡印之定白文　雋石居白文

隔水

葉恭綽白文　遐庵銘心之品　曾在楊雪茮處　吴氏筠清館所藏書畫

原有朱德潤一跋，文是而字疑僞，當别録。綽注。

宋僧法能畫五百羅漢卷 紙本

高三十四公分半，闊四公尺六十七公分。

原錦袱上題：釋法能白描羅漢真跡。上等。調一。乾隆九年春月。

臣張照等奉勅編次。

原題籤：釋法能羅漢。

玉别上刻：乾隆御賞釋法能畫羅漢。係隸書。

隔水綾

騎縫

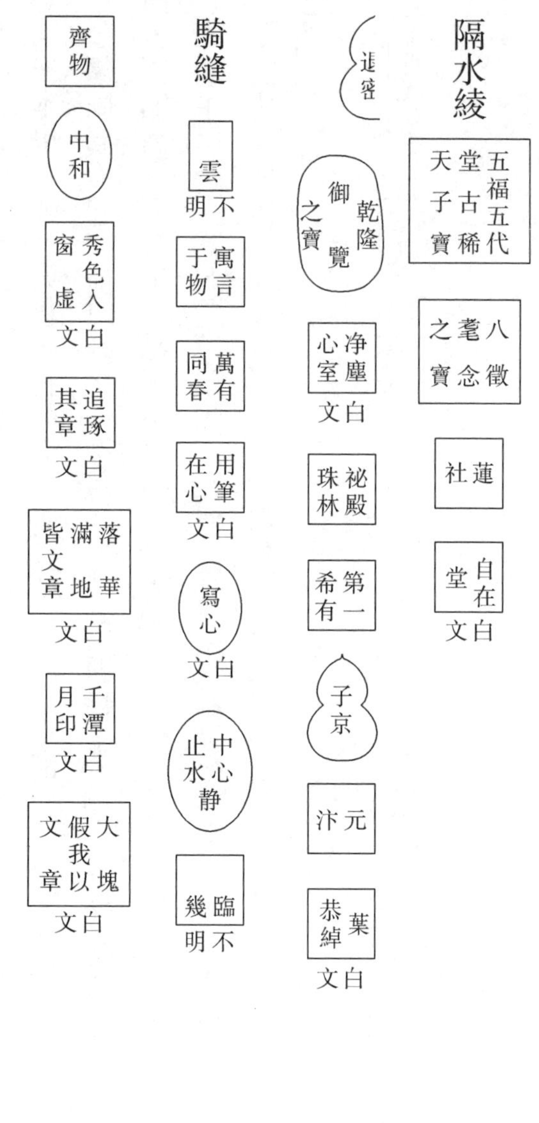

綽按：全卷水墨工筆，勁如鍼，細如髮。山石、波浪、樹草、宮室、欄楯、衣服、冠蓋、麾幢、旌斾、弓矢、杖鉢、魚龍、虎豹、犀象、鸞鶴、琴棋、書畫之屬凡千百種，不能備舉。形神逼肖，筆意凝鍊。法能傳世之作僅見此卷，殆平生唯一傑作也。

卷末署款：沙門法能於景祐改元甲戌元旦發心閉關敬寫，成於寶元二年己卯浴佛日。

右北宋釋法能畫《阿羅漢》一卷，前明曾藏天籟閣。查汪松泉《秘殿珠林》草稾，乾隆初由桂林陳榕門宏謀貢入内府，編入《秘殿珠林》上等調一字號。簽袱乃張得天所書，今仍存在，完好如新。是卷法能畫于宋仁宗景祐元年，越六載爲寶元二年始蕆事，可謂鴻篇鉅製。北宋去今八百餘年，紙素完整，尤爲難得，且法能畫見於著録者僅此卷耳，世間更無第二本也。觀其人物樹石與夫飛潛動植，無一不備，用筆皆如銕絲縈繞，真北宋人筆墨。公麟尚屬後起，何况餘子。余得此卷，殆與釋子有緣，吾知時時必有吉羊雲來護之，不數米家船滄江虹月也。己未十月晦，瓢叟記。

此卷于民國乙丑歸于遐庵，爲遐庵所藏各佛象之冠。余平生尊藏佛象不下五百通，恒欲建一精舍爲寶奔之所，卒未如願。謹書此，以當息壤。越二年丁卯春，葉恭綽敬紀。

乾隆鑑賞 白文

古希天子

三希堂精鑑璽

宜子孫 白文

項氏藏書畫印

項氏花押

番禺葉氏所藏

玉甫藏象記

遐庵居士

自在堂 白文

宋宣和内府藏揭鉢圖卷 紙本

高二十七公分，闊一公尺六公分。

外籤：揭鉢圖。宣和御府藏本。庚申仲秋月晦，心畬題於西山别墅。

隔水

釣鯨魚父 白文

心畬鑑定書畫鑒藏印

遐闇心賞

倍萬樓印

古潤戴植培之氏一字芝西氏鑑藏書畫記

御書之寶

御書

雙龍璽

大學士章

虞性堂書畫印

戴培之鑒藏書畫印

此處本有一大印，文字不能辨識，戴印乃蓋其上。

趙氏千里

慶宜堂

目日 不明

子子 不明

審定真蹟

玉堂金馬 白文

綽按：此卷用細絹，工筆綫條，皆作游絲。筆意澹静，着色沉厚。疑非龍眠不辨。或者尚係龍眠以前人筆，惜乎無款。然爲宣和内府藏物，則無疑義也。

恭綽長壽 白文

第一希有

得全堂記

小雅堂印 白文

鄉會經 不明

墨

妙

賜歸老人 白文

翰墨軒主人

培之祕玩

東坡白文　蘇氏子瞻白文　張氏子瞻書畫之印　□小印字不能辨　西山逸士白文　少息齋圖書印

廣演寶積經偈疏。按：此爲羊腦牋。潤州戴氏倍萬樓鑑真

『如是我聞，一切諸天神王會合』至『天花祥起，陰霾晴霽，而輯是言。幻住沙門明本拜手録演』。□不明

翰墨軒　憨頭陀　心畬鑑定書畫珍藏印　芷農珍藏　葉恭綽白文　觀宗學舍　古潤戴植培之氏一字芝西氏鑑藏書畫記　倍萬樓印

《揭鉢圖》因緣出《寶積經》。鬼子母與五百男各具神力，懷毒以向世尊，欲取賓迦羅于鉢下，終不能得，至于投戈作禮，受持歸戒迺已。慈故能勇，其此之謂。是圖真本，隋唐間至人遊戲所作，嗣後名家競摹之，流傳世間者甚夥，余亦見數本。此本筆意精細，神采飛動，當是北宋畫苑中物，雖非真月，亦第二月，可寶也。瞿太素兄見示，敬書。萬曆癸卯中秋日，真實居士馮夢禎。馮夢禎印白文　真實居士白文　丁丑會元

迦葉佛時，羯肌王第九女大作功德，蓋法界大士也。留不持戒之惑，爲般若迦妻啖食人兒，迦文攝其幼子，覆玻璃鉢，盡神力出之不得。而後相與持戒，子出鉢下，表持戒之能護諸童子也，表持戒之勝諸神通威力也。假令妄執爲實，則啖人兒者絶人溺愛之根，覆人兒者動人瞋殺之念。何佛非鬼，何鬼非佛，此生覆兒，當由生生作如是事，將謂耶輸久覆羅睺，爲佛果報。多舌女暴志尼盂覆僞子，爲佛花報。而釋種纍纍死鉢之下，爲佛異熟之報。般若迦妻無待驅山分海、吹火噓雲，不戰而勝，迦文之咒矣。詎知迦文實以玻璃城、玻璃世界酬其夙德，賓迦羅故不思出般若迦妻，役諸獰惡，如以冰柱擊温湯，旋擊旋銷，化爲蓮花城、蓮花世界，亦無須入而取其子出也。幻住沙門知如是幻幻書爲證。若童壽兒時戴鉢，輕重隨心，更不作表特戒想。南詔繪像事之，神光燭天，所書托鉢歌尚值千緡，况字字作閻浮檀金色乎！文敏是其弟子，丹青入神，謂圖出神手，其爲神品可知。吾所藏妙頣真白描圖，經山谷所賞品，在能、妙間，未神也。雖然，神者不測之名，佛、魔、人、鬼境不可測，五代隋梁時不可測，吾又安能測之，繪事後素，其問之太素君。六夢居士虞淳熙拜手書。

虞淳熙（白文） 六夢居士（白文） 司勳大夫（白文）

豈爲科名始讀書 潤州戴植平生欣賞

《揭鉢圖》世之摹寫者固多，余亦所見甚夥。家藏有白描本，相傳爲龍眠手筆，然究未能辨其真贋。縠齋世兄以其先大夫藏本見贈，披覽鎮日，洵爲君家世守之珍。余何人斯，曷敢奪愛，敬題歸趙，以志景慕云。道光辛丑秋，寄琴弟鮑振康書于竹西客邸。

之軔丘岡 白文

鮑振康原名維垣寧晋原字既勤

玉甫藏象記

遐庵銘心之品

此《揭鉢圖》不記作者氏名，第筆墨高渾，可决爲北宋人作，以馬、夏、錢、趙尚不能如此古逸也。或者乃龍眠作，而失其款，亦未可知。卷尾有東坡印章，殆爲眉山藏物歟？丙寅冬，得此于京師，書以志幸。中峰法師手書尤爲希有之寶。余藏有管仲姬手繡羅漢象，有中峰題識，筆意與此正同，可相證也。共和丁卯春，葉恭綽。時小病初起。

遐庵居士

自在堂

宋高益鍾馗圖立軸 紙本

高七十一公分，闊三十五公分。

綽按：此幅用極厚麻紙，彩畫。鍾馗袍笏舞蹈，旁二鬼和之。着色濃厚沉古，鬚眉筋骨刻畫透露，樹石亦皆渾拙。色皆凸出，其畫法類唐代畫壁，且似西域畫法。款在石上。

益王之章　高氏鑒賞圖記　吴之印 白文。吴下似是「澄」字。　張翼 「張」下似是「鳳」字。　江石

宋李公麟十六應真軸 紙本

高一公尺二十三公分半，闊五十公分半。按每幅計共十六幅。

第一幅　錢唐　袁鑒　敬藏 白文　在右下方。　秋壑 在左下方。

第二幅　秋壑 在右下方。　袁鑒　敬藏 白文　在左下方。

第三幅　袁鑒　敬藏 白文　秋壑 在左下方。

第四幅　[錢唐]　[袁鑒]　[敬藏]白文　在右下方。　[秋壑]　在左下方。

第五幅　[秋壑]　在右下方。　[袁鑒]　[敬藏]白文　在左下方。

第六幅　[秋壑]　在右下方。　[錢唐]　[袁鑒]　[敬藏]白文　在左下方。

第七幅　[秋壑]　在右下方。　[袁鑒]　[敬藏]白文　在左下方。

第八幅　[袁鑒]　[敬藏]白文　在右下方。　[秋壑]　在左下方。

第九幅　[秋壑]　在右下方。　[袁鑒]　[敬藏]白文　在左下方。

第十幅　[秋壑]　在右下方。　[錢唐]　[袁鑒]　[敬藏]白文　在左下方。

第十一幅　無印章題識。

第十二幅　[袁鑒]　[敬藏]白文　在右下方。　[秋壑]　在左下方。

第十三幅　袁鑒　在右下方。秋壑　在左下方。

第十四幅　秋壑　在右下方。袁鑒　敬藏　白文　在左下方。

第十五幅　無印章題識。

第十六幅　熙寧四年四月浴佛日寫。

南舒李伯時。公麐　袁鑒　敬藏　白文　在左下方。

綽按：龍眠屢繪十六應真，然如此巨幅尚無第二本。此十六軸用玉版紙潔如玉，墨采騰踔，信非龍眠莫辦。西湖今有乾隆石刻，又故宫博物院有乾隆緙絲，均仿此本，但均稱爲貫休作。貫休原本早已不全，乾隆時不知何所依據，龍眠此作，或轉可信耳。

宋李公麟蕃王禮佛圖卷 紙本

高三十四公分，闊二公尺三十公分。

外籤：李公麟蕃王禮佛圖。

玉别上刻：乾隆御賞。李公麟蕃王禮佛圖。隸書。

引首：宋藏經紙。　蕃王禮佛。丹泉唐俞。

聖言 白文

騎縫

用筆在中 白文

隔水綾

五福五代堂古稀天子寶

八徵耄念之寶

自在堂 白文

番禺葉氏所藏

萬有同春

神

品

祕殿珠林

乾隆御覽之寶

葉恭綽 白文

玉甫藏象記

張忠私印 白文

吟餘清賞

歸來印 白文

净塵心室 白文

綽按：此卷于水雲海中湧出蓮座，佛坐其上，光芒遠出。一蕃王拜于蒲團，後隨各異族人無數，服裝奇詭，面皆露贊嘆欽服之容。

三希堂精鑒璽

宜子孫 白文

遐庵銘心之品

蓮社

葉恭綽 白文

西厓 白文

乾隆鑑賞 白文

古希天子

鴻

緒

士

奇

世能

逢祐

吴寬

希之

張維坊印

松陵史氏邦俊家藏

遐公（白文）

番禺葉氏遐庵珍藏書畫典籍之印記

維西列萬國，有土此有人。孰是無繼立，而能治其民。佛化大無外，萬有入彌綸。衣冠雜誕獷，莫不悉來賓。東方九州地，治教亦具陳。豈知五經表，復自叙彝倫。斥鷃譏南運，舜英疑大椿。擴充固有道，一視歸同仁。東皋釋妙聲。

九皋

石間高岱

菊澗

騎縫

遐公（白文）

儼齋（白文）

京兆

吴寬

溪陽

鶴鹿群中人

佛身充滿大千界，蓮座玄談海水翻。融楫群倄證圓覺，靈通虛徹卓然存。玉笥李簡。

廉

所

李簡士廉（白文）

玉峰善士唐漢卿携《蕃王禮佛圖》請贊，爲之贊曰：『九夷八蠻，聲教罕至。惟見佛容，必恭敬止。維王在前，載拜稽首。群從咸集，嚴列左右。峩峩其冠，楚楚其服。虯髯螺髮，穹鼻深目。伊昔宋代，鮮有其人。方今聖朝，來往日新。曩迦辣藏，朵囉賽因，撒藍麻哩，名動縉紳。言不雅馴，訓義無别。粤有象胥，善爲解説。式觀此卷，畫手非常。裝潢藏之，有耿餘光。時至正十年上章攝提格孟陬已立春六日，郡城天台老學沙門餘澤七十四歲書于寶馬寺東廡如山重公之煖閣。希之　白文沙門餘澤　天泉　不明東吴沙門呆天泉印

京兆　希之

香水海中傳直指，碧蓮華上結加趺。方今衆教行中國，况爾蕃王部落俱。八十五翁易偉。盧陵兼山易氏

雕題朱髮紛重趼，竺國西來聽梵音。仰止孔壇群弟從，杏花春雨坐彈琴。吴下周備。婁曲書堂　隸書。

華雨繽紛寶樹重，戎王卑俯近慈容。從來禮樂聞中國，幾度鑾輿下辟雍。雁山

戴寧。

存中（白文）

樗庵

騎縫　遐公　希之

《書畫舫》載李伯時《蕃王禮佛圖》在韓氏，純用鋏綫描法。有元人跋尾，始于李簡，訖于九皋也。又《畫繫》云是嚴分宜故物，曾見抄籍中。今按跋語，但稱其畫手非常，而不能定其爲龍眠也。又言伊昔宋代罕有其人，蓋以經見者方能畫，宋聲教未通於西北，安得有蕃王來廷。然則佛之渡海放光，其誰見之耶？是亦泥矣。畫共三十二人，佛之慈容，蕃王之嚴事，從者三十人或驚或喜，或慕或敬、或沉思，或相顧動色，皆點睛入妙，各具意態，奕奕動人，要非伯時不能辨。畫譜所定，良不誣矣。余丙寅歲少司農歸里，得于吴閶歸氏，後爲友人取去。今歲在丙申，重復購得之，因識卷尾，俾後之覽斯畫者有所考焉。康熙五十五年九月廿六日，橫雲山人王鴻緒書于長安經館。

王印鴻緒

大司農章（白文）

橫雲山人

鷗間

寒木堂

李龍眠畫爲有宋一代之冠，前人已有定評，無庸贅辭。此《藩王禮佛圖》歷經《清河書畫舫》《江邨消夏録》紀載，嗣由高氏歸横雲山人。乾隆朝曾入内府，貯秘殿。數百年來，流傳有緒，題跋亦復完整，畫紙潔白如新，毫無損污，尤爲可寶。惟張青父所載題跋始于李簡，終于釋九皋，而高澹人《江邨消夏録》則九皋居首，彭冲溪跋尾一詩大約歸王儼齋後始失去，合記于此。若夫畫之神妙，有目皆能共賞，予復何言。戊午大雪後，瓢叟顔乙。顔世清印（白文）

《石渠寶笈》有重編、三編，《秘殿珠林》亦有三編，見《西清劄記》。是卷在《續編》，故《初編》未載。歸希之名來，是明末收藏家。是卷畫首有歸來印，跋尾有希之印。横雲所謂得于金閶歸氏，即其人也。嘗見宋元名迹間有其印，此爲著録未紀載者，合并拈出。戊午臘月雪夜，瓢叟又記。顔大手稾

此卷以余考之，蓋先歸王儼齋，繼歸高江村，又復歸王氏，始入内府。儼齋跋所稱丙寅得此卷，旋爲友人取去。丙寅爲康熙二十五年，考近人所刊《江村書畫目》，卷首有康熙四十四年揀定進上字樣，其中即有龍眠《禮佛圖》一卷，注明係王司空送。王司空即儼齋也。《江村銷夏録》成于三十二年，其時此畫亦尚在高氏。逮丙申復歸王氏，則其時江

村已失勢。厥後由王氏如何復入内府，則不可考。雖區區一畫卷，可印證當時朝局派别之盛衰焉。

又清奉天行宫藏有龍眠《禮佛圖》，今隨其他藏物運致北京，存内務部之古物陳列所。余未及展覽，以考其筆墨之真贋異同。但據金梁氏之《盛京故宫書畫録》及古物陳列所録出之書畫目録考之，則彼本有公麟款，而此無之。其有『乾隆鑒賞』『三希堂璽』等則同。最可異者則題跋相同，而名字不同。如『九夷八蠻，聲教罕至』云云，彼則署爲趙雍所題；『香水海中傳直指』云云，彼則署爲虞集題；『華雨繽紛寶樹重』一首，則署爲鮮于樞題；『佛身充滿大千界』則署爲倪瓚題。似慮諸釋子等之名不足增重，而别謀假託者。諦觀此卷各跋，各有其精神意態，决非僞造，然則盛京故宫所藏爲贋鼎無疑。顧兩卷同編入《秘殿珠林》，而此顯然之異同，竟無人發覺而爲之别白審定，足徵其時主其事者之疏略矣。至畫之真僞，不在有款與否，而僞作尤必有款，亦可釋論此卷者之疑也。共和丙寅秋日，葉恭綽。時距儼齋得此卷之日，適爲甲子四周。

譽虎

自在堂 白文

兹檢《江村書畫目》乃列入藏玩手卷中，前云在揀定進上目内，乃屬誤記。據此則由儼齋贈與江村，由江村家散出，再歸王氏，然後入内府，灼然可考。又吴子敏《大觀録》卷十五載是卷，稱爲梵隆所作，但了無實證，不知緣何武斷。至《大觀録》所載尺寸、題識，悉與此同，固知即是一物耳。《大觀録》載吴原博一跋，爲《江村消夏録》所未載，以卷中有吴寬印證之，當確有是跋，而江村時已失之。兹補録于後，以供參考。

海氣蒼茫，水雲接天，佛在巨浪中，手指白豪相光，袒裼趺坐。蕃王虬鬚袴褶，長跪受記，從者殊形詭狀，延頸遥瞻，或合掌，或拱立，爲態不一。計三十一人，人長四寸有餘。吴寬。

丁卯三月，葉恭綽再志。 遐公 白文

越月，余入都，因周養安得觀武英殿所藏之卷，與金氏所記悉同。筆力蹇弱，都無神采，帋亦非宋代物。養安亦定爲贋鼎。或者高氏、或王氏進此僞物，而自留其真者；或與此卷先後入宫，而未及對證覺察，均未可知。要之，此卷之真僞將因是益顯耳。丁卯四月，遐庵再記。 遐庵

宋燕文貴山水卷 紙本

高三十三公分，闊一公尺五十四公分。 司印 亻司記

綽按：全卷墨筆，山水樹石，舫艦樓閣，橋棧牛馬，皆細于毫髮，幾非目力所能辨，

蓋有射蝨穿蠅之技。而筆意沉勁渾雅，饒有士氣，蓋非燕氏莫辦。紙似繭製，略以淡青烘染，樹石樓臺間有着色處。

第一希有　葉恭綽譽虎印白文　玩物而不喪志　方氏珍藏　驅閒

燕文貴畫在北宋極負盛名，王孟津謂『重巒濕巘，撲人眉宇』八字庶幾足以形容之。此卷墮落塵劫，題跋無一存者。歲丁巳，余于京師創設書畫展覽會，傅公沅叔出是卷，俾余審定。乍展卷，即定爲燕畫。適樸孫完顔都護亦有燕卷，會中以相比較，覺彼藏雖真而紙墨損擦，大有霧裏看花，不如此卷遠甚。一經品題，賞鑑家皆知傅公竇有燕蹟。樸孫尤醉心，欲割讓以成雙璧，傅未之允也。越三載，忽出以授不佞，且曰：『子能知此畫之妙，一見而定爲燕跡，古人掛劍，吾無取焉。爰貽子，以投所好。』余謹受而記其緣起。并北宋名迹，凡經宋内府收藏，必鈐『稽察司印』，《墨緣彙觀》《石渠寶笈》可以檢查。并誌，以告後來。庚申春二月，瓢叟顔乙。顔大手稾白文

是卷重裝，精神煥發，尤覺沉古，驚心動魄，使孟津見之，更不審作何評品。余藏有董北苑、李龍眠、夏禹玉，可以雄視北方。况有東坡《寒食詩帖》、山谷《伏波神祠詩》

卷，米家滄江虹月，吾無多讓。裝畢，書以志幸。辛未七月既望，瓢叟。

顏世清印 白文

履道園 瓢叟晚年不克保其所有，其精品先後讓之親友。此卷旋即歸余。其景樸孫一卷，名《武夷山色》，亦歸遐庵。瓢叟跋中所稱山谷《伏波神祠詩》卷及龍眠劇迹，亦在余所，惜《寒食帖》已往東瀛矣。余于古人書畫佳品享受已多，深惟厚亡之戒，復遇板蕩之秋，時時有易安居士之惕。近方編《遐庵書畫録》以誌泥痕，不識何時卒業也。宋内府有脩内司掌服用玩好者，此卷中半印及卷末全印之字迹損去者，頗疑乃脩内司，而非稽查司。以卷末印之偏旁尚存『亻』，當是『脩』字，希博雅者更詳之。民國三十年十一月，葉恭綽。

葉恭綽 白文

宋燕文貴武夷山色圖卷 紙本

高二十七公分半，闊一公尺六十九公分。

葉恭綽 白文

玩物而不喪志

尚義倉景萬記

山水家以工夫緻密、思致深遠爲難，獨燕文貴筆力蓋長于此。此幅乃真蹟也。予昔南遊，自杭之建寧，泛舟經武夷，幔亭之下，巖巒奇秀，林壑信美，殆平昔所未見，至今耿耿不忘。倏觀此圖，叠嶂層峰，形勢大類之，豈文貴落筆之際，特爲兹山寫真耶？賞音者必以予言爲然。大德癸卯閏五月中休日，雪庵漫士溥光題。

燕郎妙筆武夷山，樓閣峥嶸杳靄間。安得一區聊寄跡，了然塵土不相關。彭衙潘世劼。

憶昔過華陰，竚馬溪邊立。仰望太華高，黛色倚空碧。景略舊隱處，猶有蝸盤迹。欲住恨未能，回首空嘆息。邇來將二紀，夢想長掛臆。昨朝觀此畫，佳趣諒難述。怳如望終南，紫翠浮絶壁。竊比衡與霍，未知孰第一。武夷雖雄勝，匹此恐非敵。顧我寓京華，頗厭黄埃汨。西山固奇絶，終匪舊鄉邑。何處有此景，將往託予室。風烟如可買，萬鎰吾何惜。雲麓。雲麓

天隱

燕文貴在宋與高克明同時，而各相敵。此圖匀整密致，布景自王摩詰《輞川》來。溥

光哆口贊嘆，謂爲武夷寫真，彼豈有虚賞哉！溥光于元爲宗師，以精書畫名。此稱『雪庵漫士』，當是賜文銜後筆。潘汝劼，羨陽人，亦有名，并可尚也。葑漁好古，必知珍襲，此卷得處所矣。萬曆戊戌十二月之廿一日，於玉林觀此卷，因題，詹景鳳。景鳳白文

東圖子白文　東西南北之人

宋梁楷布袋和尚象真蹟軸 絹本

高三十一公分，闊二十四公分半。

真賞　珍秘　宜爾子孫白文　梁楷。會侯珍藏

綽按：此軸面作減筆，衣褶粗筆，張口眯眼，神態欲活。詩堂題字勁辣，雖不署名，顯非米顛莫辨，或者出吴居父手。

丹誠白文　琴書堂白文　漢水耿會侯書畫之印白文

戒律生中既不持，露胸坦腹絶威儀。直饒放下猿頭了，也被旁人令笑伊。長開布袋引兒童，誰識憨癡契此翁。七十二汀烟水闊，幾多鈍鳥宿蘆中。太子少師姚廣孝敬題。

太子少師姚廣孝圖書

宋人畫馬卷 紙本

高三十五公分，闊二公尺十七公分半。

外籤：宋人畫馬卷。

昌　林葉山房

綽按：此卷内共九馬，七御者作飼馬狀，提水桶者、掇青芻者、牽馬就槽櫪者，各極其神態。馬亦駿逸不凡，但均多肉。御者服裝整齊，似寫天閑騏驥之狀。着色沉厚，綫條堅挺。舊題宋人畫，必有所本。紙亦堅緻。

長毋相忘　不明　如皋張氏竹軒藏書

駿骨崚嶒血汗殷，憑誰寫照到天閑。從知海上龍媒種，不在尋常牝牡間。千里騰驤感舊恩，寫生不數趙王孫。嘶槽一息追風足，回首天山塞草昏。甲子八月廿二日雨後，題于濟南署中，銕保。銕保私印白文　青宮少保

宋人畫列仙卷 絹本

高三十一公分半，闊五十五公分。

綽按：此卷繪列仙，騎鳳乘雲，排空馭氣，雲山皆鈎以金，霞采作紅藍色。絹素雖敝，神采如生。但似非全璧，亦不知係繪何故事。末下角有『十洲』葫蘆印。按其筆墨，可及宋代。或經十洲收藏，抑爲無知者後加，均未可定。

此北宋人畫。所畫不名何事，已開道流之漸，可慨也。絹素緻厚，筆意高古。末爲淺人蓋一仇十洲小印，是猶强崔篆爲焦延壽，下孔鮒于孔藂，使讀者久而漸忘之矣。西泉四兄寶之。懿榮題記，光緒十四年七月。王正孺

宋徽宗御筆祥龍石卷 絹本

高五十四公分，闊一公尺二十八公分。

題籤：宋徽宗御筆祥龍石卷。溥心畬題。

宣和殿寶

正誼書屋珍藏書 不明

乾坤清氣

司印 綽按：此當是脩内司之半印。

綽按：此卷用水墨鈎染，中有鱗形，嶙峋多洞穴，上以石青繪草數叢，又樹一株似桂。石半以泥金書『祥龍』二小楷，亦道君筆也。

天曆之寶 綽按：天曆乃元文宗年號。

祥龍石者，立於環碧池之南，芳洲橋之西，相對則勝瀛也。其勢騰湧若虬龍出爲瑞應之狀，立綽按：當是奇字。容巧態，莫能具絶妙而言之也。迺親繪縑素，聊以四韻紀之。彼美蜿蜒勢若龍，挺然爲瑞獨稱雄。雲凝好色來相借，水潤清輝更不同。常帶瞑綽按：應作『暝』，此乃誤筆。烟疑振鬣，每乘宵雨恐凌空。故憑彩筆親模寫，融結功深未易窮。御製御畫并書，一天。

御書 綽按：此印蓋於『御畫』二字之上。

晉府書畫之印

敬德堂圖書印

恭親王寶 白文

樂道主人 白文

篤

壽

遼西郡圖書印

此卷千皴萬染，神采飛動。帝王萬幾之暇，用心亦太勞矣。御書逼真二薛所作，當在宣政之交。曾入前明内府，復爲晋邸所藏，有宣和殿及晋府等印。余端憂多暇，從桂山前輩借觀，因與郭生精心模得，彙入《筠清館集古帖》中。徒以翰墨論，殆欲突過《石淙》唐刻。精拓一紙，與此卷同還桂山，幸裝拓本於後，以備百載後糊揭蟫蠹之損。道光庚寅夏五，南海吴榮光伯榮并記。

吴氏伯榮

宋梵隆和尚畫羅漢卷 紙本

高二十四公分半，闊一公尺七十九公分。

外籤：梵隆大師十六羅漢渡水圖。

隔水綾　書畫船　讀書未晚白文　遠雨暗江南白文　可園珍祕　番禺葉氏遐庵珍藏書畫典籍之印記

御前之印

綽按：此卷畫用宋玉版紙，凡十六應真渡海，各極其致。用筆如游絲屈鐵。卷末松身有蠅頭篆『梵隆』二字。

白石山房書畫之記

騎縫

止齋珍賞

止齋吉綸 白文

時年七十有七

虛白居 白文

十六阿羅漢，神通總超越。衲僧門下看，築底欠一著。雖慣涉波濤，敢保不濕脚。比丘寶鼎。

古庵

青松白石

桂華春 白文

成群作隊逞神通，百怪千妖狀不同。揭厲淺深誇自涉，遊遨近遠慣乘空。痛施辣手遭黃檗，勑赴香齋奉大雄。堪笑從前窮伎倆，都盧攝向一毫中。天台比丘梵仁贊。

天台

松居 白文

蒼雪白文

這漢都來少慚愧，弄奇捏怪世間無。縱饒履水如平地，未免全身在半途。比丘如滿。

自謙白文　閑中之趣白文　按：此詩係隸書。

如是住　松陰旅泊

吾教謂羅漢留身住世，神通自在，隱顯不測，故昔之工畫者以意推求，描貌非一。如度海則爲浮杯飛錫，騎鯨跨鰲，天神龍鬼導從後先。居山則爲禪定游行，降龍伏虎，猴猨獻果，禽鹿銜花。種種形容，各極態度。故披覽之者，悉駭動其心目，捨狂慠而瞻依，樂淡寂而遁迹，比比有焉。昔顧長康畫維摩，光明照寺，塡施百萬。吴道玄畫地獄變相，觀者咸懼罪脩福。此之謂歟！今觀是圖，廼爲渡水羅漢提携，揭厲中流，率多惶怖之色，到岸始復夷坦之容。縱有所表託，亦不足起人之敬信。余固無取焉。蓋尋常壯夫悍卒有渡水者，亦不病涉而畏溺，况神通大士而有怯懦之態若此也。若禪月大師之畫羅漢，每欲著筆寫某尊者，必先澄慮致禱，使夢與神接，得其狀貌真似，乃一揮而成之。故其所作，大異群工，其肯爲是哉！後之覽者，必以余言爲然。時永樂十九年八月望日，長干溥洽。

南州　迂叟　清森閣書畫印

宋法常和尚花鳥蔬果真蹟卷 紙本

高二十七公分，闊八公尺九公分。

吴氏克明　吴印子孝　純叔　進德脩業

綽按：此卷墨分五色，寫生欲活，而筆情仍極沉厚，已開子昂、瀶軒之先，猶恐趙、王未得其神韻耳。卷長營造尺二丈餘，未題款。按之石田跋中，尺寸不合，諸物亦未具備，殆係割一爲二。聞故宫有同類一卷，是否即由此卷分出？須待目證。

騎縫

玉甫　吴氏純叔　延陵季子

番禺葉氏遐庵珍藏書畫典籍之印記　湖帆讀畫　樂閑珍玩　子孫保藏　莔林曾觀　高不明　玉甫

余始工山水，間喜作花果草蟲，故所蓄古人之製甚多，率尺紙殘墨，未有能兼之者。

近見牧溪一卷于匏庵吴公家，若果有安榴、有來檎、有秋梨、有蘆橘、有薢茩，若花有菡萏，若蔬有菰蒻、有蔓青、有園蘇、有竹萌，若鳥有乙舃、有文鳬、有鵜鴣，若魚有鱣、有鮭，若介蟲有郭索、有蛤、有螺。不施彩色，任意潑墨瀋，儼然若生。回視黄荃、舜舉之流，風斯下矣。且紙色瑩潔，一幅長三丈有咫，真宋物也。宜乎公之寶藏也歟！

沈周。

啓南　白石翁 白文

宋揚補之梅花軸 紙本

高四十四公分半，闊二十九公分半。

綽按：此幅老幹疏花，横枝六七，清逸之氣，撲人眉宇。

古幹清標。逃禪老人揚補之。

長春 白文不明

江右揚補之印

備閲 右上方

書帷 右方中

不明

秋壑 右下方

永寶

左上方

□

不明

賞鑒

不明

左下方

第一希有

葉恭綽 白文

上幅：北宋揚補之《古幹清標圖》。南宋賈師憲秋壑鑒定真蹟。雲陽賀復徵。

賀印復徵

仲來甫 白文

仲來

賀仲來鑒定珍藏

宋馬遠醉仙圖卷 紙本

高二十八公分，闊四公尺十九公分。

真賞

玉甫藏象記

番禺葉氏所藏

審定真跡

琴書堂 白文

綽按：欽山人物，世不多見。此卷用筆高渾，神采躍然，描寫列仙醉態，備極生動，而各具超人之象。凡廿五尊，世存欽山人物一幅中而具此多數者，殆無其匹也。卷末署名『臣馬遠』，蓋進御之物。

神　品　第一希有　葉恭綽（白文）　遐庵珍祕　胡稷審定　真　賞　畢沅審定　唐氏家藏

直指繡衣御史章（白文）　信公珍賞

隔水：檇李王去賢觀。　一字玄暉（白文）

馬遠畫真蹟無疑，千萬以善價購之，他日更當借觀也。對客，奉復草草。徵明頓首。

侍御曹先生。　文印徵明（白文）　昨叩謁不遇，耿耿。　恭綽

人□海上不曾沾，終日松間挂一壺。酒興狂時詩便發，真堪畫作醉仙圖。錫疇。

顧印錫疇（白文）　靈巖山人祕笈之印　唐氏家藏　都尉耿信公書畫之章（白文）　耿會侯鑒定書畫之章

宋陳容畫龍卷 紙本

高二十三公分，闊二公尺八十二公分。

引首，描金慶雲羊腦箋。

隔水　〔葉恭綽〕白文　〔番禺葉氏所藏〕　〔靈石楊氏省吾齋鑒藏書畫真跡〕

三昜啟泰。〔神品〕此印蓋于「三昜」字上。　〔遐庵銘心之品〕　〔子京〕　〔蕉林攷藏〕　〔第一希有〕　〔玉甫心賞〕

綽按：此卷作龍九于波濤雲氣中，騫騰出没，極攫拏夭矯之勢。水雲蒸湧激怒，如聞澎湃之聲。墨采渲染，尤極工能。卷末款『臣陳容恭進』，蓋進奉物也。〔神品〕　〔項子京家珍藏〕　〔恭綽〕

隔水　〔楊曾〕白文

西爪東鱗勢躍然，所翁腕底有雲烟。神霄雷電司何事，容汝群嬉欲傲天。省吾世講屬題，馮志沂。〔魯川〕

宋趙孟堅春蘭卷 紙本

高三十四公分，闊九十公分。

外籤：宋趙彝齋春蘭圖。寒木堂藏。

内籤：宋趙彝齋春蘭圖。麓村珍藏。

隔水綾 番禺葉氏所藏

古香書屋 岱陽精舍 趙氏珍藏白文 莫厭軒圖書 自在堂 停雲

泰山趙氏拙庵圖書白文 文壽承甫 葉恭綽白文 第一希有

國香誰信非凡草，自是苕溪一種春。此日王孫在何處，烏嘑尚憶鼎湖臣。灌園翁顧敬。

六月衡湘暑氣蒸，幽香一噴冰人清。曾將移入浙西種，一歲纔花一兩莖。彝齋趙子固

仍賦。子固寫生

心賞　遐庵銘心之品　完顔景賢精鑒　拙翁白文　郇麓白文　文印徵明白文　惟庚寅吾以降

隔水綾

趙印起明不白文　佩素　雲月硯軒珍玩　子孫保之　拙　庵

趙印起明不白文　佩素

高風無復趙彝齋，楚畹湘江爛熳開。千古江南芳草怨，王孫一去不歸來。彝齋爲宋王孫，高風雅致，當時推重，比之米南宫，其畫蘭亦一時絶藝云。癸丑臘月，徵明題。

文印徵明白文　衡山

心拙賞莽　趙仁氏鑒賞圖書不明　周儀安家珍藏

（西室）

水仙曾見彝齋筆，又向圖中見墨蘭。似有光風時泛葉，如聞香氣吐豪端。趙彝齋善畫水仙花，余嘗見其長卷，精妙可愛。今復覩此蘭，尤清真雅逸，天趣活潑，信非韻度出塵者不能作。展閲欣賞，不忍釋手，聊題短句見意。嘉靖乙卯六月既望，穀祥。〔穀祥〕〔之禄〕

鄭所南寫蘭不著土，人扣其故，曰：『土被韃子搶去。』予意寫蘭正不須著土。觀子固下筆，自有塵外之韻，著土則著相矣。維摩詰所謂畫舍利佛，力去此天所散華不得也。壽承以爲何如？丙辰小至，射陂朱曰藩書安福邸舍。〔子起印〕白文　〔永樂亭〕白文

素葩垂露香堪挹，勁葉含風翠不凋。瞥向圖中見清影，每於塵外想高標。昔人謂作蘭竹須用書家八法，始得臻妙，故善寫生者多不能此。彝齋高致，載籍中常有之，蓋不獨以繪事名者。觀文伯子壽承所藏墨蘭，亦概見矣。伯子賞隲古今法書名畫，稱具法眼，而于此卷珍重之，殆以是與？周天球識。〔周氏公瑕〕白文　〔群玉山樵〕

萬曆三年二月六日，在都門李伯玉覽華樓中重觀。時在坐者江陰董復生、毘陵吴幼

元、樵李倪時臣、長洲楊士進暨叔玉。吴門周天球記。[六止居士] [周氏公瑕 白文]

奕葉英英吐國香，披圖仿佛到衡湘。王孫風骨超凡俗，筆底春生玉樹芳。彭年。

[隆池山人 白文] [彭氏孔加 白文] [儀周珍藏]

[采碧亭]

題文子壽承所藏趙子固《墨蘭》二絶。

昔賞彛齋畫水仙，花枝盈卷燦雲烟。風流已去多珍襲，又見蘭蕤造墨玄。子固當年稱畫師，黍離宗國不勝悲。滕王蛺蝶圖還在，墨吐幽香賦楚纍。嘉靖乙卯七夕前二日，汝南袁褧書于城寓之花谷。[袁氏尚之 白文] [謝湖] [研北閑情]

高人逸士多能以書法緒餘作墨戲，若文石室與可，趙彛齋、松雪二王孫，僧温仲言，皆超逸絶塵，望之可知爲神品。其餘以春蚓筆作風中柳，雖工如崔白、趙昌，達人不賞也。往於衡山先生處見湖州集賢竹枝、日觀葡萄，先生指示筆法，率與篆籀、草書合。今復于壽承所觀子固墨蘭，行筆破墨若出一軌，益知書畫無二源也。先生父子書各冠一代，

豈非山谷所謂能以畫法作書者耶？八月六日，陸師道題。陸氏子傳 五芝玄潤 白文

朝鮮人 白文 安岐之印 白文 葉恭綽 白文 遐庵珍祕 子孫保之 趙氏珍藏 白文

南宗北趙 白文 道軒書畫圖章

宋趙孟堅畫蘭卷 紙本

高三十二公分半，闊九十一公分，第一幅。高三十二公分，闊九十三公分，第二幅。

外籤：趙蘭坡蘭二幅。詒晋齋藏。詒晋齋

包手，宋刻絲。

引首，宋藏經紙。

隔水 葉恭綽 白文 譽虎 白文 奕繪子章 觀古齋 白文 南韻齋印 綿億書畫記 白文

觀古齋

第一幅

乾隆御覽之寶

石渠寶笈

永瑆之印 白文

詒晉齋印 白文

春生君子風 白文

貝勒載瀅

繼澤堂珍藏印 白文

綽按：此卷芳草叢蘭，淡墨渲染，如見香風披拂。

春濃露重，地煖草生。山深日長，人静香透。此知蘭之趣者，子固云。

子固寫生 白文

采蘭采蘭江之皋，蘭葉長垂蘭箭高。想象西泠最深處，陽阿晞髮誦《離騷》。道光十三年，多羅貝勒奕繪題。二月廿三。

空山春日煖，清露滴幽叢。澗曲誰當采，天涯自好風。貝勒側室夫人太清氏同日謹題。

皇曾孫觀古齋妙蓮居士子章子奕繪印

南韻齋印 白文

繪

呂齋

皇十一子成親王詒晋齋圖書印

第一希有

葉恭綽 白文

玩物而不喪志

第二幅

永瑆之印 白文

詒晋齋印 白文

綿億書畫記 白文

觀古齋 白文

延清書屋 白文

番禺葉氏遐庵珍藏書畫典籍之印記

綽按：此幅與前幅略同，但蘭花蕊特盛。

宣城吾宗叔居水陽，亦以此得名。可容小姪在雁行否？朔齋試寫，寓士略之。

子固寫生 白文

前幅花疏後幅密，東叢葉健西叢垂。大宗王孫書畫好，會心千古更題詩。二月廿二，

太素道人又題。

奕

繪

好風吹露葉，花氣散芳馨。何處同心結，王孫空復情。太清同日又同題。

西林春

皇曾孫觀古齋妙蓮居士子章奕繪印

南韻齋

繪

呂齋

皇十一子成親王詒晋齋圖書印

第一希有

葉恭綽 白文

趙子固畫梅竹、水仙俱入妙品，而墨蘭爲最，殆兼楊、湯勝處，而俱有之。鏡軒。

榮王之印白文　奕繪敬謹珍藏

共和乙丑，余得此于京師。中有太清、太素題詩，至爲罕覯。《鐵網珊瑚》載此卷，稱有郭麟孫、李皓、錢良右、蔡一鶚、朱梓榮、湯彌昌、陳大有、陳方、蔡景傳、錢逵、姚翥、唐升、張適、盧熊、趙友同、善住諸題詞，而此皆無之，不審何時失去。又題款「人静香透」下有「此知蘭之趣者」一語，爲《鐵網珊瑚》所無。「宣城吾宗叔」之「吾」字《鐵網珊瑚》誤爲「有」，「翔齋試與」之「與」字《鐵網珊瑚》復誤爲「寫」，均得此而證明。但「翔齋試與」四字却不甚可解。乙丑七月，葉恭綽。遐庵

石林白文

民國二十六年，滬地淪陷，此卷間關至香港，重復展閲，「翔齋」之「翔」字似寔爲「朔」字，「試與」之「與」字仍應爲「寫」字，前跋偶未審諦耳。子固達人，書字恒意爲增減，不足異也。

吾既有子固水仙二卷、春蘭一卷，復增此卷，一時遂有子固四品，恐海内無能與抗衡

者。受用已過，他事之遭闕陷宜乎。民國三十年舊重陽日，恭綽再志于香港履道齋。［葉恭綽］白文

宋趙孟堅水仙卷 紙本

高三十公分半，闊四公尺七十八公分。

引首：彝齋遺墨。隸書。長洲文徵明題。［文徵明印］白文［徵仲甫］

［趙］白文［葉恭綽印］［遐庵］［笙巢真賞］白文［臥雪齋藏］［番禺葉氏遐庵珍藏書畫典籍之印記］［遐庵鑒定］

綽按：此卷紙白如玉。淡墨作水仙數十叢，繽紛掩錯，工緻非常，而清逸之氣撲人眉宇。其下流泉沙磧，筆勢遒健，可稱慘澹經營之作。後幅周公瑕書《水仙賦》，圓勁高澹，足與雅宜、希哲抗衡。

末無署款，僅蓋二章。［子固］［彝齋］

［第一希有］［葉恭綽譽虎印］［遐庵珍祕］

百花之中，此花獨仙。孕形秋水，發采霜天。極穠纖而不妖，合素華而自妍。骨則清而容腴，外若脆而中堅。匪凡工之琱刻，伊玄造之自然。夐獨出乎風塵之表，憺幽貞以忘言爾。其族生璚洲，分植琪樹。華宮琳館，靡所不舍。先春而開，後春而謝。妝不假於粉黛，香何藉乎蘭麝。時從變乎炎凉，景無殊於晝夜。若乃芳敷南澤，翠發中坻。儼乎王母，宴于瑶池。秀挺芳田，英翹蕙畹。又如上元，游于閬苑。至于微雲細雨，乍伏乍起，彷彿巫靈，夢彼楚子。輕陰薄陽，半露半藏。恍忽宓妃，見彼陳王。或倚脩竹，露華朝濕。一似湘娥，揜袂以泣。或傍寒梅，月影宵浮。復如漢女，弄珠而游。或侣幽蘭碧霞之壇，有若文簫之遇彩鸞。或依蕉緑層臺之曲，有若簫史之偕弄玉。皎皎乎其若雙成，粲粲乎其若飛瓊。綽約乎其若神人之處姑射，澹泊乎其若素娥之居廣庭。或疎或密，或信或屈。藂者如隱，擢者如出。千姿萬態，狀莫能悉。然此特舉其形似之末，而未究其理趣之實也。是故冰玉其質，水月其神。挾梅兄與礬弟，接蘭桂之芳隣。宜紉佩于君子，亦結縭于幽人。臭不效于蕕，香不染于薰。操罔摧于霜雪，氣超軼於埃氛。懷清芬而弗昡兮，乃獨全其天真。非夫至德之世，上器之人，孰爲比儗而與之倫哉！詞曰：清兮直兮，貞以白兮。發采揚馨，含芳澤兮。仙人之姿，君子之德兮。

趙子固《水仙》卷，余嘗見其二。一空鈎數叢，下着勁草如針。一略染葉，用淡墨，而縱横幻態，備具物情。寤寐不獲再見，而雨中有客持至，披卷令人爽發。顧强書前賦于尾。又值余病初瘥，與筆札疎，蹇拙何以稱之，聊存此以備賞鑒者孜耳。嘉靖丙辰秋八月既望，吴都周天球識。周天球印 周氏公瑕白文 恭綽 遐庵

蘭坡人品極高，自松雪仕元後不復相見。故松雪雖擅六法，而高逸之致遠遜矣。《水仙》卷余嘗一見于丹陽吉氏。此卷爲肅府所藏，筆墨、品詣相等，元明人不能到也。衡山隸古及周公瑕書，皆合作，洵是完卷。嘉慶甲子二月九日，成親王題。成親王白文 詒晉齋印 無餘閣

子固《水仙》平生曾見數幅，此卷筆情超逸，紙墨如新，信爲傑作。合充遐庵供養。共和乙丑春日，葉恭綽。譽虎

宋趙孟堅水仙卷 紙本

高二十三公分半，闊二公尺八十八公分。

題籤：趙子固畫水仙。神品。

引首，宋藏經紙。

神 奇 齋 木林 白文 項元汴印 子京甫印 項墨林鑒賞法書名畫 白文 墨林祕玩

神 品 遐庵銘心之品

騎縫 嘉慶御覽之寶 癖茶居士 白文 子京 赤松仙史 白文

綽按：此卷用宋紙，墨筆雙鈎，水仙四叢，凡廿餘莖。淡墨作陂陀剔草，筆勢勁挺。水仙則工細中饒清逸之致。末款署『彝齋』二字，隸書也。

彝齋。 子固 白文 彝齋

神 品 元汴之印 白文 墨林嬾叟 白文 項墨林鑒賞章 白文 鄒印式金

蘧廬 白文 遐密 子孫永寶 白文 項氏子京

冉冉衆香國，英英群玉仙。星河明鷺序，冠佩美蟬聯。甲子須臾事，蓬萊尺五天。抑芳思寄遠，秋水隔娟娟。京口顧觀。利賓甫章

天籟閣　項元汴印　項墨林甫祕笈之印　寄敖　神游心賞　子孫世昌（白文）

第一希有　葉印恭綽（白文）　遐庵珍祕　寄敖　項叔子（白文）　檇李項氏世家寶玩

宋僧温日觀葡萄卷 紙本

高二十二公分，闊六十公分。

外籤：宋僧温日觀葡萄真蹟。王伯穀題。

綽按：此籤乃高江村手書，惜印章已模糊。

玉別：乾隆御賞。僧温日觀葡萄真蹟。

引首：芬陀利華。王穉登。尊生齋（白文）　王氏百穀（白文）

隔水　曾藏葉氏遐庵

綽按：此卷用水墨畫葡萄一枝，用行草法，夭矯離披，已開白陽、天池門户。蓋由宋入元，諸作家窮極思變，此亦其一斑。仲言韻高筆妙，益形孤迥耳。

乾隆御覽之寶　石渠寶笈　御書房鑒藏寶　希之　三希堂精鑑璽　宜子孫白文

嘉慶御覽之寶　葉恭綽白文　第一希有

温仲言作。

芬陀利華

乾隆鑑賞白文　遐庵銘心之品　王顓庵書畫記白文

隔水

自在堂白文　遐庵居士　希之

温日觀畫葡萄，全用顛師草書法，狂怪怒張而綢繆緜密，不失榘度，譬之散僧入聖，不可禪律拘縛也。余所見最妙者，文太史齋頭所藏，及余家破袈裟與此卷，凡三，皆得意之筆。壓雨坐解嘲堂，展閱數過，龍鬚馬乳，不勝垂涎，漫題此，聊當望梅耳。太原王穉登。

王穉登印（白文）　王氏百穀（白文）

巢雪樓（白文）　天生二酒樓（白文）

種自西來絶可憐，欲將釀酒一醺然。寶珠本繫袈裟上，散作閻浮萬顆圓。余往往見日觀上人所畫葡萄，皆稱絶品。賞者惟賞其筆墨，然不知葡萄乃亦西來。日觀託此游戲，是以繫希寶珠，用爲覺照迷途也。余遂爲治卿兄一賦，爲闡日觀之法，以悟後之能賞者。彰郡王寅賦于治卿家柳下亭。

孫楚酒樓（白文）　太白酒樓（白文）　十嶽丹臺（白文）

姚墟之胄

温僧工一葡萄墨戲，遂能名世，傳之于今，是非藝到絶處，人不可復及耶。然則博習而不精者雖多，亦奚以爲！秣陵姚汝恬。

姚氏叙卿（白文）

淮濱釣客 三山別墅白文 希之

散木子白文

昔有僧於具丘之南蒲桃谷中，拾其枯蔓，還種茂盛。時人目爲草龍珠帳，以其蔓延變幻得草龍之稱。日觀畫蒲桃，變幻非一，各臻其妙，亦其游戲三昧之一節歟！治卿其寶之。如真李登。

茹真白文 士龍白文 恭綽 王氏寶藏 寒木堂

温日觀畫傳世極少，三百年見之著録，僅李竹嬾《六硯齋筆記》及高江村《消夏録》而已。此卷曾入内府，不知何時流落人間。余於丁巳見之袁珏生太史處，嘆爲瓌寶。越一歲，遂入寒木堂。日觀畫前人已有定評，無待贅述。爰記所得緣起于卷尾，以慶墨緣。丁巳夏六月朔，瓢叟記。

則乙白文 顔世清

日觀晚年專精净土，此畫誠所謂衣珠萬顆，嘉被閻浮也。余廣收名僧翰墨，將構靈寶館以藏之。人事卒卒，不知何日能成，書此聊爲息壤。日觀《葡萄》世間殆祇存二三本，余獲其一，與所藏法能五百羅漢孤本堪稱雙絶。民國甲子年，余游西湖，屢過瑪瑙寺，訪參寥泉猶在，慨念古德，無緣奉接，敬觀此卷，益切皈依。丁卯二月，葉恭綽。

遐公　風波之民

宋龔開洪厓先生出遊圖真蹟卷 紙本

高三十四公分半，闊二公尺十九公分半。

卷首題：洪厓先生出遊圖。大德甲辰𨑳𨑳時年八十有三。

綽按：此題首不知何人所書。玩其筆意，與畫中題詩正同，殆亦翠巖自題，藉此可攷其年齡矣。

嘉慶御覽之寶　石渠寶笈　寶笈三編　汪氏柯庭祕玩　汪季青審定墨寶白文　汪屋私印

葉恭綽白文　第一希有

綽按：此卷用宋紙，着色畫洪厓先生及從者五人、白驢一，筆力沉着古厚，不似龍眠一脈，疑從石刻或畫壁得髓。翠巖遺作，稀如星鳳，《瘦馬》已出國，故宮所存山水亦不可問，海内存者似祇虚齋《中山出游圖》及此耳。彼純用水墨，詭俶可喜，尚未及此卷之堅卓，力破餘地也。

三希堂精鑑璽

宜子孫 白文

鴻荒上古洪厓仙，見自堯時丙子年。隋唐二代復相見，往往始有名蹟傳。僮朮兵樬荷大瓢，酒溜巨杓俱齊懸。栗也負鐺在其背，束書如畚安左肩。[illegible][illegible]橘鬚持大扇，有若蘧蒢駕鬬船。就中[illegible]者雪精驢，葛兒前牽茁後鞭。豈知自有千里足，舉踵能越[illegible]騮先。先生傲睨居其前，神遊八極何超然。金丹未須九轉力，渾涵一炁存先天。革帶橫腰靴短靿，紅蕉襴衫顔色鮮。長笻九節如瘦龍，慣隨先生入市廛。春風又過洛陽園，豈徒桃李生春妍。固知仙翁喜游戲，汗墨從來偏有緣。淮陰龔開學古堂畫，併作詩繫其後。

古香樓 白文

汪印肇熊

番禺葉氏遐庵珍藏書畫典籍之印記

柯庭家傳神品

屐研齋徒 白文

季青鑒定真跡

葉恭綽 白文

竹癡

張氳，晉陽人。道號洪涯子。身長七尺五寸，眉目疏秀，語聲若鐘，攻琴書，又善長嘯，隱姑射山。聖曆中，武后召之，不至。嘗醉卧洞口，酒欲醒，髣髴見神人長丈餘，形甚偉，衣冠肅然，指之曰：『子何不學大隱？』問曰：『何爲大隱？』神曰：『九衢三市，稠人噏爾，諠譁于前。』復問曰：『何爲小隱？』『獨以林泉曠然自適。昔夷齊居首陽，是曰小隱。耽伏混世俗，是曰大隱。』先生稽首從命，而神人忽隱。已而詣洛陽給事李嶠家，凡十二年，辭人逸客争相求見。開元中，明皇復召，辭不獲，見于湛露殿。上問曰：『先生善長嘯，如何得聞？』于是應聲而發，則幽韻蕭蕭，清人心耳。上曰：『朕何如堯帝，先生何似許由。』曰：『陛下道超堯帝，臣則德謝許由。昔堯召許由而不至，今陛下召臣而臣來。』上嘉之，拜先生太常卿，累遷至司徒，皆不受。乃曰：『陛下何惜一山水，不令臣追迹巢、由。臣聞孝子之門出忠臣，臣父母在而身未爲孝子，豈堪爲陛下之臣耶！』因涕泣，上爲之動容。既還山，遂絶粒服氣，而好蓄古物。時天下名賢往往有所贈。開國公李太一遺書曰：『僕聞先生有好古之癖，欽仰之久。近有張生者，晉司空九世孫也，不遠千里以孔子木屐一枚見遺，云傳寶已二百年。觀其先聖所踐之物，非敢匿之，是用持獻。』太子洗馬田游巖贈尹䲹、王戎如意杖。侍御史郭翰贈王烈石髓、孔子二儀履。楊炯贈孔子石硯、楊雄銕硯。僧惟恭贈笻竹杖。楊齊哲贈嵇康鍛鎚、陳平稱。僧元序贈謝靈運鬚數莖。僧智遠贈蔡邕焦尾琴、葛洪刮藥篦。僧倏然贈迦葉頭陀鉢。秦休莊贈〔河〕（阿）上公注五千言草本。劉守章贈四皓鹿角枕。司馬子微贈淮南王藥杵臼。周子恭贈古帝王圖一卷。節度使張守珪贈海蝦蟆牙，長二尺八寸。魏肅贈陶潛鳴琴、芙蓉冠。劉長新贈王喬笙。而後河東巡撫使李嗣真與晉牧郭正一往姑射尋之，數日方遇于松下。戴角巾，披鹿裘而卧。乃曰：『朝客何用逼野人乎？』二人嘆曰：『真高士巢、由之徒。』嘗注《老子》《周易》、三禮、《穀梁》，又著《高士傳》十卷、《神仙記》二十卷、《河東記》三十卷、《大周昌言》十卷，皆未行世。乘一白驢，號曰雪雪。侍者五人，曰咄、朮、藤、葛、橘。常所服用者，襱臻巾、六角扇、木乘雲笠、方木鐙、三元書、葛木如意、咄魏惠壺、不住杓。年九十三，隱姑射山不復出。汪氏柯庭祕玩

隔水 葉恭綽 白文 柯庭家傳神品 屐研齋 白文

吾聞洪厓仙，蚤得煉藥訣。神遊周八極，焉用拖雪雪。[illegible]持扇六角，手執杖九節。揭

來誼洛陽，卿相争趨謁。承詔入金門，長嘯殿柱裂。剛辭軒冕榮，終學巢由潔。歸隱姑射山，崆峒可同列。漢武樹金莖，承露餐玉屑。一朝葬茂陵，千古照寒月。□江楊潛之。

予性癖初畫，少年習舉子業，暇則閲讀宋《宣和畫譜》。内有淮陰龔開者，善丹青人物以著名，每求其畫，弗獲爲慊。歲永樂甲申，登狀元曾棨榜進士，後官之晋、之齊、之閩。媿無聞見之博，或于畫肆中始見龔貇寫《洪厓仙出遊儀像》卷，精神體態殊絶，心甚愛慕，增俸金以贖之，珍藏書篋笥中，備清玩且有年。今幸歸老林泉，號歸來子，重整于寶翰堂西歸帆樓之寓思亭，以表予平生好愛之篤，時年七十有三矣。正統青龍在巳春孟，姑孰虚庵瑠璃伯玉謹識。

拙軒（白文）　古香樓（白文）　汪季青珍藏書畫之印

赭服堂堂七尺軀，扇持六角從侏儒。神游早得金丹術，宦達争傳寶笈書。擊破塵寰葛如意，包涵元氣酒葫蘆。欲從姑射尋仙蹟，爲借先生雪色驢。晋安程春。

程春（白文）　疏通知遠（白文）　甲申進士（白文）

屐硯齋圖書印　承齋所藏（白文）　桃花潭

此宋遺民龔聖予先生作，雪川錢舜舉氏嘗仿爲之，筆力不逮遠矣。先生貧無几榻，常就其子背伸紙作圖，尤好畫馬作詩。題《瘦馬圖》云：『一從雲霧降天關，空進先朝十二閑。今日有誰憐駿骨，夕陽沙岸影如山。』一時皆傳誦之。余嘗客先生故里，求其遺跡，不可得見，因刊其所輯陸君實輓詩貽好事。今見念翼出示此卷，乃先生真蹟，喜可知也。先生畫，人或罕知鑒賞，而念翼寔具眼者，當信余言不妄矣。遂題其後而歸之。丙寅八月，淞洲書。淞洲之印

宋人渡海羅漢真蹟卷 絹本

高二十三公分，闊二公尺十九公分。

綽按：此卷絹素已黯敝，但墨光如漆，筆力勁健而虛和。惜末處題款小字無從辨認。

政和　□（惜不可辨）　玉甫藏象記　雲松珍賞　第一希有

人間大瀛海，佛日耀霄漢。萬頃波濤中，不知誰到岸。玉華。朱應祥（白文）

玉甫心賞

此卷《渡海羅漢》，直類貫休、梵隆筆也。神通之極，能躡空破石，乃攝衣拄錫，相顧相盻，豈寓意人間世風波不易涉耶？覽之慨然。陳繼儒題。

醇儒

余家有貫休《渡水羅漢》，以易梅花和尚《江山蕭寺圖》。今見此卷，知宋人深得貫休法，其衣紋又似吴生，真可珍也。董其昌題。

玄宰 間白文

蓮社

雲松珍賞

葉恭綽譽虎印 白文

此卷余囊購入時，因眉公跋語認爲梵隆筆，故題籤云爾。兹經審諦左角小璽，既確爲政和，而梵隆年代似不及邀宋徽宗之藏鑒，故是否爲梵隆筆，似大有疑義。但必爲北宋或以前作品，則無可疑耳。卷末本有小字一行，惜已漫漶，是否爲題款，抑藏款，無從辨别。印章亦不能辨。思翁斷爲宋人法貫休，而不言爲梵隆否，具有卓見。或思翁見此卷時款字已模糊，抑未及細察耶？明代人鑒别書畫眼力甚高，而往往疏于考證，亦習尚使然也。民國三十年十一月，葉恭綽識于香港旅居之履道齋。

葉恭綽 白文

畊烟（白文）

向見貫休羅漢真跡，其形容與此相仿。此卷曾經宋徽宗睿鑒，左角上有『政和』小璽，其下細字并長方硃文印，闕略難辨，故眉公云直類貫休、梵隆之筆。董思翁一見，定爲宋人法貫休，其衣紋又似吴生。二公鑒賞如此，況前有朱應祥書引并題，雖絹素間有微損，而神彩如生，望而知爲最上乘也。庚寅冬夜，黄山程紹嶲呵凍書。紹嶲（白文） 雲松

宋人仿貫休《渡海羅漢》卷。道光十年秋月購于吴門市中，用價六十元。古歙程雲松記。雲松

元錢選郊園春意卷 紙本

高二十七公分半，闊三公尺六公分。

外籤：錢舜舉郊園春意卷。番禺葉氏遐庵藏。

石渠寶笈　番禺葉氏所藏　小亭鑒定

乾隆御覽之寶　澹如齋書畫印

綽按：此卷用宋紙，共五幅，每幅見繪花草蟲豸。用筆沉着而渾雅，不露纖巧而天然工緻。着色尤形融治，與紫茄、雙茄可稱競爽。

第五幅末題款：郊園春意。隸書。吴興錢選舜舉在道場山作此五紙，奉□□□清玩。舜舉

綽按：題款「清玩」之上經挖去約三字。又凡「選」字皆寫作「選」或「選」。

乾隆鑑賞白文　三希堂精鑑璽　宜子孫白文　玉雨堂印白文　小亭祕玩

方花押

余家舊藏錢公山水大幅，極爲高古。兵燹後，不知流落何方。此幀所畫《郊園春意》，筆致生動，設色鮮妍，雖小品也，而技進乎道矣。勤翁年大人其寶貴之。光緒乙酉冬日，真州方鼎録元仲識于湟中使署不知寒齋。方鼎録印白文　元仲

元錢選石勒問道圖卷 紙本

高二十八公分，闊一公尺十公分。

外籤：宋錢進士石勒問道圖真蹟。虚齋珍秘。陸恢題。

陸恢私印 白文

隔水

劉印喜海 白文

品 白文

吴 興

雙龍璽

李佐賢收藏書畫之印 白文

黄易之印 白文

小松氏

清輝堂印

錢選之印 白文

沐之印 不白明文

吴興錢選舜舉。

舜舉

綽按：此卷畫佛圖澄瞑坐石上，石勒拱立請教，後有二侍從。樹石古勁，衣褶器物細而有韻，著色尤見渾厚沉静。

不白明文

雙龍璽

神

品

杜陵内史

虚齋審定名蹟

鍈雲審定宋元真蹟

竹朋鑒定

吴興錢舜舉效趙千里格度，寫石勒參佛圖澄圖。人物狀貌殊得三昧意趣，觀之使人皆起歡喜心，真絶藝也。予於修撰虞伯生館偶得一展玩，噫！澄以幻術拘勒，惜不能以大義復晋，蓋方外之徒不足深議。若繪事之精，信可寶也。渤海吴養浩題。竹林後人白文

雲心珍賞白文　食仙亭　六舟珍藏白文　幻寓道者白文

學古

晴窗展圖畫，往事不必言。千金寶一紙，尺璧無瑕痕。勒也何爲者，跳梁我中原。彼澄西域胡，知有佛法尊。變幻多技能，口欲群魔吞。指人以東伐，又指人西轅。吾轅責以義，把此公案翻。塊然一拳石，白日雲霧昏。言之非其人，吾舌當自捫。偶于士龍氏，醉我黄金尊。閑將詩畫意，細與君評論。徐明善。游於藝　張爾唯

按《書畫譜》載《石勒問道圖》，石勒拱而問，佛圖澄踞石坐，以手支頤而寐。背後作一石壁，盤石松其上，無侍從。石勒背後乃有侍從數人，描則銕綫兼蘭葉，色則輕着青緑。雖秀勁，乃致不高古。黄溍、陳繹曾跋，以爲唐人，非也。當是趙千里云云。此卷布置，與所載略同。佛圖澄背後無石壁，乃舜舉摹千里筆而微有變化者。其運筆之清潔，設

色之雅净，則有目所共賞也。同治丁卯新春，竹朋李佐賢跋。

李左賢印（白文） 竹朋

元王淵竹石雙鴛軸 紙本

高一公尺三十公分，闊五十五公分。

怡親王寶　第一希有　葉恭綽譽虎印

綽按：此軸全幅水墨，雙鈎篁竹，間以山梔。水石下有雙鴛，比翼上貌，山雀競飛。筆情渾厚而生動。下方粗筆水草，尤見功力。

朱之赤鑒賞　子孫保之　休寧朱之赤珍藏圖書

至正丁亥，錢唐王淵若水畫。隸書。

澹　軒　王若水印（白文）

明善堂覽書畫印記　怡府藏書畫記　不故里明　墻東小隱（白文）

元管道昇墨竹卷 絹本

高二十七公分，闊一公尺七十七公分。

題籤：魏國夫人管道昇墨竹卷。經德堂藏本。

濟寧孫氏祕玩書畫記　鑑湖珍藏 白文　□ 不明　縠士過眼 白文　孫瑞珍印 白文

仲姬戲筆。管仲姬 不明白文

行有信齋主人　□ 不明　經眼 不明白文　晋冀私印 白文　輔堂　晋度

余得見趙氏一門三竹卷。魏國夫人一幅，白紙本，款曰『仲姬畫與淑瓊』，爲有明錫山安氏所藏，筆法與此幅正同。此幅剥蝕殊甚，如天寒翠袖，乃在珊珊來遲帳中，令人垂嘆。道光丁亥八月廿有八日，南海吴榮光識于安民堂中。吴榮光 白文　伯方之章

三竹卷，一爲文敏公，二爲魏國夫人，三爲仲穆待制。後有都穆、周天球二跋，王穉登七題并記。伯榮。荷屋（間白文）

雨葉烟梢翠欲浮，遺縑珍重到今留。鷗波亭外春漪暖，想見琅玕繞徑幽。日斜翠袖薄增寒，風致清疏寫幾竿。回首鳳凰山竹冷，王孫何處問平安。題爲轂士前輩大人屬，小湖沈維鐈。沈維鐈印（白文） 鼎甫 臣心如水（白文）

露粉風枝拂畫闌，綵牋潑墨寫平安。定知千畝胸中在，肯向湘妃廟裏看。風韻翩翩絶代無，當年書與畫相俱。是幅前有管夫人書松雪翁賦，同安陳國學榮楊家物。今分而爲二，不勝悵然。如何兩美終難合，剩得篔簹半幅圖。道光丙戌冬日，題奉轂士老前輩大人雅屬，館侍倪琇。倪琇私印（白文） 竹泉（白文）

生平所見仲姬畫皆僞蹟，唯此卷自許不惑，且斷爲晚年之筆。以其署款『仲姬戲筆』四字，古淡蕭疏，不似其他作在松雪藩籬也。光緒庚辰，楊守敬記。楊守敬印（白文）

此卷縱逸，不似婦人筆，不止款字越松雪藩籬也。人貴自立，閨閫何獨不然！民國

三十五年大暑中，遐翁偶書。葉恭綽印　遐翁

畫苑欣看角鼓旗，由來伉儷不相師。風枝露葉森如許，妙諵真成倒好嬉。遐翁戲詠。遐翁白文

翠濕烟梢，青摇風葉，琅玕一幅初匀。畫眉餘暇，潑墨替傳神。識得深閨柔翰，披絹素，薌澤温存。知當日，平安兩字，細語報王孫。畫師吴道子，卷中一跋，賞識偏真。卷中有吾鄉吴伯榮方伯跋語，最爲真賞。道珊珊玉步，丰韻堪親。珊珊亦跋中語。瘦影臨風，瀟灑渾無定。碎玉敲門須重記，鷗波館外，千個最銷魂。右調《瀟湘夜雨》。同治壬戌花朝前二日，鑑湖將軍屬題，即請正拍。古梅州張鴻書倚聲。薌田小印　南野烟　不明

不計工拙白文

仲姬與松雪雖屬伉儷，但書畫皆有獨到處，不蹈藁砧窠臼。楊惺吾跋語可云具眼。遐翁葉恭綽記。玉虎

元管道昇手繡羅漢册 綾本

高二十六公分半，闊二十三公分半。按每幅計。

第一頁，金剛象。

趙 鑒賞 白文 恬淡虛無以保神氣 白文 繼澤堂珍藏印 名南渡家

第二頁，金剛象。 仲姬

第三頁，韋陀菩薩象。 吴興

第四頁，羅漢象。 仲姬

第五頁，羅漢象。 吴興 松雪齋

第六頁，羅漢象。 趙 仲姬

第七頁，羅漢象。

第八頁，羅漢象。仲姬

第九頁，羅漢象。

第十頁，羅漢象。仲姬

第十一頁，羅漢象。

第十二頁，羅漢象。仲姬

第十三頁，羅漢象。

第十四頁，羅漢象。

第十五頁，羅漢象。

第十六頁，羅漢象。仲姬

静虛則明　冰香齋印　□不明

内典上乘，空諸有境，而爲説法，非示空也。萬事始于無，而極于有，空者猶太極之始于無極也。佛道崇虛，寂光普照，著爲象教宗門，乃得以現菩薩金身、蓮花獅座之尊，而爲愚夫愚婦之趨蹌拜跪者，神而化之也。古人絲繡平原，金鑄少伯，亦由其傾心愛慕之誠耳，况阿羅漢尤爲佛門當常現常者耶。趙夫人面對如來，心存〔空〕（控）寂，爲梵宫之善果，顯度世之金鍼，繡出尊者二十像，并侍從比丘、金剛、韋馱法像、衣鉢、服御、龍虎之屬，備極鏤雲錯采之奇。爲山寺常住供奉，推其願力，寔有良因，謹書以識歲月。

大德二年臘月八日，中峰釋明本。

釋明本印

元顏秋月捕魚圖卷 紙本

高二十九公分半，闊三公尺十七公分。

隔水

晉府 白文 棠郇審定 蕉屋林書 鳳來 白文 梁 河北棠郇 嘉長

至元五年己卯歲冬十月，寫《捕魚圖》。秋月顏輝。

顏秋月 白文

晉府書畫之印 觀其大略 白文 河北梁清標鑒定印 蕉林 遐庵珍祕

隔水

敬德堂圖書印 梁清標印 白文 蕉林 蒼巖 夾縫中有此印二。

綽按：此卷卷首作古木陰森，隱漁舟二，漁翁方在撒網。叢葦中漁舟一，漁翁方釣得一魚，舟中婦子方飯船尾。烏鬼烏四，三方息，一方没于水。卷末亂蘆寒雁，秋波澄澹，神態宛然。

元顏秋月畫鍾進士元夜出游圖卷 紙本

高二十六公分半，闊二公尺。

天籟閣　葉恭綽白文　項子京家珍藏　宫保世家

第一希有　葉恭綽譽虎印白文　子　京　荆筠山人　清白傳家

綽按：此卷圖中，衆鬼持壺觴、鉦鼓、刀戟、琴書之屬，末三鬼擁捧鍾馗以行。水墨不着色，神采欲活。

天籟閣

沙公彦德挾張華之識，尤能精鑒古人名畫。凡入神品者，靡不購得之，而拙工模仿形似者，不能以欺其明焉，故家藏唐宋元三代名蹟甚富。士大夫之好畫者，必先經彦德鑒定而後收蓄，以是人益重之。今夏隆暑中，彥德持一卷示余，曰：『此顔秋月所繪《鍾進士元夜出遊圖》也。』披而觀之，乃寫衆鬼作小隊前導，有鳴金者，有擎大石者，有顛立而欲飲者，有肘甕而行者，有持鎗者，有揮刃者，有舞盾者，有卓大刀者，有執壺漿者，有捧觴進者，有負椅者，有携琴書筆硯者。鍾馗于後，三鬼戴之。而又數鬼擁從，有張蓋者，鳴鼓者，吹笛擊板者，詭態異狀，各盡形勢。彥德求余題其後。余聞世傳鍾馗者，終南人也。不第而死階下，因以進士袍笏賜之。既而示形于玄宗夢中，曰：『臣當爲陛下除虛耗之孽。』今是圖也，其所謂夢中者耶？且鬼神無形，視之不見，何其形之若是耶。豈畫者揚其巧，擅其妙，窮其怪狀，而其實無有耶。無乃彰終南進士死有靈爽，尚爲天下翦除妖孽。彼明爲人者，視此圖寧不愓然警省哉！然則良工用心之苦，蓋有諷于世道者深矣。洪武己巳歲夏六月，紫芝山人識。

俞穌

紫芝生 白文

顔秋月名輝，元之江山人。生而穎敏，有儒者風度。善畫道釋人物，嘗死而復生，故畫鬼猶工。玆卷爲老鍾元夜出遊圖，筆法奇絶，有八面生意。展閲間令人駭目，非深得造化之妙者，曷克臻此。當珍如拱璧，世守勿失。延陵吴寛。

原博

古太史氏

項墨林甫祕笈之印

元方從義依緑軒圖卷 紙本

高二十五公分半，闊一公尺十七公分。

外籤：元方方壺依緑軒圖真蹟。諸名人題。

引首：依緑軒圖。静觀。 【静觀】 【牧仲心賞】 【宋犖鑒定】白文 【周大夫方叔之後】白文

洪武庚午秋九月既望，爲克用徵君作《依緑軒圖》。上清羽客方方壺。 【方從義印】白文 【方壺】隸書

【經訓堂印】 【臣犖】 【白馬客裔】 【民悦】白文

綽按：此卷用宋紙。水墨加微赭，淋漓酣恣，絶去筆墨痕迹。

小軒如斗着髯翁，世事全抛午睡濃。凉雨一庭桐葉暝，東風滿硯落花紅。壺觴冷澹無人到，簾幙深沉有燕通。光景不停容易老，丹砂何處覓仙蹤。盧陵張光弼爲克用先生賦。 【盧陵】白文

幾重緑樹護柴門，門外飛泉聒耳喧。隨意閑行無不可，更饒携杖有童孫。居竹翁成

廷珪。〔成印 廷珪〕

寂寂柴門過客稀，樹鷄新長石羊肥。扶藜踏盡溪南路，掩映斜陽作伴歸。王時敏書。〔王印 時敏〕白文

松吟褚篆重裝家藏。〔褚篆 私印〕白文 〔蒼書〕

葉落疎林過雨時，亂山空翠夕陽遲。高齋自有閑風月，幽客看雲更詠詩。丙戌冬十一月之朔，葛應典題。〔應典 私印〕白文 〔古狂 生〕白文 〔長揖 古人〕

松竹人家在崦西，山回水抱路常□。獨携筇杖過橋去，時聽書聲雜鳥啼。半園雲客唐宇昭書于蕉隱庵之西軒。〔唐印 宇昭〕白文 〔學圃 鑑賞 圖書〕

元顧定之畫竹真蹟軸 紙本

高九十一公分，闊三十三公分半。

定之爲仲權作。

顧定之印 白文

迂訥老人 白文

蔡石審定章 明不

季雲

北平李氏所藏 白文

恩慶 白文

綽按：此軸用宋紙。于棘叢中挺出枝幹，别茁新筍二三。用筆如飄風驟雨，但沉着不浮，元明畫竹所以高出清人者在此。至墨光如漆，亦非後來所有。

元趙麟蕭翼賺蘭亭圖卷 紙本

高二十一公分，闊九十二公分分半。

能。

乾隆御覽之寶 此印蓋于『能』字上。

葉恭綽譽虎印 白文

第一希有

翟氏乾陽之章

蕭翼賺蘭亭圖。臣趙麟奉勑摹閻立本畫。

御賞

内府書畫之寶

綽按：此卷用宋紙，着色工筆。寫蕭翼作潦倒書生狀，及辨才踞座高談之狀，神采如生。末畫侍者温缸面酒，亦栩栩欲活。筆致清秀，而氣韻沉厚，信非漚波家學不辦也。麟乃趙孟頫之孫，趙雍之子。

元曹知白山水軸 紙本

高八十六公分，闊五十一公分。

明善堂覽書畫印記 白文　怡王覽書畫印　怡府藏書畫記　元章　汪印一夔　葉恭綽譽虎印 白文　第一希有

雲西。篆字。　曹印知白

綽按：此軸上幅層巒飛瀑，下爲溪流村舍，兩舟中流容與，意似傾談。筆情幽峭沉逸，自是元人本色。

怡親王寶

蕭蕭圖畫自天開，下有蛟龍亦壯哉。雲氣四時多似雨，濤聲八月大如雷。直看槎泝天潢去，莫遺舟乘雪夜回。擬待□年具蘭楫，中流小試濟川才。壬子八月，懶瓚題。

張爰（白文）　蜀客　大風堂　白氏因甫　藹庵

元王振鵬金明池圖卷 絹本

高三十三公分，闊二公尺四十七公分。

包手，宋鸞鵲刻絲。

引首，仿宋藏經紙。　王懿榮（白文）

隔水　番禺葉氏遐庵珍藏書畫典籍之印記

皇姊珍玩　純印（白文）　小溪　王懿榮　潁川珍賞　景賢審定

綽按：大龍舟一，小龍舟十餘及數舟作水嬉，集寶津樓前。人物、橋梁、樓閣、舟楫、樹石，界畫精細，無一筆苟簡，且神致活潑，絕不平滯。末于石砌脚署款曰『臣王振朋』，隸書。『朋』『鵬』古通也。

第一希有

葉恭綽譽虎印 白文

景行維賢 白文

小如庵祕笈

景印長樂 白文

崇寧間，三月三日，開放金明池，出錦標與萬民同樂。詳見《夢華録》。至大庚戌，欽遇仁廟青宫千春節，嘗作此圖進呈，題曰：『三月三日金明池，龍驤萬斛紛游嬉。歡聲雷動喧鼓吹，喜色日射明旌旂。錦標濡沫能幾許，吴兒顛倒不自知。因憐世上奔競者，進寸退尺何其癡。但取萬民同樂意，爲作一片無聲詩。儲皇簡澹無嗜欲，藝圃書林悦心目。適當今日稱壽觴，敬當千秋金鑑録。』恭維大長公主嘗覽此圖，閲一紀餘。今奉教再作，但目力减如曩昔，勉而爲之，深懼不足呈獻。時至治癸亥春莫，廪給令王振朋百拜敬畫謹書。

皇姊圖書

持賜孤雲處士圖書

此章蓋于王振朋名字上。

韓印

任齋銘心之品

此卷于共和十三年得于津門，審其界畫精工，洵非孤雲莫辦。《穰梨過眼録》九載此卷，尺寸、款識悉相合。不知何時歸于景樸孫，而又流出市肆也。至《大觀録》十八亦載有此卷，孤雲題識并同。依其所紀亦爲絹本，惟圖章不合。又，彼爲着色者，又曰姬人紅衫鬖髻，鼓楫相向，而此卷則無之。其一畫而兩繪歟，復無此理。或者此爲粉本，未及着色者，則不應有皇姊珍玩之章。余意此卷當確是真蹟。其《大觀録》所載一卷未曾寓目，無從臆斷，證以此卷一無題跋，或者經作僞者割真跋以附贋作，亦未可知。此種方法余已屢見之矣。丁卯初秋展觀，輒析所疑于此。葉恭綽。〔譽虎〕白文

余于民國廿六年南來，此卷置行篋中。頃檢《式古堂書畫彙攷》十八亦載有此卷，所紀畫本、題記悉與此同。惟李源道、袁桷、鄧文原諸家題詩均爲此卷所無。余前跋所云割真跋以附贋本，信不誣矣。卞録屢稱此卷曾歸韓氏，今畫後有韓氏半印，可以爲證，知此卷即曾歸韓氏者。惟卞録又云，有錢氏合縫印，今未之見，豈恰在斷爛絹幅内，爲裝池者毁去耶？抑别有他故，無從臆斷矣。朱蠖公先生于北平别得一卷，絹本着色，而無題字，畫稿完全本此，則出摹繪無疑。今亦在余所，筆墨相去遠矣。民國三十一年六月，葉恭綽漫識。

又一卷。稿本悉與前同，惟着色金碧，尺寸亦略小，却未附題跋。爲朱蠖公先生所貽。

元盛懋秋林漁隱軸 紙本

高一公尺零五公分，闊三十三公分。

綽按：此幅作古木盤互陰森，下有一翁垂釣。神氣閑静，秀逸天成。

至正庚寅五月望日，武塘盛懋爲竹溪作秋林漁隱。盛懋 白文 子昭

萬里滄波杳靄中，平林落日映丹楓。黄塵□馬長安道，誰似磯頭一釣翁。林鏞。道人 不明白文

群動日擾擾，何由止囂煩。我心一以静，庶或澄其源。天高四山寂，落日孤雲騫。至理無不在，朝市同丘園。君應領斯妙，吾亦忘其言。九龍山人王紱題。孟耑

第一希有　葉恭綽譽虎印 白文　大風堂　安山道人　希曾 白文　謝氏鑑藏圖書　三韓施氏鑒定

三千大千　謝之章 不明白文　字季英號屺望　式古堂書畫　卞令之鑒定

元方從義雲林鍾秀圖卷 紙本

高二十四公分，闊一公尺零五公分。

外籤：元方方壺雲林鍾秀圖真蹟。在《消夏録》。名跡。

引首：聊當卧游。士奇。高印士奇 白文　澹人氏　竹窗　伯謙精鑑

内籤：方方壺雲林鍾秀真迹。沈石田、高江村題。神品上上。韓榮光珍藏，子孫永保。

又題籤：元方方壺雲林鍾秀圖真跡。神品。隸書。

雲林鍾秀。墨池清興 白文　韓印榮光 白文　江邨祕藏　高士奇圖書記　季彤審定　番禺葉氏所藏

綽按：此卷用宋紙。全幅烟雲縹緲，氣勢縱横，深得米家三昧。

中幅題：方方壺畫。隸書。

末幅題：洪武丁巳，方壺子作贈鄧止庵還朝。隸書。不芒道人 白文　方壺書印　周大夫方尗之後 白文

上清仙子本天仙，下謫來脩水墨緣。聞道琵琶嶺頭月，照歸黄鶴又千年。季彤心賞 白文

白石翁 白文

此圖方壺先生所作，用米氏之法，將化而入神矣。觀之正不知何爲筆，何爲墨，必也

心與天遊者始可詣此。先生觀化已久，遺跡在人間，如可想見其風骨。敬題是絶，少寄仰止云。後學沈周。啓南

石田白文　季彤鑒定珍藏　珠船　江邨

畫禪白文

憶昔經貴溪，上清紀游歷。丹竈弔遺踪，仙風不可覿。日暮泊扁舟，溪聲耳邊激。花落洞口桃，葉響洲前荻。樹老戒壇荒，鶴唳霄露滴。雲山留畫稿，撫景良自適。而況仙墨緣，千載見真的。讀畫小窗明，垂簾萬籟寂。風雨掩雙扉，雲烟生四壁。心摹手欲追，古硯呼童滌。丁亥二月，得方壺道人《雲林鍾秀》卷于京邸，因和江村原韻。珠船韓榮光。韓光

廿年别家山，風景記歷歷。展此三尺圖，恍與故人覿。山頭暮靄生，石齒流泉激。炊烟出遠村，漁舟泊叢荻。山雨一夜來，松翠曉猶滴。萬事總雲烟，人生貴自適。不見白鷗閒，烟分光的的。不見蕭寺僧，鐘定禪寂寂。利錐空處囊，寶劍時挂壁。何當歸去來，姑

把塵顔滌。壬辰春暮重展，再用前韻。珠船翰墨白文

丁亥爲道光七年，是時江村跋猶在，故爾步韻。其分割當在出潘氏後，或即粤中何昆玉之流爲之也。共和丙寅仲秋，遐庵。遐公白文

元時四大家及高彦敬、曹雲西、朱澤民、唐子華、趙善長、盛子昭、徐幼文諸公真蹟，余皆見之。雖各擅所長，究不及是卷之出神入化，奪造化于毫端，活烟雲于腕下，非身有仙骨者不能。無怪石田頫首至地。甲午十一月，雪窗展玩，呵凍重題。韓印榮光

元高房山、方方壺皆從米家父子得法。房山一生學米，終不能越其藩籬。方壺則遺其貌而取其神，入乎中而出乎外，故卓然自成一家。是卷有筆有墨，元氣淋漓，不特壓倒房山，即二米復生，亦堪抗手。乙未小寒前一日炙硯書。

方壺羽客，志趣高遠，曠曠不羈，故作畫亦奇，得潑墨破墨法。此卷雲山烟樹，初視正覺平易，及細讀畫理，脱盡華麗，專爲簡澹，非十年讀書、十年養氣，不能臻此妙境。晴窗展玩，塵慮盡忘矣。道光戊申十月望日，潘正煒書。正煒白文

方壺子畫似從米家父子問津，寔則集荆、關、董、巨之大成，而别開生面。此卷畫理

益深，畫品益逸，非心通造化，胸中別具丘壑，不能得此奇筆。方壺一生高自位置，以翰墨自娱，故發之毫端者，自不食人間烟火。使黄、王、倪、吴觀此，當爲之俯首。道光己酉四月望日，正煒又書。正煒

此卷余于共和丙寅春得于上海。畫筆雄恣清逸，非上清羽客不辨。所有款識圖記，亦皆與《江村消夏録》合，第缺江村一跋。又石田字跡微嫌力弱，余審諦再四，决爲經市儈割裂誑人。此卷畫真而跋有疑義，其真跋必取以隸贋畫，故姑購之，以待延津之合。不十日，友人邀觀蔡伯顥藏畫，適亦有是卷，則高跋宛在，且沈跋亦筆意逼真，惟畫則遠不如此卷，且款識圖記亦與《消夏録》所載不同。差幸所見不謬，擬爲合并，以成全璧。因議價未諧，不果。頃覩宣統賞溥傑物品單内亦有是卷，未見原物，不知較二者何如？是此卷世間計有三品，倘能薈萃，亦一佳話也。近刊《江村書畫目》，此卷列『永存珍秘上上神品』中，當時似未進呈。不知清宫所藏，究是何本耳。共和丙寅中秋後五日，遐庵葉恭綽。遐庵居士 自在白堂文

方壺尚有絹本《雲林鍾秀》卷，乃元至正冬十月所作，以贈白雲先生者，見《嶽雪樓書畫録》。孔少唐跋并論及此卷，謂曾過目，蒼秀當推第一，稱絹本爲濕潤第一，兩者均藝林至寶云云。并稱贈鄧止庵卷現藏盧若雲處，不知即指此卷，抑指蔡伯顥所藏一卷也。

漫志于此，以待彙考。遐庵。

遐庵

元陸廣山水真蹟軸 紙本

高八十九公分，闊二十五公分。

綽按：此幅斷岸草亭，蔭以長松，曠望隔水群峰，争妍叠秀。筆墨于沉鬱中見荒率之致。

延陵　原博

來爲東莊游，還作東林宿。林下扣禪扉，幽徑行自熟。齋厨夜寂然，倦睡雜僧僕。方床習趺坐，飲我一茶足。坐久湯室温，洗沐解塵服。主人故延款，展畫更燒燭。逶迤水上城，突兀月中屋。地静風轉號，連野有高木。疏雨匆復來，春夢不可續。端如紫極宫，百歲入詩腹。便當游汗漫，安復事拘束。晚歲返舊廬，爲隣豈須卜。成化戊戌歲正月十日，過宿東林院賦此。主人碧潭師出天游生小畫見示，因書其上云。吴寬。

吴寬

蘇龍印瑞 白文

程珍茂玩 白文

華夏私印 白文

真賞齋印 白文

友石審定

季雲鑑賞 白文

北平李氏所藏

元吳鎮畫竹卷 紙本

尊江所藏 白文

文徵明印 白文

高二十四公分，闊二公尺四十六公分。

隔水綾

青瑣侍臣

嘉樹軒

真賞

李魯生

葉恭綽 白文

綽按：此卷第一幅叢竹連娟，筆勢勁逸。自題云：意足不求顔色似，前身相馬九方臯。可謂知此道耶。

梅華庵

嘉興吳鎮仲圭書畫記 白文

李魯生

真賞

遐公 白文

綽按：第二幅長梢短節，恣肆縱横，勢如風雨。自題云：愁來白髮三千丈，戲掃清風五百竿。幸有玖奴知此意，時來几上弄清寒。五月廿四日，竹窗孤坐，清興偶發，戲寫此枝，不知果有文公法否？至正十九年也。

禮墨齋記　寶　真賞　嘉興吴鎮仲圭書畫記（白文）　玉甫心賞　李印魯生（白文）

藏此卷已廿年。余五十學畫竹，今將七十，讀此方略有悟入，一藝之難如此。民國三十八年大暑，葉恭綽遐翁。恭綽（白文）

此卷屢見著録，余意此乃從真蹟割出者，故僅得二段。他不具論，即所題兩段草書，天真爛熳，學素師已到化境，豈後人所能僞作？遐翁又識。

『幸有玖奴知此意』之『玖』字著録中多有訛誤，懸度『玖奴』乃仲圭之子女或侍史，紀事者不得其解，遂致臆改。或竟未見真本，以致傳譌。鑒别之事，固非易爲也。余從事六十載，猶多未到處，僅十得七八耳。昔李文石看書畫，一展即知爲何人所作，一座皆驚。余于書法能之明清兩代，畫則未敢自詡也。然緣書證畫，固亦一法。一九五三年，遐翁。遐翁

明楊基江山卧游圖真蹟卷 紙本

高二十二公分，闊一公尺七十二公分。

外籤：楊眉庵江山卧游圖真跡神品。艮庵署。

包手，芙蓉山鳥宋刻絲。

引首，宋藏經紙。

冰雪爲心 白文　畫禪 白文　景賢審定　吴亦光 不明　張孝思　遐庵銘心之品

江山卧游。庚子小春望前，七十四老人楊基。

楊基之印 白文

綽按：此卷用淺赭淡緑乾皴，用筆渾厚澹遠，絶去纖佻粗獷之氣。雖不能比肩一峰、黄鶴，亦足與天游、雲西争霸矣。

張則之　鳳　來 白文　袁氏永之 白文　小如庵祕笈　葉恭綽 白文　第一希有

開卷群峰擁，蕭蕭萬木森。短橋通別墅，誰結白雲心。陳性善題。

（印：□　不明）

（印：景行維賢）（印：則之）（印：孝思）（印：番禺葉氏遐庵珍藏書畫典籍之印記）

秋氣滿林壑，野樹集汀洲。有客過山寺，聽猿卧石樓。山陰唐肅。

（印：唐肅　白文）

群峰出没白雲中，烟樹參差淡又濃。筆意無窮看不厭，天邊更有兩三峰。隸書。華亭顧禄堇中題。

（印：顧禄堇中　白文）

歸人在何處，空林掩烟舍。獨立望秋山，鐘鳴夕陽下。太原王達善。

（印：王氏達善　白文）

晴巒浮靄曉烟收，七里嚴灘景色幽。憶昔桐廬山下過，荻花無數繞汀洲。東吴周輿。

（印：周氏廷參）（印：辛未進士　白文）

層壑章柯斂筆端，橫斜黯淡座人寒。應須染醉增鋪置，不是諸家畫斷看。正德庚午二月廿又四日，假閲楊眉庵小卷，清逸有致，雜之李營丘、洪谷子之中不能季孟也。因題一

絶以歸之。長洲朱存理。信甫 白文

江上群山翠作堆，人家門檻對江開。小樓應有憑闌者，天遠歸帆似不來。楊循吉。君謙

萬木陰陰石逕斜，亂山深處有人家。春風滿耳多啼鳥，澗水流來半落花。許初。高陽 白文

楊君載畫法近古，兼集董、巨、元季諸家之大成，人争寶之也固宜。余訪袁邦正於卧雪齋中，展閲斯卷，知爲晚年之筆。信甫翁稱其置之李營丘、洪谷子之中不能季孟，真知言哉。嘉靖乙巳仲春，陸師道題。師 道 五湖居士 白文

樸孫庚子以後所得 遐庵珍祕 張則之

芒鞋竹杖，記當年，湖海平生豪氣。無限江山，行未了、老病自憐憔悴。須我來游，不妨高卧，萬里須臾耳。鈞天夢覺，光陰只在彈指。勸君莫遠游難，龍眠能畫，人在行雲裏。自與詩翁磨凍硯，一壑一邱吾事。小閣横空，片帆西去，翦破淞江水。今朝中酒，一川松竹如醉。右調《壺中天》集辛稼軒詞，題楊眉庵《江山卧遊圖》。癸酉仲夏，艮庵識。

戊申春仲，李佳繼昌、古滇楊文鼎、鋏嶺何師程、瓜爾雅棨恒、裕瑚魯奭良同觀於樸

孫都護之三虞堂。

明陶成雪羽圖軸 紙本

高一公尺四十一公分，闊四十一公分。

綽按：此軸水墨。山石叢竹，雌雄兩鷄引雛。飄逸渾雅，筆意似伯陽、服卿。

成化丁酉孟秋廿又九日，雲湖仙人寫雪羽圖。

雲湖仙人

陶成之印 白文

拳石爲籠竹作窠，宜男花下哺雙雛。物情物理天然趣，莫羡桃花山鳥圖。鶴灘錢福。

劉氏寒碧莊印 在上方

錢福

會元狀元

行之清玩之印 在下方

明姚公綬詩竹真蹟卷 紙本

高二十七公分，闊二公尺九十八公分。

外籤：雲東逸史詩竹真蹟。澹園題。

番禺葉氏遐庵珍藏書畫典籍之印記

綽

賜進士 白文

竹滿江村水石間，推篷相對嬾言還。若裁律和朝陽鳳，安得翛然似我閑。逸史戲筆并題。

姚氏公綬 白文

雲東逸史 白文

恭綽長壽 朱白間文

椒堂李可藩鑑藏

紫霞碧月翁

姚氏紫霞碧月山堂

江南水竹郵

甲申進士

墨池漂花太揮霍，竹葉猗猗隨筆落。錯刀漫説古人能，我愛寫來烟漠漠。也知興到不在形，飛花舞絮春冥冥。村深茅屋緑蔽翳，遥裏時時或窺星。吾聞張顛醉濡墨，我願長醉

不願醒。逸史。姚氏公綬白文　大雲真逸　拜恩堂印白文　愛吾廬　番禺葉氏遐庵珍藏書畫典籍之印記

文與可謂蘇東坡畫竹多類棘，然絶無一點塵俗氣，非知之深，烏能言此。東坡人品高邁，舉筆便佳，不必形似，意趣自足。今觀逸史之作，筆墨瀟灑，興致幽玄，雖取法梅道人，其格韻又非近世所能及也。漫爲識之。癸未冬仲，語溪宋旭初暘甫。檇李宋旭間白文　石門山人白文　宋氏初暘　東郭草堂

寫竹不惟形似，要意趣在筆墨之外。若桃若柳，雖有所忌，而爲麻爲蘆，亦有不暇辨者，意趣勝也。今觀姚先生所作此卷，用筆灑落，無半點塵俗氣，真可追匹長公、湖州矣。一展視之，泠然清風溢于几案間。升巖兄當珍藏之，可與梅花道人并傳也。癸未冬日，書于東郭草堂，華亭孫克弘。雪居白文　二千石長

如此方足當一逸字。遐庵所藏畫竹上品之一。［葉恭綽］白文［遐庵銘心之品］

昔人謂畫蘭竹有別才，其寔精神所寄，不拘繩墨則有之，若謂不假師承，且無事技巧，夫豈其然。如雲東、雪居二人作品，醇雅天賦，仍極精能，即其證也。遐翁展觀因題。［恭綽之印］白文［樂静堂］

一九五一年端午日，晨起展視雲東老人此卷，不覺興發，遂爲續貂。雖略得瀟灑之致，其醇雅處終不可及，媿服書此。遐庵老人，時年七十一。［葉恭綽］白文

明姚公綬紫芝圖軸 紙本

高一公尺二十二公分，闊三十八公分半。

綽按：此軸用宋紙，澹着色，筆致渾雅幽秀。

紫芝圖。篆書。庚戌九月，雲東逸史姚公綬畫于滄江虹月舟。［雲東逸史］［姚公綬氏］［嘉興姚公綬書畫記］白文

姚氏公綬 白文

天田老農 白文

葉恭綽 白文

遐庵鑑定

張則之

明尤求白描高士傳象卷 紙本

高三十三公分，闊九公尺九十公分。

外籤：尤鳳丘白描高士傳象。神品上上。篆書。

番禺葉氏遐庵珍藏書畫典籍之印記

長庚閣圖書 白文

鷓鴣一枝 白文

葉恭綽 白文

高士圖。隸書。

萬曆辛巳夏日，長洲尤求寫。

吴人尤求 白文

鳳丘

遐庵銘心之品

玩物而不喪志

綽按：圖象爲巢父、許由、善卷、高容起等五十三人，連故事人物共九十七人。

明邢慈静女士白描大士卷 紙本

高三十公分，闊三公尺七十公分。

外籤：慈静白描大士。

第一幅，大士一足趺坐，童子持浄瓶柳枝上供。題曰：『無上甚深微妙法，百千萬劫難遭遇。我今見聞得授持，願解如來真實義。』

第二幅，大士坐蓮花上，童子踏白螺。題曰：『海岸孤絶處，普陀落伽山。正法明王，聖觀自在。髪凝翠黛，唇艷朱紅。臉透丹霞，眉彎初月。世稱多利，時號吉祥。皈素衣而目焕重瞳，坐青蓮而身嚴百福。』

第三幅，大士坐紫竹林中，童子獻浄瓶。題曰：『稽首大慈，婆盧羯帝。從聞思修，入三摩地。振海潮音，應人間世。隨有希求，必獲如意。』

第四幅，大士獨立，童子合掌而拜。題曰：『似月現于九霄，如星分于衆水。除三灾于灾劫，灾劫不灾；救八難于難鄉，難翻無難。』

第五幅，大士坐蒲團上，童子跪拜。題曰：『世傳白衣菩薩送子，凡祈嗣者禱焉，其靈變奇驗，彰彰在人耳目，未易殫述。余今寫五象，以志皈奉云爾。因爲之贊曰：

惟其好生，是爲慈悲。若無慈悲，生亦奚爲。既已有生，何能無情。人之鍾情，乃在所生。佛于一切，皆作子視。去忍去嗔，以畜吾子。莊嚴者像，匪像惟心。吾心不昧，是謂觀音。萬曆甲寅玄月，奉佛弟子馬室邢氏沐手寫于蘭雪齋。

慈静

白文

明孫克弘花卉卷 紙本

高三十公分，闊五公尺六十五公分。

外籤：孫克弘花卉。能品。

古華亭　明漆園穆光胤家藏印 白文　三不朽世家　大秦後裔

綽按：此全卷畫花卉蔬果，間以蟲鳥。設色鮮潤，寫生逼肖，而氣韻渾雅。

癸亥仲冬，華亭孫克弘製。　允執　龍川子印 白文　青蓮石山房 白

明李流芳山水小卷 紙本

隔水　止庵眼福 白文　半角草堂 白文

大觀 白文　南郡

綽按：此卷墨筆作疏林孤艇，遠渚遥山。筆墨荒澹，一洗縱横之氣，于雲林爲近。

丙寅冬日，索居無聊，輒作此圖。流芳。

李印流芳 白文

覺盧

仁和高印

平原陸幔亭鑒藏印

玉甫心賞

隔水

聽濤軒 白文

半角草堂珍藏

明趙左雪竇山圖卷 紙本

高二十五公分半，闊一公尺三十六公分。

劍泉真賞 白文

長沙周氏

綽按：此卷乃先大父南雪公舊藏。淡墨淺皴，荒率中備見深遠，不類華亭法派。世傳香光畫多文度代筆，第文度固別有其面目也。

雪竇山圖，送生明師兄還舊社。華亭趙左。

文度氏

寶唐閣 景劍泉家藏 荇農鑒賞 白文

送生公還雪竇山：禪心可待一枝安，破衲偏宜雪竇寒。千丈岩頭見明月，幾回指點學人看。水市人沈思孝。山自向長明 不 沈氏純甫 吾美草堂 白文

南飛孤錫去翩翩，歸傍山中雪竇禪。五井定應逢小朗，衲衣今挂阿誰邊。走筆走生公還雪竇，因寄朗初上座。戊申中秋日，王穉登。王印穉登 白文 廣長閣主 白文 綽按：下『走』字當係『送』字之誤。

送生公還雪竇：此意無來去，輕風任去舟。經時雪竇月，還照水田秋。木落境逾遠，天空海不流。吾州遥可望，莫是蜃爲樓。海鹽姚士粦。姚印士粦 白文 叔祥 白文

生明還雪竇：庵前有樹亦如草，草枯樹老禿無葉。江路一綫直如掃，浙江月明夜争涉。印涉人涉莫讓印，千月總是一月攝。今夜庵月如鏡圓，明夜江月如鏡缺。出户草鞋初履霜，到山松徑深埋雪。殘月在松僧在户，犬聲如豹隔松鴞。霜厚如雪野易風，空村家家門尚杜。還山不問幾日程，直到雲邊峰頂生。莫想錢塘江北庵，瑠璃一點如螢火。智舷。

智舷之印 白文　葦如 白文

騎縫 周 長沙 白文

佛昔入雪山，師今還雪竇。經歷幾千劫，家風只依舊。入山正此時，出山又何日。寧令石點頭，莫令心轉石。右送生公還雪竇，兼求郢政。高松聲。松聲之印 白文　山雷庵 白文

先嬾庵

生明上人還雪竇，余不能詩，作一偈以送之：汝是雪竇嫡孫子，今歸雪竇紹家風。木落水盡千厓出，現前面目何玲瓏。生明有異資，讀書過目不忘。又作一偈以勉之：少年何事耽枯寂，不向寰中了世緣。雖了世緣真性在，方知雪竇有宗傳。先嬾庵主郁拙脩。

嘉慶之印 白文　郁氏伯承 白文

寒雲落葉杖頭頻，跋涉寧辭越水濱。舊日林泉堪自賞，溪山風月草堂新。送生明還雪

竇山，録似印可。真謐。無縫塔主（白文）　釋真謐（白文）

問師何所適，雪竇訪家山。昔住元非住，今還豈是還。世人仍愴別，君意却隨閒。不怕河梁阻，能通觀息閒。送生明還雪竇山作，呈似教正。范應璧。范應璧印（白文）　函煇（白文）

彈指十年事，歸猶作夢看。秋容隨杖盡，雪色到山寒。松較去時老，身從今始安。禪隣過相問，爲説世途難。生明禪兄還雪竇，詩以送之，并請教正。長水楊瑞枝。飛雲閣（白文）

騎縫　瀹蕃（白文）　仲茗（白文）

朝來怕説送行歌，交臂相親久薜蘿。天地不堪同調寡，河山其奈別離何。半空疏雨寒江遠，一笠歸雲秋氣多。已了行參還舊隱，幽襟隨意散巖阿。右送生明禪兄還雪竇山，録似請正。社弟道耕。道畊（白文）　致隱之印（白文）　瀹茗鑒賞（白文）　荇翁審定　巢松臥雪（白文）

明項聖謨五牛圖卷 紙本

高二十九公分，闊一公尺八十四公分半。

畊餘攷藏白文　唐九湖白文　丙塘心賞

一牛嚙木。項伯自玩

一斑牛昂首。易庵白文

一牛正面向前行。孔彰甫白文

一牛回首向後。項氏伯子白文

一牛戴紅絡頭。遐庵眼福　葉恭綽白文　朽者白文　聖耆白文　孔彰

春暉堂書畫記白文

唐德宗時，關中飢困，韓晋公滉節鎮東南，運米江淮十萬斛以濟。德宗甚德之。其翰墨游戲，每喜畫牛，是以渤海賣刀買牛之意，非徒然也。吾友項孔彰臨公《五牛圖》，毫末畢肖，深足尚也。顧孔彰名家子，銛材偉度，出而宣力國家，爲天子繪九章法服，

斟酌楷定太常禮器乃所優爲。是荒陂斷隴中物，何足留意哉。崇禎辛未初秋，竹嬾李日華。

李印 日華 白文

明邵彌山水卷 絹本

高二十公分零半，闊二公尺五十八公分。

外籤：邵瓜疇山水卷。金聖嘆跋尾。北平李氏珍藏。

石林

引首

葉公

遐庵所藏金石書畫記 白文

李氏愛吾盧攷藏書畫記

隔水

莊盟審定

遐庵銘心之品

正誼書屋珍藏圖書

北平季子

綽按：此卷起首叢林遠渚，景物清夷。中幅景漸幽深，轉爲蒼渾，筆勢酣逸。末益堅潤，力破餘地。瓜疇畫傳世本稀，如此縱宕沉着者，益不多見。自題云『數月始成』，宜也。

長水龕

予與中行交廿餘年矣，南北離隔，山城間阻，事會分敚，而文酒過從，風雨烟月，談笑論辨之期殆十不得其二三。辛巳冬，中行索余爲圖，以當晨夕晤言，適符余志。自冬涉夏，結構略成，因誌我兩人投好有自，不特以其畫也。小弟邵彌。

邵彌私印

北平李氏珍藏圖書

山陰俞氏芝盟珍藏印

昔嵇叔夜臨終，顧視日影，索琴自彈，既而嘆曰：『廣陵散于兹絶矣。』又有哭王子敬者，曰：『子敬子敬，人琴俱亡。』嗟乎！讀斯兩言，能不痛哉！群天下之人，無慮億萬萬，至于其卓犖俊偉者，每每間百十年乃一生，生於世曾不五六十春，又必先此無慮億萬萬者以先去，然則造物者真於世間有惜、不惜之分别者也。其不惜者，如所謂無慮億萬萬者是也。富貴壽攷，莫不具備。執塗人視之，皆是公也，然而我特無取焉。若其所惜者，則如嵇叔夜、王子敬，既不肯屢生于世，生又每每不能與富與貴遇。於是資生艱難，憔悴枯槁，身非金鐵所成，不逸一旦遂没。嗟夫！人生世上，往往鹿豕聚耳，亦又何樂而不顧，戀戀不能去乎。此幀爲瓜疇先生遺筆，吾友般若法師藏之，而得之于聖默法師者也。余與先生生既同里，年又不甚相去，使先生稍得至今日猶未死，余與先生試作支許，竟日相對，實未知鹿死誰手。而天之不弔先生，竟已先賦樓去。余未死者，則既爲造物之所不惜，至今日猶得與群公者睹先生之遺跡，而慨然追慕其人。嘗試通前通後計之，余之追慕先生亦復爲時幾何，安能更有餘力爲先生多嘆惜哉。余不識先生者，而余甚識聖法師，則見先生不得，見法師如見先生，此余所以腸痛于先生也。後之人不識先生，并不復識聖法師也，則恃有此筆在，見此筆如見先生，遂亦如見法師，則又安知余亦幸不附此筆而爲後人所腸痛也。書之不勝三嘆。崇禎甲申夏盡日，涅槃學人聖嘆書。

聖歎　人瑞

葉恭綽白文　餘慶　北平季子　承烈審定　身雲閣　二樹祕玩白文　山陰俞氏讀畫軒收藏金石書畫章　遐庵珍祕

當年畫友數聯盟，迂癖何曾誤此生。吴梅村《畫中九友歌》云：『風流已矣吾瓜疇，一生迂癖爲人尤。』壽考尚書兼富貴，人間片紙總齊名。雙眼觀書悵絶倫，借傳孤憤墨猶新。高才異代同千古，腸痛先生又幾人。丁巳七月望前，寄雲。

季雲　恩慶之印白文

是卷作于辛巳，爲僧彌先生晚年筆，金聖嘆之跋則後三年耳。時當鼎革，故聖歎語多感喟，非止觀河之傷逝也。邵、金二先生固不藉斯卷以傳，而此卷乃適緣二先生而增重。聖嘆所言，不啻爲今日道，不知千百年後尚有因此卷而識吾徒者否？季雲先生其亦與吾同感也歟！至畫筆酣恣，乃僧彌僅見之作。跋語汪洋超隽，亦聖嘆本色，不待再贅一辭矣。民國二十四年二月，葉恭綽識。葉恭綽（白文）

邵瓜疇號稱惜墨如金，而吴祭酒又曰『一生迂癖爲人尤』，其畫之少，概可想見。余集畫册都九人，獨缺者程松圓與瓜疇耳。前年得一卷，與此伯仲，乃爲文彦可作者，今貽彭恭甫如弟矣。此卷有聖嘆跋，時在甲申四月，言辭之間，感喟特甚，然其哭廟之舉，殆亦借題耳。清廷之殺聖嘆也，亦借題也，非爲哭廟也。讀聖嘆此文，可以知其志矣。惜瓜疇之不得見耳。瓜疇此畫，得聖嘆跋以張之，亦可以知瓜疇矣。卷今爲遐庵丈所得，銘心絶品，視之真無負于瓜疇、聖嘆也。歲乙亥四月，吴湖帆識。吴湖帆印（白文）

明邵彌仿古畫册 絹本

高三十公分，闊二十三公分半。按每幅計。

第一幅，水墨。己卯初夏，坐雨，同齋客携雲林《古木虚亭》来觀，漫臨一過。

僧　彌　白文　遐庵　白文

第二幅，着色。文敏公畫多春景，惟在濃艶中，當使之淡。

彌　僧彌　白文　遐庵　白文

第三幅，水墨。北窗新霽，啜茗微吟，吟餘寫此，頗似荆、關筆法。

僧彌　彌　遐庵　白文

第四幅，略着色。二米筆法，小米别有幽奇。

僧彌　遐庵　白文

第五幅，水墨。梅道人《湖山嘉隱》，見于檇李項氏，仿佛擬之。

邵彌之印　白間文　僧彌　白文

遐庵　白文

第六幅，略着色。松陵董太史所藏北苑《溪山高隱圖》，其運筆秀潤可愛，故常摹之。

邵彌之印　白間文　僧彌　遐庵　白文

第七幅，略着色。王叔明幼師巨然，晚年自成一家。〔僧〕〔彌〕白文〔遐庵〕白文

第八幅，略着色。圖楓落吴江句，仿營丘法。〔僧彌〕〔遐庵〕白文

第九幅，略着色。世人作畫多半宗李晞古，有能增損其間否。試作《吟梅圖》，未知孰是？〔彌〕〔遐庵〕白文

第十幅，略着色。己卯六月，苦暑，戲仿趙令松《雪江罷釣》，用驅煩鬱。邵彌。〔僧彌〕白文

〔遐庵〕白文

僧彌品行孤高絶俗，其畫在當時已不易得。余前後共藏卷二、册一、軸一，自喜與此老二百年後獨結翰墨因緣。物聚于所好，觀此益信。宣統庚戌八月，一瓢道人記于長春官署之課花草堂。〔一瓢詩畫〕白文〔連平顔氏〕

余藏僧彌二卷。其一係仿宋元各家者，長三丈有奇，一氣呵成，天衣無縫，寔爲邵處士傑構。乃吴平齋物，後有平齋跋，亦誇爲瓌寶。一則純仿米氏雲山，後附處士草書送黎美周詩。附記于此。〔九連山民〕

先大父舊藏瓜疇畫卷，清逸絶塵。余童年侍几硯間，遇春秋佳日曝曬時，恒以得展玩爲樂。嗣先伯携以入都，燬于庚子之亂，至今惜之。昨承瓢叟以此見貽，神明焕然，頓復舊觀，不勝今昔之感，輒志墨緣如右。民國戊午冬，恭綽。葉恭綽白文

瓜疇入手，以松雪、叔明、六如爲宗，故運筆清勁，舉重若輕，飄飄有林間逸氣，不媿孤高絶俗之邵處士也。乙亥夏日，遐庵世丈舉此册見示，相對怡情，漫跋數語歸之。吴湖帆。梅影書屋　湖帆書畫白文

民國三十一年冬日，重展觀此劫餘之物，不勝慨嘆。遐庵。時顔韻伯逝世久矣。

明居節松壑高閒軸 紙本

高七十二公分，闊二十九公分半。

松壑高閒。隆慶辛未秋九月，仿唐子畏先生意。居節。士鼎

綽按：此軸雙松碕磵，一高士徘徊其下，琴童從焉。遥望遠山，悠然自賞。雖仿六如，而無其獷率。

鹿泉心賞　虎丘別墅 白文　葉恭綽譽虎印 白文　卧庵所藏　顧氏祕藏書畫 白文

明薛素素蘭竹卷 紙本

高二十五公分半，闊五公尺二十五公分。

外籤：張伯起先生題薛素素女郎蘭竹卷。澹園。鄭

引首：國香流韻。道光丙戌中秋。靈簫筠湘。靈簫　氏琳瀟女史 白文

曾在吴石雲處

一，蘭竹共藝一盆，雜以芝草。

二，坡石蘭竹。

雨餘亭館絶埃氛，讀罷《南華》對此君。風度芳蘭香入户，須知身外即浮雲。鳳翼。伯　起

三，盆蘭文石，瓶插蘭竹及水仙。

四，坡石蘭竹。

五，盆石蘭竹。

六，坡石蘭竹。

漢臺楚縣總消沉，一曲離憂寄緑琴。獨自芬芳在空谷，不知誰復是同心。張鳳翼。

鳳翼 白文　張氏伯起 白文

七，蘭菊成束。

盈盈秋色露華滋，莫根花開獨較遲。總是籬邊成棄擲，一尊相賞未過時。鳳翼。伯起

八，坡石蘭竹雜以荆棘。

己亥春日，薛素素寫。薛

左祖五陵原上，前身萬里橋邊。豈獨校書能事，濡毫亦勝花箋。張鳳翼題。鳳翼 白文

張氏伯起 白文　汪藻清賞　曾在吴石雲處 按，此印倒鈐。

門掩枇杷自詠詩，《黄庭》筆法寫烏絲。風枝露葉憑揮灑，也似彈丸脱手時。曾見薛素素《挾彈圖》。第一名姿空谷香，傾脂河畔易斜陽。一般金粉嗟零落，飛絮園中馬四孃。紅紫紛

紛只等閑，歸家宜傍六朝山。恰從粉暈脂痕外，翦取湘雲緑一彎。鑑齋表弟同年以薛素素《墨蘭》長卷見示，爲題三絶。星齋潘曾瑩。

美人自打木蘭艭，采徧紅蘅與緑茳。別有深心託毫素，清波如黛染湘江。舊《詠蘭》一絶，録奉鑑齋内弟年大人清正。潘遵祁。西圃（白文）

桃花春水薛濤牋，捥底湘蘭九畹烟。馬四孃最工此體。蓬艾深深香不見，可憐風兒誤嬋娟。露華風葉絶纖塵，遺韻靈簫下筆親。萬里橋邊春夢遠，五陵原上更無人。用卷上舊題詩意。明珠玉佩亦銷沉，樂録文昌愴獨吟。三百年來留此筆，可能異代結同心。己未中秋日，題薛素素《墨蘭》手卷，應鑑齋三兄大人雅囑，并請清正。雪軒王有齡。多才自古情難遣（白文）

無餘閣

共和十五載歲次丙寅，得此于津門。余平生收藏閨秀書畫，以明末清初爲最夥。若蔡玉卿之《孝經》，邢慈静之《白描觀音》，李是庵之花果，黄皆令之山水，皆屬罕見之物。薛氏手迹，余已先得一蘭石小幅，款識、筆迹、印章皆與此同，可稱雙璧。葉恭綽題記。遐公（白文）

明馬湘蘭畫蘭卷 紙本

高二十三公分半，闊五十六公分。

喜見蘭葩似景星，凡花誰得并芳馨。呼兒滌硯磨松液，朵朵臨摹湛露形。馬守真并題。湘蘭

纖玉臨池筆意新，不生烟火不生塵。展來香氣隨風裊，苑内英華第一人。文震亨題。

啓美　鶯邊　葉恭綽白文　玩物而不喪志　天津沈銓曾觀白文　櫻寧館鑑藏印　石逸珍藏

生生紫艷多丰韻，江蘺浦蕙難相近。千古誰人是素心，靈均當日真投分。東吴顧苓題于真孃墓下。隸書。

顧苓之印白文　真孃墓下

逸廬　遐庵白文　恭綽　果堂審定　丹徒陳長吉字石逸印白文

湘蘭寫蘭，世多贋本，此最纖麗，想見紅粧季布吮毫落墨時丰致也。嘉慶庚申孟陬廿

有三日，黄左田跋。同觀者王子卿、江堅甫、吴蔗鄉、吴雲門、程問原。子山

巴孟嘉以吴以智《春容十種圖》立幀，與吴子華易得此卷。嘉慶六年作駱之歲，日月會于壽星，同沈師橋銓、朱見庵文翰、朱春泉承翰觀于青春長莫樓，胡長庚記。篆書。

不雲　遐明庵

寒木堂

馬湘蘭畫極秀媚，余昔藏其小立幅，用雙鈎法，襯以細竹文石，韻緻翩翩。有顧横波、程穆倩題詩，小品中之難得者。是卷審其筆墨，乃晚年之作，英英露爽，不類閨閣柔媚，與薛素素如驂之乘。而書法直似王伯穀，素素不及也，良由習染薰陶。名士美人，欲合一體，擷英集馨，可以想像矣。己未除夕，偶得此，因識數語于卷尾，亦冷澹生涯之一樂也。瓢叟顔乚。則乚　白文

遐庵主人藏顧横波畫蘭，欲得此以成雙璧。因欣然轉贈，亦一段佳話也。越日是爲庚申元旦，瓢叟記。一瓢道人

横波畫蘭經亂失去，僅餘此卷。韻伯藏物之歸余所者，余不能守，已十去八九。昔人蟾蜍淚滴，本不達觀，但冀此文采精英不歸毀滅耳。湘蘭一小硯，爲百穀所貽者，暨王鳳江爲湘蘭所製手爐，皆在余所。曩每誦汪容甫弔文，輒生生不同時之感。亂後興致蕭索，藏物亦多以易米，且飫聞聖諦，深以流轉文字海爲戒，故一切漸等雲烟過眼，無復如往時之篤好矣。民國三十六年十二月冬寒，出此展玩，因題。葉恭綽。葉（白文）

明夏仲昭畫竹卷 紙本

高二十八公分，闊二公尺六十二公分。

休寧朱之赤珍藏圖書　留耕堂印（白文）

余喜種竹，又愛畫竹。種竹之趣，學子猷而不能。畫竹之法，悉用李息齋之筆。此卷臨息齋原本，如得近似，不失於風前露下之態，則幸甚矣。玉峰夏昶。乙未進士（白文）　夏昶仲昭印

葉恭綽（白文）　遐庵銘心之品　通軒讀畫　陸樹聲鑑賞章（白文）　朱臥庵收藏印

葉氏遐庵藏古人畫竹精品之一。遐老人。葉恭綽印

古之畫竹者多矣，宋時獨以文湖州爲擅長，蘇坡公亦嘗效而爲之。豈非以其得竹之理趣，而不拘拘於形似者耶。噫！不拘於物而惟求乎理者，此致知之功，豈研朱吮丹之倫哉！故起幹用篆書法，踢枝鈎葉用行草書法。至於雨晴風雪，横出懸垂，榮枯穉老，各極其態，殊不易及。元時若趙松雪、高房山、李薊丘、柯丹丘獨得其趣，然猶有似而不神，神而不似之議。求其得神於運筆之表，求似於有迹之餘，二丘之後，斷推王孟端舍人。而太常夏公繼之，獨步一時。其運筆雖與文、蘇不同，而瀟灑清潤之趣，亦自可重。况此卷臨薊丘筆，故規矩森然，鋒畫勁正。中間流泉一帶，恍置身風篁嶺上，親聆泉聲竹鳴，秀色可飡也。雖稍乏縱横出没之趣，而娟潔細勁，未嘗不得竹之理趣。世俗但以形似求之，失之遠矣。西屏陸超曾題。

古人作畫多尚細潤，唐至北宋皆然。自文、蘇二公畫墨竹，放意水墨，清爽不凡，别爲一格。後人不得其理趣，使筆粗縱，以爲蒼老，而畫法幾廢。余家藏有宋仲温《叢竹》卷，清快細密。唐六如、文衡山《叢竹》亦清細絶倫，烟雨空濛，雲泉繚繞，閲之忘疲。仲昭是卷雖臨息齋，與仲温、六如、衡山有過之無不及也。石田翁《有竹居圖》叢篁百本，疎森有氣，清挺奪目，吾於夏公此卷亦云。又題。

流水崇山接茂林，望中烟雨若森森。欲知此地何人在，稽阮而今正放襟。

山谷老人云，嫩篁翠篠極難爲，能工妙者惟吴生道子耳。所以文與可作老竹枯木，夾帶烟雨，以助筆勢。東坡《題摩詰畫》詩：『門前兩叢竹，雪節貫霜根。交柯亂葉動無數，一一皆可尋其源。』知摩詰亦工墨竹，不獨吴生擅長也。自文與可後，吴仲圭、李息齋、王孟端俱以作篆隸之法行之。此卷夏太常臨李學士筆，清勁中殊有逸趣，雖無崇山峻嶺，而山石犖确，茂林脩竹，映帶清流，一片江南雨後景也。頃見石谷臨息齋竹卷，亦瀟灑可喜，但不免坡公所誚『那將春蚓筆，畫作風中柳』爾。辛卯仲冬十又八日，西屏陸超曾識。允康 白文

竹於長卷，位置尤難。寒梢萬尺，雖不乏烟雲變化，而詰曲高下，坡陀掩映，往往不能遂其聳然干霄之勢。古人以竹卷傳者，在元時惟李息齋。此卷是玉峰夏太常所臨，筆意森秀欲絶，參差掩映，變態頗具，或離或合，或高或下，或正或欹，或俯或仰，或挺而如莊，或倚而如困，或群向而如語，或獨立而如思，或來而如就，或往而如奔，新枝古幹，净緑如拭，披展森然，如見真竹。此君神氣都爲攝盡，豈獨得風前露下之態而已耶。西屏又題。超

流水崇山接茂林，望中烟雨若森森。欲知此地何人在，嵇阮而今正放襟。梅沙彌得巨公傳，竹石蕭疎也可憐。偶吟一片江南雨，清絶襄陽孟浩然。

墨竹，君子之所以游戲于暇日以適情者，苟無其法，而少玩習之功，亦不能有成就，

而爲識者玩賞。此道學者雖多，頃見皆出妄爲，徒可發笑耳。故李學士息齋有痛乎是，故作譜以教天下之人。譜中多言文與可之趣。與可之竹誠妙出天成，筆如神助。學者能知而能行斯可，不然而望其成，吾未之見也。是卷夏太常臨息齋筆，泠而不枯，清而有神，森然有蕭疏之趣，洵所謂落落不對俗，娟娟静無塵者耶。都亭居士超曾。

湖州去世六百年，崑山傳派竹娟娟。縱横散亂如蓬賊，豈是坡仙詠漢川。兩崖脩影何處見，百鏬百折流清泉。泉鳴竹響合虛籟，我欲拄杖聽泠然。今代風流夏太常，并刀時復翦蒼筤。墨君已老湖州逝，却喜人家肯築堂。長身迥出雲烟外，疏影平分水石間。畫品平生應自定，聲迴環珮入清班。徐守和。

明魯得之畫竹軸 紙本

高一公尺七十七公分，闊六十一公分。

壬辰暮春，爲瑞生詞學。魯得之。

魯得之字孔孫

遐庵審定

守閑庵藏

明朱之蕃畫竹并題軸 紙本

高七十七公分，闊三十二公分。

飽歷冰霜節倍堅，新梢依舊拂雲烟。北窗時破羲皇夢，風籜生聲到耳邊。萬曆壬子夏日，朱之蕃畫并題。元介甫　朱之蕃

乙未狀元　葉恭綽

綽按：寫新篁一叢。筆致娟秀。

明周祚新畫竹軸 紙本

高一公尺六十九公分，闊五十一公分。

一個虛圓畫不同，都無勾節儘空通。世人若問羲皇事，笑指崑崙頂上宮。一貞外史作。

墨農周祚新。祚新之印　墨農印　不明

明萬壽祺妙品真蹟

高一公尺六十九公分，闊三十二公分。

題籤：萬壽祺妙品真蹟。有翁嵩年、黄左田鑑賞印。甲子秋日重裝。竹癡藏。

細幹淩雲。比丘明志前崇禎人壽。萬壽

黄左田審定　康飴　葉恭綽

明項聖謨山水册 紙本

高二十五公分，闊十九公分。按每幅計。

外籤：明項易庵山水册十二幀。精品。豫齋署。

第一幅，松五株，間以竹石，一幽人坐其下。項印聖謨 白文

第二幅，樹二株。當係柿橘之類。孔彰甫 白文　項印聖謨 白文

第三幅，水村雲嶠，竹石清華。孔彰 白文　存二居士

第四幅，園林游釣。孔彰甫 白文

第五幅，歸帆雲樹。

項印聖謨 白文

第六幅，長橋烟浪。

孔彰甫 白文

第七幅，柳波漁樂。

孔彰 白文

第八幅，微波孤艇。

孔彰 白文

第九幅，蘆汀秋雁。

存二居士

第十幅，孤嶼山亭。

孔彰甫 白文

第十一幅，秋林吟眺。

項印聖謨 白文

第十二幅，萬松寒籟。

末幅題：萬畝松陰山月寒，一溪烟露浸層巒。雲深何處尋高士，且倚孤篷拂釣竿。庚午冬，鍾幼芝過訪不值，不得詳聞。隱居無繇晋謁，作册見意，將俟其使來以寄之。項聖謨。

易庵

明歸昌世畫竹長卷 紙本

高二十八公分，闊三公尺八十四公分。

石室先生以書法寫竹，寔則相通，寫生家多不曉此。丙寅之夏，寓壽寧院之法堂，作竹完附識于此，使觀者亦知所宗也。

昌世私印　文休　遐庵審定

明歸昌世畫竹石軸 紙本

高一公尺十五公分，闊三十公分。

歸昌世。

文休之印　畢氏靈巖山人秋帆藏書畫印　梁蕉林玉立氏審定圖書

綽按：此幅峭石叢篁，勁拔無比。

明歸昌世墨竹小橫幅 紙本

高二十八公分，闊七十二公分。

丁卯重九日，畫于問偈亭。歸昌世。昌世

綽按：此幅三老幹極粗，加以風枝雨葉，極蒼勁之致。

明張大風題周祚新竹卷 紙本

高二十五公分，闊四公尺四十四公分。

秋雨沾濡，盆蘭色煥，戲爲圖此。墨農道人。祚新之印 墨農道人白文

墨農道人早歲與其同鄉楊、李、馬諸公學畫山水，以爲資性、手筆有不相宜，即畫成亦不足傳，遂棄去。專肆力於竹，蓋寢食於宋元明各大家，而得其神髓。故余論南中畫竹家，二百餘年來必以道人爲正宗、爲大家。余與道人交亦淺，知非阿私所好。惜道人五十外殁，墨蹟近難多得。今觀此卷，瀟灑生動，真氣勃勃，細玩其立竿發枝，當是成竹時最

先作也。己亥閏三月朔，上元老人張風題。

張風之印白文　稚泉珍藏

明僧珂雪春景山水卷 絹本

高二十三公分，闊六十五公分。

綽按：珂雪雖習爲董氏代筆，而自作則多本來面目，此亦其一也。淡沱天然，秀溢奪目，此基于性分，非可强致也。此幅乃寫江南春景，鮮潤欲活，間作淺緑凝紅，江南春色宛然卷上。

吴芝白文　千休居士白文　飽飯山窗看君畫　澄江秉鐸粉署含香　番禺葉氏遐庵珍藏書畫典籍之印記

己巳仲夏之望，楚孝道兄自語溪過訪。雨窗話舊，涼颯如秋，偶興寫此以贈。弟常瑩。

常瑩白文　珂雪

玉父白文　恭綽白文　味根清賞

朱竹垞有詩曰：『隱君趙左僧珂雪，每替容臺應作忙。』然則世間傳流思翁之筆，未必盡孫叔敖也。斯乃珂雪自識，不摹肖其衣冠，抵掌而各具性靈，故得筆下舒展自如。花柳争妍，人物顧盼，遂覺春光明媚，風景依然，亦可自立門户矣。鑒賞者何必問其人，而藏其跡哉！嘉慶辛未夏四月，千休居士吴芝識。吴芝白文　平叔白文　汪氏秉齋　郎官私印

珂雪上人畫筆，雖勁拔處不及乃翁，而秀逸之致殆欲過之。蓋湛深禪悦，擺脱俗緣，六法中亦儼寓向上一着也。竹嬾有譽兒癖，然本領若此，洵非虚譽。余好藏方外書畫，非止以信仰故，蓋識田所藴，與衆不同，且手眼攸殊，爐錘别具，斬關奪隘，翻海移山，皆視作尋常，故不爲時習所囿。今之寄人籬下、扶墻摸壁者，安足知之。偶展此卷，因書所見於此。民國三十六年冬日，葉恭綽。恭綽長壽白文

明清諸家畫竹扇面十一件

己亥春日，爲綸茗詞兄寫。畢懋言。懋　言　虞琴心賞　（金面）

辛未十月望，寫爲自升兄。歸昌世。昌世之印　（灑金面）

朱鷺寫爲閬仙兄。白民 朱鷺 虞琴心賞 （金面）

朱鷺。朱鷺私印 （金面）

莊寫似濬瞻大弟。一字玄齋 （金面）

丁亥夏日戲筆。周之冕。周氏服卿 （明金面）

起震。馮起震 （金面）

辛未清和，爲道三年翁。法文與可筆意，并正。諸昇。諸 昇

丙寅春仲，退翁老人寫于僧舍。體 齋

丙申夏日晝，滄洲戴明説。明説 （明金面）

瀟湘雨集。戊辰春三月中澣，寫奉雲甫二兄大人清正。邗上蓮溪。野航 虞琴心賞

清半山和尚爲王漁洋畫竹亭軸 紙本

高一公尺二十七公分，闊五十公分。

夢蕉

古榆出雲，幽巖蔽日。中有竹亭，伊人之室。匪道里之云遠，翳可望而不可即。敬寫爲阮亭使君，半山在柯。半山在柯　處晦

偶然作

丈夫名成何必萬鍾粟，但得繞屋扶疏萬竿竹，三月不肉意亦足。不爾伐竹結爲廬，差抵瀟湘遠塵俗。使君佐郡臨江城，高齋遠聽寒濤聲。却構竹亭如箬笠，琅玕四壁烟露生。亭中斗酒書千卷，對此仿佛凌絕巘。南軒老槐遮白日，東籬黃菊照蒼蘚。別君此去惜離群，幾度論詩到夜分。眼前萬事難開眼，還須種竹高拂雲。君不見，君家子猷僦舍亦爾爾，何可一日無此君。竹亭短歌應貽上先生教，双溪漁者施閏章。施閏章印　敬亭老人

清各家爲王西樵畫册 紙本

高十八公分半，闊十七公分。按每幅計。

戴明説樹石。用襄陽筆意，爲西樵年翁正。戴明説。

明

説

夙世詞客前身畫師

遐庵（白文）

又一幅樹石。仿大癡筆意。明説。

明

説

白雲大隱

銕帚山樵（白文）

程雲來水墨牡丹。仿徐天池。静觀。

水

恭綽

又一幅墨菊。静觀居士。

雲來

静

觀

程

林

方亭咸石。邵邨。按：二字題在石上。

遐庵（白文）

又一幅墨梅及竹。邵邨。按：二字題在竹罅。

玉甫心賞

馮肇杞墨竹。丙午冬，爲西翁年先生呵凍。馮肇杞。

幼將

肇杞

又一幅墨梅。會稽馮肇杞。

肇杞

幼將氏

恭綽（白文）

圓生和尚竹石。丙午小春，寫似西樵先生正。衲圓生。生

又一幅墨蘭。西樵先生命畫。時丙午陽月，栖賢住道人圓生。釋印圓生 白文　字梵住 白文　恭綽 白文

姚淑墨竹。姚淑。鍾山秀才　玉甫心賞

又一幅墨竹。姚淑。鍾山秀才　玉甫心賞

清王鑑仿古山水册 紙本

高二十四公分半，闊三十三公分。按每幅計。

第一幅，樹陰釣艇，背後山嶺綿亘，微着色。伍葆恒儷荃甫評書讀畫之印　仕成之印

鑑　西疇　葉恭綽 白文

第二幅，春景。大青緑。杏柳鮮妍欲滴。鑑　西疇　曾藏葉氏遐庵　儷荃審定 白文

第三幅，水墨明潤，作夏初景，微着色。

鑑

西疇

南海伍氏南雪齋祕笈印

遐庵銘心之品

第四幅，大青緑兼深赭，清色撲人。

曾在南溪書畫舫

西疇

鑑

遐公 白文

第五幅，溪山深秀，蒼潤欲滴。

鑑

西疇

譽虎 白文

伍氏澂觀閣收藏書畫

第六幅，古木叢林，水村漁艇，略着色。

鑑

西疇

遐庵

迂庵祕玩

第七幅，仿黄鶴山樵。松風水榭，幽静無倫。

鑑

德畬甫 白文

遐庵珍祕

儷荃審定 白文

第八幅，雲山縹緲，木末孤亭，如置身巖壑間。

鑑

南海伍氏南雪齋祕笈印

遐庵居士

西疇

第九幅，仿雲林枯木平厓，但仍帶本色。

遐庵

伍氏澂觀閣收藏書畫

鑑

西疇

第十幅，雪景。仍用烘染法。竹木離披，似初冬景色。

末幅題：庚子九秋，仿古十幀。王鑑。

鑑

伍葆恒儷荃甫評書讀畫之印

遐庵

西疇

清張見陽仿米山水小卷 紙本

高十二公分半，闊六十二公分半。

見陽摹意

見陽書畫 白文

米元暉《青山白雲圖》。見陽臨。

子安

耒

不明白文

葉恭綽 白文

遐庵

堂藏紙記 不明

綽按：全卷以淡墨烘天際，山水樹木，極烟雲繚繞之致，而不爲濃拖大點，深得南宮三昧，非爲貌似者。見陽畫名不著，然固是作家。

清戴明說畫竹軸 綾本

高一公尺五十四公分，闊五十一公分。

［夙世詞客前身畫師］　［東海存公］

滄洲戴明說畫。

［宮保司馬之孫大司農之章］

［戴印明說］

［米芾畫禪烟巒如觀明說克傳圖章永錫］

［葉恭綽］

清戴明說畫竹軸 絹本

高一公尺四十公分，闊四十八公分。

丁巳秋日，戴明說畫。

［烟巒一點］

［足一齋］

不明

［米芾畫禪烟巒如觀明說克傳圖章永錫］

遐庵審定　葉恭綽

清畢澗飛竹石軸 紙本

高一公尺五十一公分，闊四十六公分。

戊戌春仲，爲新老表弟寫梅道人筆意。竹癡畢瀧。劍飛氏

遐庵審定

紀書畫絶句

紀書畫絶句

藏珍本意供研索，聚散奚煩苦刻舟。著録烟雲聊鑑影，本無一物更風流。

神州文物散如烟，大地紛流費簡編。惆悵吉光搜片羽，白頭把筆儘忘年。

余昔收書畫，本爲擬編《中國美術史》藉供研考，故標準頗與人殊。三十年來，變亂頻仍，十九不能保有。頃病中無俚，偶就憶及者，各爲絶句，聊以自娱，不足以云述作。他日公私藏家有所編著，或可取資。余别有《遐庵清秘志》，紀述較詳，堪以互證也。一九四八年識，時在廣州。

神物孤傳寶鴨齋，三希以外竟沉霾。宋元明概歸中秘，未入乾隆寶笈來。眉公《妮古》驚存録，柯九思董其昌王肯堂周壽昌擅品題。更喜紹興題贊妙，奉華小印出璇閨。

晋王獻之《鴨頭丸帖》。絹本。此帖有宋宣和、紹興，元天曆内府收藏印記，并有宋高宗自題贊及『奉華堂印』。明入内府，旋出，董香光、王肯堂均有題跋。近年爲長沙徐叔鴻樹鈞所得，其齋名寶鴨，蓋以此。厥後叔鴻《寶鴨齋題跋》出版，不及此卷，殆不欲人知耳。元文宗以柯敬仲鑒别内府書畫，賜此卷以酬其勞，見董香光跋。

堆朱似用密陀僧，油彩繽紛奏爾能。却惜西來畫佛技，隋唐以後失傳燈。

北齊河清年油繪佛像小幅。布質。此像用油漆繪於布上，雖略有剥落，大體仍尚完善。意是兼用密陀僧之屬，塗傅於上。此法自屬由中亞傳入者，其後如何失傳，則不可考矣。此像乃荀氏一家繪以供養，題款凡一百一十字，方整遒麗，書畫均非凡品。

北齊墨迹劇驚人，經卷敦煌并絶倫。惆悵藏珍虚寶華，命終無物得隨身。

北齊武平四年王江妃木版墨迹原物。此版墨光如漆，筆勢攲斜，與敦煌出土武平經卷殊。彼凝重，此飄逸。文中云『王江妃之夫高僑元出渤海，宦居青州』，當是宗室。版乃柏木製，千餘年不壞，僅上端木裂剥去數字而已。舊爲端午橋物，見於《陶齋藏石記》，及李文石《舊學庵筆記》、况夔笙《香東漫筆》。民國十四年，予於廠肆得之。吾國木上大段墨迹恐以此爲最古矣。紙上、石上又别論。

小字《陰符》傳拓本，驚從大字見真形。故宫瑰寶《倪寬傳》，烜赫同堪炳日星。

唐褚遂良《大字陰符經》册。紙本。用白麻紙所書，字大一寸半。有建業文房、邵葉文房各藏印，及李愚、羅紹威、邵周、王鎔、蘇耆、揚無咎各題字。存世褚字恐故宫《倪寬傳贊》以外，莫之與京者矣。

褚書小字《陰符》屢爲言帖者所豔稱，固不知大字墨迹尚存天壤也。此爲陶蘭泉介購沈淇泉物，今兩人皆逝世矣。

菩薩本來無定相，髭鬚脂粉却堪驚。金輪御世多奇事，倘兆明空應運生。

唐垂拱年《觀音像》小幅。布質。此像於布上先塗青藍色，再描繪彩色，用料多凸出地上二三分，似由油漆調傅。像身、頭、手、足被瓔珞及裝飾，面部有鬚，而兩頰及脣均塗朱砂作圓暈，色皆帶紫。夾侍六人中，祇四人有鬚，下層中則祇二人兩頰及脣亦塗朱砂，餘二人無之。謂有鬚爲男性表徵，但何以塗脂粉。謂脂粉爲女性之徵，何以有髭鬚。杜十姨、伍髭鬚似合而爲一矣。或者武曌爲女皇，故有此表現耶？款書垂拱元年吴勿兒敬造，正則天稱帝時也。

退之一序人因重，懷素《千文》世共傳。剩有吴興孤本在，半規日月也經天。

唐高閑和尚《千文》半卷。紙本。此卷紙白如新，縱横沉著，足以繼軌《藏真》。閑師墨迹雖古今著録曾有數事，今傳世者惟此而已，末署『吴興高閑』。讀昌黎贈序可想見其人。昔年得自景樸孫手。

彩繪莊嚴現化人，吴曹妙手自超群。唐時絹素分明在，何必西方丈六身。

唐代《八臂金佛像》小幅。絹本。此幅莊嚴偉麗，相輪外背光出異彩十餘道，各具顏色。佛頭、足、胸、臂皆用泥金塗填，面有鬚。全幅雖剥蝕，但因裱工得法，且佛像完善，神采仍自焕發。畫地似着青藍色，但已難細辨。此畫綫條柔勁，必出唐代高手，惜不能定爲何人筆。

應夢通靈現法身，訶林遺物見無因。龍眠摹本非耶是，今喜中郎懾虎賁。

五代貫休《羅漢》軸。紙本。貫休《羅漢》當不止一本，以其喜繪此也。但今存者至稀，吾粤光孝寺所藏，清初猶有數軸，今皆不知何往。廬山及杭州亦無可蹤迹，僅李龍眠所摹十六軸尚在吾所耳。此幅二十年前得於上海，筆力渾古，殆非宋後所能。但似與各紀録之形製不完全吻合，或係别一本之散供者。

豈徒詩筆重江東，文字居然陸九風。惆悵海潮方拍岸，錦衣鐵弩幾英雄。

五代羅隱《代錢鏐謝鐵券表稿》卷。紙本。江東字迹，傳世秖此，若論文字則亦陸宣公之亞也。鐵券今猶存浙中錢氏。此卷亦得自景樸孫家。樸孫姓完顔氏，爲麟見亭慶後人，金源之裔。其家崇實及崇厚世富收藏。樸孫與端午橋方、盛伯希昱、王孝禹瓘、王廉生懿榮、李文石葆恂、奭召南良諸人遊，争奇鬬富，故所藏尤盛。午橋身後物，亦頗有歸樸孫者。嗣家中落，未死而書畫古玩星散。民國二十年，樸孫去世，所居半畝園遂易主。亭臺樹石、陳設扁額，零星出售，不可問矣。

春宵透漏見恢奇，睥睨梁風自得師。堪笑兩峰偷法去，十幀鬼趣秖兒嬉。

五代石恪《春宵透漏圖》卷。紙本。此卷見《辛丑消夏録》，經華夏、耿信公、吴荷屋遞藏。原有朱德潤一跋，字孱蹇，疑僞。石恪手迹傳世極罕，此卷筆墨殆梁楷减筆所自出，而更增沉厚，决非宋後所能辦。兩峰《鬼趣》真其兒孫耳。

寫經唐代風斯盛，編藏還應始宋初。金粟藏經余得四，一時紙墨重璠璵。

北宋金粟大藏經寫本四卷。紙本。佛教經典編刊大藏，以《千字文》編號，實始北宋開寶年。其金粟山廣惠禪院寫經成藏亦宋初事，其紙出於特製。詳見張燕昌《金粟箋説》。字體則全仿唐經生書，因此人恒誤稱爲唐寫經，不知唐固無以《千字文》編號之大藏也。余歷年收集金粟藏，計得四卷：傍、背、習、敢，爲丁元公、項孔彰、梁蕉林、李恩慶、王懿榮遞藏。背字一卷，署明乃宋熙寧元年起首寫造者。

吏事精嚴翰墨工，規爲一一貫纖洪。始知燮理陰陽手，第一功夫在重農。

北宋文彦博三札卷。紙本。三札屢見著録，余得之景樸孫。中皆處分洛中水利事，明晰周至。東坡謂，明練雖精敏少年不如，誠哉言也。書法雄勁而流麗，似顔《争坐位帖》。余意當在同時歐、杜之上。

鼠璞王羊一笑中，葉公終自豢真龍。傷心第一江山景，兜率華胥可再逢。『華胥兜率夢曾遊，天下江山第一樓』，乃帖中詩句。

北宋米芾《多景樓詩帖》册。紙本。帖經秦檜及熺舊藏，可與《天水冰山録》中物同視。書法勁秀而不獷，大三寸許，與《虹縣帖》相仿。余得此已二十餘載。聞邵某家亦有此帖，且詆余者爲僞。余求得其攝影對勘，則筆勢蹇亂，迥非一手。曾因遊多景樓故址爲詩辨之，有葉公真龍語，以邵某曾以葉公之龍見誚也。

大筆由來能快意，堯夫此語稱余心。淋漓十幅驚恢偉，想見當時擊壤吟。

洛中隱似隆中卧，道海汪洋萬象參。戲筆偶然留幻迹，高奇渾足躡圖南。

北宋邵雍大字屏十幅。紙本。楊龜山謂邵康節喜爲大字，顧傳世極罕。此十幅氣雄筆勁，不知有蘇、黄、米、蔡，何論其他，惟陳圖南差可比擬耳。印章多後人妄加，可哂可惜。此本曾剛父藏，後輾轉歸余。剛父曾有書與余論此。堯夫高懷，遠識博學，在當時韓、范、寇、文之上，歐、蘇無論矣。世徒稱其高隱，豈知彼者哉。

爲政風流鄞縣存，更欣佳句重丘樊。横風疾雨王楊體，剩共楞嚴志爪痕。

北宋王安石《天童溪上絶句》卷。紙本。荆公墨迹，傳世至稀。此可與周華章大文《楞嚴經》同稱瑰寶。此爲三寸大字，彼則小行書耳。世謂荆公性卞急，目所書爲横風疾雨，以爲出於王濛、楊凝式。荆公固不欲以字名，然功力殊不淺，就此書可見矣。又其令鄞有惠政，鄞人至今祀之。惓惓桐鄉，蓋有由也。

高益鍾馗世所師，每於奮迅見瑰奇。掀髯攘臂還張吻，想見驅邪擊厲時。

北宋高益《鍾馗》小幅。厚紙本。世畫鍾馗意在辟邪，故多作縱横奮擊狀。此小幅非卷非軸，殆畫壁類，而着色多凸起。益本西域人，或畫法傳自西域耶？但神態極生動，信爲專長。

惜陰勸學五言詩，想像程門立雪時。筆力堅凝破餘地，翻從嚴正見瑰奇。

北宋楊時詩卷。紙本。此卷舊藏南海伍氏，曾爲潘氏刻入《海山仙館叢帖》。字大二至三寸。龜山墨迹未見第二種。詩五言，凡二十五韻，爲元符三年八月所書。陳棠谿跋謂其書仿山谷，余意不然，正似顔清臣耳。

江湖魏闕見心聲，醇酒誰云擬信陵。老去朱顔情悄悄，倘教惆悵爲春鶯。

北宋王詵詞翰卷。紙本。晋卿書迹罕傳。此爲紹興及乾隆兩内府及張伯雨、卞令之、曹潔躬遞藏。東坡、山谷、君謨三跋雖有疑義，要是佳筆。晋卿小詞清婉，或有沙吒利之感，故云爾耶。潔躬一跋，考證翔塙，宜爲純廟所采。

傷心筋力盡炎洲，題句還思馬少游。病起老人鬚盡白，更堪閲世指東流。

與坡寒食稱雙璧，并峙書林莫與儔。神物傷心今化去，好留一鼎鎮神州。

北宋黄庭堅《伏波神祠詩》卷。紙本。此物與東坡黄州《寒食詩》稱蘇、黄之冠，向無異辭。歷代著録，不可勝紀。民初皆歸於連平顔韻伯世清。其得《寒食帖》時，余方在座，欲以相讓。余向不喜奪人所好，故却之。後聞此帖已歸海東。余意《伏波祠詩》不宜再失，故商以歸余。昔劉石庵曾以銅琴與成親王易此卷，有自書紀事爲證，亦恰在韻伯所，韻伯乃并以爲媵，亦一時佳話也。

應真五百像堪徵，六載程功得未曾。比似《華嚴》將血寫，祥雲萬劫護心燈。

傳神一卷六年功，聚米磨磚用力同。《秘殿珠林》空著録，流傳一例等飄蓬。

北宋法能和尚《五百羅漢》卷。紙本。全卷水墨工筆，勁如鍼，細如髮，山水、樹石、宮室、欄楯、衣冠、麾幢、旌旆、弓矢、衣鉢、魚龍、虎豹、犀象、琴棋、書畫之屬，凡千百種，形神畢肖。法能傳世之作，僅見此卷。自題沙門法能於景祐改元甲戌元旦發心閉關敬寫，成於寶元二年己卯浴佛日，計凡六年。乾隆初，由陳宏謀進入内府，編入《秘殿珠林》上等調一號，包袱尚是張照所書，非唯藝林瑰寶，實乃法苑奇珍已。

鏤冰刺棘徵功力，妙筆依然氣韻饒。絶勝雲山徒懵懂，空從粗獷見浮囂。

北宋燕文貴山水卷。紙本。燕氏真迹，傳世至稀，余幸獲其二，即此卷與《武夷山色》也。畫筆細入毫芒，人不及寸而神態如活，山水樹石仍極蒼渾，可稱絶唱。卷有稽察司半印，又修内司印，皆宋内府收藏之據。

武夷妙寫燕家景，玄覽東圖亦嘆驚。更喜麓村工鑑别，印章尚義有題名。

北宋燕文貴《武夷山色》卷。紙本。燕文貴《武夷山色》卷與别一卷均未署款。此有李雪庵、詹景鳳題跋。又安麓村所營鹽號名尚義，見於雍正時莽鵠立奏章。此卷有尚義記印章，爲他處所未見。

金天神宇極莊嚴，羽衛旌旗氣象添。持較天王圖送子，吴生妙手信重拈。

北宋李公麟《西嶽降靈圖》卷。絹本。此卷長越二丈，墨采蜚騰，而筆細於髮，與故宫所藏吴道子《天王送子圖》正是一脈。與吾別藏《蕃王禮佛圖》不相上下。

吴寬嚴嵩王鴻緒高士奇遞秘藏，《珠林》湧現白毫光。入清内府，編入《秘殿珠林》。面容各寓皈依意，畫手龍眠最擅場。

北宋李公麟《蕃王禮佛圖》卷。紙本。此卷題跋、印章烜赫無比，余別有考訂數長跋。卷中伏拜者數十人，狀貌服飾各各殊異，而神情皆歸向一尊，真神筆也。題詞多釋子作，皆非凡品。

十六應真今缺二，補亡終竟遜真龍。龍眠絶技誰能及，刻繡徒勞造辦功。

北宋李伯時《十六羅漢》十六大幅。紙本。此十六幅於清末出自内府，入某大臣手，繼又散出。内有二幅，殆乾隆時畫苑所補。原畫十四紙墨如新，曾爲賈秋壑收藏。清内府石刻及緙絲皆以此爲底本。

萬態嶙峋筆若神，宣和三絶本超群。佳名合補《華陽志》，祖秀文中廣異聞。

宋徽宗畫《祥龍石并自書所題詩》卷。絹本。此乃恭王府舊藏散出者，押署『天下一人』。書畫皆工絶，詩則平平耳。《東都事略》載蜀僧祖秀記華陽宫，載艮嶽著名之石凡二十餘峰，却無祥龍之名，據此可補其闕。又別見《五色鸚鵡》一幅，亦係先紀事，次題詩，次畫。尺寸、體製與此同，亦有天曆之印，殆皆艮嶽遺影也。

筆情静逸色沉厚，除是龍眠孰可能。更喜中峰真手在，宛如闇室得明燈。

北宋《揭鉢圖》卷。絹本。此卷絹素及筆墨皆不落北宋以後，兼有蘇東坡、趙千里藏印，余故斷爲殆龍眠所作。後幅有元中峰法師所書《廣演寶積經偈疏》，筆致與余别藏管仲姬手繡羅漢像書後正同。中峰書世所罕覯，尤可寶貴。

寫生水墨肇東京，氣韻都由士氣生。不見牧溪真手筆，誰知院體枉馳名。

墨筆寫生從宋始，法常遺作世尤稀。延津雙劍何時合，翹望珠還合浦時。

宋法常《花鳥蔬果》卷。紙本。此卷墨分五采，寫生欲活，而筆情仍極沉厚，已開子昂、澹軒之先，猶恐趙、王不及其神韻耳。卷長二丈，未題款。石田題此卷謂長三丈有咫，聞故宫有同類一卷，似係一分爲二者，合之尺寸當相符。惜彼卷恐已不在故宫矣。

神通渡海猶兢惕，應示塵寰乏坦途。誰識梵隆真手在，轉將化喻例凡夫。

宋梵隆《羅漢渡海》卷。紙本。此卷筆如游絲，神態活現。明初溥洽和尚跋語謂，圖中渡海者，多恐怖之色，未足起人敬信。此固然矣，然神通自在，與戒慎攝持不必爲兩事。藝事亦有然矣。

傳神減筆訝梁風，坦腹低眉爾許工。却訝少師題字異，苦嗤鈍鳥宿蘆中。

宋梁楷《布袋和尚》軸。絹本。此軸曩得於滬上。衣褶粗筆，面容減筆，神態欲活。詩堂題字極似小米，或吴居父書。下有姚廣孝題詩二。爲真賞齋、琴書堂遞藏。

華光湯仲聯鑣去，疏影傳神久寂寥。却賴西江揚長者，真從古幹見清標。

宋揚補之《梅花軸》。紙本。此軸乃賈秋壑舊藏。老幹疏花，清逸之氣撲人眉宇。款題『古幹清標』，揚所自署也。印文『清夷長者』。

北宗山水衍周東村唐子畏，人物伊誰與頡頏。栩栩列仙凡廿五，恍疑身醉白雲鄉。

宋馬遠《醉仙圖》卷。紙本。欽山山水、花鳥傳世有數，而人物極少，紙本尤稀，此可稱瑰寶。卷中每人皆有醉態，而風骨迥出塵表，宜石田之極口讚賞也。

考亭書自阿瞞出，森勁真同漢隸看。落落五言餘古誼，怒濤枯水瘦蛟蟠。

宋朱熹《贈敬夫詩》卷。紙本。朱子自謂字學曹孟德，今曹字所存祗隸書數字，不知考亭所學者爲何也？此卷方寸大行楷，勁健乃其本色。與余别藏楊龜山詩卷可稱雙美。

樗寮書法出河南，清峭冲和若可探。功德森森文字海，始知彌勒本同龕。

宋張即之《華嚴經卷》六十五、二十八。册。紙本。樗寮平生好寫佛經，余所見有《法華》《楞嚴》《金剛》諸種，殆甲宋代書家。此《華嚴》尤爲巨製，惜僅存二卷。樗寮書法秀而不弱，清而不佻，其得登善神髓，或亦私淑薛曜，故具道君筆味。世傳王夢樓文治之字，實師愣寮，實則夢樓字側筆姿媚，時露輕蹇，未足以繼軌也。

波濤鱗爪各騫騰，妙繪何期奏爾能。今日曹張無法乳，所翁何處繼心燈。

九龍騰躍欲摩天，墨采騫飛妙孰傳。欲會易中無首意，合教長樂與吾玄。

宋陳容畫龍卷。紙本。所翁以畫龍名，然真迹甚稀。故宫所藏亦未見出色。侗後齋有一卷，高自標置，竊謂尚未逮此也。此卷有筆有墨，精神淵著，而了無惡習，士氣溢於毫楮，足見此公真本領。舊爲項子京、梁蕉林及靈石楊氏遞藏。

畫龍妙筆矯如龍，南渡何人類所翁。誰識字詩同怪偉，圖南、康節幾追縱。

宋陳容《夜飲書樓詩》卷。紙本。所翁以畫龍名，余有其真迹。此卷作寸許行草，筆情恣肆，頗似陳圖南、邵康節，詩亦峭勁類山谷。所翁傳世詩字，恐僅此而已。

淑真妙筆寫《璇璣》，四角回文見巧思。料得閨情多悔恨，不堪卒讀《斷腸詞》。

宋朱淑真手書《璇璣圖》卷。絹本。此卷細絹小真書，精妙絶倫。筆情沉穆，不似尋常閨閫所書，更非近代人所能爲。淑真字迹，他處未見，足與《斷腸詞》并重矣。

天涯芳草怨王孫，湘水難招故國魂。惆悵靈均終古怨，楚歌嗚咽寫煩冤。

宋趙孟堅《春蘭》卷。紙本。子固此卷經文衡山、安儀周諸君遞藏，題者如林，不待揚榷。余别藏子固《水仙》二、《蘭》一，并此而四，與彝齋可謂有緣矣。

太息仙源絶代身，滄江高卧亦前因。劇憐滿目非吾土，剩有淩波寫洛神。

宋趙孟堅《水仙》卷，大小各一。紙本。子固《水仙》余先得項墨林舊藏小卷，繼得文衡山、周公瑕所題大卷，皆絶品也。大卷紙墨如新，凡數十叢，尤爲難得。

江皋清露寫芳馨，想像苕溪下筆清。更喜藏珍志朱邸，漁歌樵唱共移情。

宋趙孟堅畫蘭卷。紙本。此畫蘭二幅，列入《石渠寶笈》，歷經清成邸、榮邸、恭邸遞藏，并有奕繪及太清春題詩。《鐵網珊瑚》所載錢良右、盧熊諸跋則已失去，殆經人割，以隸贋畫矣。奕繪詩名《西山樵唱》，太清春詩名《東海漁歌》，風流韻致，一時無兩。相傳龔定庵詩所云『一騎傳箋朱邸晚』，即指太清，未知然否。

翠巖妙筆成孤本，中山、洪厓兩出遊。天馬祇今成羽化，好留雙珏鎮神州。

宋龔開《洪厓先生出遊圖》卷。紙本。龔翠巖墨迹最烜赫者，爲《瘦馬》及《中山》《洪厓》兩出遊圖，共三事。其清宫山水二，未及見，不敢妄言。此三事則余皆得審視數四，真世間奇物也。《瘦馬》已出海外。《中山圖》藏龐虚齋處時，余曾見之，恢詭而沉著，女子雙頰以淡墨作燕支，而姚冶絶倫。陳老蓮殆竭力摹擬此種。此卷則更沉厚高渾，似從造像畫壁探源。蓋開徑獨行，不帶些子畫院及作家習慣也。如此方可謂之豪傑之士。惜天壤間所存作品太少，然終當與石恪、梁楷鼎峙。至龍眠一派，僅如北秀之比南能耳。

瑪瑙僧樓老此身，阿師應號宋遺民。葡萄寫出西來意，花葉都教絶點塵。

宋僧温日觀《葡萄》卷。紙本。中言葡萄真迹，世無數本。此得於顔韻伯，蓋清内府舊藏也。清迥横恣，已開天池、白陽法門。蓋宋元之交，花卉一門，子固、所南已漸舒束縛，獨寫胸襟，與山水中之四家以筆墨寓性靈者相類。中言亦其例也。江海沉冥，遊方之外，所謂中有不得已之故在者，非歟？

西來馬乳逗禪機，辛苦南田仿折枝。比似藏真工草聖，豈知骨相本權奇。

宋温日觀《葡萄》又一卷。紙本。此爲中言别一卷，後有惲南田臨本。南田筆情超脱，别有會心，然較之原作，似不逮其淵渾，亦時代爲之也。

福神玄妙并沉淪，片羽空留徑寸珍。不見鷗波碑版字，那知北海有傳人。

元趙松雪書《膽巴碑》卷。紙本。此卷舊與《福神觀》《玄妙觀》《妙嚴寺》稱趙書寸楷四大名迹。今三者俱流海外。曩皆費西蠡念慈所藏，今費氏遺物早盡。余少時，文道希先生曾擬介余爲費壻，即配沈北山鵬者。余不爲《轟天雷》者。偶耳松雪碑版全用李北海法，蹲偃提撥猶有篆隸遺意。世徒賞其學右軍一種飄逸，而流於甜熟，非其至也。觀此碑，方知松雪真本領耳。

間氣閨襜重小蒸，道昇爲小蒸鄉人。**鷗波佳偶似迦陵。金鍼繡出從君看，好向中峰焕一燈。**

元管道昇手繡羅漢册。絹本。綾地，用五色絲繡，細入毫芒，而妙相莊嚴。意或松雪所繪，而道昇繡之，故有『松雪齋』及『吴興』小印。此乃以贈中峰法師者，故後有中峰跋。讀松雪於道昇殁後請中峰爲之追薦諸札，可想見三人關係，及其伉儷情事也。

畫苑欣看角鼓旗，由來伉儷不相師。風枝露葉森如許，妙諦真成倒好嬉。

元管仲姬竹卷。絹本。此卷揮灑自如，毫無閨閣氣，足見仲姬本色。世傳管畫多趙代，不知其各有千秋也。亦粤中故物，惜多蠹損。

妙繪依稀祖硯傳，游絲筆勢擬龍眠。却憐佛法空諸有，老衲心翻未悄然。

元趙麟畫《蕭翼賺蘭亭圖》卷紙本。彦徵此卷用筆遒逸，著色沉净，不愧家學。吾常謂以帝王之雷霆萬鈞，方外之四大皆空，獨於此區區結習未能放下，雖佳話，實業障耳。吾徒宜警之戒之。

澹軒妙墨寫雙鴛，中有宣和絶藝存。惆悵蟾蜍空淚滴，幾時遼鶴返中原。

元王淵水墨雙鴛軸。紙本。若水此幅爲清代怡王明善堂所藏。款用隸書，題爲『至正丁亥錢塘王淵若水畫。』精神淵著，爲近年所見各幅之冠。余因事讓與一友，不料其去如黄鶴，且遠適遐方，令人悵恨。

苕溪佳景問如何，寂寞伊人老澗阿。料得傷心天水碧，郊原春色本無多。

元錢舜舉《郊原春色圖》。紙本。錢舜舉《郊原春色》一大册，用宋羅紋紙，著色清渾絶倫。世傳舜舉不肯附趙子昂以取仕進，其書畫亦不入趙派，可謂豪傑之士也。其上款經人刮去，不知係爲何人所作。

亦是書家證道歌，細筋入骨轉虚和。流傳山石兼茶榜，喜見南園得髓多。
雪庵草聖儕顛素，用筆驚奇似怪藤。更喜榜書稱妙絶，揮毫兼壓趙吴興。

元雪庵和尚《草書草庵歌》長卷。紙本。此雪庵草書《草庵歌》，字大三寸，墨光如漆。舊爲朱翼庵藏。余曾見雪庵行書韓昌黎『山石犖確』一詩，鬱律遒逸，正錢南園所自出。與此可稱雙璧。松雪辭不書殿榜，以讓雪庵，有以也。

金明池柳剩棲鴉，空向東京記夢華。不見孤雲留畫本，那知界畫屬專家。

元王振鵬《金明池圖》卷。絹本。孤雲界畫源出郭、燕，而更加工細。頗疑濡染外來藝術，蓋元時一切技巧兼收并蓄，頗易融會也。此圖寸人豆馬，精神無兩，而仍見筆意，所以爲工。惜題識悉遭割去，以隸贋畫。詳見卞令之《書畫彙考》。

長庚仙筆紫霄吟，法善圖南若可尋。赫赫珠光照瓊海，漫從鳴鶴競餘音。

元白玉蟾《仙廬峰詩》卷。紙本。長庚字迹，僅見闕伯衡丈處一卷，吴湖帆處一卷，及此卷而已。遒逸清奇，著紙欲飛去，真能脱盡塵味，不僅不爲八法所縛已也。國寶鄉寶，愛之重之。此詩不見白玉蟾詩集，蓋逸詩也。

伯幾勁淡勝漚波，評比應知語不訛。色目一般堪競爽，不知世論謂如何。

元鮮于伯幾手寫《老子》卷。紙本。鮮于伯幾半卷《老子》，松下清齋舊藏，乃世傳劇迹。伯幾此類字，固可令漚波失色也。又草書詩卷，縱横恣肆，似均非子昂所及。又余别藏康里子山《歸去來辭》，均優入晉唐境域，信元代色目人之多才也。

黄卷猶存鐵限蹤，品評詒晉識真龍。豪端具得鮮于法，困學淵源自不同。

元董復《千文》卷。紙本。董復字傳世頗稀。此卷爲詒晉齋舊藏。其集中論字詩并及之，許爲得智永書髓，足徵具眼。其實出自伯幾一脈，故頗有渾樸意味，不似松雪之專逞姿媚也。

勁險迥超松雪派，堅凝好與道園儕。鑒書自得真傳在，争信丹丘具别裁。

元柯九思書《老人星賦》卷。紙本。丹丘書法源出信本。此卷寸楷，彌見堅蒼，信不愧鑒書博士。卷曾入《石渠寶笈》，經清代怡、成兩邸及文壽承、畢秋帆、陳望之、李季雲遞藏。

藉甚文名元四傑，誰知八法更超群。直追虞、褚通羲、獻，要向漚波起異軍。

元揭曼碩《真草千文》卷。紙本。此卷含毫内斂，簡勁沉着，純從虞、褚得法，正所謂如刀畫玉者。舊爲周櫟園藏，後入粤，旋歸於余。

手寫柴桑絶妙辭，料應寄興向東籬。飛騰妙得藏真意，可信尋源自得師。

元康里巙寫《歸去來辭》字册。紙本。子山此帖直類藏真晚年筆，飛舞勁拔中具澹靜之致，非深得山陰法乳者莫辦。詒晋齋謂子山字太嗜偏鋒，似未必然。或偶見其如是耳。

隱居勾曲愛松風，俯瞰人間櫟棘叢。惆悵醉眠嗔世窄，昂然道骨信猶龍。

元張雨字卷。紙本。此伯雨書，作《題張彦輔畫》七律。書法類歐陽詢、李邕，又似從張從申蜕化。後有伯雨畫像，及鄭元祐、周天球題。曾爲粤中羅天池所藏。

篆書篤守斯、冰軌，元代應推趙與周。稍覺鄱陽能玉潤，正宗應向此中求。

元周伯琦《篆書宫學國史二箴》卷。紙本。清代以前，篆書皆拘滯於方罫，未能開拓境界，能明習《説文》筆畫體系，不杜撰者已爲難能。故元一代衹推松雪與伯温，而伯温較爲精專，宜張伯雨推爲元代第一也。

泛宅生涯樂有餘，長年濠上詎知魚。閒閒寫出江湖味，勝作人間鬼趣圖。

元顔輝《釣魚圖》卷。紙本。世傳顔秋月善畫鬼怪，余昔得其《鍾馗出遊圖》，似稍嫌其纖野。此卷寫漁翁舉網，婦子嬉戲之狀。曩年淮徐賑災義賣所得。精神淵雋，趙仲穆、任月山之亞也。昔爲晋府敬德堂及梁蕉林遞藏。

雲西佳作篆題名，更喜倪迂下筆清。雲氣濤聲資壯觀，始知妙繪本天成。

元曹雲西《山水》軸。紙本。世傳曹雲西畫，得意之筆方用篆文署款。此幅恰用篆款。倪雲林題詩有『雲氣四時多似雨，濤聲六月大如雷』句。

南州高士儘堪師，千古清風想見之。名德濡毫親作記，令人慨慕不同時。

元鄭元祐《師孺齋記》卷。紙本。尚左生此記，不但文章高雅，字亦清勁非凡。余少居南昌，想像徐孺風徽，輒生追慕。今五十年矣。

雲林鍾秀存三卷，真本《蘭亭》某在斯。别有畫紈藏嶽雪，清蒼濕潤各矜奇。

元方從義《雲林鍾秀圖》卷。紙本。方壺《雲林鍾秀》世傳四本，二爲題送鄧止庵還朝者。其中一卷畫僞而跋真，舊爲蔡伯浩所藏，今不知落何所。一畫真而跋有僞，即此卷也。清宫亦有一卷，已賞溥傑，未之一見。不知係送止庵者否？别有一絹本，乃贈白雲先生者，見《嶽雪樓書畫録》，稱爲濕潤第一，非一物也。此卷超逸高奇，沈石田極口稱讚，固非虚譽。

上清驅使足烟雲，牧仲收藏賞愛真。比似《雲林鍾秀》卷，石田仰止共超神。

元方從義《依緑軒》卷。紙本。此卷爲宋牧仲舊藏。較之《雲林鍾秀》，雖不及其高渾酣肆，然亦足驂靳。

丹臺春曉與天游，元氣淋漓尺幅收。中甫已邀真賞在，延陵兼有墨痕留。

元陸天游《山水》。紙本。天游此幅雖非巨幛，而氣勢深鬱，於沉厚中見荒率，幾與丹臺抗衡，宜吴原博題詩之深爲賞嘆也。華中甫及文衡山均有藏章。

一抹秋林隱釣船，子昭秀潤筆由天。梅花和尚休相妒，盛譽今過五百年。

元盛懋《秋林漁隱圖》真迹。紙本。此軸筆致秀潤天成，而仍極沉著，且具荒率之致。此元人之所以不可及也。吴仲圭頗不滿於子昭，謂五百年後當有真評。實則魄力盛自遜吴，然與雲西、天游輩頡頏，當無遜色耳。

一壺天地小於瓜，原詩句。風月江山興倍賒。楊自號江山風月福人。誰分四方平定後，依然詩酒作生涯。

元楊鐵厓詩軸。紙本。楊字清矯，與宋仲温均可謂超出趙、柯、鮮于窠臼者。其人尤有慧力，不仕張、朱，以有所不足，故佯狂於聲色耳。觀其戴巾名四方平定，又賦鍾山，特貢諛詞，亦滑稽之雄也。

一卷江山足卧遊，營丘、洪谷此中求。由來老筆能凝澹，收盡嚴灘景物幽。『七里嚴灘景物幽』，卷中周輿題句。

明楊基《江山卧遊圖》卷。紙本。此卷用淺赭淡緑乾皴，渾厚澹逸，絶無纖佻粗獷之氣。雖不能比肩一峰、仲圭，亦足與天游、雲西争勝也。諸家題詠甚多，孟載自題畫此時年七十四。

南村卓有晋賢風，唱和依稀栗里同。更喜益齋詩卷好，筆端勁類宋南宫。

明初諸人《和陶南村詩》卷。紙本。余藏有南村手書《寶刻叢編》全帙。嗣又得此卷，舊爲項子京及粵中潘氏、伍氏、羅氏遞藏。惜南村原作已佚，爲補書之。審卷中騎縫印，知曾失去數紙，南村原作或即在其内也。王彦文字似宋仲温。

《古刻叢鈔》三校刻，誰知手稿世猶存。流傳似自湘中出，面目終能辨虎賁。

明初陶九成《古刻叢鈔》手稿。紙本。南村爲趙松雪外孫，著述甚富。此書清代曾經知不足齋、平津館、學古齋三刻，而皆有訛誤，蓋多未見原稿之故。此稿筆筆精勁，猶有松雪遺範，似在俞紫芝上。且自明葉氏菉竹堂及清代王聞遠、陶澍、梁章鉅遞藏，流傳有緒。余爲詳跋。

筆端淇澳播清風，李息齋、顧定之相承是正宗。一例文、蘇饒士氣，心傳還有紫霞翁。

明夏昶《淇澳清風》卷。紙本。此卷尺幅中風姿雨態，露盡畫竹法門，信爲太常絶作。明人題詩至十餘家，爲朱卧庵舊藏。

續尾雖然愧失真，脱胎猶幸得傳神。畫家法乳分明在，看竹仍須問主人。

明夏昶畫竹卷。紙本。仲昭此卷，透露一切法門。夏日再讀，偶擬爲之，不覺在牝牡驪黄之外，聊以遺貌得神解嘲云爾。

枝山楷法冠吴中，豈第能傳外祖風。文從簡、邵彌、孫承澤、翁同龢皆折服，謹嚴蕭散孰能同。

明祝枝山手鈔《夷堅志》册。紙本。祝枝山手鈔《夷堅志》《樂府指迷》及《海嶽遺事》均得自二十年前。不但書法渾勁，且全部到底不懈，足徵其精勤好學。枝山書法淵源外祖徐有貞，而加以沉著，宛然晋唐風味。有人謂其爲明代第一手，余意至少爲吴中第一手也。其縱逸者多非真迹。

雲東逸筆寫推篷，醇雅應追坡老蹤。題詠宋、孫傾倒甚，可堪驚起葉遐翁。

明姚公綬《竹石》卷。紙本。此本後有宋石門、孫雪居題跋，傾倒之至。余不揣淺薄，曾繪其後，瞠乎遠矣。

嬉春村落紙鳶風，託物興懷迥不同。墮水枯骸飴在掌，貪夫心事等兒童。

明徐渭《擬鳶圖》卷。紙本。此畫《江村書畫録》曾著録。筆意遒逸，後附天池題詩。長跋中言村童放紙鳶，遇風捲入海，後收得骸骨，飴猶在掌中，殆亦寓言也。

人物傳神有别裁，中吴專藝此翹材。白描尚是相承法，渲托懸知屬後來。

明尤求《高士傳像》長卷。紙本。此卷皆畫故事人物，自巢父起，凡九十七人。紙白版新，各像皆用白描，意像生動。長二丈餘。吾國人物傳神，明以前皆用鈎勒白描，自明末方有渲暈烘托法。如曾波臣等。此仍用舊法也。

倜儻風流解大紳，流傳毫素亦驚人。滑稽似類東方朔，待詔金門大隱身。

明解縉草書卷。紙本。此卷勁逸縱横，全法旭、素，但乏樸厚之味，時代爲之也。

元祐雕鐫幸學詩，題名慨似黨人碑。竹堂萬卷今都盡，拓本應難得再窺。

明葉盛手紀《宋元祐幸學詩事》卷。紙本。此長卷爲吾族與中先生即文莊公手書屢年隨筆，至數千言，首尾完善，誠劇迹也。文莊墓在崑山，地極弘敞，爲劣紳土豪侵占。吾曾爲申理。至菉竹堂及其藏書，則不可問矣。幸學碑拓本當亦早毀失。

文中畫佛不師古，醇穆莊嚴境絶高。似與波臣開別派，更教南羽遜清超。

明吴彬《洗象圖》大幅。紙本。文中畫佛，絶不師古，但綫條柔勁而淵静之致，令人肅敬。此幅畫《洗象圖》，絶無俗工囂鬧之狀。余意實曾波臣輩繪象所自出。丁南羽亦有《洗象圖》，失之平庸，不能敵也。

漫向靈山覓話頭，夢遊何地不浮休。直饒霍地桶脱底，萬語千言何所求。

明憨山大師手書法語卷。紙本。此卷舊爲清湘老人藏物。與《夢遊集》所載字句有異同，或刻集傳鈔有誤。狄楚青曾爲校正題後。憨山老人文字皆弘通恢廓。余曾得數事，信覺者無所不能也。

茶熟香温且自看，用君實句。由來欲覓解人難。山重水複疑無路，已過西江十八灘。

明李日華山水卷。紙本。竹嬾畫空靈超妙，深得董、巨韻致。此長卷飛行無迹，脱盡凡胎，殆無筆墨可尋，而結構仍自深穩，完全自寫胸臆。胸中與筆下融成一片，此境信非一般畫史所能到。

韓繪五牛驚尚在，項摹一本亦堪珍。何時雙劍延津合，神物應欣德有鄰。

明項聖謨《摹韓滉五牛圖》。紙本。唐韓滉《五牛圖》本在清内府，庚子爲外兵所得，售於吴幼陵。明項孔彰所摹一本，余得之三十年前。雖高渾不如原作，然亦殊精采。後有李竹嬾跋。

凍雲枯木寫荒寒，定裏乾坤别樣看。若與華亭參位置，那知真面此廬山。

明趙文度左《雪竇山圖》卷。趙文度《雪竇山圖》，蕭淡蒼逸，境界高絶。世謂趙時爲董玄宰代筆，此乃其真面目也。

家學能傳味水軒，靈心妙腕兩忘言。傳衣怪底工摹擬，此即香光書畫禪。

明李肇亨釋常瑩卷。絹本。此卷得於滬上。全寫村鄉春景，風光澹沱，烟水迷離，令人如置身江南春雨中。如此寫實，方爲不黏不脱，遺貌取神。世傳董香光畫多肇亨與趙左代筆，良有以也。肇亨爲李日華子，固得家傳耳。

熏爐墨硯伴書帷，想見含香下筆時。天壤王郎終不忝，絮飛誰識出塵姿。

明馬湘蘭畫蘭卷。紙本。湘蘭畫，余見不下數十。此卷含毫邈然，清秀獨絶。上有顧雲美、文啓美題詩，信爲真迹。湘蘭有爲王伯穀畫刻小硯，及王鳳江所製熏爐，均在余所。

挾彈調箏事事能，更驅烟墨寫溪藤。若教配得鷗波壻，何減吴興管道昇。

明薛素素蘭竹卷。麻紙本。此卷在滬市所得。每一段均有張鳳翼題詞。筆致楚楚，居然作手。引首爲道光年靈簫女史所題，不知即龔定庵所記之人否？

蓮鬚壯氣杳雲霄，餞别留題比大招。名士傾城同命筆，風徽能不憶張喬？

明末南園諸子《送黎美周詩》卷。紙本。此卷乃南園諸子爲黎美周餞行之作。中有張二喬一絶，孤本亦絶作也。舊爲黄晦聞所藏，矜秘不示人。黄歿，王秋湄介爲余有。

驚心一片好河山，不是揚州賦牡丹。歌席沉吟牽别恨，晴眉幾點寫烟鬟。

明黎美周《送區啓圖山水》册頁。絹本。此二頁峰巒渾厚，純類大癡。自題素霞捧硯，可想牡丹狀元風致。蓮鬚畫真迹，世間恐僅此而已。大節多能，能不令人追慕。余别有其所繪黄牡丹，則恐出依託矣。款間署『晴眉』二字，美周閣名也。

此豈都俞吁咈音，廟堂煬蔽一何深。金鑾密記銀鈎字，不救虞淵日影沉。

明黄道周《召對分注》卷。絹本。石齋字與倪鴻寶於明末可稱二傑，香光、覺斯等皆不及也。此卷爲崇禎十一年自録召對問答語，洋洋數千言。有秦瀛、光昭二跋，誦之令人抑塞。

獄底朝朝寫《孝經》，流傳百本見儀型。誰知更有同心侶，暮齒窮年蔡玉卿。

明黄道周寫《孝經》、蔡玉卿寫《孝經》卷。絹本。石齋獄中寫《孝經》凡數百本，現尚有存者。精法精嚴，一筆不苟。余曾得一本。其夫人蔡玉卿於石齋被清兵殺後，亦依石齋本寫之。余亦得一本，款題『戊申年明忠烈文明伯武英殿大學士黄道周妻蔡玉卿書於石養山中』，筆意與石齋絲毫無異。戊申爲康熙七年，距石齋之死已二十餘年。蔡年雖不可考，計已六七十矣。卷子褫工質樸，殆亦原裝。

大士莊嚴出白描，遊絲屈鐵比清超。邢侗八法稱眉目，誰識閨中有妹昭。

明邢慈静白描大士卷。紙本。慈静爲子愿之妹。此卷極工細，而莊嚴簡净，令人起敬。書法亦蒼勁。卷墨雖舊，而猶是明代褫法，殆從山東近年流出者。

長題聖嘆語汪洋，俯仰人間百感傷。更憶梅村歌九友，白頭遺憾在滄桑。

明邵僧彌山水卷、金聖嘆長題。絹本。邵僧彌絹本山水長卷，頗極酣肆，殆平生僅見之作傑作。後有金聖嘆長跋，凡千餘言。聖嘆真迹，恐人間祇此矣。

畫法精堅類厥書，衣雲閣主有誰如。明珠入手高南阜，想見躊躇滿志餘。

明倪元璐山水直幅。金箋本。玉汝畫向不多見。此三十年前得於京師，邊絹有高南阜行書題跋，極致傾倒欣幸之意。此畫金箋上，墨采騫騰。玉汝喜藏佳墨，所用必程、方所製無疑。

殘山剩水老遺民，遁渚無端現化身。欲向畫禪求妙悟，篔簹不染定中塵。

明萬年少畫竹軸。紙本。壽道人畫傳世至稀。此畫竹小幅，用濃墨輕筆，而極洒落之致。署款爲『比丘明志前崇禎人壽』，亦奇。

藝事精研有百能，滄桑歷盡晚歸僧。袈裟一著渾閒事，向上應知更一乘。

明萬年少畫《郢師像》軸。絹本。郢師不知何人，著紅袈裟，坐石上，或即年少自相也。

滄墨江山懞懂雲，并時藝苑孰同群。碧雞金馬鍾奇氣，洱海真堪張一軍。

明擔當和尚水墨山水軸、紙本。又一册。絹本。擔當畫怪幻奇闢，與傅青主略同。石濤、石溪較之，尚嫌在牝牡驪黄内也。清末始漸爲人所知，殆亦政治關係歟？

海曲幽棲獨善堂，望公别號。**殘山剩水總堪傷。閒來寫幅丹青賣，碧樹紅亭已夕陽。**

明高儼山水長幅。綾本。望公山水清挺渾厚，不步華亭、太倉脚迹，在清初粤中可云翹楚。此幅尤爲擅勝。

老樹經霜衹自悲，傷心海涸復山移。丹霞刨墓成詩案，尚有留傳廿卷遺。

明今釋和尚書《古松詩》長幅。綾本。今釋在仕籍、禪門均有遺議，然文學自佳。且入清未仕，開法丹霞，具見魄力，宜清廷忌之，致遭刨墓之慘。遺詩全稿巨册十六，尚有遺逸，余曾輯得數十首，此詩不記在原集否也。『從無老樹不經霜』，此詩末句，余時引以自壯。

晴窗小展足欣然，教外原知有别傳。苦歷三山兼五嶺，一微塵裏見諸天。

明雪浪和尚山水卷。紙本。此卷似送人入粤者，畫極似倪迂。後附憨山老人《苦雨》詩，而鄺海雪爲題首曰『晴窗小展』。雪浪能畫，不見紀載，此恐是孤本矣。此由穗垣獲得。

真山父子互争奇，遺畫人間僅見斯。鄭重農髯傳與我，却憐神物竟何之。

明傅青主壽髦父子畫册。有紙有絹。此册舊爲曾農髯所藏，農髯病危，遺命此畫衹余能識，命以歸余。父子共五小幅，雄恣峭闢，各出恒谿。青主字之精者，世尚有之，畫則極罕矣。曾見壽髦自題所書小楷，有『觀者自别羲、獻』語，可見其自命矣。

漂泊江湖女畫師，閒調水墨却燕支。莫愁艇子誰相接，愁寫青山獨往時。

明清間黄皆令山水小册。紙本。閨秀畫多工花鳥人物，皆令此册雖衹四小幅，而筆情瀟灑，韻味天成，當出同時顧媚、蔡含之上。

生香活色寫生綃，補屋牽蘿興自饒。料共軺車遊穗市，風流應得賽張喬。

明清間李因水墨花鳥卷。綾本。是庵於葛徵奇故後以賣畫自給，脱胎天池、白陽，腕力清健，絶無閨閫氣習。葛曾宦粤，是庵如曾隨往，計當識南園諸子及張喬也。

派系紛紜鬨未休，歸山還起御書樓。論文看劍應無住，枉向塵寰落話頭。

清初道忞和尚書中堂。紙本。道忞在清初因争宗派，倚新朝以自固，貽譏法門。此幅筆法勁拔，源出虞、褚，故非凡品。論文看劍，皆此幅中語也。

畫佛恒飢崔道母，令人想像似龔開。萬人海裏藏身固，花雨彌天問劫灰。

清初崔子忠佛像大幅。紙本。此幅用宋紙，著色。菩提樹下，共比丘五人，其二披紅袈裟，鮮明如丹砂。筆意沉著而流麗，與丁南羽、陳老蓮可稱鼎足。

清初北派超南服，戴明説、傅山、王鐸皆不等閒。更有膠東能特起，峰巒渾厚法黃山。

清初法若真山水兩長卷。紙本。法黃山兩長卷，乃民國初元自其家祠流出者。殆皆得意之筆，留以傳家者。余意當時不爲華亭、婁東所域之能手，本自不乏，仍是明代遺風。自王、董盛行，并南方之金陵、新安等派亦漸衰敝，固極可惜也。

赫蹏小册集琅玕，碎璧零璣不等閒。好爲此君同寫照，秀才雅號憶鍾山。

清初王西樵徵畫集册。此册爲戴明説、馮肇杞、方亨咸等所繪，中多畫竹石。末二幅爲姚俶女士所繪。姚別號鍾山秀才，清初羈李長祥於南京，李因娶姚以示無他。其後李訖未降清，其遺著名《天問閣集》，近年爲劉翰怡刊行。

紀書畫絶句書後

四十年前，余收藏書畫頗富，其時故宫及諸舊家散出之物紛紛出國，余與諸友發願同截其流，因此所得精品不少。既環境屢遷，同人亦多力竭。抗日兵事起，余流離顛沛，藏物之直接間接燬失於兵燹者，殆十之六七。余自揣以後艱於保守，因析爲數份，分與家族，自亦時以易米。後於廣州遘回禄，復失文物八大簏，菁華殆盡矣。比病中無俚，因憶所藏經過，擇其尤者爲絶句詠之，雲烟過眼，感嘆彌襟，物既不存，云胡執著，亦譬之藏書存目，繪畫留痕云爾。其已遺忘者，倦於追溯，亦即任之。觀者幸勿刻舟求劍、按圖索驥也。一九四八年，遐翁。

此爲遐翁原稿，其詩本擬爲百首，亦未定稿。嗣緣多病，遂爾擱筆。吉等見其中多遺聞逸事，因請付之剞劂。翁曰：『詩中物殆悉已通靈化去，存此何用？』吉曰：『昔項子京、梁棠村、宋西陂所藏精備，而迄無著録，人咸惜之。江村、北海、麓村所記，縱歸散佚，人猶幸藉所記以考其涯略，似固未可廢也。』翁曰：『有是夫！水無留影之心，而雁有過空之實，因而存之，亦無不可。』遂名曰《矩園紀書畫絶句》云爾。弟子張允吉謹志。

遐庵談藝録

遐庵談藝録目録

北宋王希孟千里江山圖卷……三一一
宋龔開洪厓出遊圖……三一四
明海剛峰畫蘭……三一五
宋秦檜書字……三一五
明阮大鋮字……三一六
宋米元章虹縣詩帖……三一六
元耶律楚材詩卷……三一七
素然明妃出塞圖……三一七
明霍渭厓畫……三一八
宋蘇東坡寒食帖黄山谷
伏波神祠帖……三一九
清石濤著名劇迹……三一九
清端華詩册……三一九
宋王安石詩卷……三二〇
五代金字法華經……三二〇
宋米元章向太后挽詞……三二一
元溥光和尚韓詩字卷……三二一
唐韓幹畫馬……三二二
宋邵雍大字屏……三二二
元董復千文卷……三二三
宋徽宗祥龍石卷……三二三
元王叔明青卞隱居圖……三二四
宋陳所翁自書詩卷……三二四
宋楊時自書詩卷……三二五

元曹知白山水軸……三一六
元趙孟堅畫蘭卷……三一六
元錢舜舉郊園春意卷……三一七
五代石恪春宵透漏圖……三一八
北宋僧法能畫五百羅漢卷……三一八
元王淵竹石雙鴛軸……三一九
題明末南園諸子送黎美周
　北上詩卷……三一九
題明末南園諸子送黎美周
　北上詩卷二……三二一
清韻香空山聽雨圖册……三二二
清羅兩峰鬼趣圖……三二二
清高江村書畫目……三二三
清張見陽楝亭夜話圖……三二四
菉斐軒詞林韻釋……三二五
詹穀人廣州語本字……三二六
海源閣藏書……三三七
聊城楊氏第一批運津書目……三三八
徵刻詞林典故題名册……三四五
明末九科進士履歷便覽……三四六
兒女英雄傳……三四七
永憲録……三四八
李若農多藏禁書……三四九
陳東塾朱九江之佚文……三四九
石鼓歸京在故宮……三五〇
張乾地莂……三五〇
漢項伯鐘……三五二
王莽所制銅器紀略……三五二
要離梁伯鸞斷碣……三五七
魏墓誌……三五九
大同雲岡發見經過……三五九
近年出土墓誌應加輯録……三六一

羅定龍龕道場銘石刻……………………三六一
十二家吉金圖録……………………三六五
北京大慶壽寺元碑……………………三六六
明李卓吾墓之修建……………………三七六
雷峰塔華嚴經石刻……………………三七六
明袁崇焕祠墓碑……………………三七七
廣東欽州分茅嶺石碑……………………三七八
孫登銅琴……………………三七八
宋開寶琴……………………三七九
劉葱石所藏古樂器……………………三七九
北齊王江妃棺版墨書……………………三八〇
側理紙……………………三八一
左旋定風螺……………………三八二
潘桐岡臂閣……………………三八二
明劉大夏銀杯……………………三八三
宋朱克柔沈子蕃刻絲……………………三八四
明朱舜水犀角杯……………………三八四
明鮑天成犀角杯……………………三八五
清孫雪居紫檀酒斗……………………三八五
紹興出土磁墓誌……………………三八六
四川大邑磁……………………三八八
唐開元銅簡……………………三八八
漢南越王冢中古木……………………三八九
殷墟刻字玉飾……………………三八九
清代行有恒堂所製文具……………………三九〇
麥嘯霞廣東戲劇史略……………………三九〇
墨緣彙觀再志……………………三九一
清初各家贈周櫟園詩文册……………………三九二
論古泉幣之搜集……………………三九四
端溪硯石……………………三九五
記歷年藏硯……………………三九六
論書法……………………四〇〇

寫字學綱要　一九四零年在香港廣州大學講……四〇二
論書畫工具……四〇七
毛筆……四一〇
墨談……四一六
諸家關於墨之論著擬目……四一九
四家藏墨圖録搨印之由來……四一九
玄覽廬墨賸……四二三
鬱華閣藏墨簿跋……四二六
張子高雙琥簃墨董提要……四二九
耆壽民墨守……四三〇
墨籍彙刊詳目……四三四
李綱之印……四三五
内坊之印……四三六
宋陳簡齋及楊廉夫銅印……四三九
孫壽玉印……四四〇
或存齋獲古録玉印……四四〇
漢蘇武玉印……四四一
晉王戎玉印……四四一
石林居士玉印……四四一
清黄莘田石章……四四二
明黄石齋逸詩……四四二
明今釋逸詩……四四三
清姜實節手寫遺詩……四四七
清屈翁山逸文……四五〇
明金聖嘆遺文……四五一
清朱竹垞風懷詩稿……四五三
梁節庵遺文……四五四
先祖集外詩詞……四五七
文道希擬古宫詞……四五九
歌之建立……四六二
論四十年來文藝思想之矛盾……四七〇

論現代文字體制之應革新……四七一
由舊日譯述佛經的情况想到
今天的翻譯工作……四七二
我國六朝工藝美術集成於北京……四七六
北京應有新型的琉璃廠……四七八
近代藏書家略紀……四八〇
罔極庵圖題詠……四八二
自繪竹石長卷各家題詠……四八七
鳳池精舍圖題詠……四九四
空谷歸魂勸藁砧 一九三九年……五〇二
可憐金谷墜樓人 一九三九年……五〇五
辛稼軒愁譜鷓鴣詞 一九三九年……五〇六
屈翁山悲吟綠綺琴 一九四零年……五〇七
百花冢 一九四零年……五〇八
少日集李義山詩……五一〇

遐庵談藝録

此爲葉遐庵先生近二三十年關於藝文之隨筆札記，兹經搜集成帙，雖未必盡愜先生之意，且事實亦或有遷變，然足供藝林參考則無疑也。故録焉，其續輯所得，當歸《續録》。録者謹識。

北宋王希孟千里江山圖卷

王希孟乃北宋時人，其畫傳世祇有一卷。《人民畫報》據故宫所藏真迹付之影印，余曾爲略釋其文録下：

北宋王希孟《千里江山圖》卷，現藏故宫博物院。王希孟的歷史無可考查，僅從蔡京在本卷跋語中，知其在北宋政和中爲畫院學生，經宋徽宗趙佶親自指授，於一一一三年政和三年。畫成此卷而已。蔡京跋語説希孟年十八歲，後云昔在畫院爲生徒，召入禁中文書庫。昔者乃追溯之詞，可見希孟之爲畫院學生，必在十八歲以前。依蔡京跋語，尚有由畫院學生召入禁中文書庫一個階段。因此，希孟之爲畫院學生可能係十六歲或十七歲，其早慧可想。宋牧仲犖《論畫絶句》有云：『宣和供奉王希孟，天子親傳筆墨精。進得一圖身便死，空教腸斷太師京。』自注云：『希孟天姿高妙，得徽宗秘傳，經年作設色山水一卷進御。未幾死，年二十餘，其遺迹祇此耳。』希孟之爲王姓，祇見於此。其年二十餘死，亦祇見於此。但牧仲當賦詩時，是否别有所據，抑憑記憶，頗難斷定。以蔡京原跋今猶在卷中，并無希孟姓王和早死之語，不知何以牧仲如此措辭也？牧仲《題畫絶句》第三首説及梁清標，有『棠村座上見聞新』句，第五首即説王希孟此卷。今此卷中梁清標藏印最多，可見牧仲之見此卷亦必係在梁座上，故詩中聯想而及。但是否别有所據，已無從知之，祇可以牧仲詩注爲憑而已。《石渠寶笈》題作『宋王希孟《千里江山圖》』，定爲上等，當亦因此。卷尾有元代溥光和尚《石渠寶笈》誤作金。一跋，略云：『余自志學之歲獲覩此卷，迄今已僅百過，其功夫巧密處，心目尚有不能周遍者，所謂一回拈出一回新也。又，其設色鮮明，布置宏遠，使王晋卿、趙千里見之，亦當短氣。在古今丹青小景中，自可獨步千載。』其推崇可謂達到極點。溥光書畫在元代與趙子昂齊名，當不妄語。但無隻字論及希孟身世，恐其時已不能得其詳矣。此卷計長市尺三丈七尺餘，用一幅絹所畫，此必宣和定製之絹，否必無此長度。卷中亦無題款。考趙佶當時建立畫學，分别等級，以時考試，定其高下，爲升進之階。計分待詔、祇候、藝學、畫學正、學生各級，其考試題目如『落花歸去馬蹄香』、『萬緑叢中紅一點』之類，皆皇帝自行命題。且趙佶極重寫實，如孔雀升高，必先左脚，鳥類以漆點睛等，其體物之精，賦色之巧，實超出一般畫人，故優秀畫家多由其親自教導。觀此卷蔡京跋語，即可知之。宜其畫風盛極一時，成材日衆。觀此卷，希孟以髫年入學，即由皇帝直接訓誨，不一歲即成此卷，而年止十八，雖由其人本具天才，而教導之得宜，師承之得力，概可想見。這也可徵畫院制度必有優越之處，惜難以詳考矣。此卷優點略具於下：千里江山一氣寫成，不重複，亦不斷續；不粗漫，亦不拖沓；無弱筆，亦無獷氣。水村山郭、幽巖邃谷、市肆舟航、波濤烟靄、草樹禽鳥，無所不有，即無處不工，而且一點不顯複雜凌亂，宛如一張自然風景。這是什麽胸襟、學力，我頗疑一切一切都是趙佶的獨出心裁，不過利用希孟的手形諸畫面而已。這和《清明上河圖》在構圖上有異曲同工之美。《上河圖》地僅二三十里，且意在表現人物之殷闐，民俗之殊異，故盡量於二者加以渲染，而略山川風景。因此圖中人物雖多，但覺其豐穰，而局勢不形其局促。此圖既命名《江山千里》，地形遼闊，故注重山川風景，而以人物、屋宇、舟車等互相映帶，令觀者等於卧遊，而不覺其空廓。其實寸人豆馬，皆窮極工巧，則二者相同，不過此因千里之大，一切皆須壓縮，故尤覺因難見巧耳。又余舊藏燕文貴北宋。山水長卷，細入豪芒，而筆筆精到，無一懈處，可云獨步。但究竟氣勢不够浩瀚，韻味亦嫌平澹。此卷之精密處，可云與燕文貴抗衡，而氣勢仍然活潑，韻味亦够深渾，似乎絶非十八歲的畫徒所能辨到。故我頗疑此直爲趙佶所爲，但託之於希孟。或希孟僅供設色和鈎勒，故以名屬之，均難臆斷。要之，此爲北宋乃至南宋第一件大著色的寫實山水畫，則無可疑者。至於局部的優點，則見仁見智，固各不同，言之亦累幅不能盡。即以所著的青緑色而論，其中有青有緑，有樹的青緑，有山與水的青緑，有天空的青緑，其法各自不同，效果亦各不同，非細心體會，不能明白。又如樹幹用没骨法，而枝葉又各不同；房屋本用界畫，而有時亦帶寫意；人物極爲精細，幾於衣褶和動作均能表現，但仍絶不平板。此其技巧殆臻絶頂，宜乎溥光和尚云覩此卷百過，其功夫巧密處，心目尚有不能周遍者也。此卷本藏故宫，後入賞溥佶數内。今輾轉仍歸故宫，實爲天壤至寶。故爲敘述如此，然未周悉之處，必尚不少。深願同志們深入精研，再加詳闡，使這樣的優良傳統得以流傳不絶。尤願一般青年美術後進，知古代青年畫家有如此精能作品，一致興起，效法其創作精神，則不徒此畫之幸矣。

宋龔開洪厓出遊圖

龔開真迹，流傳於世者祇有三件：一《中山出遊圖》，一《洪厓出遊圖》，一《瘦馬圖》，皆卷。三十年前，顔韻伯得《瘦馬圖》《洪厓出遊圖》，龐萊臣得《中山出遊圖》，皆不甚寶愛。繼聞韻伯之《瘦馬圖》已流出國外，余驚問之，以資窘對。余曰：『然則《洪厓》一卷必留以與余。』遂以四千圓之物與易之。繼移居滬上，與龐萊臣往還，詢其《中山出遊圖》。龐曰：『此圖有何殊異，而君注意？』余曰：『此瑰寶也。龔畫傳世極少，《中山圖》全用素描，尤爲超特。』因展觀之，龐亦爽然。其後年餘，聞龐以一萬五千美金售與美國人矣。其《瘦馬圖》聞爲日本人山本悌二郎所得，今屬何人，則不知之矣。《洪厓出遊圖》則歷經變故，尚在余處。《中山出遊》爲墨筆，而《洪厓》乃著色者。余固不喜炫耀，然真正賞音亦頗難得也。《瘦馬》乃粗筆，兩《出遊》皆細筆。《瘦馬》有龔自題一詩曰：『一從雲霧降天關，空盡先朝十二閑。今日有誰憐駿骨，夕陽沙岸影如山。』誦之令人慨然。

明海剛峰畫蘭

海剛峰瑞爲粵省婦孺知名之士，其書法則剛健而遒麗，世尚有之。惟畫則僅見畫蘭一枝於寫《金剛經》已畢之後，雖非名家，然孤本也。此卷輾轉歸簡又文矣。

宋秦檜書字

秦檜寫《楞嚴經偈》，舊爲某君從冷攤以賤價收得，後歸關伯衡，曾浼余題四絕。檜書極似顔平原，與蔡京兄弟相似。紹興刻《石經》在臨安太學，有數石爲檜書其後，爲人將檜名刓去，而石固未毁。後改稱杭州府學。十年前，日寇侵華，僞省長某拆杭州府學售其屋材，其附著物聞亦同毁棄，不知尚可蹤迹否耳？世傳秦檜墨迹，恐祇此矣。

明阮大鋮字

阮字勁拔排奡，一時惟王孟津足與抗衡。而傳世不多，余曾有二事：一爲題范景文瑞蓮詩，二爲自作五古。阮詩從大謝及江、鮑得傳，往者南京龍蟠里圖書館有其詩集。陳伯嚴慫恿柳翼謀影印行世，翼謀因借余所藏印之册首。今余所藏已失，柳所印坊間亦罕見矣。其原本或尚存南京圖書館也。龍蟠里藏書併入南京圖書館。

宋米元章虹縣詩帖

米元章《虹縣詩帖》，今民二十五。爲周湘雲所有。此物之流傳，頗有可紀者。乾隆末由何人所藏，移歸英煦齋和家。其後人不能守，至清末乃介紹越千紹名英，爲其戚。出售，流於廠肆，輾轉爲景樸孫賢所得。民十三，樸孫將售所藏書畫，余與馮公度合購其宋元作品多種。議價未諧，一日袁珏生來詢余，是否決要此批作品，云可爲撮合。余漫應之。次日，樸孫允如初議。是否珏生從中斡旋，不得而知。厥後珏生向樸孫云，此事非渠不能成功，要求樸孫以《虹縣詩帖》爲酬。樸孫竟未詢余，遂以與之。余經年始知其事，亦未加詰問。今二人俱已下世，物復易主。所以書此者，亦以見烟雲過眼，轉瞬皆空，巧偷豪奪，徒滋話柄也。

元耶律楚材詩卷

耶律楚材詩卷爲世間孤本，字大如碗，紙尾署『玉泉』二字，勁湛端凝，望而知爲非尋常人。此卷本由寶瑞臣以二百圓得之某氏，後以八百圓售與袁珏生。旋歸周湘雲，嗣聞已由政府收購矣。楚材墓本在頤和園甕山之前，因修建該園，遂遷於園門外電燈廠之别院。其前室有塑象，墓在其後，天井中尚有乾隆時所立之碑。

素然明妃出塞圖

紙本細筆，氣韻清逸，而塞外嚴寒氣象溢於紙上。本藏寒木堂，後流出國外。素然爲何人，無可考。其款則題『□□□年鎖陽宫素然』，上鈐一方印，文爲『□撫使印』。近見上海印行之《歷代人物畫選集》有此畫，題爲『宫素然畫』。大約係從畫片翻印，而『宫』字以上之字模糊不清，遂誤爲姓宫名素然。大約素然似係女道士，鎖陽宫則所居之道觀，以道觀例稱宫也。此畫韻伯亦曾擬歸余，而余未受。其款全文已難憶，但鎖陽宫素然則記之甚諦也。

明霍渭厓畫

明南海霍渭厓韜不以畫名。民十三，余在北京，值醇府出售藏物，中有霍之金箋畫單條，超逸而勁拔。余力勸關伯衡購之。汪伯序兆鏞因此將霍列入《粤東畫徵略》。

宋蘇東坡寒食帖黄山谷伏波神祠帖

《寒食帖》由清内府轉入恭王府，老恭王故後流出，爲顔韻伯所得。同時黄山谷《伏波神祠》真迹亦爲顔所得。二者可云蘇黄書之冠。此二者初與顔韻伯時，余皆先見之。顔欲以讓余，余性向不奪人之好，遂爲顔有。嗣顔赴日，以《寒食帖》售之日人。余知之，告顔曰：『此二者萬不可悉令出國，其山谷書不如以歸余。』顔應諾，旋以劉石庵與成親王信札見贈。蓋成親王以天籟銅琴與劉易此卷，其信札即商榷此舉者。今一併歸余，誠有趣事也。余蓄之十餘年，避寇往香港，亦設法攜往。逮寇占香港，俘余解滬，以不受敵餽，經濟甚窘，乃與他物皆售與王南屏。王少年喜收藏，余因將劉札亦并贈之，以爲此卷得所慶。不料數年後始知其仍以售之外人。時余已北來，欲請政府向王收購，而已不可蹤迹矣。於是二帖皆出國外，誠爲憾事。

清石濤著名劇迹

石濤畫清末始大爲人注意，其實清初即有盛名。自乾嘉後，始爲四王、吴、惲所掩耳。光宣間，安徽程霖生乃專收石濤、八大，以其資力之雄厚，細大不捐，固不免真贋雜糅，然劇迹亦時入彀。余所見者，如《仿宋刻絲百鳥朝鳳》大卷、《百花》大卷、《仿清明上河圖》大卷、《百美圖》大卷，皆魄力雄奇，令人聳嘆驚喜。蓋皆爲博問亭所畫者也。後霖生破産，藏物亦散，與其大批銅器皆不知歸何所矣。

清端華詩册

清咸、同間，肅順之獄，端華爲次於肅順者。余於前數年得其手書詩稿六册於燕市，驚爲創獲，蓋向不聞其以詩名也。詩雖未名家，然頗見功力，且頗有寄託。如《詠廣濟寺梅花》之類有云『東枝折去未遑愁，西枝徒倚爲誰留』，定有所指也。肅順乃與西太后争權而失敗者，清官書乃儕之大逆不道之列。易代以後，應早爲平反，但迄無提議者。他日修訂《清史》，當有人注意及此也。

宋王安石詩卷

王安石詩卷，一乃手録其所作在鄞時詩一章。詩曰：『溪水清漣樹老蒼，行穿溪樹踏春陽。溪深樹密無人處，祇有幽花渡人香。』末書『介甫』二字，印爲『臨川王氏』四字朱文，約一寸半見方，左角有『紫薇房』三字長印，下有『樹□私印』方印。又一印不辨。又『聽桐吟館珍藏書畫』印一、『廣陵焦眉卿鑑賞之章』印一。後有趙子昂、蔣正子、吴匏庵、弘治壬子。陸簡、弘治壬子。四跋，趙字略遜，餘皆毫無疑義。荆公字世不多見，除《三希堂帖》所刻一札外，周華章所藏《楞嚴經》長卷素稱烜赫。惟彼乃小字，更堪珍重，亦景樸孫舊藏也。

五代金字法華經

五代吴越國金字《法華經》七卷，余三十年前在滬所得。經前有唐道宣法師序文。每卷首尾均有繪圖，亦用金采。圖中所繪塔形，正與世傳錢氏金塗塔同。音樂隊所用樂器，則鼓、拍板、鳳簫、龍笛、笙、琵琶、小鈸、箜篌、簫均備。文每頁五行，行十七字。用羊腦磁青紙書寫，紙厚如錢。字體似唐經生書。似原係卷子而改裝成册者。以經一卷爲一册，但接縫處不露痕迹。每卷之首原書『弟子彰義軍節度使錢信敬捨』。按：信乃錢元瓘之子，錢俶之弟，而錢鏐之孫也。

宋米元章向太后挽詞

米元章書法以小楷爲最佳，但現存僅一件，即《向太后挽詞》也。其實，亦係行楷。此物以前未入過元明清三朝内府，以挽詞犯忌諱也。本爲端方所藏，後歸景樸孫，又歸袁珏生。袁去世後，轉入鄞人周湘雲手，聞與耶律楚材詩卷均入故宫博物院矣。

元溥光和尚韓詩字卷

元溥光和尚善榜書，與趙子昂齊名。北方大寺院宫殿，多其題榜。鬱律遒拔，信在子昂之上，爲清代錢南園字所自出。余昔有其草書《草庵歌》，怪偉無比，後已失去。前數年有以其所書韓退之『山石犖确行徑微』七古卷來售者，僅索百金。字大五寸餘，較草書更遒峻。余已不收藏何物，乃介之於周作岷。今聞亦歸故宫矣。

唐韓幹畫馬

唐韓幹畫馬，乃宋宣和内府所藏，其題籤尚是道君手書。清乾隆以與成親王永瑆，永瑆之母，爲朝鮮人金妃。由成府復轉歸恭王奕訢。入民國後，恭王府藏物散出，其孫溥心畬將售出國外，介人來告，願與晉陸機《平復帖》歸余，索價五萬。余以數鉅無以應，正躊躇間，又改索十萬，余遂却之。又閱十餘年，聞遂歸東瀛矣。其《平復帖》則輾轉入故宫，亦幸事也。

宋邵雍大字屏

宋人筆記云，邵堯夫雍喜作大字，且極雄拔。此録郭璞《遊仙詩》三首，紙亦係宋製。字大五六寸，洵出一般宋人窠臼蹊徑之外，頗似陳圖南。昔爲曾剛甫所藏，後以之贈余。察其印章，不似宋製，殆明清人妄加者。以堯夫字未見他本，無從比對，然當非贋作，蓋實不能仿效也。

元董復千文卷

此卷舊爲成親王永瑆所藏。款題致和改元秋八月。永瑆跋云：『此末署致和改元秋八月。按：元泰定帝以泰定五年爲致和元年。是年七月，泰定帝崩。其八月，皇太子阿速吉八即位於上都，改元天順。其九月，懷王圖帖睦爾襲帝位於京師，改元天曆。懷王，文宗也。致和元年即天曆元年。然文宗改元在九月，則董復書《千字文》在前。其時雖有太子所紀之天順，或一月之中上都頒詔尚未至京師耳。及十月文宗陷上都，太子不知所終，故天順年號迄未行於天下。皇十一子識。』《詒晋齋詩》云：『《漁父》《謫龍》康里筆，取妍太過嗜偏鋒。何如董復《千文》卷，黄素猶存鐵限蹤。』即指此卷也。

宋徽宗祥龍石卷

此爲絹本。石以水墨鈎染，作鱗形，嶙峋多洞穴，以石青繪草數叢，又樹一株似桂。石半以泥金書『祥龍』二字。另徽宗題詩於後：『祥龍石者，立於環碧池之南，芳洲橋之西，相對則勝瀛也。其勢騰涌，若虬龍出，爲瑞應之狀，[illegible]綽按：當是奇字，泐其半。容巧態，莫能具絶妙而言之也。乃親繪縑素，聊以四韻紀之。彼美蜿蜒勢若龍，挺然爲瑞獨稱雄。雲凝好色來相借，水潤清輝更不同。常帶瞑瞑不應從目，此類紈袴，固不能責以字學也。烟疑振鬣，每乘宵雨恐凌空。故憑彩筆親模寫，融結功深未易窮。御製御畫并書。』下作『天下一人』押，前蓋『宣和殿寶』及『□□司印』。當是修内司或稽察司之半。又有元文宗

『天曆之寶』及明代『晋府書畫之印』、『敬德堂圖書印』及項篤壽之『篤壽』二字印，與恭親王寶。其他未録。此畫尺寸，與宣和自畫《五色鸚鵡》等同，當是聚册而分散者。但《東都事略》載蜀僧祖秀記華陽宫，載艮嶽著名之石二十餘，却無祥龍之名。據此可補其缺。此畫於抗戰時失去，聞已歸故宫博物院矣。吴榮光《辛丑消夏録》曾著録，故卷中有其題跋。

元王叔明青卞隱居圖

黄鶴山樵《青卞隱居圖》爲其平生劇迹，董香光題爲『天下第一王叔明畫』者也。圖中層巒疊幛凡九重，而不覺其繁複與局促，氣勢雄渾而情味蕭遠。最後爲溧陽狄曼農所藏，貽其子楚卿。十五年前，楚卿去世，歸上海魏某。兹聞已歸上海博物館矣。

宋陳所翁自書詩卷

陳所翁以畫龍名，然真迹甚稀，其詩字更少。余曾得一卷，題爲《潘公海夜飲書樓》，下款『陳容』。詩曰：『夫君美無度，視世一鼠肝。□夫失意時，不知樞在環。雲氣上罍樽，渠作瓦缶看。八溟同眼精，我眼雙劍寒。潘江字公海，陸海無波瀾。文章有戰勝，此道難躋攀。向來聞歌商，政以静體觀。收心學潛聖，吾身重丘山。豈必獵衆智，茫茫芡走盤。誠身與教子，户内天壤寬。苜蓿上朝槃，道人齋八關。土田非蒺藜，莫問歲事艱。夫君不長貧，身在世轉難。戊戌前四月，潘公海執此爲歷。此紙得之臨川故人家，借此言久交耳，詩不足道。』綽按：此詩不減後山，陳詩罕見，故録之。

宋楊時自書詩卷

粤羅六湖、盧柬侯等遞藏楊龜山時詩卷。紙本，每字大約二寸。其詩云：『此日不再得，頽波注扶桑。躚躚黄小群，毛髮忽已蒼。願言媚學子，共惜此日光。術業貴及時，勉之在青陽。行矣慎所之，戒哉畏迷方。舜蹠義利間，所差亦毫芒。富貴如浮雲，苟得非所臧。貧賤豈吾羞，逐物乃自戕。胼胝奏艱食，一瓢甘糟糠。所逢義適然，未殊行與藏。斯人已云殁，簡編有遺芳。希顔亦頑徒，要在用心剛。譬猶千里適，駕言勿徊徨。驅馬日云遠，誰謂阻且長。末流學多歧，倚門誦韓莊。出入方寸間，雕鐫事辭章。學成欲何用，奔走名利場。挾策博塞遊，異術均亡羊。我嬾心意衰，撫事多遺忘。念子方妙齡，壯圖宜自强。至寶在高深，不憚勤梯航。茫茫定何求，所得安能常。萬物備吾身，求得舍即亡。鷄犬猶知尋，自棄良可傷。欲爲君子儒，勿謂吾言狂。元符三年八月既望，龜山楊時漫書於舍雲精舍。』此勸學詩爲龜山四十八歲時作。潘德畬曾刊入《海山仙館集帖》。

元曹知白山水軸

清怡王府舊藏曹雲西山水軸，筆致沉峭，款用篆體『雲西』二字。向傳雲西得意之筆皆用篆款，信不誣也。上有倪雲林題詩云：『蕭蕭圖畫自天開，下有蛟龍亦壯哉。雲氣四時多似雨，濤聲八月大如雷。直看槎泝天潢去，莫遣舟乘雪夜回。擬待□年具蘭楫，中流小試濟川才。』款爲『壬子八月，懶瓚題』。

元趙孟堅畫蘭卷

紙本兩幅，芳草叢蘭，淡墨渲染。舊爲詒晋齋藏，嗣歸南韻齋、觀古齋、繼澤堂，皆清宗室也。子固自題，一爲：『春濃露重，地暖草生，山深日長，人静香遠，此知蘭之趣者。子固。』云。一爲：『宣城吾宗叔居水陽，亦以此得名，可小姪在雁行否？翔齋試寫，寓士略之。』奕繪題詩云：『采蘭采蘭江之皋，蘭葉長垂蘭箭高。想象西泠最深處，陽阿晞髮誦《離騷》。道光十三年，奕繪題。二月廿三。』太清詩云：『空山春日暖，清露滴幽叢。澗曲誰當采，天涯自好風。貝勒側室夫人太清氏同日謹題。』第二幅畫與前幅略同，而花蕊特盛。奕繪題詩云：『前幅花疏後幅密，東叢葉健西叢垂。大宋王孫書畫好，會心千古更題詩。二月廿三，太素道人又題。』太清詩云：『好風吹露葉，花氣散芳馨。何處同心結，王孫空復情。太清同日又題。』印爲『西林春』三字。《鐵網珊瑚》載此卷，稱有郭麟孫、李皓、錢良右、蔡一鶚、朱梓榮、湯彌昌、陳大有、陳方、蔡景傳、錢逵、姚翥、唐升、張適、盧熊、趙友同、善住諸題詞。而此皆無之，不審何時失去。又，題款字亦略有出入。

元錢舜舉郊園春意卷

舜舉於畫，山水、人物、花鳥無一不工。龐萊臣所藏《雙茄圖》售出國外，價至美金二萬。此《郊園春意》各著録有作『郊原』者，同音之誤。共五幅，皆繪花草蟲豸，不露纖巧，而天然工緻，著色尤形融洽。第五幅末題『郊園春意』四隸書，下寫『吴興錢選舜舉在道場山作此五紙，奉□□□清玩』，中挖去約三字。紙乃宋紙也。印章有『石渠寶笈』『乾隆御覽之寶』『玉雨堂』『澹如齋』等。憶十年前，有人攜由長春僞滿散出之舜舉《楊妃上馬圖》至滬。余力勸諸藏家收之，竟無應者，大約已出國外矣。此與李贊華之千角鹿無人争取，同一可惜也。

五代石恪春宵透漏圖

石恪真迹，余平生衹見此本。舊經華氏真賞齋及耿信公、蔡之定、吴榮光等遞藏。《辛丑消夏録》著録。用極薄羅紋紙，寫男女鬼各二，調笑歡酌，衆鬼奔走伺應，極恢詭姚冶之致。樹石筆意堅挺，人物用細筆而仍極宕逸，設色亦古厚異常。原有朱德潤一跋，其字疑僞，大約經人從他處録入也。

北宋僧法能畫五百羅漢卷

此爲故宫藏物。余於民國乙丑得之，顔韻伯舊藏。卷末署款云：『沙門法能於景祐改元甲戌元旦發心閉關敬寫，成於寶元二年己卯浴佛日。』蓋以六年之功成此。兹將韻伯原跋録後：『右北宋釋法能畫阿羅漢一卷，前明曾藏天籟閣。查汪松泉《秘殿珠林》草稿，乾隆初由桂林陳榕門宏謀貢入内府，編入《秘殿珠林》上等調一字號。簽衹乃張得天所書，今仍存在，完好如新。是卷法能畫於宋仁宗景祐元年，越六載爲寶元二年，始蕆事，可謂鴻篇鉅製。北宋去今八百餘年，紙素完整，尤爲難得。且法能畫見於著録者僅此卷耳，世間更無第二本也。觀其人物樹石與夫飛潛動植，無一不備，用筆皆如鐵絲縈繞，真北宋人筆墨。公麟尚屬後起，何况餘子！吾得此卷，殆與釋子有緣，吾知時時必有吉羊雲來護之，不數米家船滄江虹月也。己未十月晦，瓢叟。』此卷原錦袱内寫『釋法能白描羅漢真迹。上等調一。乾隆九年春月，臣張照等奉敕編次』二十七字。乾隆印章十餘方，不備列。

元王淵竹石雙鴛軸

此爲朱之赤舊藏。曾入清怡王府。款用隸書題『至正丁亥，錢唐王淵若水畫』十一字。全幅紙白板新，水墨雙鈎篁竹，間以山梔水石，下有雙鴛比翼上皃，山鵲競飛，筆情渾厚生動，下方粗筆水草，尤見功力。余所見若水大幅，當以此爲最。抗戰時滬僧乘余於窘，讓與之，不料其轉售王季遷，竟去如黄鶴。每一念及，中心如痗。

題明末南園諸子送黎美周北上詩卷

是卷歸余十餘年，未題一字，因欲詳加考證，然後下筆也。今秋齋又下世有年，時局變遷，余欲歸老穗垣，竟不寧厥居，遂又流徙香港。所藏書畫古物歷經離亂，毁失殆盡。此卷幸抱持未失，然竟不能有所闡述，重負秋齋見託之意矣。秋日展觀，爰綴數行，以留爪迹，終盼能有考訂以補南園故實也。民國三十八年八月。

引首『□林僧舍』之第一字，經多人忖度未決。余意係『東』字，惟其地何在，俟考。此卷余因重鄉邦文獻，及故人之託，十年來流離轉徙，護如頭目。雖其他藏物星散，此終在行篋中。其美周畫幅及二喬《蓮香集》亦俱僅存，誠幸事也。一九五零年北來後，役於他務，所欲考訂者卒未能從事。雖《廣東叢書》已出至三集，屈翁山《四朝成仁録》業已刊布，而所願未償者，猶有八九。衰年棉力，度終罕成就，方深悵抑。去夏修理京師袁督師墓已竟，聯想及於百花冢，屢寓書粤垣諸友，調查防護，寂無反響。今年三月，再託多人往訪，始知其迹已迷於新建築中。余聞之若受雹激。噫！是余之咎也。設余早爲之所，當不至是。彼蘇小、貞孃埋骨之區，歷劫猶存，列爲湖山名勝。如二喬者，風流文采視二人有過之，《蓮香》一集至今讀者猶有餘慕，且其時與陳集生、黎美周諸先烈往還，漸摩沆瀣，殆亦非蘇小、貞孃比。而一抔莫保，能不令人感嘆耶？此卷中名人手迹固皆可珍，然可信尚有存者，獨二喬之詩字必爲孤本，則無可疑者，以其早慧早死也。余避寇香港，無俚時，偶作歌曲付之藝壇。初爲《緑綺臺》詠鄺海雪故事，其次即爲《百花冢》。又於二喬生日集諸詩人墨客，祀以酒脯。其時全國多陷於寇，余方以民族氣節激勵同儕，故於鄉邦文物故事多所揚榷。《百花冢》一曲於并時人物固多推重，對二喬遺蜕亦三致意焉。今若此將徒增慨想，爲之奈何！余老且死，并無歸骨故鄉之念，遺令將安息於京西翠微山麓，固非戀戀於一丘者，特以歷史名迹一旦蕩爲飄風，意安能無動。故述記於此，後之見此卷者，當有同情焉。一九五四年端午日，葉恭綽，時年七十有三。

六年前在廣州，值端午，有一絶句：『日午臨江渡鼓喧，稍欣豐稔澹煩冤。虛舟我已心無競，獨坐空齋念屈原。』今時人争禮靈均，不知三閭大夫亦知數年前有一憔悴憂傷同情於彼之一人否也。呵呵。遐翁。

題明末南園諸子送黎美周北上詩卷二

商音悽咽滿南園，一卷乾坤正氣存。當日稱王徒異種，黎以牡丹狀元馳名清代，因有賦牡丹詩云『奪朱非正色，異種亦稱王』，因被殺。非時留恨尚芳蓀。卷中張二喬詩最爲罕異。流傳翻重黄壚感，此卷舊藏黄晦聞所，黄殁，始由王秋湄作緣歸余。今黄、王均墓有宿草矣。慷慨難招贛水魂。黎以抗清兵死於贛州。太息衰遲艱付託，鄉邦文獻與誰論。

余以重鄉邦文獻，喜得此卷。然恒以付託無人爲慮。今年七十七矣，偶展此卷，感懷萬端，因題一律。後之覽者，當知余書此時之心緒何若也。遐翁葉恭綽。時右目昏暗，故字不如前。

收此卷時，以晦聞遺族甚窘，所費至千金，然不久遂燕去樓空矣。應云鳳去樓空，方符故事。秋湄之死，則與悼其故姬有關，愛溺之於人如此。

余於抗戰時避之香港，時滬已淪陷矣。嗣寇又將攻香港，余既不欲入重慶，因擬姑至桂黔間。已訂航空機位，以不能多攜行李，遂選所藏書畫之尤者截去軸首、拖尾，乃至引首、題跋，擾攘竟夕，多所抛棄。乃凌晨知機位爲豪宗所奪，無法與争。飛機竟不再開，而斷者已不可復續。此卷亦然。後雖强爲黏合，終難熨貼，此亦平生遺憾之一事也。因附記於此。

清韻香空山聽雨圖册

清乾嘉間，錫山女冠韻香以文藝名。其時諸名下士多與往還，而孫平叔爾準爲尤相得。韻香曾繪《空山聽雨圖》廣徵時流題詠，爲册者四。其後孫平叔顯達，畏招物議，使人賺取。韻香慚憤自殺，此四册遂散失。至同治年，輾轉爲先祖南雪公所得，甚寶愛之，爲補第四圖，并繪韻香小象於上。其後由先伯伯蘧公帶至北京，復又失去。後歸於徐積餘乃昌。徐殁，聞歸於錫山陶氏。向者丁闇公傳靖曾輯韻香遺事爲《福慧雙修庵小記》，庵即韻香所居也。

清羅兩峰鬼趣圖

羅兩峰聘《鬼趣圖》於乾隆間有烜赫名。羅爲金冬心弟子，所謂鬼趣，殆亦寓言。當時題詠極多，後亦爲先祖收藏，嗣亦散失。辛亥革命後，有友人一日由電話告余云，此卷現有人攜京求售，詢余欲得之否？余曰：『此本家藏物，頗欲收回。』其人送之來。余適赴津，次日歸，啓視則贋鼎也。急告友人，渠亦始知其僞，經無數周折事始已。

清高江村書畫目

《江村書畫目》傳爲高江村手書所藏書畫之目録，後爲吴縠人錫麒所得，復經羅雪堂印行。中分九類，曰『進』者，以進皇帝；『送』者，以餽親朋。中多注明贋品，且價有極廉者。而自存中之永存秘玩，則皆真精且值昂者，足徵江村心術之詐。至其中獨以董香光書畫爲一類，足徵江村偏嗜。康熙本喜香光書畫，江村殆亦仰承宸旨，未必獨具隻眼。康熙此類偏嗜，沿及雍乾，遂養成清一代之風氣，所關亦非細故也。此册中定價，最低者銀一兩，最高者五百兩。如褚河南之字、盧鴻《草堂圖》皆不過數十兩，祇王羲之《袁生帖》定五百兩。然另一王羲之書鍾太尉《千文》亦定五百兩。鍾太尉而有《千文》，亦奇聞也。江村鑒别并不精，誠如雪堂所言。然所收多劇迹，則因勢位關係。其中所列，有不少陸續入清宫，及爲藏家重視者，得此書爲參考，仍不失爲一好刊物。如有鄧秋枚、黄賓虹，當收入《美術叢書》也。

清張見陽楝亭夜話圖

張見陽爲清初内務府旗人，工畫，與曹楝亭寅相契。曹亦内務府旗人也。楝亭夜話本事，似其本事爲見陽、楝亭及施世綸三人夜集，談及納蘭容若成德，張爲圖以紀，而曹、施均有題詠，又别徵同時諸名士題詠。此圖共有五卷，其四卷在張伯駒處。余所收此卷，殆首卷，故張畫及曹、施題詠均在。張畫余别有仿米山水小卷，極精。曹、施亦各有詩集。施乃施琅之子，即小説《施公案》之施不全，亦漢軍也。余查清代内務府旗各族人均有之，即直屬皇帝統率下之奴隸，其中本爲漢人者，即名曰『内務府漢軍旗』。曹、張、施殆均屬此類旗人也。此卷余曾有詳跋，載《矩園餘墨序跋第一輯》，兹不複述。卷中繼蓮畦昌之跋，亦自稱内務府旗人，本姓李。余按：此類旗人，在各旗中待遇本有差别，但因易於與皇室接近，故有時特見親昵。如三代任江南織造之曹氏，即其一例。推之鹽務、税關，亦恒用此類人。清初不信任閹宦，亦歧視漢人，而滿人對行政及事務亦不熟習，故多用漢軍任行政長官。而帶皇室私下事務性質，或利其通融財務，偵訪機密，如關、鹽、織造等者，則别以内務府之漢軍旗人爲之。取其可以直接奏報皇帝，不拘外廷各形式也。此類人可以極被寵信，而公的地位始終不與外八旗平等。遇任爲高官，或充皇親時，須有抬入某旗之特旨，否則仍歸其原旗主管轄，以此時有不平等之感。楊雪橋所編《詩話》於此類人特爲注意，稱爲同鄉，其實各地人均有之。此亦考清代政制者所宜知也。卷中曹所題詩，似三人與納蘭容若均有特殊關係，殆康熙帝曾利用明珠以控制諸漢軍及漢族之新附者，其後亦不無冰山之戚歟！

菉斐軒詞林韻釋

菉斐軒《詞林韻釋》一卷附《詩韻》五卷，乃僅存本。余曾爲跋尾，定爲元明本，而假稱宋本。秦敦夫刊入《詞學全書》者，即此本。其《詩韻》全與現行者相同，當別爲考索。兹將詞韻録後，以供參證。蓋《詞韻》前此本無定本，此不能不推爲鼻祖也。

一，東、紅。二，邦、陽。三，支、時。四，齊、微。五，車、夫。六，皆、來。七，真、文。八，寒、閒。九，鸞、端。十，先、元。十一，蕭、韶。十二，和、何。十三，嘉、華。十四，車、邪。十五，清、明。十六，幽、游。十七，金、音。十八，南、山。十九，占、炎。

此書余曾爲長跋，載《彙稿》中。竊意詩詞曲三者之有韻，本以合樂。自詩嬗爲詞，詞演成曲，其繁複乃屬自然，故字句之多寡，及音調之清濁高下，皆隨之而變。後人不察，分三者爲三，以爲各有天經地義之韻。其實古人無不能唱出之詩詞曲，如不能唱出，時體即應變。所謂體者，韻亦在内也。故文與詩之韻亦屢變，不止詞曲。後人以文詩有官定之韻，以爲詞必有詞之官韻，曲必有曲之官韻，其實應以各時代或各地方之語音官音。而能合樂者爲主，即成爲韻。今戲曲中二簧之十三轍，即曲韻也。南北曲既興於元，故詞曲之韻書亦産於元，乃屬自然。不過，元代曲韻變化更多更大，以未有成書，或失傳，故不之見耳。不少人對此書之是否詩韻，抑詞韻，多所争論，皆爲疣贅也。此書本徐積餘物，余復以贈茅唐丞之女茅於美。於美少即工詞。

詹穀人廣州語本字

友人詹穀人憲慈晚年以數年之力著此書。蓋根據歷史上中原人士南遷之頻繁，故閩粵所留中原語音特多，但沿用日久，往往有音無辭，遂至數典忘祖。此其情况固不止廣州一地，著者爲廣州番禺人，故就廣州語言溯流尋源，證其本字。書成四卷而卒。余曾爲録副。穀人於此書致力甚勤，惜當時尚未通行漢語拼音字母，故其語音仍讀若反切之例，不能準確，且他處人更不易了解其音義，是一缺點。又所舉者往往爲辭，而非字，故書之名稱猶待斟酌，然其書固爲創作也。

海源閣藏書

二十年前，聊城楊氏海源閣藏書將散。其家僅一少子，一切由伊母舅勞之常主持。本意欲先斥賣一部分，得資後，於天津購一較大之屋，然後移全部至津，再定辦法。蓋以聊城地方不靖，半爲保全計，尚未至賴此給朝夕也。其第一批到津者，爲子、集兩部分。余聞之，擬介之公家收購，無應者。不得已乃擬集同志十人，每人出資五千，將全數購入，以紓楊氏之急，免其爲市儈所劫持，以致分散。俟公家能收購時，即照原價歸公。其時如楊氏擬再售出，則亦再購入，再歸公。如此輾轉數次，楊氏所藏可不致分散，公家財力亦得周轉。已定議，且收款矣。其時有數藏書專家在北京，如不令參與，則必爲所破壞，勢不能不與商。果也其人，佯允從衆，而陰向楊氏挑撥。其言曰：『此批書值固不止此。』楊氏子固不省内容，因爲所動。於是磋商兩月，迄無結果。不得已，其事遂作罷。他方亦無能謀整批購入者。楊氏久候無辦法，旅費漸罄，不得已乃謀零售。於是某某者遂擇其至精者購入，而棄其餘。楊氏零售所得，既隨手用盡，遂不能在津購屋。其存聊城者，適遇兵亂，不灰燼亦遭掠。事定後，濟南圖書館零星購得若干，多非著名典籍。其四經四史之類，不可問矣。此事經過已無人能知之而記之。偶檢得當時目録，聊録於此，以見利己之私之害事，且以見社會通病盤互深固之不易救藥焉。

聊城楊氏第一批運津書目

會稽三賦。無卷數，二册一函。半葉九行，行大十八字、小二十三字。黄丕烈識。原本首尾皆殘，黄丕烈補。

管子。宋本。二十四卷，十册一函。半葉十行，行二十三字，注二十八字。陸貽典識、復翁識、楊紹和識，均在卷末。卷首有劉氏伯温及黄氏、汪氏各印。錫山華氏家藏。

荀子。二十卷，十册。藝芸書舍藏。半葉十行，行十八字。有徐健庵、百宋一廛二印，顧千里記。

淮南鴻烈解。二十一卷，十二册一函。半葉十二行，行大二十二字、小二十五字。有『王氏家藏』『楝亭曹氏藏書』『百宋一廛』『黄丕烈印』『復翁』『顧千里經眼記』『汪士鐘印』。『閬源』『三十五峰園主人』等印。澗蘋記、楊紹和識均書於另紙，未裝册中。

新序。北宋本。十卷，五册。錢謙益題、黄丕烈跋。半葉十一行，行二十字。有『錢謙益』『季滄葦印』。

説苑。北宋本二十卷，十册一函。黄丕烈跋。半葉十行，行二十字。有『汝南郡圖書記』『文春橋畔□□』『平陽〔汪〕氏珍藏』『士禮居丕烈』『蕘夫』『民部尚書郎汪士鐘印』『三十五峰園主人』『汪〔厚〕〔享〕齋藏書』等印。

愧郯録。宋本。十五卷，六册一函。半葉九行，行十七字。有『乾學』『徐健庵印』在卷前。『岳氏藏書』『韓肅瑩印』『魏公後裔』『小亭鑑定』『小亭眼福』『韓氏藏書』『家在錢唐江上住』『健庵徐乾學』『家有賜書』『夏汝賅』『金石録十卷人家』『恩福堂藏書記』等印。

楚辭。《集注》八卷《辯證》二卷《後語》六卷，十二册二函。半葉九行，行十八字。序首一葉係影宋補鈔。卷一、四、七及《辯證》上有「源」字印。

陶淵明集。《靖節先生詩注》四卷，二册一函。半葉七行，行十五字。金粟山藏經箋宋人寫經爲護葉。有「秀石」「鐸景仁」「董宜陽」「天鏞民」「董癸子」「海野居士」「山主溪朋」「一丘一壑」「時還讀我書」「徐氏長孺」「項禹揆印」「子毗父」「子毗所藏」「項子毗真賞章」「吴山秀水中人」「著書齋」「周春松靄」「春兮」「松靄藏書」「海寧周氏家藏」「松聲山房」「子孫世昌」「自謂是羲皇上人」「内樂村農」「士禮居」「黄丕烈」「士鐘」「閬源氏」「閬源真賞」等印。又「陶陶室藏靖節集第二本」一印，在卷末。周春記、松靄跋均在卷首。顧自修記、復翁記、楊紹和三跋，均在卷後。惟馬氏《通考》著録，世間所希有宋刻之最精者也。周松靄與宋刻禮書并儲一室，顔之曰「禮陶齋」。先售禮書，改顔其室曰「寳陶齋」。今又售去，改顔其室曰「夢陶齋」。

柳先生文集一。《五百家注音辨》，臨安府陳書棚本。文集四十五卷外集二卷，二十四册四函。有鈔葉數繙，旁鈐「拙生」小印。另有「黄太冲」「梨洲」「乾學」「徐健庵」「東海傳是樓」「平陽汪氏藏書印」「士鐘」「閬源真賞」等印。

柳先生文集二。《添注重校音辨》。文集四十五卷外集二卷，二十四册四函。有鈔葉數十繙。卷首有「朱氏潛采堂圖書」，卷末有楊紹和識。

王右丞詩集。校宋本。六卷，一册。何夢華校記、復翁記、蕘圃記。有「士禮居蕘圃手校」「吴元潤印」「幻□」「長洲播芳樓藏書」等印。

端明集。三十六卷，十六册二函。半葉十行，行十九字。字作歐體。卷一至六及二十五至末，均影宋精鈔補。有「大興朱氏竹君藏書之印」「朱筠之印」「笥河府君遺藏書畫」「朱錫庚印」「錫庚閲目」「〔椒〕〔菽〕花吟舫」等印。少河跋。

擊壤集。建安蔡子文刊於東塾之敬室。十五卷，六册一函。前有自序，後有蔡氏弼題語。半葉十三行，行二十二三字不等。有『曲阿孫育』印。

范文正集。南宋初鄱陽郡齋槧。集二十卷别集四卷，八册二函。半葉十二行，行二十字。有『同升私印』『金粟軒』『錢穀叔寶』『中吴錢氏收藏印』『海翁其永寶用』『鄭杰之印』『昌英珍秘』『一名人杰字昌英』『鄭氏注韓居收藏印』『注韓居士珍藏秘玩』『季振宜印』『滄葦』『季滄葦藏書』等印。

黄山谷大全集。乾道端午刻本。五十卷，十六册二函。每半葉十五行，行二十七字。隱拙翁廷芳志，在卷首。有『查昇之印』『仁和沈廷芳字畹叔一字萩園』『沈廷芳印』『萩園』『古柱下史』『古〔杭〕（抗）忠清里』『沈氏隱拙齋藏書印』『購此書甚不易遺子孫弗輕棄』『玉峰徐氏藏書』『西溪草堂』『彦清印』『黄丕烈』『士禮居藏』『百宋一廛』等印。又『文安開國』印，在卷二、卷六、卷十一等卷後。『累代仕宧清白傳家』印在卷二十四、卷二十五、卷四十五、卷四十七等卷後。

山谷老人刀筆。二十卷。十册。半葉十行，行十九字。有『存雅堂』『雲間』『卧子手鈔』『沈荃印』『惕甫』等印。卷後有石齋老人識、楊紹和識及又記。

三謝詩集。一卷，一册。郭氏木葉齋鑒定宋本，在卷首。書三謝詩後、蔣杲録黄丕烈識、蕘翁又記均在卷後。半葉十行，行二十二字。有『臣指生』『宋本』『思學齋』『包南咸印』『邵彌僧彌』『士禮居藏』『復翁』『黄丕烈印』『蕘翁』『憲堂』『秋浦』『汪憲堂印』『平陽汪氏藏書印』『汪士鐘印』『閬源真賞』等印。

孟東野詩集。北宋本。十卷，四册一函。半葉十一行，行十六字。有『錢氏敬先』『存誠齋』『錢氏家藏』『滄葦』『子子孫孫永寶用』『晉昌季滄葦圖書記』『季振宜印』『徐健庵』『乾學』『陳氏悦巖寶玩』『安岐之印』『儀周珍藏』『安麓村藏書印』『毘陵唐良士藏書』『唐辰于辰良士』『百宋一廛』『士禮居』『蕘圃卅年精力所聚』『黄丕烈印』『復翁』『汪士鐘印』『閬源真賞』

『泰興季振宜滄葦氏珍藏』等印。黄丕烈識、復翁記，均在卷末。

孟浩然詩集。宋本。三卷，二册。半葉十二行，行二十一字。卷首序前有『翰林國史院官書』長方印。《百宋一廛賦》著録。有黄氏、顧氏、汪氏等印。黄丕烈識，在卷首。楊紹和識，在副葉。

韋蘇州集。十卷，六册。半葉十行，行十八字。有『王孝詠印』『慧音』『太原仲子』『後海學人』『季振宜印』『滄葦』『季振宜讀書』等印。楊紹和識，在卷首。和又記。

雲莊四六餘話。一卷，二册一函。有『虞山潘氏寶藏』『潘京倩收藏圖書』『子華後人』『梅林潘氏家藏』『士禮居』『丕烈』『蕘夫』等印。

四家詩集。《常建詩集》二卷、《杜審言詩集》一卷，合一册。《岑嘉州詩集》四卷，二册。《皇甫冉詩集》二卷，一册。共四册，一函。半葉十行，行十八字。有明人題識，在卷後。有『克承』『安雅生』『元甫』『停雲生』『翰林待詔』『廬山陽陳徵印』『卍墨主人』『井養山房』『井養山房珍玩』『陳崇本書畫印』『崇本私印』『伯庵崇本珍賞』『陳寅之印』『商丘陳群珍藏書畫印』『袁褧之印』『袁氏尚之』『翰林學士任易』『晉寧侯裔』『周日東印』『吴郡顧元慶氏珍藏印』『顧千里經眼記』等印。

此批書籍，其後分歸何人，難以細考矣。魯人孫君似樓曾有《海源閣之今昔》一文。兹録於下：

近人多以楊書精本率出百宋一廛，余以目驗所及，知其得於樂善堂者正不亞藝芸書舍。今見海源閣宋本名鈔每鈐樂善堂印，故欲定其藏書來源，應分左列兩大支：甲、黄氏士禮居舊藏；乙、清宗室樂善堂舊藏。陸剛甫跋宋槧《九經》，謂樂善堂爲清怡賢王。葉菊裳謂怡賢之子弘曉始好藏書，其藏書印曰『怡府世寶』『安樂堂藏書記』『明善堂覽書畫印記』『明善堂珍藏書畫印記』。綜上二支，可知楊氏藏書半得於北，半得於南，吸取兩地精帙，萃於山左一隅。其關於藏書史上地域之變遷最爲重要，以前此江浙藏書中心之格局已岌岌爲之衝破矣。

楊氏三世傳略。海源閣購藏書籍始於楊致堂，致堂名以增，清道光二年進士。知貴州荔波縣，歷遷湖北安襄勳荆道，治盜有聲。父憂服闋，授河南開封道，遞升陝西布政使。時關中旱飢，巡撫林則徐舉以增自代，授巡撫。會回疆有警，署陝西總督。尋授江南河道總督，是時已減河工經費。以增至，悉力拄揞，盡除浮費。嘗除夕風雪中幕宿河上，工歸實用，較嘉慶中費不及什一。卒謚端勤。子紹和，字勰卿。咸豐二年舉鄉試，官户部郎中。杜翱爲山東團練大臣，紹和手訂章程，應機立斷，條理秩然。同治四年，成進士，擢右贊善。疏陳四事，深中外交肯綮。洊升侍講。卒於官。紹和邃於漢學，精研訓詁。《毛詩》《公羊》皆有劄記，未及成書。所成者《楹書隅録》及詩文集。子保彝，字鳳阿。同治九年舉人，官户部郎中，補用道員。無子，以族人楊敬夫爲嗣，即今之海源閣主人也。

楊氏購書時期及其襄助者。楊氏購書以清道光時，楊致堂在江南河道總督任内所收最多。前謂藝芸書舍之書，胥於此時得之。同治間，楊勰卿服官北平，又續得樂善堂藏書。其餘零星善本，隨時賡益。所得於北平者，亦正不尟也。就各書之題記、印文、裝璜諸節證之，知考訂整理胥出楊勰卿手。其餘祖孫二人所有題跋考證，百無一二。且并不見有楊鳳阿之校藏印記，蓋前者偏於購置，後者偏於典守。三世藏書，當推功勰卿，自不可掩也。但同時與楊致堂交接文人，如梅伯言等，皆非版本學家。包慎伯時客楊氏河署，或能襄助鑑定，而包氏對此亦非專學。就海源閣藏包君尺牘，知楊氏所刻各書多經其手，當能臂助一二。最後得嘉興高均〔儒〕（濡）致慎伯手札，又見吾鄉許印林與王菉友函稿，及校本楊刻《蔡中郎集》題辭，始悉楊氏幕中其治校勘學、版本學者最推高君。高字伯平，著有《續東軒遺集》。生平契友三人，曰邵位西、曰蘇厚子、曰伊遇羹。見謝章鋌《賭棋山莊筆記》。位西固治版本學，以《四庫簡明目録標注》名海内者也。海源閣所刻書籍，多出高君校勘。《惜抱尺牘》一書即高氏手寫付梓，可知助楊氏購書而共爲鑑定者，高君必其一也。

楊氏藏書所在。楊氏居宅在聊城城内南偏，宅内房屋之專儲書籍者，共有四所，所謂海源閣、宋存書室、四經四史之齋，最爲海内豔稱。余實地勘察，或與所傳不符。兹分詳於下：甲，海源閣。海源閣樓上、樓下各爲三楹，樓下供楊氏祖先牌位，樓上庋存善本書籍。每楹面積甚狹，除樓梯外，僅有二楹藏書。東南兩壁列架凡三，北壁列書橱一、書架二，樓梯右偏列書架二。百宋一廛、樂善堂之故物，胥存於此。上懸『海源閣』匾額，爲楊致堂手書。其關於此事之掌故，楊勰卿《楹書隅録跋》曰：『先端勤公平生無他嗜，一專於書。所收數十萬卷，庋海源閣藏之。屬伯言梅先生爲之記。』又梅伯言《海源閣記》

曰：『昔班固《藝文》自六藝而外，别爲九流，則凡書之次六藝，如諸子者，皆流也，非其源也。况又次於諸子，如詩賦、諸略者乎。然當秦火後，餘裁數經。至漢成帝時，二百年間書已至萬數千卷之多。而自漢以後，幾二千年以至於今，附而相推，缴而相摧，演而愈〔淆〕（清），矖而愈支，昔之所謂流者，且溯而爲源，而流益浩乎其無津涯。故書猶海也，流之必至於海也，勢也。學者而不演於海焉，陋矣。雖然是海也，久其中而不歸，茫洋浩瀚，愈遠而不知其所窮，然不知吾之所如，浮游乎無所歸休，以終其身爲風波之〔民〕（氏），不亦僨哉。』又曰：『同年楊致堂無他好，一專於書，然博而不溺也。名藏書閣曰「海源」，是涉海而能得所歸者歟。或曰，信如子言，凡書之因而重，駢而枝者，悉屏絶之，其可乎？曰，烏乎可！游濫觴之淵，而未極乎稽天浴日月之大浸，是未知海之大也。又安能知源之出而不可窮也哉！』海源閣除藏善本書籍，尚存尺牘裱本數篋，皆當時與楊致堂往來函札，以梅伯言、包慎伯二家爲多。他如碑帖、字畫，亦有多種。乙，宋存書室、四經四史之齋。楊勰卿《楹書隅録跋》謂楊致堂别闢書室曰宋存，貯天水朝舊籍，而以元本、校本、鈔本附焉。又《隅録》題宋本《毛詩》後云：『桐鄉陸敬安《冷廬雜識》云，聊城楊侍郎得宋板《詩經》《尚書》《春秋》《儀禮》《史記》、兩《漢書》、《三國志》，顔其室曰四經四史之齋，可爲藝林佳話。然先公所藏四經乃《毛詩》、三禮，蓋爲其皆鄭氏箋注也。《尚書》《春秋》雖有宋槧，固别儲之。先君與陸君平生未識面，當由傳聞偶誤耳。』余扺海源閣時，求所謂宋存書室及四經四史之齋者，其家人皆不知所在。問之有無此項匾額，亦答無有。但云楊氏藏書除海源閣外，尚有後宅三舍。及往視之，則皆普通版本，與《隅録》所記不合。其宋元舊槧、精鈔名校均藏海源閣内，亦與所謂『別闢書室，儲天水朝舊籍』者情形不符。據其家人之老於年事者謂，楊氏當時衹虚構此名，并未專闢一室。余以《隅録》曾載清捻軍之亂，毁其華跗莊陶南山館宋元舊槧。似當時楊氏書籍多存該處，或宋存書室、四經四史之齋在陶南山館亦未可知。彼答該處書籍久已移藏家中，陶南山館之内亦未見此書室名稱。然就楊氏藏書題記及所鈐印章反復推證，似非虚構，或原有此室，今已廢置，別爲眷屬居所，亦未定也。

徵刻詞林典故題名册

《詞林典故題名》一册，舊爲江建霞所藏，後歸繆小山，旋又流出。内皆明清間諸翰林因刊《詞林典故》自書姓名、籍貫及出資數目。按其筆迹，殆强半係親筆，且加蓋名印。藉此可考見當時人物、制度，亦一好資料也。夏閏枝孫桐曾爲長跋，考訂極詳確。余曾藏有邵位西所藏明末萬曆、泰昌、天啓、崇禎各科進士名録，每人之籍貫、三代及歷任官職，均詳載靡遺，邵位西并爲校補廿餘人。後歸葉郋園，又爲長篇考索。抗戰時毁於火，可惜也。此册之值得注意者，乃各人之手迹及其籍貫，往往書某省某縣籍，而係某省某縣人，殆爲現籍及原籍之區別。又明代每人出資二錢二分，而入清代則每人伍錢矣。且多書作弍乄、弍卜，可徵字體簡化在明已然。又册中較著名人物，如錢士升、賀逢聖、林釬、陳之遴、魏藻德、周鍾、馮銓、陳演、王鐸、梁元柱、方逢年、孫之獬、劉正宗、李長祥、姚文然、李明睿、項煜、李建泰、李覺斯、方拱乾、陳于鼎、姚思孝、李光地、蔡啓僔、徐乾學、繆彤、張玉裁，皆知名之士。而殿末之高士奇、杜訥，則皆非經考試而特賜者。又明清兩代凡會館及鄉會試，皆有所謂長班，其同鄉或同科姓氏、住址、升調等皆有詳單，由長班掌之。故李自成入京，召各長班，令其查索朝官，無漏網者。此風至宣統辛亥始行消滅，而會館長班至會館房産歸公代管，亦遂消滅。

明末九科進士履歷便覽

二十年前，獨山莫氏銅井山房藏書散出。其中有明末九科進士履歷便覽，爲余所得。九科者，萬曆己丑、壬辰、乙未、戊戌、辛丑、癸丑、丙辰、己未，天啓壬戌也。昔仁和邵位西懿辰曾編明季及清初進士二十八科《跋尾》一卷，但尚缺萬曆丙辰、己未，天啓壬戌三科，而此書有之。葉郋園得見此書，因就邵書所闕者，成《跋尾》一卷。由莫氏將三者彙合裝成一册。邵書乃刻本，葉跋乃手寫。余意以此書贈與邵伯絅章，渠必欣然。不料抗日軍興，上海淪陷。余匆匆避地，不及攜帶。勝利後，余運各藏物至廣州，寄存親戚家，與其他文物八大箱同遭焚燬，真可惜也。

兒女英雄傳

清人小説中，《兒女英雄傳》前半筆墨敘述頗佳，惜無甚精義，後半尤嫌平冗。但有一點值得注意者，則書中主人翁之安學海似即本書作者，而安驥似屬虛構。因清代歷科一甲三名并無其人也。又書中之紀獻唐暗指年羹堯，已無疑問。而何玉鳳之上代何焯，則又明著其人，且云遭年之陷害。考之各項紀載，均無可證明。而書中言之鑿鑿，似非虛構。按：何義門即何焯。在康熙時，曾入皇八子允禩府中授讀，與之甚密。且有允禩將何女養在府中，以爲己女之舉，見於近日王鍾翰所著《清世宗奪嫡考實》所徵引各書。但此女以後却無下落，是否何玉鳳即其化身，亦屬可能。至康熙間之河道總督，歷查似無談爾音其人，究何所指，則頗費推敲矣。余頗疑指年羹堯爲何氏深仇，其實乃指雍正。而此書之著者可能與允禩一派之人有關，故以此影射，藉洩其憤耳。此須對著者之身世歷史深入研究，方得綫索。此不過姑爲揣度而已。

永憲録

《永憲録》一書，近由中華書局印行。乃乾隆十七年江都蕭奭所著，紀康熙六十一年至雍正六年宫廷及政治上幾椿大事。其自序謂永憲者，所以永傳憲皇帝繼志述事之盛德。其實正以永播其惡，可於言外隱隱見之。蕭奭究係何人，無法考得大概，亦係託名也。其書似係有憾於胤禛者所爲，故字裏行間皆存微旨。大約當時諸王之黨及爲胤禛所害之人，必有未能斬草除根而潛伏江湖者，故有此作。年羹堯即有後人居揚州。至胤禛之竊位，相傳乃鄂爾泰、張廷玉同謀，改十四阿哥之『十』字，上加一畫，成爲四阿哥，故鄂、張二人後皆配享太廟。清之一朝，漢人從無配享太廟者，張并無豐功偉績，而膺此特典，誠可疑也。但如依《永憲録》所記，及其他紀載，似係胤禵本名胤禎，遺詔中本立胤禎，經臨時有人改『禎』爲『禛』，而欲滅其迹，故於胤禎死後，追改其名爲『禵』，并將《玉牒》《起居注》《實録》等官書盡量塗改。蓋改『禎』爲『禛』尚嫌略有痕迹，不如將其名設法塗改爲『禵』，則形聲均不同，更臻周密矣。此説似較之『十』改爲『于』更有可能。且宣布康熙遺詔時，衹用滿文，諒亦因『禎』『禛』同音，易於影射，其後徑改爲『禵』，則防歷史上之或生疑問耳。近王君鍾翰所撰《清史雜考》對此事多所研尋，且博考群書，對此書之誤亦加糾正。惟此書明言一切皆根據邸鈔，而邸鈔必係原始資料，其與康雍《實録》不同之處，亦即雍正、乾隆所竄改之處，亦經王君一一指出。《實録》既可竄改，則《起居注》《玉牒》等等亦何不可竄改。總之，雍正奪位之迹，無論如何不可掩蓋，得是書而益顯，足徵史料之可貴矣。惜現存鈔本僅得六卷，又缺雍正二年一卷，尚多遺佚，希望有日發現也。

李若農多藏禁書

李若農文田泰華樓藏書甚富，但其所秘藏之一部分清代禁書，人罕知之。蓋蒐羅極廣，每部皆鈐『壁中』二字印章，意即藏之複壁意也。身後南北搬運，頗有散佚。其中并有寄存於燕京大學者，聞已爲人吞没，但迄未發現。李雖仕清至侍郎，但心恒不滿，常言乾隆帝以桀紂之行，享堯舜之福。

陳東塾朱九江之佚文

清代至道咸，政治乖方，外交失敗，仕途混濁，故有識者多退藏。如陳東塾、朱九江皆粤中通儒，而一則試令山西，一則入京會試即不再出。聞皆因對清廷不滿之故。相傳九江有遺稿數卷，臨終盡焚之。東塾則詩文稿亦多不存。余曾見其《蓮花山賦》一首，力詆琦善。蓋香港之密賣與英，實由琦與英員在蓮花山宴飲所面訂也。後道光帝亦知其事，故將琦善抄家。

石鼓歸京在故宫

石鼓之在北京孔廟，人多知之。抗戰時，與故宫各藏器同運致西南，藏於貴州安順縣。及事定，又運回北京。石鼓自來未渡黄河，今乃遠涉西南，往返數千里，依然無恙。回京後，即原箱存於故宫。一九五六年，故宫有設置銘刻館之議，因約同人於英華殿開箱，檢視有無損壞。余與焉。箱啓則氈棉包裹多重，原石絲毫無損，僉議不再運致孔廟，即留故宫，備於銘刻館陳列焉。十鼓因石質本不甚堅凝，歷年剥蝕加增，故明代搨本已如星鳳。聞梁溪本已入日本矣。近年海内石刻精搨本，多爲日本人所收。如費屺懷、陳淮生、朱幼平等所藏，多已出國。蓋書法非藝術之語影響非小，所謂一言以爲不智者，其然乎？臨川李氏所藏『臨川四寶』已歸日本，其影本余有一份，今亦贈人矣。

張乾地莂

張乾地莂，光緒時獨山莫楚生〔棠〕（枚）得之廣州。蓋出土未幾，厥後攜致蘇州，爲王雪丞之子叔澥所得。旋又歸余。民國二十二年。其釋文如下：

建武元年歲次六　丁
男張　乾買地一
丘雲山之陽東極龜坊西
極玄壇南極岡頭北極龍
溪值錢三千貫當日付畢
天地爲證五行爲任
張　乾

『歲次』及『乾』字乃余所釋。

全文左行反書。據叔澥云，首行初出土時尚完好。自粵載至吴，沿途磨損，致建字僅存此數畫，武字戈祇存乀，止則存㇄而已。『元年』二字更所存無幾。按：建武年號凡六，東漢光武、晋惠、晋元、齊明、後趙石虎、北燕慕容惠。此莂字體非東漢，後趙、北燕政令不及南服，可不論究。晋惠在位之十四年，歲次甲子改元建武，十一月復稱永安。是稱建武者僅四閱月。晋元初年亦稱建武，歲次丁丑。齊明初元亦稱建武，則歲次甲戌。此莂不外晋與南齊物，至究應何屬，不易判斷，以干支二字適極漫漶也。叔澥第三次判爲晋惠時物，余則頗疑爲齊明時物。以第一行第八字之痕迹頗似戌字，或係『甲戌』二字，未定也。要之，此莂筆情渾勁，尚未脱草隸意味，乃六朝之物無疑。吾粤金石素貧，隋唐碑刻已希如星鳳，晋、齊更所未見。此莂出，可稱吾粤舊刻之冠矣。又此莂乃陶質陽文，非書非刻，并堪注意。

漢項伯鐘

漢項伯鐘於民二十五由容希白作緣歸余。銘字在篆隸間，飄逸勁拔。文曰：『陽項伯鹿鐘。永建三年六月七日，項君於南海，府五官掾遺項君一雙鐘。』此爲南海郡歷史遺物。

王莽所制銅器紀略

端午橋所藏莽量首歸劉氏善齋，轉入於張修甫厚穀手，嗣乃歸余。此量制作不及故宮者之精，而文字特完美。聞出土後已入爐鎔化，爲有識者奔救，已毁三分之一强，幸文字絲毫未損。余廣搜莽器自此始。兹就見聞所及，將莽器之存於今者，彙列於下，以便參考。

二十五年夏得新莽虎符半器，文曰『新與河平羽貞連率爲虎符。河平郡左二』，共十六字，皆小篆，嵌銀。此器本陳簠齋物，後歸張修甫，旋入遐庵。河平即漢平原郡，莽所改也。羽貞爲河平屬縣，皆見《漢書·地理志》。

近得王莽車器凡一百餘事，中有八事有文字。文曰『始建國三年辛未，造輂弟五』者凡四，餘皆紀數，字爲小篆。且帝車方稱曰輂，此殆爲莽自用之物。考其時莽僭號已四年，方制禮作樂，潤色休明，宜其有此周代車制。依《考工記》所載，已有人造成模型，獨漢之車制不易考。然余終冀能就此多數遺物推度，而成一新代之輂形，爲考莽朝文物者之一助也。姑記此以俟之。二十五年六月二十二日記。

殘甎：反文字一行，隸書『始建國天鳳二年正月造』。

殘瓦：文曰『居攝二年都司□』。當是空字。隸書。

銅尺：吴愙齋所藏莽尺，銅質，文曰『始建國元年正月癸酉朔日制』。此尺可伸縮，縮爲兩五寸，伸則一尺也。上雕比目魚，不知何所取義。此尺曾見愙齋《度量權衡實驗考》。湖帆又贈我新莽大泉五十，篆字陽文。銅錢範，共錢四，背有字，已漫漶，衹辨一『歲』字。

新莽壽成印及新莽辟非射魃印：皆羊脂玉質。光緒間吴愙齋得之西安。壽成爲龜鈕篆體，勁栗正類莽量。辟非則羊鈕篆體，類剛卯，殆各有所宜也。二印玉皆瑩潔濕潤，并曾入土。

王莽殘瓦：爲溥心畬所藏。文曰『□建國四年保城都司空』，隸書。『建』字已半漶，『建』上應有『始』字。

新莽王氏鏡：吴湖帆藏。凡四十二字，隸書。

又：陶伯銘藏。凡六十四字，隸書。

又：冒鶴亭藏。

天鳳三年二月鄣郡墓甎：隸書。文曰『天鳳三年二月鄣郡都尉錢君』十二字，其下截已斷，有無文字不能臆斷。鄣郡，今浙江省地。

地皇三年甎：隸書。文曰『地皇三年』。

天鳳三年二月萊子侯勒石：隸書。嘉慶滕縣出土。文曰『始建國天鳳三年二月十三日，萊子侯爲支人爲□使偖子食等用百余人。後子孫毋壞敗』三十五字。

居攝二年都司空瓦：隸書。文曰『居攝二年都司空』。

圜權：篆文。『始建國元年正月癸丑朔日制。律五斤。』羅雪堂藏。

國寶金匱：篆文。陳仁濤藏。

烏桓十二字黄金印：定海方氏藏。出熱河赤峰。

栻：離石出土。字七十餘。陝西薛慎微藏。後有『天剛』二字。

新幣十一銖：陶伯溟藏。

鄠邑宰鍑：鑄款在腹内，草隸。鄒安舊藏。

一斤十二兩權：『律一斤十二兩。始建國元年正月癸酉朔日制。』見《漢金文録》。

八兩權：『律八兩。始建國元年正月癸酉朔日制。』同上。

二斤權：『律二斤。始建國元年正月癸酉朔日制。』同上。

五斤權：『律五斤。始建國元年正月癸酉朔日制。』同上。

九斤權：『律九斤始建國元年正月癸酉朔日制。』同上。

鈞權：『律權鈞重卅斤。始建國元年正月癸酉朔日制。』同上。

斤七兩官纍：『官纍。重斤七兩。』同上。

二斤十兩官纍：『官纍。重二斤十兩。』同上。

始建國尺：『始建國元年正月癸酉朔日制。』同上。

量斗：『嘉黍嘉麥嘉豆嘉禾嘉麻。律量斗方六寸、深四寸五分、積百六十二寸、容十斗。始建國元年正月癸酉朔日制。』同上。

嘉量：『黄帝初祖，德市於虞；虞帝始祖，德市於新。歲在大梁，龍集戊辰。戊辰直定，天命有民。據土德，授正號即真。改正建丑，長壽隆崇。同律度量衡，稽當前人。龍在己巳，歲次實沉。初班天下，萬國永遵。子子孫孫，亨傳億年。』

始建國鐘：中尚方銅五斤鐘一，重三十六斤。始建國四年□月，工□□□□東嗇夫□□□掌護常省。

居攝鐘：居攝元年考工□□繕，守嗇夫□、守令史獲、掾褒主、守左丞□、令□省。

無射律管：無射。始建國元□□□癸酉朔日制。

承水槃：律石衡藺承水槃。容四升。始建國元年正月癸酉朔日制。

貨泉尉斗。

宜子孫尉斗：三具。

長宜子孫尉斗。

常樂衛士飯幘：銘二十七字。

讙成里印：銅質，龜鈕。

天鳳泉範：文曰『天鳳元年春正月十五日。小泉直一之範』，見鮑少筠所藏金石文字。

車飾：嵌金，小篆。文曰『始建國元年正月癸酉朔日制』。

瓦當：文曰『億年無疆』。張叔未舊藏。漆匣上有叔未題字曰：『瓦當琢硯，不亞端溪。自銅雀臺瓦見重士林，而秦漢瓦當遂多收録。漢瓦當以未央、上林、長生延年爲最夥。秦瓦亦間有所見，率多一字。蓋秦滅一國，即以其國名其宫。如衛字、趙字，皆是也。唯十二字瓦不恒見。東漢以後，瓦當漸少，建安始以銅雀臺著，此大略也。此新莽億年宫瓦，文曰「億年無疆」。迨南陽光復漢室，宫付一炬，遺瓦流傳較秦尤尠。仁和老友趙晋齋得此貽余，真不啻十五城之價值也。既刻銘於硯，復倩精於漆工者製匣藏之。因識於匣蓋，俾子孫世守云。』廷濟跋銘曰：『玉璽擲缺哀平終，新室乃建億年宫。閏位蛙聲十八載，銅雀遺瓦繼其蹤。』廷濟右銘刻於邊緣。

權：文曰『律石衡蘭。容六斗斤。始建國元年正月癸酉朔日制』。篆字。

銅槃：文曰『居攝二年』，字體在篆隸之間。舊爲陳伏廬物。依其體制，似非官工作物，以無官與工之題名也。

要離梁伯鸞斷碣

春秋戰國時之要離墓，向在蘇州。漢代梁伯鸞遺命葬於要離墓側，其家從之，因此爲歷史上之名迹。其後歷代重修，皆無確迹與紀載。清乾隆時，蘇州專諸巷後城下出一要離墓殘碣，其文曰『烈士要。漢梁伯』。筆意極類《瘞鶴銘》，每字約方七八寸，其爲何代何人所立，無可考。但其爲要離、梁鴻墓碣，且非唐以後製作，則無可疑也。光緒間，爲李嘉福所得，後歸端方寶華庵。余於三十年前得之於端方家，後攜之至滬，又存於蘇州寓園。旋贈於蘇州圖書館。時江蘇省分爲南北二省，南省以蘇爲省會。嗣南北復合爲一省，而以南京爲省會。此碑遂隨省會而至南京矣。其實此與蘇州地方有關已數千年，應以歸蘇州地方博物館爲宜也。此碑歸李氏時，曾嵌諸紅木架座，并加題識。兹録於下：

梁修要離墓碣，乾隆時出土於吴門專諸巷後城下。光緒十二年丙戌歲朝春，石門李嘉福笙魚得石，誌之。此文在原石右側，隸書，淺刻。凡二行，首行二十字，次行二十一字。

古之刺客要離冠，士死知己良可嘆。後先異代名同流，伯鸞隱吴心存漢。賃廡傭舂皋伯通，齊眉孟光時舉案。逸民列傳編范史，死後合薶此墓畔。至今冢上滿荒草，僅留斷碣誰與看。六字大書又深刻，唐兮宋兮人莫判。知此石於戊午秋，韓丈履卿論古極口贊。滄桑浩劫幾流移，歸我丙戌春元旦。憶昔得梁石佛像，蒼皮古色未更换。書法絶似《瘞鶴銘》，南碑甚少足珍玩。笙魚題。此文刻於木框左側，均作小篆。凡四行，行三十六字，偏行小字二。

烈士要離刺客冠，名留身死事可嘆。吴中自古多奇人，梁鴻高隱不仕漢。嗟哉慶忌死無名，千秋未破此公案。傷心最是五噫歌，兩人立志如背畔。若無當日伯通語，事迹難將一例看。此是清高彼是烈，相同大略漫分判。儻教梅福并專諸，創聞亦足動人贊。主人好結金石交，殘碑斷碣評月旦。石留六字筆蒼勁，珍比硯山海嶽换。天生神物終難磨，從此人間遍傳玩。光緒丙戌十月，江梅妾張城謹步元韻。右文刻在木框下方。凡三十一行，行五字。楷書，似顔真卿。

『李氏藏石』陰文方印。刻於石緣鑲木之左下角。

余贈與滄浪亭圖書館時，曾刻一題識如下：『此石於光緒末年歸端匋齋方，民國初余得之北平廠肆。余本吴人，亂後棄其鳳池精舍，不復爲麗娃鄉客，因以此石歸之滄浪亭圖書館，以存中吴故實。遐庵葉恭綽。』

又題原石搨本云：『此搨本頃由蔣吟秋館長寄來，楚弓楚得，可無遺憾。余歸吴之願已成幻滅。放翁詩云：「生擬入山隨李廣，死當穿冢近要離。」今不但無此豪氣，并逸興亦消盡矣。同年八月，遐翁。』

魏墓誌

三十年前，洛陽各地墓誌紛紛發見。精美者多流出國外，因此同人不得已均有購置，但因其笨重無法多藏。曾有唐墓誌一百方，僅要價五百圓，但無法存放。因介紹北京大學國學門購入，不知今尚悉存否也。余自購之元魏墓誌僅有三方：元始和、元彦、元詳。元詳經贈與上海博物館，餘二者爲曹錕抄去。

大同雲岡發見經過

大同之雲岡石刻，始於元魏。余少時讀《水經注》，武州川雕刻，緜亘二十餘里，烟堂水閣相望云云。想見其盛，然足迹未經，固不知其地所在也。民元以後，因計畫張綏鐵路，從事測勘。有某工程師告余云，大同附近有大批摩厓雕刻，亦有寺院建築，云是明代所建。余心動，覓志書勘對，則即《水經注》所指之地也。請囑其多拍照寄京，一見之下，即覺其迴非凡品，益證其爲魏代所作。民國六年，余因與當道不合，辭部職，遂與陳援庵往遊。由大同車站乘騾車往，至則益驚其瑰偉，而以其石質不堅，屢經風化，以致崩壞相繼，又缺少文字記載。志書所載，亦侈述宸遊寺迹，於此偉大的雕刻等無研究與推尋，深以爲憾。援庵乃作一小册，略紀其要。日本人首先聞風而至，攝影著文，播於世界。并訪得一小塊元魏記述，僅百餘字，因此哄動一時。余思此石窟遠在元魏之前，且其藝術含有外來成分，極富歷史意味，吾人必應自有訪尋研究，方免外人摻越。但此事非私人所易辦，而當局復無可言者，不得已商之閻錫山。渠允令地方文武防護，擬籌五萬圓辦此事，下其事於大同鎮守使張漢幟。後若干年，余查知張僅建洋樓一所，爲個人別墅，其他毫無舉動。余旋以事忙，不復過問。居滬時，閱報知雲岡雕刻爲人盜運出國不少，經與文化界同人向各方質問，也不過敷衍了事。但盜挖盜賣之事仍未中止，後來柯昌泗又訪得該處有大茹茹可敦造像題名，曾搨以見寄。但字皆漫漶，僅辨出『大茹茹可敦』等數字而已，佛像已不能辨。『茹茹』即史籍之『蠕蠕』譯音也。雲岡石質鬆浮，歷年風化甚烈，久已非《水經注》所言之盛。寺院亦祇餘一所。然原日規模之大，仍可想見。依紀載有北印度技師合作，且遠在龍門以前，魏遷都洛陽，始在龍門鑿石窟，以前皆在大同。實值得十分重視。又魏之初期，各陵墓均在方山，亦係大同地域。

近年出土墓誌應加輯録

近三四十年來，各地出土墓誌以千萬計。其曾有搨本者，由趙君萬里以二十年之力彙纂爲《漢魏南北朝墓誌集釋》。計共十一卷，墓誌凡六百十二通，考釋精審。但斷至一九五三年，後出者及無搨本者未及列入。又唐墓誌更不計其數。張君鈁籍豫西歷年所收誌石，即以千數百計，自號千唐石齋。曾擬印行，未果。余曾勸其彙歸公有，及先編目録。其原石放置郊園，亦恐難免散佚，殊可惜矣。前人所謂墓誌，皆納之壙中，在墓室之前方，與神道碑及墓表不同。誌皆方形，有蓋。我意如併輯神道碑、墓表，更及於漢前及唐五代，當更弘偉，不知趙、張二君有意否？或由公家從事，則更易爲力矣。

羅定龍龕道場銘石刻

廣東古代石刻不多，故有『金石南天貧』之詩句。近年羅定之龍龕道場銘，經當地吴君天任研究，始焜耀於世。此銘曾經翻刻，多有失真。吴君曾親至該地考查，并據《新》《舊唐書》及雍正《羅定州志》、洪頤煊《平津讀碑記》、顧廣圻《思適齋集》、阮元《廣東通志》、黄權《道場銘考》、陸耀遹《金石續編》、黄本驥《金石萃編補目》、趙之謙《補寰宇訪碑録》及文素松《校勘記》、陸增祥《八瓊室金石補正》、繆荃孫《藝風堂金石文字目》、歐家廉《頑夫碑録》、葉昌熾《語石》、歐陽輔《集古求真續編》、馬呈圖《民國羅定志》、汪兆鏞《樱窗雜記》各書，綜合參校，爲之寫正。余以六朝初唐碑碣筆畫每無一定，因參稽他種碑，爲一一改從今楷，録之如左。吴君之功，實不可没也。

龍龕道場銘。并序。

冠軍大將軍行左豹韜衛將軍上柱國潁川郡開國公陳集原撰。

蓋聞中天顯迹，千劫誠希遇之因；月相騰暉，三界標獨尊之稱。悟其指，則直心是道場；契其源，則浄身爲佛土。可以神事，像絶於筌蹄；難以名言，理歸於冥寂。故八十種好，不可以色覩真容；十二部經，不可以詞詮至理。然而煩惱障重，貪愛河深。六趣輪迴，劍葉與刀山競起。四生堙没，毒蛇將惡獸交馳。由是法雨横流，慈雲普覆。弘化城於嶮路，朗惠炬於迷津。大乘小乘，隨淺深而悟道；中華中葉，逐性分以含滋。皆所以安樂群生，提孩衆品。施殷憂以無畏，息多難以夷途。大矣哉！不得而名也。此龍龕者，受形於混沌之初，擢秀於開闢之日。孤峰峻峙，罩素月而出雲霞；危壁削成，排日晨而轥霓漢。峭嶁秀麗，爲衆巖之欽挹；花藥奇卉，實仙聖之安憩。是故龍出龍入，每蜕骨於巖中；仙隱仙棲，屢承空於香氣。因得龍骨，故曰龍龕。去武德四年，摩訶大檀越永寧縣令陳普光，因此經行，遂迴心□，願立道場。即有僧惠積，宿緣善業，響應相從。惠積情慕純陀，巧自天性，即於龕之北壁，畫當陽像，左右兩廂，飛仙寶塔、羅漢聖僧。雖年代久遠，丹雘如初；粉色微沉，彩影由在。洪鐘一叩，響徹三十三天；石磬再鳴，還聞十八地獄。虹旛外颺，彩影亂於雲霓；香烟内騰，素氣通於迴巘。故得法流荒俗，釋教被於無垠；玄化遐覃，振錫窮於有截。豈如白馬馱經，翟泉創於方丈；緇衣闡教，廬山頓其威儀者哉。既而年代寖遠，石龕無毁壞之期；歲序奄延，粉黛有沉埋之理。昔之惠積，早隨劫而爲灰，寶亮亦投身於餓虎。兩僧勇猛，志貫白雲。雖學不出境，而精情自溢。上元年，光男叔瓊不棄前蹤，龕中造立當陽連地尊像一軀。近有交趾僧寶聰，弱歲出家，即詣江左，尋師問道，不感圖南。聞有此龕，振杖頂禮。覩佛事之摧殘，心目悲泫，共成勝因。又檀越主善勞縣令陳叔珪、陳叔瑋、陳叔玹，痛先君之肇建，悲像教之凌遲，敦勸門宗，更於道場之南，造釋迦尊像一座，遂得不日而成，功德圓滿，爲七代之父母修六道之□緣。屬聖神皇帝御紺殿以撫十方，動金輪以光八表，弘護大乘，紹隆正教。覆戴之恩，均黔黎於赤子；雲雨之施，等潤澤於蒼旻。地平天成，河清海晏。雖復道被區中，而凝懷俗表。將使比屋之化，契法俗以證菩提；垂拱之風，葉至真而成正覺。就日與慧日俱明，油雲共法雲同覆。遠矣大矣！無得言焉。是知觀夫稟氣含靈，有生之類，七識已具，六精斯起。舉緣於虚妄之境，馳騖於名色之間。譬彼騰猿，猶兹狂像。棲託於愛河之内，遨遊於火宅之中。方石幾銷，冰炭之群不息；須彌屢盡，鼎鑊之報無窮。輪迴長夜，終焉莫曉。同亡異術，豈不哀哉！大矣能仁，隨機誘喻，或宣四諦，或導一乘。潤小枝而弗遺，净滿月以圓燭。繫想於方寸之間，而神超於污塵之表。喻起生死，歸乎寂滅，其唯净室禪龕者也。志求鐫勒，以希不朽。爰命解劍之夫，運茲不斌之筆，庶海變桑田，終無毁日。敬題年紀，不文而質。其詞曰：

巖巖石室，鬱鬱禪枝。五門清净，八解漣漪。神高習海，道溢須彌。欲求蟬蜕，良津在斯。其一。

龕自天工，室維地絡。石磬長懸，洪鐘不著。無假棟梁，自然花藥。掩室杜口，何憂何樂。其二。

爰飾金繩，於茲勝境。圖像畢備，雕礱咸整。雲起山窗，花開蓮井。蕭爾閑曠，悠然虚静。其三。

篤矣清信，共弘利益。或捨衣資，或傾銀帛。詎勞斤斲，無煩匠石。湛然真相，嶷爾無斁。其四。

三十二相，八十種好。佛日之日，天寶之寶。猛虎夜宿，波旬降早。闡六度於迷津，踐三乘之悟道。其五。

聖曆二年歲次己亥一月二十三日鐫。大檀越主孫登仕郎守□州録事參軍事上騎都尉臣感雲、感萬、感勸率主從孫前檢校梧州孟陵縣令靈託、玄孫童生、都檢主從孫前擔陵州焉律縣令羅積、道場主僧承務。

一九四七年八月，據原搨本審訂，番禺葉恭綽記。

十二家吉金圖録

二十年前，商錫永所編印之《十二家吉金圖録》，其中遐庵藏器凡八，今俱已不存。姑揭其目備查。余先後所得古銅器約有三四十器，此衹鱗爪耳。但迭遭變亂，已分散殆盡矣。

父癸段　邵王之諻段　父乙段　毌段　鄫子奠白鬲　慶孫之子峠盙　鑄客盤　莽量

今日由北平帶到陸父乙角，此物本在于省吾思泊處。羅叔藴以六百圓購之，將出關矣。容希白爲余道地，乃以歸余，亦一快事。余向不與人争購古物，故失之交臂者不知凡幾。此次緣余藏器適缺此種，又聞其將去國，故毅然耗此巨數。吴愙齋舊藏陸父甲角，文字制作與此同，當係同時物。今尚在湖帆處。二十五年四月二十八日。

今日張子鶴以小銅虎符來，無字，索價八百，可爲笑嘆。前數日，祖芝田送一新莽虎符，索價亦八百，已峻却之。此本張修甫厚穀物，渠購物恒出重值。或原價本昂，抑知余搜莽器，故昂其值，均未可料。

北京大慶壽寺元碑

北京西長安街路北大慶壽寺，明初爲姚廣孝所居，規模甚大。中有雙塔，爲元代海雲禪師及其徒藏遺蜕之地。前數年，因展拓通衢拆塔，於其下得碑。其標題稱大蒙古國，爲王萬慶所撰，其文極長，雖有關史乘，而注意者少。兹録之於下：

大蒙古國燕京大慶壽寺西堂海雲大禪師碑。

燕京編修所□□官黄華□人熊岳王萬慶撰并書丹篆額。

天啓大朝，聖祖成吉思皇帝誕膺天命，肇造天下，奄有萬國。至太宗合罕皇帝、蒙奇皇帝，咸有命海雲爲天下僧衆之首，則海雲之所以爲國助緣，行化之善所知矣。萬慶既承奉護必烈大王命爲作，聖祖、神宗、蒙奇皇帝累降詔旨，興宗崇教，肅清天下寺宇，蠲除賦役。及慶壽西堂海雲大禪師道□□文，□不朽之傳。謹按其□法□□朗公禪師所録其師海雲行狀，乃得其道行之所著見於世者以書之。師山西之嵐谷寧遠人也，俗姓宋氏，微子之後，法名印簡，海雲其道號也。其父爲人素慈善，鄉里推重，咸謂之虚静先生。母金□王氏，其先世皆喜奉佛□□□智正，因不干世禄，惟積善行，貴□素，由是生師。自七歲入學，授《孝經》至首章，遽問其師曰：『開者何宗，明者何義？』父母聞而異之，恐儒學非所以爲宜，乃攜見傳戒顔公，祝其髪。明年，禮中觀沼公爲師，乃訓今名，受以□戒，使修童子□□□經典。既從參問，一日，被中觀五□衣，陞坐演其前後所説法語，以示諸同列，見者叱之。師即曰：『不記佛言三世諸佛所説之法，吾今四十九年不加一字，顧我終不出自胸臆，妄有指陳。』中觀聞之，喜曰：『此兒將來□□之龍象也。』遂令入室。一日，扶中觀行□，舉以法燈云：『有它家事忙，且道承誰力，汝作麽生會？』師即將中觀手掣之。中觀乃曰：『此野狐精。』師曰：『喏喏。』中觀曰：『汝更别參始得。』師掩耳而退。崇慶改元壬申，受金朝衛紹王恩賜，納其□戒，時年始十一。後三年，從中觀寓於嵐州之廣惠寺，已能陞座講演經文。時天下凶儉，至人相食。師乃竭力以奉食飲，積其所餘，以濟其困苦之衆。宣宗聞之，遣使賜以通玄廣惠大師之號。尋參長松一公禪師，大有發明。室中當□不□□□□□如珠之走盤。一公嘆曰：『此衲子類風顛，是它日必能大興吾佛祖之道者。』初，寧遠城陷，師與其師中觀皆被執。成吉思皇帝在薛滅思千，遣使於太師國王曰：『卿言老長老、小長老，是告天之人可□存□，無□欺辱，與免差役。』令達剌罕行國王奉詔。乃□居於興安之香泉寺，署中觀爲慈雲正覺大禪師。中觀不受，以師爲寂照英悟大師。其所須之物，官爲之給。由是，天下皆以師爲小長老稱之。及師在嵐州，大□國王復□□□城下。中觀慮其城陷不免，乃謂師曰：『吾今老矣，死亦爲宜。汝乃妙齡，求生路可也。』師聞是言，即涕泣而言曰：『因果無差，死生有命。今在艱厄之際，豈忍棄師而獨求生乎？脱或不死，若遇識者問吾師安在，其將何辭以對。況衲子□□，又何有生死之可惑而亂於心乎！』中觀聞之，喜其志在於孝，乃復謂曰：『汝心既定計，汝緣當在北方。吾亦將得與汝順乎天道而俱北矣。』嵐州既以城降，大師國王以中觀與師直隸於御營前所。中觀年老，載以犢車，師親□御□，樵薪汲水，抵冒風霜，道塗冰雪，跣足暴露，懸釜而炊，畢力□供其役，艱苦萬狀。人所不堪，見者憐之。師乃謂之曰：『古人修行，經無量劫，曾無疲倦。我何敢與古人爲比，幸吾師得安足矣，夫何辭焉！』既從中觀寓於興安，無何，中觀示寂，師爲之殯，葬以禮，乞食以守其墳。一夕，忽夢神人告之曰：『今時已至，當行矣，無滯於此。』歲在辛巳，乃來燕，過於松鋪，夜宿巖下，因擊火大悟，即自捫其面曰：『噫！今日方知眉横鼻直，始信天下老宿不囈語。』今後至景州，謁□無玄禪師。問師從何所來？答曰：『雲收幽谷。』曰：『何處去？』曰：『月照長空。』玄首肯之，曰：『孟八郎又恁麽去也。』師諾而趨出。因過洵州。或問師曰：『上人不居山林，反入城市，何也？』答曰：『河裏無魚市中取。』時中和老人章公住持燕京之慶壽寺。中和一夕夢一僧自三門攜杖徑入方丈，踞獅子坐。既寤，召知客謂曰：『今日或有客僧至，使來見我。』是日師來，中和見之，笑曰：『此衲子是吾夜來夢中之所見者。』相與問答，深有所契，遂留之以爲記室。尋以向上鍵鎚差別機智種種勘驗〔師〕（帥），淘汰日□，大機圓應，□□齊彰，□蓋臨濟正宗禪爾，心空□□，中和乃曰：『汝今已到大安樂之地，好善護持。』遂以衣頌付之。壬午歲旦，秉拂出世，國王請師住持興州安山之仁智寺。癸未秋，燕京大行臺丞相劉公時爲宣差安撫大使，同行省石抹公、都元帥趙公及京城豪貴以疏力□□就慶壽開堂，住持易州之興國禪寺。時避水寨之擾，乃居於石經山之東峰。甲申秋，孛斡國王請師開興安永慶之基。不三年，經構焕然一新，大啓叢林，衆常千指。於是國王復請師遊歷遼陽海島諸寺，爲國焚香。道出義州，以中和祖塋之在，往致奠焉。歲在戊子，領中書省湛然居士耶律國公疏請住慶壽，師從之。四方衲子聞之，接踵而至，綿蛇木劍，氣宇峥嶸，明極松風，聲光酬酢。事中和於西堂，承奉之禮，莫不備至。庚寅□月，小國王復私以人力起師再主永慶。歲在辛卯，合罕皇帝聞師之名，特遣使臣阿先脱兀憐賜以稱心自在行之詔。是年夏五月，皇太弟國王遣使以師爲燕趙國大禪師。壬辰六月，師在永慶，聞中和示寂，奔赴其□，與諸弟子皆以禮殯葬之。顧慶壽摧殘之久，深念中和遺囑之重，□道荒蕪，第恐施張不及，乃復以斯道而惠於人。至於對衆凡舉一事、興一言，□取法於中觀、中和二師所行，而舉用之。歲時致祭，祭如在。至如用度□繩，提振□□，□佛祖不易□□，□人天難行之事，恢恢乎遍於天下矣。癸巳，平州行□塔本奉皇太弟令旨，革州中之開元律寺爲禪，請師住持。是年秋，師客居於慶壽。□□大官□□同□□□里奉合罕皇帝詔，來燕勘問公事。厦里知師名之久，遂約廉訪公秃魯花至詮詣寺，請□□□，□□□□□□□佛乘，訓名至詳，授以净戒法據。丞相以聞，蒙降御寶。宣諭悉令遣去。往往流言

□□□□□□□□□□□□□□□而自上。至是寺宇始得肅清，爲佛浄升。丞相□□□□□啓大會，請師爲濟度主。師聞丞相以嚴爲治，官吏股慄，乃勸之。以爲燕之殘民遭罹變故，京城閉困之久，存者無幾，今正□□□□□□□□□□□□□□□□草木之經嚴霜，不以春陽煦之，則芽甲銀□不復□□。□以民爲本，無民則何以爲國。丞相既能施財奉佛作善事，佛之化人爲□，□大□此。乃以意□於廉訪□，□訪公敬愛□□□□□□□而從之，□成善□。□□忽都護大官人□災之問，師以官政民心共感之致。問出獵，則對以求人爲急，馳騁娱樂之事，非所爲宜。對刑賞之間，則□□□□之差必當以仁恕爲心，乃爲善。乃大使□□□□□來□□□□□□□□□□□□□以傷國政，苟有毫釐之失，□致大患。佛以□□於初□利衆生爲心，宜慎行之。使臣雖不能悉從，亦深重其教焉。初，孔聖之後□□衍聖公元□自汴渡河，復曲阜廟林之祀，至燕，以承□□□師，□□□□□□□□□□□□□□□曰夫□者之道，上自唐舜禹湯、文武周公，聖人之□□，君□父子之位定，故人倫明於上，小民親於下。孔子生於周宋世，經戰國，遍歷諸侯，而□□終不能正，乃自衛反魯，尊王黜霸，則定詩書、正禮樂□□□□□□□□□□□□□□□居人上之尊，臣下、士民各守其職業，而不敢僭亂，□者天下共誅之。蓋孔子天生聖人，善稽古典，以大中至正之道，三綱五常之理，性命禍□□原，君臣、父子、夫婦之道，治國、齊家、平天下、正心誠意之□，自

□□□□□□□□□□□有國者皆使之承襲祀事，未之或闕。□官人□是言，乃從其請，使復襲其爵，以繼其祀事焉。師復以相傳孔子之道，顔子、孟子，今其孫俱□□習周孔之業，爲儒者亦皆□免其□。後之□□□勤其□□□□□□□□王□□治□之道，必以儒教爲□□不偏泥如□。歲在乙未，鎮陽史帥疏請住持府中之臨濟禪寺。師重念祖師道場之地，即應命。既□乃爲興修，□成壯麗。仍不憚往返，互爲主持□。□在丙□，□□□□□□□□□□□禪寺萬松老人及諸禪老深以□□，□既爲□□□首，於是往見之。丞相厦里以忽都護大官人之言問之，由今□□聖旨□□□以爲識字者可爲僧，其不識字者悉令還俗。師□之曰：□□□□□□□□□□□□□□□□□□竟何如？師曰：『若今了知此事，深□佛法，應知世法即是佛法，道情豈異人情哉？古之人亦有負販屠釣者，立大功名於當世，載在史策。千載而下，凛凛然如有生氣。且僧之作用，木去□□，不尚世□，□□□□□□□□□□□□□□□國爲民。建法幢，立宗旨，轉大法輪，於當世豈□無聘士同科？國家宜以□□□邪，從儉養民，興修萬善，敬奉三寶，了知報應，以答上天佑助之恩，永延國祚可也。我等沙門之用，舍何足□□□。』□□□□是□□□□□□□□□□□大官人，大官人從而奏聞。由是雖承考試，無□退□。□有詔旨，悉依聖祖皇帝存濟，聽僧道如故。師既住持竹林，經營寺事，補□□□□□□□□□□□□□□□□□□□□未得其人，遂歷舉雲居□□□□維摩福通頤庵福□□庵□□數公，皆能安於道者，其如時節因緣何？師復思有海島之遊，遽召提□寺事頭公，付以後事曰：吾將遠遊，爾等諸人可□能□□□□□□□□□□□□□□□□曳杖而去。衆挽留，不可，遂歷海門，遊諸島。己亥之秋，復居□□。□□辛丑，燕京普濟禪院宗主善琛，與其僧衆以狀施其院爲師養老之所。□不得辭，從之。乃囑其慶壽之耆宿曰：君不聞□□成□□有，□□□□□之難，守□尤爲難。□□雖經大兵革，能以枯澹守護□□存至於今者，實吾師中和老人之力也。余固豈敢違所囑之言，亦賴爾衆相與輔成之耳。若□□□□□□尊德重者主之，則可。乃退居於普□，仍請廓□□□□□□□□智□□□□□□□□□□公冲□□公相繼住持。戊申，詔復□□金萬兩，命師集天下禪教師□啓圓戒大會於慶壽。緇衆畢集於壇，師意以謂佛法滅□□□□□□□□而導乎後學，恐莫能被一切□，乃自□頂出血，□□□□古所傳授大乘三聚戒□□□□□以授□□□□□□□大衣爲□□宗主，使之□□訓誨□從，爲國祈求降康□□。□□□□事□□□公，乃以聞□□□□□又入圓寂。師哭之慟，乃請可庵明公。明公聞之□□□□□召慵庵堅□主之。慵庵居之□□□□□□□□□□思之，非可庵孰可爲□□□求之，可庵不能固□，遂從其命。亦既住持，雖大禪□□□□席，凡常□之□不足者，師獨□□□□音使之安傳其道焉。歲在壬寅，護必烈大王請師至行帳，問佛法之理果何如？在家與□□□□□作用同否？及諸衆生皆□□□□□□？□

曰：信□被在一切□□□□□□□□□□，豈有在家出家□異。在天地則爲蓋載，在日月則爲照臨，在吾皇則無爲而治，在王爲忠孝以奉君親，贊弘□□□□□以下字迹漫漶不可讀。賢良扶王□除民疾苦，不爲妄惑，欽奉□□□言，去奢從儉，非禮勿言，知足奉佛，辨□□果，當可言之地，宜盡忠誠，無以犯顔，是畏□□之暇可以下字迹漫漶不可讀。王聞是言，大加尊敬。師遂受以菩提□□佛大戒。王□以下字迹漫漶不可讀。皇太后聞師道行孤高，善於演明佛法，以助國行。以下字迹漫漶不可讀。荒殘□□□音問不可支悟，師遂□□□之至□□□復構三聖大殿，□章經閣法□□丈周環廊廡三間，厨庫以間計者千餘，悉爲之□立。以下字迹漫漶不可讀。王及謀珂、旭烈威二王，聞師興修慶壽，功力浩大，皆資送以下字迹漫漶不可讀。音之創建，不是過也。其□□□□□其□□□督功從晝夜不息，措□□□□者，提點比丘覺文之功爲多，庚戌□月，師至雲中□演護以下字迹漫漶不可讀。之恩，雖蒙□□□□□□□□□以圖報。□□福力鮮少，吾視城中原名□刹荒廢之久，當以此銀重修理之，以積其功行，爲國以下字迹漫漶不可讀。蒙奇皇帝即位，頒降詔恩，□遇優渥，命師復領天下僧衆。以下字迹漫漶不可讀。仁恩普告僧尼大衆，已而省□奉旨給以銀章，師乃□□□□□□不庵□□□亦宿。及可庵以下字迹漫漶不可讀。弟子董其役，瓦工匠聖之次，深念國恩，無以奉報，欲廣延禪衆闡行祖道，所須財用之物，不乞之於人，悉爲之自辦。不半載，厥功□成。以下字缺。護必烈大王聞而嘉之，乃取師之自號，改普濟爲海雲禪以下字缺。大朝之萬矣。是年夏四月，護必烈大王須請師至行帳，諦問佛法的意。師乃□之，以以下字缺。聖政下以安靖□方爲心，及閑暇之時，究竟佛祖本心以下字缺。王大起敬信心。時以師禮□之□□謀河□□成□王及諸王□□□奉之以以下字缺。以聖子神孫，莫不信心爲善，蕃衍昌大，爲萬世□□之□□師以下字缺。乳者十有四人，出□□九人，祝髮者千有餘人，受戒王公大人百□，吉士善人以千萬計，生於人之分□□□□□久之以下字缺。必期報之而後已，其□慈惻隱周人之急類如此。自開堂出世，屢蒙宸恩，其心愈下，恒以濟衆爲心。凡皇家所賜珍玩，與夫□宗大姓之所施惠者，悉付之常□。□於□法以下字缺。化□宗之心□□後焉。有語録曰《雜毒海》。嗚呼！佛門之得人如此，雖欲宗風之不振，法□之無傳，不可以下字缺。而生，故能施仁以濟□衆，出慧以應機。蓋孝以事師，開通以明儒，歷難苦而□□艱苦。居安以下字缺。雲庵文禪師。其大機大用如早日□之夢，類雲門偃禪師。其終身有報法報親之孝爲以下字缺。盡抑。嘗聞□本無言，因言弘道，而天雷電迭至，類德山周禪師。其小參普説，無專以下字缺。孤起，仗緣乃生，亦可以見帝王后妃暨諸大臣在乎佛記，以願力爲之，故弘特□□際勤，誠非大□知識□□□□之以下字缺。日之光輝□□□其可，□語□□□其道行之□見於世者，以爲之贊。其辭曰：

陽以成歲，四時先春。克己復禮，天下歸仁。人有智愚，□□□□。夏生□□，乃有大□。身受父母，□□□□。元知孝者，百行之先。性苟受偏，窒塞而滯。應變無窮，通則不泥。有一於此，已爲世師。□是四□，□□□□。聖言一出，萬古稽考。天下皆知，曰小長老。□□□□，若日開明。□及群生。□□有人，□□□□。□□□□，踵行其化。作新廢寺，際會因緣。杖錫所至，歸者如川。□世迷津，救人疾苦。□□□□，□超□□。□□□□，□□□□，□□□□。□□□□，究竟夢幻。世網塵纓，安可羈絆。□之禪心，爲世所宗。人咸謂師，蔚有□□。□□□如，鼓舞萬□。□□□□，□□沙□。雲來□□，□□□□。□□□□，□面□□。感戴如天，聖恩高厚。拈一瓣香，祝萬年壽。

乙卯年九月望日，英悟大師提點諏言以下字缺。維那□性。□日宗照大師前住持大慶壽寺，嗣法小師以下字缺。監寺悟真□維那懷愈同建。

嗣法小師：□雲□□真禪師、□禪林省暉禪師、□通禪師以下字缺。禪師、臨濟志堅禪師、□□智朗禪師、龍宫道主禪師、北平洪真禪師、華嚴惠明禪師、以下字缺。禪師、開元道政禪師、駐驛悟果禪師、□□真禪師、庵主法堅禪師。

嗣法小師：智□、智□、知德、知偉、知□、智操、智印、智慧、智□、智宗、智遵、智英、智通、智佑、智嚴、至夔、至傑、至戒、至高、至堅、至理、至寧、至林、至普、至□、至本、至□、至俊、至暉、至□、以下字缺。至慶、至舜、至如、至照、至勝、至進、至宗、至琮、至彦、至敬、至方、至達、至譚、至端、至朴、至古、至□、至□、至純、至□、以下字缺。至□、至常、至川、至坦、至慈。

□□□小師：至定、智清、智□、至祥、至□、至守、至深、以下字缺。至性、至信、至興、至滿、至全、至聰、至寧、至進。

明李卓吾墓之修建

我國明代著名思想家李卓吾贄，因被人誣陷，死於北通州今通縣。獄內。所著各書，亦遭禁毁，實爲衝决傳統思想桎梏的一場悲劇。一九五四年，余聞其墓尚在通縣，有焦弱侯竑所書墓碑爲證。因偕柳亞子、李印泉、章行嚴、陳援庵等，函請文化部行知該縣政府修葺防護。其後，余曾再往視察，其墓已加封樹，并將焦碑拼合建立矣。

雷峰塔華嚴經石刻

西湖雷峰塔甎内所刻小字《陀羅尼經》，人多知之見之。獨其所刻《華嚴經》，知者見者甚稀，故鄧文如《骨董瑣記》謂絶未之見。山陰童大年曾彙集所得《華嚴》殘石，影印一册，廣徵題詠。字果類歐陽詢，字大約半寸。

明袁崇焕祠墓碑

明末袁崇焕被朱由檢崇禎帝。慘殺後，藁葬北京崇文門外廣東義園。一九五二年，京市聿遷各省義冢。余與同人請求將袁墓保存，且加修飾。同人屬余代李任潮爲碑文，余爲書之。其文如下：

重修明督師袁崇焕祠墓碑。

明崇禎二年，滿清兵大舉入寇京師。薊遼督師袁崇焕率大軍馳救，方戰，明帝朱由檢遽縛袁下獄，尋磔殺之。滿清欲圖中原久矣，所畏惟袁，袁死，滿清益肆。越十餘年甲申之變，吴三桂爲之倀，遂入關爲帝，享祚二百數十年。袁之死，繫於明清之興亡亦重矣。然其是非功罪，以門户水火，故初無正論。至乾隆帝，自承當時用間殺袁事，謂明實自壞其長城。於是是非功罪始定。比年神州解放，真理日昌，論明清間事者僉以爲督師不死，滿清不能入主中原。三百年後，奇冤大白，督師其亦可以瞑目矣。督師死時，家族幾殄，遺骸莫收，其僕佘君潛瘞之於廣渠門廣東義園。載在志乘。其後，鄉人復立祠於左安門内龍潭，祭弔不絶。今北京市人民政府方整飭城郊文物，百廢俱興。同人乃請之市人民政府，崇飾祠與墓，以彰正義。此僅存之遺迹，將蔚爲首都名勝，與文文山祠并垂不朽。督師爲廣東東莞人，而以廣西藤縣通籍。兩粤人士感今懷古，用紀其事於石，以諗來者。

佘君即葬督師墓旁，故地名佘家館。今度與斯役者，廣西李濟深、江蘇柳亞子、湖南章士釗、廣東葉恭綽、蔣光鼐、蔡廷鍇。又廣東會館財産委員會楊晶華、張次溪，咸任籌策，奔走之勞，合并識焉。公元一九五二年八月立石。

該墓原有豐碑曰『明袁大將軍之墓』，乃吴荷屋榮光所書也。每字大尺餘，皆瑰偉。

廣東欽州分茅嶺石碑

分茅嶺，在欽州治西南三百六十里山頂。茅草南北分向，故名。爲中越交界處。光緒末年，軍士在彼處掘濠始發現。字皆不可識，與貴州紅厓碑殆皆少數民族之文字。其搨本亦極罕見，舊日甘非園曾有一本，沈寐叟題識謂疑有玀玀文雜其間。此族漢稱駱越，六代曰『俚』，宋元以來曰『玀玀』。當覓今日識玀玀文者審釋之。

孫登銅琴

孫登銅琴，舊爲項子京所藏。琴曾刻『天籟』二字，子京天籟閣之名即以此。琴匣上鎸清代名人題識無數。此物輾轉由錢塘吴氏歸滬上某古玩商，余曾見之，後不知所在。余意琴以木製爲主，銅製者音恐難調，且其『孫登』『公和』二印，亦不類其時筆勢。李蒓客以爲明代人僞作，不爲無見。

宋開寶琴

余曩歲居吴門，曾得一琴。龍池上『虞廷清韻』四字行書，内題『開寶戊辰』字，蓋宋太祖二年也。尾題『復古殿』三字，下有大方印『御書之寶』四字。滿身作斷蛇紋。背有周必大長題，款曰『嘉泰元年辛丑平園老叟周必大識』。余不諳彈奏，後以贈徐少峰。彈之，果極清異。徐傳海虞琴法，其居滬時有街警午夜間叩門，徐驚問何事，警曰：『余每值夜班，耽聽君彈奏，今不禁叩門聆教耳。』時傳爲佳話。

劉葱石所藏古樂器

劉君世珩晚居吴門，所藏古文物不少，其大、小忽雷尤爲烜赫。兹聞已歸故宫矣。獨其所藏九霄環佩、鶴鳴秋月、石上枯三琴尚不知下落。此三琴曾有市估攜以示余，余不習琴，然以其乃特異之物，姑詢其價。云三琴共價三千圓，不拆賣。余唯否應之。越數日，余再詢，則云每琴三千圓。余以其無信，遂置之。其九霄環佩則雷琴也。今不知所在。

北齊王江妃棺版墨書

此北齊王江妃女子名。棺版。武平四年物。清光緒間，山東臨朐出土。乃用墨寫於一塊柏木版上，已歷一千三百餘年。高二十九公分半，寬十五公分三。原爲端午橋藏物，載於《匋齋藏石記》卷十三。大約因其無可歸類，故附於藏石之後也。自來墨書於木版罕能持久，此殆因在北方出土，故極完整，祇右上端略有破碎耳。至其文略如地券及冥引，又似源出古之喪禮所謂遣簡。備載隨葬物品於反面，字迹已有模糊。《藏石記》所載釋文亦有錯漏。大約因原文筆畫隨意加減，著録時未加細審。况夔笙《香東漫筆》、李文石《舊學庵筆記》均載此物，但闕原文。兹就原物訂録於下：不依原筆畫。

齊武平四年歲次癸巳七月乙丑朔六日庚午，釋迦文佛弟子高僑敢告：□□浮里地震旦國土，高僑元出冀州渤海郡，因宦仍居青州齊郡益都縣澠□里。其妻王江妃，年七十七，遇患積稔，醫療無損，忽以今月六日命遇壽終。上辭三光，下□蒿里。江妃生時，十善持心，五戒堅志。歲三月六，齋戒不闕。今爲戒師、藏公、山公所使，與佛取花，往如不返。江妃命終之時，天帝把花，候迎精神，大權杜接侍靈魂。勑汝地下女青詔書五道大神、司坺之官，江妃所賫衣資雜物，隨身之具，所經之處，不得訶留。若有留詰，沙訶樓隨碎汝身首，如阿梨樹枝。來時匆匆，不知書讀是誰。書者觀世音，讀者維摩大士，故移□□。

反面所載各物如下：□□□□□一量、故金胡□□一量、故錦□膝一襲、故絹□一要、故單褌一要、故貝絹單衿一領、故黄綾袂□一要、故京綢袴一要、故紫□□一要、故紫綢袍一領、故錦手衣一具、故帛頭□一枚、故柞楝一枚、故□□一量、故銀釵□□、□帛面衣一領、故錦□裰一張、故鷄鳴枕一枚、故帛練□□、□枚□一具、帛絹二疋、□□二枚。

以上有數字，《藏石記》原誤録者，經辨明改正如上文。因可考見北齊時服用及飾終物品，故備録之。其量詞如一量、一要、即腰。一領、一張等，可資爲當時用字之證。

側理紙

余家舊藏側理紙一大張，卵黄色，背作横斜，凸起草紋，下角有小字云『賜臣彭元瑞』。大約此本内府物，乾隆以賜彭元瑞者。徐康《前塵夢影録·上》云：『側理紙，見鈍丁《硯林詩集》。有長歌，注云，趙氏小山堂藏有側理紙。純廟南巡駐浙時獻之，蒙綺錦之賜。』江建霞附注云：『標在粤東曾見之，環連如大筩，無首尾。紙上有細草痕，斜錯重疊，上有御賜印記。』即此物也。

左旋定風螺

民國初年，見二左旋大白螺，傳爲清宫物。二皆有乾隆御贊，文曰：『洪海之螺，梵天之器。以鳴唄唱，滿字半字。釋迦拈花，迦葉鳴琴。十方三際，異音同音。置則寂然，奏則亮爾。以演大乘，溥皈佛旨。乾隆壬寅御贊。』其一無『壬寅』二字。按：壬寅爲乾隆四十七年。相傳螺皆右旋，其左旋者萬中無一。此有一對，宜其珍重也。據介紹者云，螺口本有金嘴，以便吹奏。但竊出時，已融化而取其金矣。相傳福康安征臺灣時，乾隆即賜以此螺，號定風螺，以便平安渡海云。每螺外雕七佛像，極精細。

潘桐岡臂閣

今春偶得象牙臂閣一事，長營造尺四寸，闊一尺八，厚達二分五。刻面壁佛像，渾樸沉厚。款爲隸書『南羽』二字，圖章爲篆文『丁』字。審其韻味，非明人莫辦，殆丁所自刻歟。反面刻老梅一樹，款爲『二樹寫梅』。桐岡爲大恒禪師製』十二字，蓋童二樹所畫，而潘老桐奏刀者也。一器而三名家之作備焉。大恒爲西湖聖因寺僧，字明中。余有其畫卷。

明劉大夏銀杯

余於劉麗卿家得明製銀酒杯一套，凡十二具，皆方形。一底鐫『東山草堂』四字，内鐫『蘭亭修禊』四字并圖，外鐫『大明皇帝賜金』六字；二底鐫『淳村老樵』四字，内鐫『西園雅集』四字并圖；三底鐫『乾坤燈下景』五字，内鐫『香山九老』四字并圖；四底鐫『樂天知命軒』五字，内鐫『柏梁詩宴』四字并圖；五底鐫『茅亭花景』四字，内鐫『赤壁泛月』四字并圖；六底鐫『望日樓』三字，内鐫『洛社耆英』四字并圖；七底鐫『越安居』三字，内鐫『東山攜妓』四字并圖；八底鐫『愚溪子』三字，内鐫『竹林七賢』四字并圖；九底鐫『廣雅堂』三字，内鐫『潯陽三隱』四字并圖；十底鐫『漁長』二字，内鐫『商山四皓』四字并圖；十一底鐫『杯隱』二字，内鐫『青蓮酒肆』四字并圖；十二底鐫『情禪』二字，内鐫『醉卧甕下』四字并圖。字皆篆文，畫圖山水人物，鏤刻極精。十二杯尺寸相銜，不爽分釐。按明劉大夏有東山草堂，李夢陽曾賦《送劉大司馬歸東山草堂歌》，中有句云『賜出傾朝皆動色，白金之鋌紅票記』。又《昭代紀略》云『劉大夏被上眷，曾手白金一鋌授之，曰小佐爾廉』，是劉氏確有賜白金事。是杯之屬劉物，了無可疑也。

宋朱克柔沈子蕃刻絲

宋刻絲作家流傳之最有名者，當推朱克柔、沈子蕃。沈之作品故宫至多。周華章大文所藏山水，與故宫兩件完全相同。惟『子蕃』二字圖章一在上方，一在下方，一在中部，未知何故。朱克柔作品曩朱桂辛先生曾得四小幅，即《墨緣彙觀》所著録者。嗣讓與張漢卿，已失於九一八之役矣。龐萊臣藏有《蓮塘乳鴨》大方幅，聞以五百圓得來，初未之貴。余一見驚賞，推爲異品。嗣聞已以重價售出國外。

明朱舜水犀角杯

余往年於滬市得一犀角杯，製甚渾樸，無雕鏤，僅刻銘詞四十五字。皆篆文，但非大篆，亦非小篆。明代人作篆，大多如是。其文釋曰：『號通天，堅不朽，製巨觥，飲旨酒。□非觚，酌如斗。□能容，虚以受。助清吟，祈黄耉。口澤存，長保守。□□老，□長壽。』朱之瑜舜水遺物，極稀。市賈不知爲何人，故代價頗廉。後忽失去，可惜也。

明鮑天成犀角杯

余於民十九在滬見鮑天成手製犀杯一，雕鏤精絶。杯底刻二小印，起地陽文，一爲『天成』二字，一爲『恭製』二字。索價二百圓，余小靳之。過三日再問，則已爲日人攫去矣。至今心爲耿耿。旋又見一具，作雙罌形，後有一扳，前作蟠螭銜環，張兩翼，底作一螭負之，首出於前，尾露於後。底則一邊刻『晋府寶藏』四字，一邊刻『天成恭製』四字，皆小篆，每字大約二分半，皆起地陽文。雖尺寸較小，高造約營尺二寸。而工緻不減前者。因亟留之。天成犀杯本極有名，但傳世甚稀，余平生亦僅見此二具。

明尚犀杯，幾爲貴游不可少之物，與宋重犀帶同。至清代乃忽不重視，世所傳大抵皆明代作也。清初似尚相當重之，不知何時始變易，暇當詳考。百十年來，因藥品之需要，價值日昂，多售於藥肆，碎供服餌，故傳世日稀。且藏家亦罕注重者，然其精品不失爲工藝美術之一種。聞于孝侯學忠專收此物，已有二百餘具，可云大觀。

清孫雪居紫檀酒斗

孫雪居克弘紫檀酒斗二，其大者可容酒將一斤，小者可容酒四兩許。刻作淵明賞菊圖，用銀絲嵌『淵明賞菊』四篆字。又『松花石』三篆字，又『蘇晋長齋繡佛前，醉中往往愛逃禪』十四篆字。意杯必八，每刊『飲中八仙』之一。此特其一耳。杯底鐫『孟仁父製』四字章，刻工、嵌工皆精絶。

紹興出土磁墓誌

民二十四年，紹興出土唐代磁質墓誌，鬨動一時。後爲蔣穀孫所得。余曾見之，釉作菜青色，與其他越窑同。胎作灰色，屬於白沙土類而質似稍鬆，爲技術未精純之證。全形寬營造尺一尺一寸半、高九寸。字似加釉後再鐫，共十六行，有直格，無横格。每行字多寡不等。已缺一小塊。其標題爲《唐故彭城錢府君姚夫人墓誌》并序。寫作均極平常。惟唐代南方已能製磁，得此可爲鐵證。兹録其文於下：

夫人吴興郡人也。自帝舜之苗，漢晋過江，居於武康。前溪卜室，皇祖皇考。夫人笄年令淑，禮歸錢氏二門。□行和順，兼并四德。賢夫錢公諱昌，爲仁剋嗣。愠良□□鄉黨在於府幕，遠鎮首涉卌餘年。爵封位至□□，□披朱紫。去大曆年中，舉家遊於閩甌，卜宅□□，□林立焉。嗚呼！受性差牙，一釖先□。夫人再周□服，三歲侍靈，禮制已踰，容華弗改。育男有五，育女一。長國榮、二華、三朝、四進，其五國泰，不幸而早逝。其女禮過范門。夫人春秋八十有一。長慶二年壬寅季夏六月朔廿八日，殁於私第。儀禮有怛，府從禮窆。以長慶三年建仲秋八月癸未朔二日甲申，葬於上林東白羊西小山之岡。其壙甲首新塋，是禮也。東西南北四至，恐陵谷遷移，桑田改變，乃爲銘曰：嗚呼夫人，容華永逝。高堂寂寂，空增泣涕。□□□□，泉門永閉。雪起□松，白楊揺曳。□□□□年，雙門兮萬歲。

余夙擬研究越窑磁器，以探索陶磁嬗變之迹。以磁器製作之精，應推越窑爲祖也。民二十一二年，曾託邵洵美調查，以其籍隸餘姚，家有田産佃作，易於從事。嗣聞已有所得，係從沿上林湖濱掘出廢窑之址，磁器雖多殘缺，而確爲越器無疑。但洵美力言其無，余亦不再問。此機一動，鄉民聞風興起，紛紛發掘。至二十四年，杭滬已遍地均越器碎片矣。價則由數文而漲至數圓，國外人購求者至多，余反無之。二十五年春，余至杭，乃購得十餘片。復在陳萬里處，得見精品甚多。越器胎骨帶灰色而較鬆，不如定均白與紫胎骨之堅緻。其釉亦微帶黯晦，不如龍泉之鮮豔。然因此正可證明係該時期之物，蓋技術尚未臻純熟也。又近日研究越磁者甚多，余意餘姚産磁自五代迄今未替，除近製不足論外，以前所産孰爲五代，孰爲北宋、南宋與元明清，須詳加分別。若籠統言之，祇益迷惑耳。大抵五代製，多係貢與汴宋或錢氏上用，故花樣多作龍鳳及牡丹等。從製作圖案上判其年代，或不致大差。

四川大邑磁

四川大邑窑製器，始見杜工部詩，但從無收藏者。月來余曾見兩批，一爲鍾山隱，一爲某。皆川人，自蜀道攜來滬者。據云緣近日開公路發見廢窑，故出土甚多。某君所攜將及千品，鍾則百餘品耳。大抵皆動物，如鼀、犬、魚之類，長不及二寸，形態生動而製作粗陋，釉色極渾厚而敷燒不匀，可斷爲唐製，以其不成熟也。余意大邑窑亦自唐迄明皆有之，如越窑然，不過此二批當是唐物耳。

唐開元銅簡

大唐開元神武皇帝李隆基本命八月五日降誕，夙好道真，願蒙神仙長生之法。謹依上清靈文，投刺紫蓋仙洞，位忝君臨，不獲朝拜。謹令道士孫智凉賚信簡以聞，惟金龍驛傳。太歲戊寅六月戊戌朔廿七日甲子告文。

内使朝散大夫行内侍省掖庭局令上柱國張奉國，本命甲午八月十八日生。道士涂處道，判官王越賓，壬寅八月十四日。傔人秦迟恩。

此簡今藏貴州安順民衆教育館，徐森玉曾搨以見贈。文中凡『國』字皆寫作『圀』，與武曌所造之『圀』字又不同。

漢南越王冢中古木

南越王冢中古木，世所豔稱。余從闞寸草手得其三，爲甫五、甫七、甫十，皆僅長尺許。審爲截出有字者一段，餘木不知何往。余審其紋理，直而少節，殆爲杉類。聞有一完整長丈餘者，爲陳大年所藏，後欲以贈余，未果。此却無字。此三木之可珍，以甫七之『七』字古寫皆作『十』，而『十』字則作『十』，其區别僅中一筆之長短而已。此『七』字恰作『十』形，又適有甫十之『十』字作『十』形者爲證，於研究古文字者得一確據，可喜也。

殷墟刻字玉飾

自河南各地發見甲骨以來，其他商器出土者亦陸續發現。惟有雕鐫文字者，尚不多見。三十年前，定海方氏所得片玉則至精湛。文曰『乙亥王錫小臣鴅蕎在太室』十一字，足爲商器刻字之冠。羅叔言、唐立庵、于省吾皆有考録。余維古之刻玉，本有專技，後來轉失其傳。所謂昆吾之刀，切玉如泥。昆吾何地，現尚未能確定，然必有其地、其物，則無疑也。今德製某種鋼刀，已可刻玉。又近年鍊鋼皆主出爐後浸之於水，我國自古鑄刀劍早主用淬，已在二千年前，且須擇某地之水。今不知外國鍊鋼之水，是否必須選擇。吾國崇古之士，動言吾國古代各業之優良，此自不能盲從。然以往遺留之精華，當然不可埋没，且應發揚光大，此亦論事者所宜知也。

清代行有恒堂所製文具

清代嘉道間，宗室定王後裔别號行有恒堂，有文采而好精製各小物品，對紙筆箋扇、硯陶磁用具，無不精雅絶倫。二十年前，流出市上者頗多，余亦收得不少。尤其所製角花箋，紙質既佳，而所印角花，圖案既工巧，色澤復澹雅，得者皆不忍輕用。余二三十歲時尚易收集，轉瞬即罕見矣。偶收得一全套，用楠木匣分爲七層，底層較大，上以次遞小，如寶塔然，每層皆五六十張不等。爲葉更端所得，徐樹銘爲之題識，每層均有人題詠。余以之贈吴湖帆，滬上驚爲詫見。嗣後京津滬仿製者紛紛，而原製遂絶蹤迹矣。

麥嘯霞廣東戲劇史略

廣東戲劇之源流正變，麥嘯霞所著之《廣東戲劇史略》述之甚詳備，且確當。惟其中言京劇之入粤，由康雍年間有演員張某號攤手五者，因爲清廷所忌，逃之廣東，以其技授諸藝人。又至善禪師以武術傳之紅船，故粤劇武功超於各地。斯固然矣，然恐尚不止此。如《揚州畫舫録》謂，廣東劉八工文詞，好馳馬，因赴京兆試，流落京腔，成小丑絶技。揚幫不能通官話，近春臺聘劉八入班，本班小丑效之，風氣漸改。劉八演《廣舉》一齣，無人能效之。又云歌者紵山單櫂至惠州，入陳府班爲老生，所得纏頭山積。未幾舟泊海珠，遇風至虎門，爲海船所得，留居舟中，作青衣二年。是知乾嘉間粤劇與外江班之往來不少，其技藝之交换，固意中事也。嘯霞此文洋洋萬言，考訂極其精密。惜日寇侵香港時，嘯霞遇炸身死。

墨緣彙觀再志

《墨緣彙觀》作者之考訂，余曾爲長跋記之。頃年，蕭奭之《永憲録》出版，卷四中有一段涉及安氏者，云故罪臣揆敘家人安圖，自康熙五十二年至雍正二年計銀三十餘萬兩，事覺拿交刑部，籍没其家。安圖之父安三，當明珠爲相時甚用事。聖祖洞鑒，珠令潛處揚州，挾巨資行江西吉安等四府三十萬印鹽。及珠病革，聖祖欲問，又以安三乞恩，故復還京師。及揆敘卒，無子，以所有家財八百萬獻於宫府，令九貝子掌之。予安三銀百萬兩資生，以贍養敘母妻。圖之弟峀，隸允禟門下，仍居揚州行鹽矣。此段紀載可證安氏三代，即祖安三，父安圖，本身安岐，及其家居揚州之故。至《揚州畫舫録》屢言安麓村家之豪侈，亦因之明瞭。至李斗所紀安氏後人布樂亭，則不知係安圖之後，抑安岐之後矣。至鄧文如筆記謂安岐或作安圖，則將其父子誤作一人，殊嫌失考。

清初各家贈周櫟園詩文册

此册由端午橋家流出，書畫家不之貴，故爲余得。各家事歷，具載跋中。兹録於下：

周櫟園先生官揚州，及官閩中，均有惠政，内升副都御史，駸駸嚮用矣。而督閩者訐之，奪職下獄，解閩對簿。獄未解，海寇圍省城，出先生於獄，駐守最衝要之射烏樓。圍解，仍就獄。又調赴刑曹再勘，議死罪，議立決。章皇帝未許。卒出之，還居揚。持親喪，揚人、閩人作詩文投贈者廿五家，以公子在延詩殿之。裝爲兩册，詩文具備，真大觀也。首張遺初名鹿徵，號璞生，江寧人。明諸生。蔭錦衣千户。國亡變姓名，入深山，閉户著書，自號白雲山人。見《留溪外傳》。鄧漢儀字孝威，泰州人。有《過嶺集》，見《感舊集》。徐延壽，興公之子，號存永。家鼇峰，紅雨樓書籍遭亂，并田園失之。見《漁洋詩話》。王澐原名溥，字大來，一字勝時。世居聽鶴軒。爲陳子龍弟子。師生患難時，卓然有東漢節義風。見陳忠裕《傳》。胡介字彦遠，浙江錢塘人。見《遺民集》。汪楫字舟次，號悔齋，休寧人。舉博學鴻詞。有《悔齋集》。李澄中字渭清，號漁村，諸城人。舉博學鴻詞。有《漁村集》，均見《鶴徵録》。許珌字天玉，明崇禎己卯舉人。王漁洋稱爲閩海奇人。有《梁園集》。見《福建通志》。冒襄字辟疆，别號巢民，如皋人。壬午副榜，授司理。明季四公子，家有水繪園，最稱豪侈。後淪落以死。見《雉皋詩徵》。杜濬字于皇，號茶村，湖廣黄岡人。有《變雅堂集》。見《湖北通志》。黄澂之字静宜，福州人。史忠正公幕府上士。見《感舊集》。陳維崧字其年，宜興人。舉博學鴻詞。有《湖海樓集》。見《鶴徵録》。陸繁弨字拒石，錢塘人。布衣。見《兩浙輶軒録》。林嗣環字鐵崖，順治己丑進士，自號徹呆子。著有《荔支譜》。見《福建通志》。紀映鍾字伯紫，一字檗子，號戇叟，上元人。有《真冷齋集》。見《遺民集》。高兆字雲庵，號固齋，福建侯官人。見《西河詩話》。公長子在延，號梨莊。見《徵刻唐宋秘本書目》。陳潤字龍章，福建人。陳焯字滌岑。黄志遴、黄文焕皆福建人。王有年，河南人。見本文。餘再考。

此跋夾在册内，不知何人所作，殆端午橋所擬之稿也。各家詩文無甚卓越之作，但小行楷則皆精絶。冒巢民字尤勝，其文則似爲陳其年所捉刀。張瑶星兩賦頗罕異，惜其文集不載此兩賦也。福建徐興公紅雨樓藏書近年始陸續發見，王漁洋時謂其并田園失之，恐有差誤。此册今贈與潘伯鷹。

論古泉幣之搜集

二十年前，我有一個時期在滬，頗搜集我國古錢。其時從事此道者，有張絅伯、丁福保、張叔馴、羅伯昭等。張爲來遠公司轉輸，財力雄厚。丁亦有時與人交换。張絅伯、羅伯昭則較有研究性。余則僅涉其藩，但性在研究，以爲此是與歷史學、經濟學互相關聯的。但我以研究史料部門過多，轉不能精專，故雖曾與丁等發起古泉學會，而堅辭爲會長。該會所出會報，亦僅及數期，遂爾中止。其時北方有方〔藥〕（若）雨，搜羅亦富，并出有《言錢别録》。不久，張、方所收均歸於陳仁濤，蔚爲全國之冠。旋又售與公家。其品目余未之見，但知就十年前而論，陳固不愧集大成之目也。近年各地發見古貨幣甚多，前此收藏家苦搜數十年而不得之品，層出不窮。又前此收藏者往往重古而輕今，重漢族而輕他族，重國内而忽國外，重銅鐵而忽金銀與牙貝及鈔幣，重貨幣而忽壓勝品、裝飾品，今則陸續涌現，光怪陸離。以吾國歷史之複雜久長，若匯集陳列，幾可成一博物專館。惟是目下舊歷史結束，新歷史開端，以往的經濟財政中的貨幣理論、制度，均將别開生面，亟待爲全面的總結。尤其需要匯集實物，爲綜合研究的資料。此類搜羅陳列，尤其有特别需要。竊意可以最近國内各方面已有的實物，集中陳列，即已比較足用。至如何布置，須以專研此道者任之，最要者係由玩賞性而轉爲研究性。目下廣爲搜集，爲時尚未晚也。

端溪硯石

石硯之用，與書法殆不可分。各地之石，以端溪爲最。而端溪之石，又以水深處爲最。此皆不待再論。吾國佳硯近五六十年來已悉流入日本，此亦無可諱言。今日如云用毛筆與石硯，似不免爲不識時務，然如未全廢書法，則保存舊日佳硯，似尚不失爲研習古典文藝之一事，况琢硯亦一傳統藝術也。端硯自光緒中張之洞曾開一次，號曰張坑，嗣即絶迹。因每開一次，輒費數萬金，得不償失也。十五年前，余在廣州，曾擬約同人續開一次，因開採之勞費全在抽水以前，無抽水機而坑道又窄，遇水以小桶汲送而上，費時費力。今如用抽水機，可頃刻即涸。坑道開闊，亦可量用小型機器。僅選擇剞截須用人工，此則須賴經驗，不關財力與工具也。綜計一切，所費尚不須一萬圓，約可得百餘硯。擬約百人，各出一百圓爲之，但迄未果，今後恐難以從事矣。林白水被害死時，猶拳拳於其藏硯，亦屬佳話。湖北有王文心者，藏硯至數百，今皆不知何往。

近年各地出土墨硯頗多，遠至戰國秦漢。然製皆渾樸，用石用陶不等，大抵皆圓形，四周有池，中心微窪，以受筆舐。此制似明代猶然，清代少書大字，又少懸腕懸肘，多伏案作字，不取遠勢，故不盡需中窪。故此，硯之時代，可一望而知。至琢硯之法，俗工往往祇求細巧，而不知細巧非最重要。昔人曾云石本瘦硬物，良工必須做到肥潤靈活，方爲妙手。此言誠然。余所藏顧二孃杏花雙燕，又恢道人寫經硯之鵝銜麥穗，皆合此規格，誠妙品也。徐濠園藏硯至八百，今聞大部分已捐贈天津市博物館。

記歷年藏硯

余平生得名硯甚多，隨手散佚。兹就記憶所及，彙録於下：

鮮于伯幾硯

端石，長方形，無雕刻。温潤無匹，恒如水欲滴出。硯側刻『困學齋行笈硯』六篆字。背題云：『雲眩其色，玉粼其德。期與歲寒，知白守黑。樂性養和，臨池自得。天台馬玄翁遺余古硯，品質兼美，乃鮮于氏故物也。因銘而志之。永樂丁酉重九後二日，大同武達字作。』行楷。

趙閑閑硯

端石。池上刻雙劍，四周作細花草。背刻一馬，繫於柱上。上題曰：『古硯銘，不能鋭，因以鈍。爲體不能動，因以静爲用。惟其然，是以能永年。』楷書。款題『閒閑』，上作『閒』，下作『閑』。

張齊賢硯

端石。四周細雷紋邊。背刻鹿一。上刻方碣式銘文曰：『鹿鳴兮呦呦，得壽兮千秋，受天禄兮日休。張齊賢銘。』二十字。字作古籀文，但似多杜撰。宋元明人作古篆多如此，不足異也。

黄石齋硯

端石。温潤異常。長圓形。背有石齋自銘，萬年少銘於兩周。匣有莊同生題，櫝有湯貽汾題，又趙之琛題簽。櫝門有張廷濟題，外有錦囊，張廷濟題『忠良遺石』四字，下署『道光二十一年辛丑九月七日，嘉興張廷濟沐手敬題』。印二，上爲『廷濟』，下爲『張叔未』。

馬湘蘭硯

端石。長圓形。背刻雙鈎梅花一枝，題『清香生，硯水潤，色静書帷』十字，款爲『守真爲百穀丈寫』七字，楷書。匣爲舊漆，上嵌緑牙雕龍一小方。

顧二孃製硯

端石。豬肝色。四周刻勾雲，池中刻落杏花數片，皆若隱若現，拊不留手。背刻雙燕逐杏花而飛，一燕銜花片，一燕逐之。神態生動，燕羽氄毛皆顯露，而用刀極淺，非細看不能辨，真鬼工也。末刻『吴門顧二孃造』六篆字。外爲紫檀匣，匣蓋題『顧二孃手製硯』六隸書。款題：『香山黄屺薌藏。頂輪居士題。』印一，作『杭州』二字。蓋梁杭雪所書也。

顧二孃小硯

青端。雕葡萄松鼠。左側有『吴郡顧二孃造』六篆文，其細如蠅頭。黑漆匣，底有『憃齋藏硯』小印。

黄莘田小像硯

端石。極温粹細膩。背上刻『匪仙匪儒，其形則癯。宜丘壑居，帶經而鋤』十六字。款爲『十硯老人自識』。背中刻莘田荷鋤像，下方有『黄氏珍藏』印。面之池上刻一井形銘曰『耕兮鑿兮，留方寸兮』八隸書。邊刻『吴門顧二孃製』六字楷書。

黄莘田生春紅硯

端石。上端刻流雲，刀法渾雅。背刻姬人像，案列筆硯，手持如意。題云：『小窗書幌相嫵媚，令君曉夢生春紅。莘田。』楷書。一邊刻『生春紅』三隸書，下『香雪珍藏』四行書。一邊刻『端江共汝買歸舟，翠羽明珠汝不收。祇裹生春紅一片，至今墨瀋淚交流』。款書『十硯老人黄任』，皆楷書，并『莘田』一印。

黄莘田硯

端石。水坑。蕉葉白青花。自題云：『白葉青花出水鮮，羚羊峽口晚生烟。紫雲一片剛如掌，染得山陰九萬箋。莘田。』印二，上作『黄』字，下作『任』字。邊銘曰『俟汝即墨，封汝萬石。以汝爲田，可以逢年』十六字，隸書。又『鋤月生賓用』五字，楷書。

黄莘田硯

端石。面題：『歲己巳初冬，黄莘田招同傅王芪、張南坪重集十硯齋，撫西洞水巖，信爲可樂。莘田出石索銘，并題以識之。雲間沈大成。』印章四，一『香草齋』，二『黄任之印』，三『鐵城劉泉』，四『莘田珍藏』。背銘『出匣劍，光芒射人；蕉白硯，文章有神。與君交，如飲醇。紀君壽，如大椿』二十六字，隸書。款『學子爲莘田銘』，印章『大成之印』『沈學子』，下印『雲浦珍藏』。

黄莘田硯

端石。背刻詩云：『羚羊峽暗秋月高，彩雲一片沉江皋。欲散不散能堅牢，風紋水紋相周遭。窮淵蘊結而甄陶，石工下縋斤斧操。誅求窟穴驅鯨鼉，羊肝鮮割微腥臊。拊不留手濡其膏，白葉芭蕉青葡萄。中有浮動千溪毛，紗帷書静松風颾。琉璃匣底鳴嘈嘈，夜郎之波牂柯濤。百川砥柱揮宣毫，賡金石聲寧非豪。康熙己亥六月，莘田任。』印二，一刻『黄』字，一刻『任』字。匣面刻『伯珍藏第五硯』六隸書。

李笠翁硯

歙石，質厚重。池刻鳳。一邊刻二印，上爲『金石存詞』，下爲『笠翁珍寶』。

恢道人硯

端石。細潤無比。全硯琢作鵝形，口銜穀穗，過枝於背。鵝之眼、穀之粒，恰藉石之疊爲之，渾巧天成，而仍極圓活。邊刻『恢道人寫經之硯』七篆字。

葉蕢女史硯

端石。邊沿雕鳳棲梧。背題：『乾隆四十有一年歲丙申春三月，鐫於皋蘭□之來鳳樓，□□女史葉蕢珍藏。』印爲『蕙心』。匣刻『來鳳樓硯』四隸書。又詩曰：『金谷委芳塵，蛾眉總絶倫。料應工染翰，可是墜樓人。丙寅，文如。』印二，一爲『鄧』，二爲『香花供養』。蓋鄧君之誠之作也。此硯與太清硯由文如讓與余。

顧太清硯

端石。冰絲青花。太清春銘曰：『端溪石，平如掌。蒼烟霏，白雲網。美人貽，君子賞。直以方，無邪想。』二十四字，行書。款題『天游閣太平硯。太清』。印刻一『春』字。又：『承露盤，仙人掌。掌中紋，兜羅網。一片石，百年賞。百年後，無我想。太素道人次韻。』匣内題曰：『太清季女以文適富察氏，以此硯贈嫁。見以文子敦崇禮臣所著《芸窗瑣記》及《紫藤花館詩稿》。予乃從禮臣壻家買得之。己巳五月，之誠。」匣面題曰：「天游閣太平硯」六隸書。跋曰：「前年得太清詩扇，詫爲奇遇。今復得此硯，謂非因緣，可乎？小鸞眉子，韻事流傳，紅橋阿翠，亦供吟賞。然疑皆好事者爲之，未必真鼎。其視太清一代驚才，當奪易安之席者，正有天人之别。遂與來鳳硯同爲荒齋二美，因顏齋曰清心云。己巳，文如。」印二，一爲「鄧」，二爲「清心齋藏」。

顧阿瑛硯 澄泥。作琴式。面刻「雨過琴書潤」五字，行書。款作「玉山」二字。

朵雲硯 端石。如孩掌大。全身作雲形，中刻「朵雲」二篆字。圖章似係一「筠」字，不能定爲何人之物。邊有「聾石觀」三隸書，當係楊龍石也。又凹入處有「清潤似玉」四字隸書，儋石題，乃計儋石也。

王孟端硯 □石。上端刻五蝠紋。匣爲硃漆，鮮豔奪目。上刻銘曰：「容溪石，琢者誰。游藝圃，親書帷。朝研夕摩千歲期。」十九字，草書。款署「孟端」二字。硯背刻「□□□□」四字。

余甸井田小硯 端石。上方刻「留井」二篆字。而開一小方池，池底加陽文十字，適成田字形，合成留井田三字。背銘云：「上農夫，樹厥德。其次者，滋學殖。又其次，以力穡，荒而不治，農斯慝。甸。」楷書。

文彭鼓形小硯 端石。作長方鼓形。四周有繩紋。背刻「文彭之印」四篆字方章。

王鐸硯 端石。面背皆刻山水，高下凹凸，完全一幅孟津畫也。背銘曰：「此石出自山，此坑近乎水。飾以山水形，意欲存[illegible][illegible]。王鐸製。」篆書。

蘇軾斷碑小硯 黄石齋製，面有「道周」二字印。背爲東坡自書詩刻石之一截。

小玲瓏山館硯　端石。作荷葉形。上雕一蟹。背刻『海晏河清』四隸書，款題『小玲瓏山館』，印章『馬曰璐』。

石濤硯　端石。蕉葉白。匣面鐫『石濤濟山僧一枝閣中書畫硯』十二字，行書。印章『瞎尊者』。

修竹廬得黃鷓鴣製硯一，不之識，以爲宋硯，求千金。余告以此爲明末清初人，堅不信。因與約，如售不出，當先歸余。嗣南京日本總領事須磨一見以三百圓攫之去。硯長方形，長不及市尺五寸，製作渾樸，石質亦佳。款祇『晦木』二字，宜市賈之不識也。

論書法

書法應根於篆隸，而取法則碑勝於帖，此一定不易之理。惟宋元兩代工篆隸者不多，故字帖一時盛行，實皆爲山陰系統所籠罩。明中葉以後，漸有研習及金石者，雖不軌於正，然途徑已開。如趙凡夫之類。至末祚如王覺斯、張二水、阮圓海、傅青主之屬，大抉藩籬。然其工者，頗足與華亭争席。至康熙帝崇尚董體，天下從風，沿及雍乾，終至每下愈況。至嘉道乃窮而思變，崇碑黜帖之風遂起。逮包世臣、鄧完白出，益揚其波，而鄧之造詣更足證成其説。華亭統緒因失其光燄，而書法乃漸漸開一新境界矣。此與經學之今文學家等，詞學之推尊五代北宋等崛起，同爲政治解紐之一趨向。同時亦可説是顯出藝術上之一綫曙光，遂有李文田、康有爲、沈曾植、曾熙等書家之出現，始脱去大卷白摺之桎梏。

然嗣後無能發揚光大之者，則時代爲之也。明之趙凡夫等提倡行草式之篆隸，當時怪之，後亦無人推許，其實要爲豪傑之士。吾見王覺斯、傅青主等之隸書，渾勁遒麗，幾追漢代。意其運腕結體，必融合隸楷，别具爐錘。包、康之《藝舟雙楫》亦祇言其概略耳。慎伯腕活指死之説，吾深以爲然。此本吾國書法之要點，蓋昔人席地而坐，即使倚几而書寫時，肘腕勢皆懸空，其力必將聚於指筆紙三者聯接之處，然後成字。其有力係當然的，至力之大小，則視運腕及執筆之法如何。如運腕之周徑愈大，則凝聚於筆端之力愈大，否則將遞而縮小。又執筆時，如手指能將全肘腕之力通過筆桿而至筆尖，則力必雄厚，否則力必遞減，而皆以肘腕掌如何動法及手指必不動爲前提。至於結構姿勢韻味，則另是一事。肘腕掌三者之比，則以能運肘者力爲最大，運腕者次之，運掌者又次之，用指者則不足論矣。兹爲圖如下：

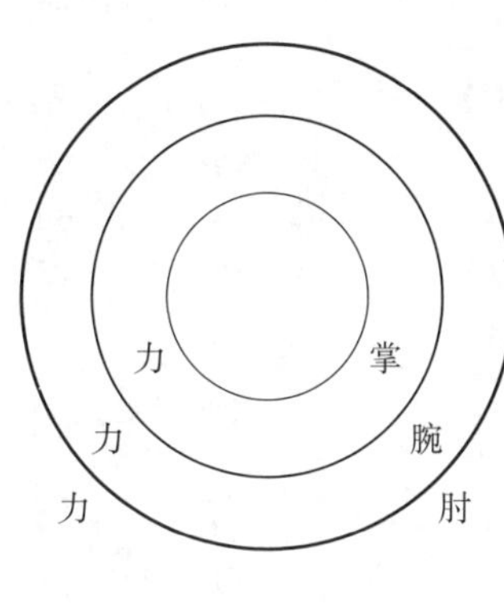

自有桌椅以後，寫字者皆伏案而書。於是肘腕皆提不起，能運掌者已爲難能。康有爲即以運掌自誇，包世臣亦時涉於運掌，其實皆對肘腕不易深著力也。凡運肘腕者，既有力矣，又須令其力經指而達於毫端，并盡筆毫所具之功能，悉達之於紙而無損漏，斯爲盡善。顧談何容易，祇其理如是耳。從晋唐小楷細味，或可悟一二。以唐仍席地而坐，故規範猶存。至工拙又另是一事。米元章自誇其小楷，亦或因此。蓋以盈丈之勢，縮之於一粟，自然興像不凡。凡一切虚怯板滯之弊，掃除净盡矣。至拓之盈丈，理亦猶是。蓋運肘一周，可能直徑至三尺，在三尺以内大小之字，决不至撑不開、站不住，此爲書法第一要義。昔年有友人以其兒童初學之字求教，余曰：『應以大紙大筆儘他亂寫，愈大愈好，不管筆畫對不對，結構像樣不像樣，令其放膽放手，但不許用手指來動作。』結果七八歲小孩寫出字皆雄麗異常，見者不信其爲兒童所寫，此其確證。又三十年前，狄楚卿之有正書局欲印徑寸寫字範本，余教以用舊搨《洛神十三行》小字攝影放大至徑寸，用以製版。印出後，見者皆不信其爲放大者，蓋足徵王獻之之寫小楷本與寫大字無異也。若以清朝翰林所寫之白摺小楷放大至一寸，尚成字乎？

寫字學綱要

一九四零年在香港廣州大學講

書法爲藝術之一，凡藝術之奥秘多不易以言詮。但是如希望藝術能爲多數人了解，其内容非設法説出，不能令人依法練習，所以不能不加以説明。本人今日講題爲《寫字學綱要》。

寫字學即普通所謂書法，因書法的書字很容易誤解爲書籍的書，將動詞解錯爲名詞，故不如改爲寫字學，比較令人觀念清晰。古人對於此種學問名爲字學，或曰書法。日本人則名爲書道。今直接名之爲寫字學，意謂此乃寫字之學問也。

寫字學可分四大類言之，一、技藝，二、工具，三、傳習，四、修養。此四者，由初步至大成都可以包括。本來書法乃我國特有的藝術，并非世界各國所同有。且四千餘年傳習下來，亦不自今日始，自有金石文，已經有了書法。其中有許多精義，古人每每不肯明言，所以往往失傳。今所説的四大類，不過略言其大概而已。

一、技藝。何以先講技藝呢？因爲對於技藝無相當成就者，不足以言書法。技藝之内容有五：甲、運筆，乙、結構，丙、筆力，丁、韻味，戊、氣勢。

甲、運筆。筆乃寫字最重要的工具，古人的執筆有應注意者。例如在鍾繇與王羲之之時代，均席地而坐，故古人執筆皆懸肘而不切案，至唐代尚然。今人則伏案而書，不復懸肘，所以難及古人。古人衹有懸肘，次亦懸腕以運筆，絶對無以指運筆者。名家中惟蘇東坡用指運，然在寫捺時已非常勉强，蓋其勢然也。古人不特作大字懸肘，即作小字亦懸肘，以指死掌活爲一定法門。若以數學三角原理言之，指運之活動範圍最小，掌運者較大，用到肘臂其圈更大矣。故古人書能取勢，後人坐而寫字，又多伏案。至清代因考試關係，專取呆弱之小楷，更使全國束縛其手，有如纏足。其能獨具隻眼，出乎流俗，力追古人者，實不容易也。清横雲山人寫字，每閉門不使人見。其甥張得天窺之，乃以繩繫梁以懸其肘若磨穀焉者。此乃知古人之法，而力不能到，乃假助於繩以成之。可知手受束縛後，解放了不易矣。

書法工力之深淺，以懸肘爲上，懸腕次之，掌運又次之，指運爲最下，此不易之原則也。至於布指應如何，各家主張亦不一，欲求結論殊難。此點從略。

乙、結構。每字之結構不能限定，否則如算子，不復成書，故結構之妙存乎一心。

丙、骨力。假如結構得四平八正，而無骨力，則字無精神，如不作藝術看，則無所謂。否則既解執筆之後，必須注意骨力二字也。

丁、韻味。既有骨力，尤須有韻味，否則其硬如鐵，索然無味，亦不成書。

戊、氣勢。字字有氣有勢，務使大字如細字，細字如大字，大字縮小固有氣勢，小字放大亦有氣勢。

以上五者，寫字時必須注意。苟五者有相當心得，寫字便有相當成就矣。

二、工具。運筆、結構、筆力、韻味、氣勢五者，如何然後能熟練，及臻於巧妙，則不能不有相當良好工具，以爲之助。孔子云『工欲善其事，必先利其器』，正如建屋必須選擇良材一般。前人有謂不擇紙筆亦能書者，衹可作變態看，非的論也。自有毛筆之後，蘸墨而書。筆之種類甚多，製筆之取材本可無限量，不限於某一種原料也。筆商、筆工守舊，不敢取別種毛以製筆，殊爲可惜。觀夫陳白沙以茅草製筆，蕭子雲以嬰兒胎髮製筆，其嘗試亦能成功。筆之選擇以健毫爲主，此有相當歷史。凡古人善書者多用健毫，如衛夫人之兔毫，王羲之之鼠鬚是也。近人多用羊毛，以矜其能，殊不知羊毛之流行，不及二百年。清代以用羊毛筆而著名的，衹有包世臣一人。著有《藝舟雙楫》。此外，未聞有用羊毛而得名者。

其次，用墨。此問題之解決殊難。前人造墨，不惜工料，千硾百鍊，始底於成。今人偷工減料，墨色灰淡，殊無光彩。現在市上所賣之墨，質料均劣，而舊墨難得，光緒間墨亦成古玩，價等兼金矣。余每欲聯合海内書家，與製墨者約，專製佳墨，爲之認銷，但始終因交通及材料問題不能實現。至於製紙亦然。現在製紙者多利用機器，而手工製紙漸見其少，將來書家取用之紙亦成問題。至於墨硯更少人注意矣。

三、傳習。既有工具，如何練習，則傳習尚矣。傳者，傳授也。習者，練習也。淺如小孩，食飯亦須先有人教，况書法爲藝術之一乎！與其師心冥索，不如得人指點一語，故貴有師承，否則行錯路綫，將來更改甚難，欲回復正路，已甚遠矣。有了好師承，隨之而行，便要在仿模下功夫。蓋衹有耳聽，不如心手眼實踐之爲愈也。仿模階段必不可少，至於應學何家，亦要人指示，最妙能得寫字學專家以請教之，然頗難得。蓋現代社會凡百事物，皆以時間經濟、金錢經濟爲原則，能以長久時間以專門研究書法之人，誠不易得也。既有人指示矣，則專心仿模，務求形似。迨手逼真之後，進求變化。何謂變化，譬如食物入胃要消化之，去其渣滓而提取其精華，變爲精血，以營養其身體，學書亦然。日積月累，鍥而不舍，臨摹既久，自生變化。此時不必專學一家，可縱臨各家，又如食物愈多，則變化亦應多也。發生變化之後，又要能融會各家，加以心得，及取所見所聞和詩書之修養。其階段之進程如下：師承→傳習→變化→融會。

四、修養。有志於寫字學，及欲成書家者，單恃技藝尚不足也。其最重要者，還在修養。蓋我國藝術向重個性，要把整個人的人生觀念、學問胸襟流露出來，此乃我國藝術特殊之點，亦寫字的藝術例所應爾也。故欲其作品得藝術之精神，必須注意修養。然如何能使每人的精神向上，能以書法表露其精神，此點頗難以言詮。請以釀紹興酒喻之。紹興酒之製法，蒸熟米之後，吸收蒸氣，蒸氣凝聚爲水，再加以其他材料，乃成爲酒。此酒愈舊愈佳。待其雜質下澱，埋之地中，感受地氣，將其火氣去清，乃成純酒。蓋原料好、工作好，仍須够時候，待其爐火純青，纔算醇酒也。薰陶浸潤，日積月累，逐漸變化，然後成功。如求急功，即使好酒亦醇味不足。夫藝術之成就，與但求實用者不同。若求急功，何不以打字機爲之？今之談書法者，如製啤酒，即製即飲，隔年則失味矣。各位入世做事，因服務所需另一説法，但不可不知藝術與實用的界限也。兩者之間，如兩間屋，雖然相通，其實各自各也。修養之道，第一爲學問。學問包括一切學問知識，學識豐富的學者，其態度自別於人，其言動舉止皆可於字裏行間覘之。例如朱九江先生雖不以字名，但後人見其字者，即知其人之有學問也。反之，一無學問之輩，亦可於其字見之。

第二爲志趣。志趣卑下，貪財好色，影響於修養極鉅。蓋見解低下，思想低下，實際上已談不到修養。即使對於書法曾下苦功，然其字之表現亦卑卑不足道也。

第三爲品格。人品高尚，而又有相當寫字修養者，不特其人令人欽仰，其片紙隻字亦令人珍重。孔子所謂誠於中形於外，其下筆固已加人一等矣。中國畫家最重修養。畫匠之畫，一望而知。此雖或爲心理作用，然缺乏修養者不能入藝術之林，已成爲古今定例矣。故能融會學問、志趣、品格於書法之中，其藝術之成功乃大。否則，小成而已，或不完備而已。

由此觀之，要成就書家并不容易，但吾人亦不可畏難。蓋任何學問皆有必經程序，寫字亦然。故余主張寫字之稱爲學也。總而言之，無精神之修養者，非真正的書法藝術。麥華三筆記。

論書畫工具

書畫之道，本由功力，然工具亦極有關係，如筆墨紙絹硯等，皆是也。筆與墨爲直接使用之物，紙絹則所以顯其形象者。由各種物品作筆，至用毫毛已臻至善，故用之二千年不變，惟墨亦然。但自科學進步，今後原用之佳筆、佳墨，是否尚可改進，以期物更美而價更廉，用更便，應尚有研究之餘地。惟原有製法之優點，必應知之，保存之，仿效之，然後能言改進。在目下經濟體系根本變化之際，能否顧及，固一問題也。例如毛筆之供大衆使用，恐不能全如鉛筆及鋼筆，但毛筆之需要固在，且更有其特色，則毛筆固仍需生産。因此，原料之取給，毫毛及筆桿。手藝之訓練，供需之調劑，以及舊法之提鍊，用途之配合等等，所關亦非輕微，固非專爲守舊及爲少數藝術家致用計也。吾聞各鄉村因寫大字報、寫標語，而感毛筆及紙墨之缺乏矣。將何以應之乎？至於藝事，更不待言。書家畫家苦乏相應之工具固矣。乃至水彩畫、油畫、木刻之顔料、油膠及筆刷、色碟、刀削、紙板等，亦不能充分應付需要也。將求之國外乎？則苦耗外匯。如求之國内，則生産不及，且製造未盡適用。此非吾人所應奮起，亟圖者乎？且如本國所固有之原料，如銀硃、紅花、石青、石緑、藤黄、藍靛、松烟、油烟、香料、兔毛、羊毛、黄狼尾、貂毫、鷄毫、木竹膠等等，來源固未乏絶也。不採集加工運儲，則等於零矣。故此等工具之保存及改進，固不可再緩。願言經濟文化之躍進改進者注意焉。一九六零年十二月記。

抑言及藝術上工具之需要，吾竊亦願有言者。吾國歷代以供帝王貴族需要之故，一切製品極其精能，萃無窮之勞力物質，以爲少數人之用。其理固悖，然因此對藝術之發展，及個人之技能皆緣之進步，亦爲不可没之事實。且因前此勞動、物質及時間皆不重視，故一物之製成，可糜無窮人力物力而不恤。現代勢不能如此，故有許多精品勢不能再造。因此，僅存之古代文物，必應特别保存，以供研究與效法，非爲個人玩賞之具也。吾人生此時代，必應有超越時代之精神，但如爲條件所限，不能追步往哲之成就，亦至少應將其製品用意保存，以存模範。所謂古爲今用，義實如此。如藉口不能生産，轉棄之如遺，不復保存研究，此乃淺率皮毛之見，非有文化之民族所應出也。竊謂敢想敢幹之精神，在文藝方面應表現於下列之點，即承認及認識以往各文藝之優點，及其所以成就各優點之條件，同時在精神、物質方面更設法超過以往之條件，以期其成就更優於往者，或能與之齊驅。例如繪畫及磁器，其所用之顔料，如紅緑藍，以前皆用礦物質，加以調和配合及其他方法，遂成佳製。今此類礦質，國内外是否業已斷絶，竊恐未必，且或有代用好料亦未可知。如能取得，而加以其他方法，亦未必不能企及往昔。何可妄自菲薄，而坐令國家、民族之遺産、遺法遂以中絶耶！且何以未經奮起及試驗，而遂斷定此一時代之民族能力遂遠遜於前代，且無法適應此一時代之需要也。

以上云云，本不限於藝術，然藝術亦自不能外也。其藝術所需之工具，更亦不能外此。吾累年斤斤饒舌於文房用具，亦正因此，非專爲一物之微及業此者著想也。竊謂藝術所需，與一般用具不同，或者不可能大量生産，然量之大小，亦正無定。我國地大人多，以人口六億五千萬計，百分之一即達六百五十萬人，以六百五十萬人所需要之物，算大量抑爲小量？即如毛筆似非必需矣。然各地無不寫大字報，可能需要千萬枝毛筆，是否聽其闕乏？如年需一二千萬枝毛筆，而謂不可能於其中製較好之筆一二十萬枝，即亦百分之一二。以供藝術上之需要，此又何理。因此，製毛筆所需之原料，如狼毫、兔毫、馬毫、鷄毫等，本非缺産，乃等棄物，即言經濟亦太矛盾矣。竊願言物資商業者一加思考，而負責文藝者亦亟起圖維也。

毛筆

吾國之有毛筆，莫詳所始。所謂秦蒙恬造筆，實不確當。蓋殷墟甲骨已有塗朱，長沙楚簡更多墨寫也。三十年前，西北科學考查團於居延見漢代毛筆。西北科學考查團之産生，實緣司坦因第二次來吾國，欲再往新疆發掘古物，公開請求我外部保護。而外部亦公然許之。余時在北京，聞之，堅持反對。而外部視爲多事，且以不能反汗爲辭。余不得已乃約同文教界抗争，外部心懾焉，始有意轉圜，并主張合作。余意合作者應各有其本位，不然便成彼之附屬品。然此本位何從産生，且值文教經濟枯竭之時，此項長途經費將從何出，衆均有難色。余曰：『姑先組織，再籌經費。』於是由北大等機關組成一西北科學考查團，與司坦因之團體訂立分工合作規約，以免司坦因過於專恣横行。其所需經費則另行籌畫，各團内各單位無法擔任，余爲之奔走募集，但所缺仍多。其後蔡孑民爲籌得約萬圓，始克終事。當組織時，余因不在何單位，故無法列名。事後遂亦不復過問團事。馬叔平殆專其責。馬叔平曾有《記漢居延筆》一文，述吾國筆之歷史頗詳。其文如下：

我國古代之筆之保存於世者，曩推日本奈良正倉院所藏之唐筆爲最早，此外無聞焉。不意今竟有更早於此者，此誠驚人之發現矣。爰就研究所得，儘先發表，以介紹於世之留心古代文化者。二十年一九三一年。一月，西北科學考查團團員貝格滿君，於蒙古額濟納舊土爾扈特旗之穆兜倍而近地方，其地在索果淖爾之南，額濟納河西岸。當東經一百至一百一度，北緯四十一至四十二度之間。發現漢代木簡，其中雜有一筆，完好如故。今記其形制如下：

筆管以木爲之，析而爲四，納筆頭於其本，而纏之以枲，塗之以漆，以固其筆頭。其首則以鋭項之木冒之，如此則四分之木上下相束，而成一圓管。筆管長公尺二寸九釐，冒首長九釐，筆頭露於管外者。長一分四釐，通長二寸三分二釐，圓徑本六釐五毫，末五釐。冒首下端圓徑與末同。

管本纏枲兩束，第一束近筆頭之處。寬三釐，第二束寬二釐，兩束之間相距二釐。筆管黄褐色，纏枲黄白色，漆作黑色，筆毫爲墨所掩，作黑色，而其鋒則呈白色，此實物之狀態也。

按索果淖爾即古之居延海，漢屬張掖郡，後漢屬張掖居延屬國。額濟納河即古之羌谷水，亦即弱水。穆兜倍而近之地，據木簡所記，在當時爲甲渠侯，爲居延都尉所屬侯官之一。復就所存木簡中之時代考之，大抵自宣帝以訖光武帝。若以最後之時代定之，此筆亦當爲東漢初年之物，爲西紀第一世紀，距今約千八百餘年矣。羽毛竹木之質，歷千八百年而不朽，非沙磧之地，蓋不克保存也。今定其名曰『漢居延筆』。

自來器物必利用天然之材，而後事半功倍。筆管皆圓形，虚其中，以納毫，宜於用竹。而此以木者，蓋西北少竹材，不易得，木則隨地有之。徵之簡牘，亦木多而竹少，可以知其故矣。崔豹《古今注》言蒙恬造筆，曰『以柘木爲管』，《晋書·五行志》曰『晋惠帝時謡曰：荆筆楊板行詔書』，是古有以木爲筆管者矣。惟析而爲四，又冒其首，不知何所取義耳。

其筆頭之製法，則《齊民要術》載魏韋誕《筆方》言之最詳。其言曰：『作筆當以鐵梳梳兔毫及羊青毛，去其穢毛，使不髯茹。以上據《御覽》六百零五所引訂。訖各别之，皆用梳掌痛拍整齊，毫鋒端本各作扁極，令均調平好，用衣羊青毛、縮羊青毛。疑有脱誤。去兔毫二分許，然後合扁捲令極圓訖，痛頡之。頡義未詳。以所整羊毫中或用衣中心疑有脱誤。名曰筆柱，或曰墨池、承墨。《御覽》引作羊青爲心，名曰筆柱，或曰墨池。復用毫青衣羊青毫，疑有脱誤。如作柱法，使中心齊，亦使平均，痛頡内管中，寧隨毛長者使深，寧小不大，筆之大要也。』

宋蘇易簡《文房四譜》載王羲之《筆經》，亦詳言其製法。其言曰：『採毫竟以紙裹石灰汁，微火上煑，令薄沸，所以去其膩也。先用人髮梢數十莖，雜青羊毛并兔毳。原注云，凡兔毛長而勁者曰毫，短而弱者曰毳。惟令齊平，以麻紙裹柱根令治。原注云，用以麻紙者，欲其體實，得水不脹。次取上毫薄薄布柱上，令柱不見，然後安之。《初學記》二十一『紙部』引『探毫竟以麻紙裹柱根，次取上毫薄薄布，令柱不見，然後安之』二十四字。

又晉崔豹《古今注·問答釋義篇》曰：『牛亨問曰：自古有書契以來，便應有筆。世稱蒙恬造筆，何也？答曰：自蒙恬始造，即秦筆耳。《御覽》六百零五引『造』作『作』，無『即』字。以枯木《御覽》及馬縞《中華古今注》并作『柘木』。爲管，鹿毫爲柱，羊毫爲被，所謂蒼毫。《御覽》作『鹿毫』。非兔毫竹管也。

據以上之所述，是筆頭之中心謂之柱，其外謂之被。柱用兔毫或鹿毫，被則獨用羊毫。羊毫弱而兔毫、鹿毫較强，以强輔弱而後適用。

晉王隱《筆銘》曰：『豈其作筆，必兔之毫，調利難禿，亦必鹿毫。』《類聚》五十八引。所謂『調利難禿』者，即取其强也。然則作柱者，必以此二者爲主要之材矣。此居延筆已禿，不辨其爲鹿爲兔，而毫端呈白色者，必羊毫之被也。

其納筆頭於管也，必固之以漆。管外之纏束，或以麻或以絲，而塗漆於其上。漢蔡邕《筆賦》言削文竹以爲管，加漆絲之纏束。晉傅玄《筆賦》言纏以素枲，納以玄漆。成公綏《棄故筆賦》言如膠漆之綢繆，結三束而五重。以上并見《類聚》五十八。此筆納柱於管中，是否用漆，無由得見。證以納以玄漆之文，似當有之。

其纏之二物，似麻而非絲，即傅玄之所謂枲。《說文》：枲，麻也。所謂三束五重者，當指每筆三束，而每束五重。今此筆祇二束，而每束不止五重，斯爲異耳。素枲之上，猶存殘漆，是殆防纏束之不固也。筆之敝也，敝其筆頭，管固無恙也。故古人之於敝筆，易筆頭而不易管，如今之鋼筆然。唐張彦遠《法書要録》載何延之《蘭亭記》曰：智永即右軍第五子徽之之後，與兄孝賓俱舍家入道，俗號永禪師。常居永欣寺閣上臨書，所退筆頭，置之大竹簏，〔簏〕（二）受一石餘而五簏皆滿。觀於此筆既折其管，又纏以枲，與今制不同，而與唐人之説合。知唐以前人之易柱不易管，猶是漢以來相承舊法也。

筆制之長短，載籍罕有述之者。《方言》載揚雄答劉歆書云，故天下上計孝廉及内郡衛卒會者，雄常把三寸弱翰，齎油素四尺，以問其異語，歸即以鉛擿次之於槧。此言三寸者也。王充《論衡·效力篇》云，智能滿胸之人，宜在王闕，須三寸之舌，一尺之筆，然後自動。此言一尺者也。漢之三寸，祇當今尺二寸二分弱，不便於把持。意者揚雄採録方言，隨時隨地寫之，故懷小筆及油素，爲其便於取攜，歸而録之於槧，非常制也。王充所言一尺之筆，乃常人所用者。王羲之《筆經》言毛杪合鋒令長九分，管修二握，《文房四譜》引。亦與一尺之數相近。此筆通長公尺二寸三分二釐。以余所定劉歆銅斛尺準之，每尺當公尺二寸三分一釐，則正與王充之説合矣。

日本正倉院之筆，號稱天平筆。《東瀛珠光》第二百十六圖，所載天平寶物筆，其管上有墨書『文治元年八月廿八日開眼法皇用之天平筆』云云。據其説明所記，則後白河法皇啓敕封庫，取天平勝寶時，菩薩僧正用以開眼之筆墨親爲佛像開眼，吾俗謂之開光。見諸史籍。是墨書雖爲文治元年所書，而筆仍是天平筆也。考天平當我國唐玄宗開元十七年至天寶八年，爲西紀七百二十九年至七百四十九年。天平勝寶當玄宗天寶八年至肅宗至德元年，爲西紀七百四十九年至七百五十六年。文治元年當南宋孝宗淳熙十二年，爲西紀千一百八十五年。天平時代爲我國文化輸入日本極盛之時，正倉院所藏古物多爲唐制，故天平筆之製作與王羲之《筆經》所記類多相合。

《筆經》是否爲晉時作品，雖不敢必，而非唐以後人所作，則可斷言也。《筆經》言先用人髮梢數十莖，雜青羊毫并兔毳，惟齊平。以麻紙裹柱根令治。次取上毫薄薄布柱上，令柱不見，然後安之。此天平筆被毫已脱，惟存其柱，柱根有物裹之，約占筆頭之長五分之三。疑即麻紙也。今奈良有仿製之天平筆，卸而驗之，則柱以羊毫爲之，柱根裹麻紙數十裹，紙之體積幾倍於柱毫，故柱短而根粗，頗不相稱。更以鹿毫薄薄布於其外，設去其鹿毫，則與二百十六圖完全相同。是知天平筆之製法，即本於《筆經》也。夫筆柱所以受墨，何以裹之以紙，且原柱中又有欲其體實，得水不漲之解。曩頗疑其非是，今見天平筆，始知確有此制矣。

漢居延筆製法不裹紙，柱雖短而根不粗，與今制略同。疑與韋誕《筆方》所述者同法，而非王羲之《筆經》之法也。今人見天平筆，以爲近古者，覩此可以廢然返矣。

墨談

余於民國十年至二十年之間，即一九二一至一九三一年。頗喜搜集名墨。其時盛伯希藏墨已散，朱幼屏、陳劍秋等藏墨始出，袁珏生藏墨遂爲一時冠。余雖不以此名，然南北所收雋品不少。獨在滬見邵格之墨四品，爲蔣穀孫收去，心恒耿耿。避暑青島，至濰縣，見郭氏藏墨，有譜名《知白齋墨譜》。然非盡佳品，且不少僞製。海内藏墨，除袁珏生外，余知吴縣潘博山厚承滂喜齋之後，所藏佳墨不下百五十事，亦鉅觀也。

世局演變，萬事趣於簡單實用，此後之墨勢不能皆爲佳製，蓋亦經濟關係使然。故舊存佳墨益覺可珍，用一枚少一枚矣。近日同光製墨已成古玩，等而上之，可想而知。然書與畫欲求稱意，實非用舊墨不可。書畫家對此，咸感束手。余意苟多數書畫家聯合，向夙有聲望之製墨者，如曹素功、胡開文。訂製一大批，言明以後必繼續訂用，而約定料與工之品質、功能不許偷減，庶幾可以續産佳品。否則，恐有絶種之虞。民二十四五年間，史量才得佳烟數十斤，曾與皖人汪君即於西湖南屏山下建琴巢者。商訂，覓徽州良工精製，而由諸友分購。余亦與焉。惜不久史君遇難，事遂中止。藏烟何往，亦不可知矣。抑余意今日如用舊法製墨，其最困難者爲工價。蓋舊法製墨，必曠日持久，積計工資實太昂貴。但余意未始無補救之法，例如製墨求烟與膠及藥料三者之融化，利在多爲舂研。其實舂研未始不可用機械，以省人工。又如取烟之法，是否可以改用廉價之油，木料則不致太漲價。及改良取烟之工具，以輕成本。此中大有研究餘地。目下全國用墨者，尚不下千百萬人，國際因某種關係亦不少需要，此部分出品，實值得注意改革。蓋同時兼須爲公私各機關謀使用取攜之便，考求製墨汁、墨膏等法，利用科學，以期價廉物美，供需要而塞漏卮，不徒專爲書畫家設想也。一九四四年記。

嗣頻年轉徙，所見佳墨至稀。以語書畫家，則恒曰：余尚蓄有較坊間爲佳者，當不慮匱乏。余曰：君乃徒爲己計耶。余知經濟潮流日緊，此類精細手工業勢難存在。若不維護，將有中斷之虞。衆亦漫應而已。於是余始有意搜集佳品，并詳問墨工製造情況，期得一維持此吾國特有産品之法，因知吾國改用洋烟已有五十年之久。其始皆購諸德國、日本，繼乃專用日本製品。吾國僅和藥料，用舊模製成出售而已。抗戰時期，日貨不來，不得已始自行燒油取烟，而以久不自製之故，工少技疏，油價復昂，不得已就黔川林多地方建小廠，令皖工就之燒鍊，僅乃合用。而膠與藥又缺，轉日盼外貨之入口，以解其困。殊不知德日之烟，乃取自煤之烟箭，加以化學藥料，其質與用固遠不及吾國自製者。製墨者徒利其本輕製易，東夥皆無振作之心，而不知此項特有之工藝，無形中業經喪失，用墨者更迄不知所用之墨早用洋烟，尚自鳴得意，以爲國貨。猶之江浙綢商，久用外産人造絲，而服用者尚懵然也。勝利以後，墨業祇餘胡開文、曹素功兩家，尚能自製。但以在川黔製烟不便，外烟亦不時至，遂雜用不知所謂之烟，其色黯晦。用者因急需，亦不暇擇。外國亦時來購，則竭歷年積存，及收購之洋烟舊墨以應之，亦早非國産矣。有人屢以之請求該管部門，希望向胡、曹兩家，年定一二十萬圓之舊法製墨，責令必自製烟，以維舊法。但有些專家竟云，吾國舊法所製之墨，顔色不深，欲另研究一種化學藥料以製之。蓋認近年用雜料粗製濫造之墨，以爲舊法如是，而以謀改進自居，聞者不禁啞然。一九五四年記。

吾國製墨之法，衰於清末，而藏墨之風，亦盛於清末。其原因甚複，而因寫殿試策，競用佳墨，亦一原因也。依事實推度，近代藏墨者幾以盛伯希意園爲宗主，而同時王仁堪、周鑾詒、馮文蔚、翁同龢、寶熙、袁勵準等，皆翰林也。不過諸人亦各有其文行，不專以藏墨爲事耳。但傳説明清佳墨爲此輩用去不少，亦是事實。自後爲時稍後，專以收藏爲事者，約有下列各家：

勞篤文　朱幼屏　壽石工璽　翁斌孫　張亦湘　景劍泉　延煦堂　袁珏生勵準　陳時利劍秋　耆壽民齡　許策純　楊伯屏宗瀚　徐世章　任鳳苞　張俶成　張庚樓　馮公度恕　蔣式瑆性甫　韓清浄　吴印臣昌綬　關伯衡冕鈞　殷鐵庵鋝　潘博山厚　郭□□濰縣　尹潤生　李大翀石孫　任鳳賓欣申　魏公孟　張子高　張絅伯　周伯鼎　楊邇安　王彦超　李一氓　向迪琮　周〔紹〕（一）良紹良　龔懷西心銘　張孟嘉

諸家關於墨之論著擬目

關於墨之論著，近年經鄧秋枚、吴印丞昌綬、陶蘭泉湘編印後，遺珠已稀。但三家所集，有從他書抽編者。如徐康之《墨》實乃《前塵夢影録》之一部分。邢侗之《墨談》實《方氏墨譜》之一部分。如依此例，似尚有可搜補者。偶就憶及，列下以待集成。其已有單行本者不録。

明麻三衡《墨志》。見《美術叢書》四集四輯。明萬壽祺《古今墨論》。見《美術叢書》二集二輯。明程寰《墨經》。一卷。明宋曰壽《玄對》十六則。明邢侗《墨紀》。以上見《程氏墨苑》。明汪道貫《墨書》。明方于魯《墨表》。明莫雲卿《題方氏墨雜言》八則。三種均見《方氏墨譜》。郭麓屏《知白齋墨譜》二册。耆壽民《墨守》一册。稿本。壽石工《玄尚齋墨記》四册。稿本。巢章甫《墨賸》。一卷，稿本。李大翀《雙琥齋墨董》一卷。張子高《石頑墨鱻齋墨説》。張子高、張絅伯、葉玉甫、尹潤生《四家藏墨圖録》。張亦湘《意園墨録》《秋醒樓藏墨録》。顔崇椝《摩墨亭墨考》。盛伯希《鬱華閣藏墨簿》。向仲堅迪琮《玄晏室知見墨録》。《蕭山朱氏墨目》。

四家藏墨圖録揭印之由來

明之程、方及清初《曹氏墨林》各書，皆書畫刻印無不精工，絶非後來所能及。此與製墨及裝飾之精緻，係相聯者。如外匣内函，以至夾層仿單，無不盡量考究，即可爲證，足徵一藝之傳，皆非倖致也。嗣各家之著述圖繪已無法追步盛伯希，并無著作，袁珏生之《恐高寒齋墨録》，陶蘭泉祇能付之石印，蓋亦藝能有所限也。郭氏《知白齋墨譜》光緒間木刻已不能工，後以初印本石印，則更嫌粗率矣。比年余於諸墨者之流，聚首京師，互出所藏，頗擬繼郭、陶之後，擇其精者，付之圖繪印行。但再三研究，亦覺爲條件所限，難期美善。蓋以前由製墨者根據原模付之雕刻，模皆銅或堅木，所製不畏椎搨，故深淺高下可悉肖原形。今欲就製成之墨，傳其形質，既以質鬆，不任椎搨，如攝影製版亦無法清晰。不得已，用極細緻之法，就原墨搨出其形及書畫，然後付之照相平版。但用何紙印出，方能原形畢露，又是問題。近年紙製變遷，以前諸金石搨本所用之棉連細薄者，概已絶市。後思及郭世五定製之瑜板紙，聞尚有存，商諸其家，僅數百册之用，遂由四家各選二十丸左右精搨，製版印行。兹將其目列後，以備考證。四家藏品皆不止此，此僅明墨之較精者耳。

四家藏墨圖録細目以明代墨爲限

張子高石頑墨龞之室墨目共十八丸

汪春元繡佛齋寫經墨　　吴廣微菉筠軒寶藏墨

程君房寥天一　　金玄甫玄都玉

方于魯文彩雙鴛鴦
孫瑞卿寥天一
孫瑞卿千燈寸玉
無名氏玄玉
葉玄卿天門山
葉向榮文嵩友
汪時茂千歲苓

葉遐庵藏墨目共二十二丸

宣德龍香御墨
程君房龍膏烟瑞
方于魯魚在在藻
方于魯佳日樓
方于魯五岳藏書
吴萬化寫經墨
汪豈凡先天氣
翁敬山神品

吴大年交蘆館
吴叔大九玄三極
吴去塵不可磨
吴長孺爲眉公陳先生製
吴聞禮上牧翁老師真賞
吴元養赤水珠
吴卷石曜靈

汪鴻漸青麟髓
葉向榮文嵩友
潘方凱天保九如
朱一涵青麟髓
朱一涵雙渟化光
吴長孺紫金光
程季元千秋光
吴聞禮贈錢牧齋

桑林里玄神　葉玄卿二酉山
汪鴻漸和羹補衮二丸　方景耀觸邪
汪鴻漸玄虬脂

張絅伯千笏居藏墨目共二十一丸

桑林製功圖烟閣　黄無隅南極老人
桑林里製天香異氣　汪豈凡慶雲露二丸
桑林里儀卿焦桐琴　吴去塵崇禎年造
方于魯天符國瑞　吴叔大天琛輭劑
方于魯青麟髓　吴叔大寥天一
江仲和大國香　程季元青麟髓
汪一陽功臣封爵銘　朱企武八吉祥
葉玄卿蘭亭後序圖　汪勳甫蘇家有
葉玄卿太乙玄靈　吴三玉藜光
葉玄卿天膏　吴三玉守其黑

尹潤生意竹簃藏墨目共二十四丸

吴申伯溪提金汁勝興　吴乾初萬花谷

吴去塵國寶　　　　葉玄卿蒼璧
汪春元大國香　　　金玄甫寥天一
汪崑源紫茸香　　　黄氏文昌宫
汪元一神品　　　　程鳳池鏡石
潘嘉客九玄三極　　程公瑜大國香
潘嘉客金質 二丸　　程公瑜卿雲露 十丸

玄覺廬墨賸

念年收墨，屢經散佚。今之所存，十僅三五。若以用言，猶支一世。然而乾隆以上者寥寥矣。偶因遐老太丈索目，次録如左。誌曰《墨賸》，念昔也。癸巳孟秋，玄覺。

言圖。式奇古類木乃伊，正面塗金，背陰識二字『言圖』篆書。丹徒陳邦懷保之詩曰：『韞匵深藏木乃伊，麝煤千杵金塗之。海天好古具精鑒，元墨無雙人得知。篆字雙雙作背書，摩挲細看辨言圖。借言爲信真奇絶，小璽分明證不孤。』癸巳正月既望，過海天樓，章甫先生示觀元人所製木乃伊墨，背有[illegible]字。章甫釋言，正確。余按古璽有□□[illegible]璽，曩定爲信璽。又有[illegible]璽，[illegible]爲言字，而假爲信，可爲墨文佳證。定海方若藥雨曰：『墨形非木乃伊，分明是觀世音菩薩。年分亦不止於元，早則六朝，晚則唐五代。其爲宋以前寫經墨，了無可疑。』

龍源淵小牛舌墨。源淵墨惟桐鄉勞氏有之，篤文定爲明墨逸品。然位之程、方之上，不無阿偏。

吴尹友銅雀瓦。

葉元英竹枝。尹友爲吴生子，元英爲玄卿孫，墨俱尟見，視其祖父，益爲難得。葉墨更有『嫡子二房孫葉元英監製』款，且翁常熟舊藏，尤爲可貴。

詹衡襄樂琴書以自適。明清間諸詹，當以衡襄爲首，真不在程、方下。

程國瑞飲中八仙之一左相。珏庵先生考國瑞爲明季書家，其墨聞見所及，僅飲仙一種。玄尚有其一，思宜有其二，他未之知。

汪豈凡文嵩友。汪墨極罕，貌粗而質實同程、方。

吴守默尚書奏草。

王士郁琴。麗文氏墨最堅，細膠，輕。

汪時茂璧合珠聯。

汪希古耕織圖。在李成龍『太平萬歲』上。

程鳳池世寳。

許滄亭太平有象。

葉拱輝陰德受報。

胡維楨翰墨林。

吴焕文雲路聯登。思宜亦有焕文墨，篋上舊題『吴元養』，豈即一人耶？

玉樹齋紫金光。眉公墨有『紫金光』者，此『玉樹齋』數字，望而知爲王百穀書。

程大約殘笏。漆衣通景茶花。上下俱磨一面，存程氏小印，形質精絶。嘗往來尹憶竹、强雲門兩家。

方于魯爲龍爲光。任氏欣申百墨齋舊藏。磨試有熊膽味，如漆似水，别有詳記。

汪次侯棲霞巖。

程公瑜卿雲露。

胡星聚朝朝染翰。金漆交錯，精美絶倫，與玄尚所收一笏同。

胡伯圭槐鼎。

魏齋翰墨緣。

朱文宗獻珠圖。有『賴水村造』款，一側『尚英氏』。原錦盒綾衣上有水印泥印章。兩笏書畫題字俱同，而非一範，極樸質。

程正路薛元敬。

黄錦宣盱江勝景。邵寶題。

李成龍太平萬歲。

朱蓉溪紫玉光。

餘清軒家藏。

附東國

古梅園兩兒辨日。

上和下睦，半丸。

鬱華閣藏墨簿跋

此册爲盛氏鬱華閣藏墨底稿，意園祭酒手訂，而子高宗兄所録之副本也。觀此册，藉審當時排比鬱華閣墨品，就二十二家五十六丸之中，斟酌去取，煞費經營。今日視之，猶有美中不足之憾。墨家序次先後，亦有顛倒之處。明知邵之時代先於羅，而墨反居後。復沿誤傳誤，以格之爲青丘之子，劉書原文『字』誤『子』，極爲明顯。必爲青丘字格之。《硯山齋墨譜》所記尤正確，可參證。且捨牛舌而採岣嶁碑，亦不可解。格之之與楊升庵信同爲康陵朝人。禹碑釋文恐作於世宗時，遣戍之後。原注亦云釋文新出，不能考其真僞。則製墨年代，大有可疑。二十餘年前，獲觀袁氏藏墨，就物論物，記憶所及，未嘗愜心，可遺憾者一。黄長吉列『玄草』一品已足，乃竟取其三，而遺方林宗之『寥天一』、桑林季子之『和羹補衮』或『太紫重玄』，可遺憾者二。程鳳池擯『百寶光』而選斷裂崩缺之『靈椿年』，未列目。可遺憾者三。程君房列其五，而方于魯僅有其一，硃筆闌内之『五鳥敘倫』『寥天一』與妙品悉被屏棄，可遺憾者四。去吴玄象之『漢玉鎮紙』，而録汪時茂之『龍香劑』，可遺憾者五。複品如羅之『罔象珠』、吴之『國寶』、汪之『千歲苓』多至三四，而使滄海遺珠，可遺憾者六。然吾人亦何得因求全而將前輩爬羅抉剔之苦心一筆抹殺，何況意園上承《雪堂》《漫堂》，下啓中舟，堪稱中流砥柱。三百年來，明墨之遭厄者，不知凡幾，水之所蝕，火之所燔，兼之村女畫眉，塾童塗鴉，殿試墨卷之所耗，留於世者亦僅矣。賴有前輩如意園者，窮搜冥訪，什襲珍藏，以保存之，使後人參考有資，亦以審流傳有緒，厥功誠不可没。《墨品》中如汪松庵之『八駿圖』、汪義宇之『百花谷』、方瞻玄之『紫霄峰』、潘方凱之『帝城雙闕』、汪汝登之『千歲苓』『青雲芝』，俱屬稀世之珍。而君房之『寥天一』，邢太僕稱爲不亞隋氏之珠、和氏之璧。子高宗兄近得一笏，獲飽眼福，晶瑩如玉。信如中舟所云，堅光奪目，不可偪視，空青水碧，木難珊瑚，殆難彷彿。摩挲欣賞，愛不忍釋。顧處今日偉大時代，吾與宗兄猶癖斯無用之物，治斯不急之務，以保存文物藝術相標榜，聊以解嘲，彌增慚怍云。一九五三年四月十五日，張絅伯識。

此盛伯希藏墨簿傳鈔本，與原稿如出一手。絅伯先生一跋，亦極精核。所云六憾，恰中其短。吾意此爲伯希佇興之作，當製匣時從事排比，求其名稱之配合，遂致年代品質有所疏略，非以此評第甲乙之據也。且伯希雖以其道不行，恒鬱悒然，未必自意，遂夭天年，伯希主試山東，出題爲『立乎人之本朝而道不行，恥也』，時議爲忠憤之流露。故所藏當猶待論定。其後所録止此，則年限之耳。今綜考曾經伯希所藏之品，除入此録而經剔除者外，根本未入録者亦有之。當是續收，或一時目迷五色，均未可料。且當時風尚未甚重考訂，故各家墨説每多疏舛。吾人正當爲之校補救正，非有意尋瑕索瘢也。桑林季子之『和羹補衮』，今在余處，誠屬佳品，不知何以被棄。袁珏生窮卅年之力搜取意園遺珠，而仍未獲其全，知人生萬事不易求備，抑智有所未周，力有所不達，習有所偏蔽，固非止收藏一事爲然矣。

伯希爲清宗室疏屬，博學多通，具深識遠慮，知清祚之不永，恒思有所匡救，故建議頗多，且結納時彦，衆多歸之，非止弘奬風流而已。自其奏劾樞臣，爲西太后所愚弄，知事無可爲，運無可挽，遂日祈死，終以戕生，亦可哀矣。其集中題小萬柳堂長篇五古，爲清代三百年僅有之作。如云『小哉洪南安，强分滿蒙漢。北歸與南渡，故事皆虚願』，料清之必亡，而歸咎於貽謀之不善，可云卓識。惜其未知政治革命及民族團結之精義，徒恫於歷史相傳之慘劇，憂傷以没，而不能翻然改圖也。伯希固非玩物喪志者，寶藏文物亦結習使然，至今風流文采，人猶樂道之。然知其隱懷孤抱者，恐將日稀，故贅述於此，擬之屈左徒、劉中壘，或非不倫也歟！一九五三年冬，葉恭綽志。

張子高雙琥簃墨董提要

《雙琥簃墨董》不分卷，義州李大翀石孫纂輯。分載於民國二十四年《北平晨報·藝圃》欄内，起二月二十五日，迄七月三十日。每月有之，而多寡不一，都凡三十餘次。首唐王方翼、宋王晋卿，末止於明吴去塵。其紀明代墨工，則占篇幅百分之八十以上，事實使之然也。徵引文獻，間有爲近世言墨者所未及，然絶大部分則本麻三衡《墨志》、萬年少《墨表》《十六家墨説》《中舟藏墨録》諸書而已。誤分方瑞生、方澹玄爲二人，則其未見《方氏墨海》一書可知也。以吴守默入明，似亦失檢。編纂體例，列朝之内，以墨工姓氏區分，而以見於著録之墨彙列於各家名字之後，頗便檢閲，是其所長。間有按語，或抒己見，或紀私藏。選録數則，聊見梗概。

一、邵格之。翀按：近人《知白齋墨譜》首列邵氏墨兩枚，審其形款，蓋贗品中之極劣者，附辨於此。

二、汪鴻漸。翀按：麻氏《墨志》但有汪鴻漸，無吴鴻漸。又按：萬氏《墨表》汪元一墨款嘗用『海陽桑林里製』六字，今鴻漸墨款自署爲『桑林季子』，是鴻漸即元一之子無疑。自張長人《墨品》因『季子』二字誤會其爲吴姓以後，紀墨之書皆沿其謬，汪鴻漸遂成爲吴鴻漸矣。

螽斯墨。翀按：《墨志》汪鴻漸名下第一即此墨，蓋可證吴鴻漸之謬矣。

青麟髓墨。翀按：袁氏作汪，不誤。

三、吴叔大。《百十二家墨録》叔大名天琛。翀按：天琛乃所造墨名，非人名也。此誤。

四、吴元養。翀按：圓墨中楷書二行，行二字。吴元養製，漆邊絶精。余曾藏一笏，内子元禮爲人書扇用之。墨色湛然，光彩雖乾隆御製極品無以過之。

五、紫雲閣吴氏。《雪堂墨品》紫雲閣藏墨上書『壬寅春製』，不知姓名，亦甚精。翀按：此墨余藏四丸，後以贈書家山陰魏匏公矣。

《紀墨小言》吴氏精墨、《借軒墨存》碧香居，豐溪吴氏家藏。翀按：上墨余徧考竟不得其名，然墨則甚佳。

耆壽民墨守

耆壽民齡《墨守》一卷，又名《蠖齋藏墨記》。庚戌三月四日，輯其目如左：

御製

淳化軒墨一定，一匣。此定爲御製之冠，古香古色，不在明製下。乾隆丁巳墨一定，一匣。此再和墨也。乾隆辛卯墨一定，一匣。亦再和墨也。龍德墨一定，一匣。未漆皮，張德安謂不佳，非也。歸昌叶吉墨一定，一匣。膠重。來儀墨一定，一匣。蟠螭墨一定，一匣。魚墨一定，紫閣銘勳墨一定，同上一匣。此定爲御製之殿。生民在勤詩墨八定，一匣。鐵冶亭監製，得之九江。黄山圖詩墨十八定，一匣。此似嘉道間墨。

明製

方于魯台鼎墨一定，一匣。此定爲明製之冠。陳松山物。把玩愛不忍釋，以銀十换易之。質堅體輕，扣之作木聲。汪時茂圖章一定。此定亦佳，惜失其鈕。羅小華龍文墨二定，一匣。此墨乃顧月池所藏。余頗疑之，而白午〔樓〕（橋）謂非贋品，究不能遽信。方于魯青麟髓半段。程君房八方墨一定，一匣。得之英古齋。韞文堂龍門墨一定。質輕。葉拱輝蟾宫墨一定，同上一匣。質輕。吴天章介壽稱觴墨一定，一匣。陳寅生物，質輕。吴天章此君墨一定，一匣。鈕書文物。吴天章飲牛墨一定，一匣。佳。正面一牛，飲於澗曲，上題篆書『仿戴嵩』。吴天章硯式墨一定。吴天章卷子墨一定，同上一匣。吴天章『一牀書』墨一定。佳。吴天章『夢李』墨一定。佳。吴天章『筑陽石墨』一定，同上一匣。吴天章雙龍墨四定。仿易水膠法。質堅，潄金。吴天章翔龍墨四定，同上一匣。吴天章『妙翰留芳』，全匣共八笏。一仿張僧繇龍，背臨右軍書。一仿滕王蝶，背臨虞永興書。一仿宋徽宗鷹，背臨鍾太傅書。一仿周昉畫，背臨米襄陽書。一仿崔白蘆雁，背臨李北海書。一仿吴僧草蟲，背臨倪高士書。一仿韓幹馬，背題趙松雪書。一即飲牛圖仿戴嵩，背東坡書也。此墨余有全匣，原裝精絶。第七十八壬午燕九日，紹興壽璽記。

夢李、筑陽石、畫卷、硯式、一牀書，皆天章『龍賓十友』中墨，餘五笏，爲竹簡、臂閣、劍式、琴式、鎮紙，其形製色澤，均不逮『妙翰留芳』遠甚。璽。

余試明墨之香中帶膠者，惟程君房、方于魯、汪豈凡三家有之。守玄雖負盛名，質確不逮，闇然拱輝，多堪雁行耳。『妙翰留芳』所試明製仿僧谿龍半挺，絶佳，然流傳頗多。康雍間之作，堅細有遜矣。玄覺主人巢章甫試康熙『耕織圖』墨記。

是册庚戌所記，即我生年迄今四十二載矣。後此所收，惜未入録，或且倍蓰於此耶。自來藏家著録，好事浮誇。此則雖阿好而弗從，於以見老輩篤厚之旨，中舟當深愧焉。辛卯春日，既從孝同師借讀，命題册尾，因識所見如是。後學巢章甫拜題。

合製

蟫藻閣再和墨一定，一匣。江秋史製，致佳，亦顧月池物。象墨六十定，一匣。無款無年月。細審似清初製，在曹製之上。曹素功『鳳彩九苞』墨二定。此爲曹墨之冠，款在下角，當是進呈未賜名『紫玉光』者。青麟髓一定。此定係曹素功之孫所製。紫玉光一定，同上一匣。紫玉光大定二定，一匣。最精緻，亦顧月池物。紫玉光中定七定，一匣。得之郭質庵，亦佳品。紫玉光小定廿六定，四匣。内有五定一匣者，稍次。青麟髓二定。千秋光二定，同上一匣。紫玉光圓墨二定。佳。三爵墨一定，同上一匣。南極老人墨一定，一匣。此種尚有碎段，試之，不在紫玉光之下。安素軒墨四定，一匣。墨身偶見白點，有謂是合珠末作者，乃别派也，無足尚。隨月讀書樓十六定，二匣。曹素功河圖洛書墨一定。康石舟『墨狻猊』一定。元璜墨一定，同上一匣。曹素功『黄山圖』小定墨二定。是沈歸愚題字。康石舟『黄琮』墨一定，同上一匣。爲午樓跌折一角。康石舟墨五定，一匣。此匣佳，質極輕。賜錦堂寫經墨六定，一匣。江孟卿『即墨之吉貨』墨一定，一匣。質極堅，惜已折斷。怡民所贈。汪心農墨十六定。内有一定『白鳳膏』最佳，『隨園著書墨』次之，是菊香膏也。方密之一定亦佳。汪節庵古泉墨五定，一匣。晋公書畫墨八定，二匣。似乾隆以上者。御製詠墨詩墨二字，一匣。此墨近質尚可。午樓謂是乾隆時製，非也。汪節庵『悦亭』墨四定，一匣。此近時之佳者。『悦亭』乃斌笠耕先生之兄，名怡良。

汪近聖骨牌式壽字墨，背圖一象，無款無年月，側『超頂烟』三字。全匣六十笏。余已得之天津大羅天。又曹伯舫墨闊漆邊，小型精範，楚楚動人。汪氏雜墨有提梁十六種，中間即羼入此笏，意取壽者相。六十笏，意取六十甲子也。璽。

菊香膏是隨園製贈女弟子者，與隨園著書墨不同。墨身長而薄，委角。璽。

南極老人墨，余收兩規。隨月讀書樓墨亦有兩笏，皆曹素功乾隆時製，沈歸愚題。黄山圖原匣大小定，款識亦分陰陽。墨狻猊乃壽州孫蟠字石舟屬汪近聖所製，孫氏造墨範式至多，甚堅細，光澤又在汪氏常製之上。

墨夢玄覺。點筆零箋照眼明，兩朝文物劇關情。小言未必賡張長人宋牧仲，旁譜何妨寫葉拱輝程君房。玄晏流風空荏苒，鬱華奇氣本縱横。頭銜私署瑜麋掾，墨守從散過一生。第七十八壬午燕九日，壽璽，吴勝園玄尚精廬題。

墨風至丁巳一變，厚重有餘，純樸差遜，未若康雍之猶存明時風格，形并質皆然。玄覺。

墨籍彙刊詳目

近年彙刊關於墨之專書者，以吴印丞昌綬之《十六家墨説》及陶蘭泉湘之《涉園墨萃》爲最。然其書已不易得，故將其書内容細目列下，以便研究。

《十六家墨説》清吴昌綬編刊。印丞又號松鄰。

《春渚紀墨》。宋何薳春渚。《墨譜》。宋張壽。《墨談》。明邢侗子愿。《墨記》。明邢侗子愿。《程君房墨讚》。明邢侗子愿。《墨苑序》。明焦竑。《墨雜説》。明陶望齡。《潘方凱墨序》。明顧起元。《墨録》。明項元汴。《論墨》。明張謙德。《説墨》。明曹度正則。《雪堂墨品》。清張仁熙。《漫堂墨品》。清宋犖。《漫堂續墨品》。清宋犖。《硯山齋墨譜》。清孫炯。《紀墨小言》。清汪紹焻熾南。《百十二家墨録》。清邱學敏至山。《借軒墨存》。清借軒居士。《寙叟墨録》。清徐康。

又附：曹素功徽歙藝粟齋墨品，徽城汪近聖鑑吉齋墨品，徽歙汪節庵函璞齋墨品，歙汪怡甫尺木堂墨等，徽州胡開文蒼珮室墨品。以上爲《十六家墨説》之子目。

《涉園墨萃》目録

《墨譜法式》三卷，宋李孝美。《墨經》一卷。宋晁貫之《墨史》三卷。元陸友。《墨法輯要》

一卷。明沈繼孫。《中山狼圖》一卷。明程大約。《利瑪竇寶像圖》一卷。明程大約。《墨海》十卷。明方瑞生。《墨表》四卷。明清間萬壽祺。《鑑古齋墨藪》清汪近聖。子爾威、惟高，孫君蔚、炳宇、穗歧，曾孫天鳳。四卷附録一卷。《中舟藏墨録》三卷。清袁勵準。《内務府墨作則例》一卷。《南學製墨劄記》。清謝嵩岱。以上爲《涉園墨萃》之子目。

李綱之印

李綱印，白瓷質，獅鈕。余於民國二十年得於北平廠肆。其時濰縣陳氏萬印樓之印方散出，此即其一。余夙知萬印樓之印精品無多。余首收此印，聞者皆云精華已去矣。此印舊爲皖汪季青所藏，曾見《飛鴻堂印譜》。

内坊之印

民國九年，余得一象牙印，文曰『内坊之印』，小篆朱文，邊綫已漶，而筆意渾整。後經丁柏言、吳向之、鄧文如三君考定爲隋物。以隋唐官制，太子妃用此印也。兹將三君考述附後。

一、丁淇伯言考述。内坊之印，印牙質，獅豸鈕。連鈕高一寸六分，寬、廣各一寸二分。考《唐書·百官志》，内坊初隸東宫。開元廿七年，隸内侍省爲局，稱太子内坊局。置令二人，掌東宫閤内事及宫人糧廩。又考《唐書·車服志》，皇太子及妃璽皆金爲之，藏而不用。封令書，皇太子以左春坊印，妃以内坊印。按唐以前、宋以後東宫官，無稱内坊者，則此印蓋唐内坊官印，又爲東宮妃鈐令之用。文曰『内坊』，不稱『内坊局』，則造在開元未改制以前。近世流傳漢唐官私各印，金玉爲多，牙質絶罕，似此精妙淳古者，尤不經見。遐公無意獲於廠肆，湮没千餘年，始得表而出之，名物得所歸已。共和十六年，丁淇謹識。

二、吴廷燮向之考述。按内坊不始於唐，齊、隋皆有。《隋書·禮儀志》，齊河清中定令，皇太子妃金璽方一寸，若有封書，則用内坊印。又《百官志》，後齊太子家令下有内坊令丞，隋太子内坊有典内及丞。《唐六典》太子官屬亦有内坊典内。《六典》謂始於隋，據《隋志》始於齊。《文獻通考》言唐皇太子妃用内坊印，太子及妃璽皆不常用。太子用左春坊印，妃用内坊印，略同《唐志》。特齊、隋、唐内坊秩皆非崇，故皆銅印，而内坊令丞等皆知閤内事，故皆寺人爲之。

按《隋書·禮儀志》，後齊河清中著令，皇太子妃璽黄金方一寸，若有封書，則用内坊印。又九品得印者，銅印墨綬。隋皇太子妃璽不行用，若封書則用典内之印。是皇太子妃用内坊印，不始於唐。又《隋書·百官志》，齊太子内坊有令丞，内坊令九品。隋太子内坊有典内及丞，各二人，典内從六品。《文獻通考》亦言唐太子妃用内坊印。《舊唐書·百官志》及《唐六典》皆言唐内外諸司皆給銅印，太子内坊局令二人，從五品。是自齊至唐内坊秩高者，止於五品，必皆用銅印無疑。此北齊、隋唐皇太子妃皆用内坊印，及内坊應給銅印之大概也。

三、鄧文如考述。謹按：内坊之印，隋印也。據《唐六典》，唐設詹事府，沿隋制，門下典書二坊，領坊局，制設左右春坊，左春坊領六局，司經掌侍奉及經史圖籍，宫門掌東宫殿門鎖鑰及啓閉之事，内直掌符璽、繖扇、几案、衣服之事，藥藏掌和劑、醫藥之事，齋師掌大祭祀、湯沐、灑掃、鋪陳之事。右春坊兼領内坊，内坊置典内二人，掌閤内諸事。諸坊局小吏各有差。考唐制，東宫官屬詹事擬尚書令，二坊擬中書，門下六局擬六部，然則内坊當擬翰林院矣。隋制，典書坊舍人八人，唐復爲太子舍人四人，掌侍從表啓、宣行令旨是也。隋唐皆有太子内坊丞，勳衛階八品。唐有太子内坊丞，從七品。太子内坊典直，九品，其職掌當同於典内，或隨時增益也。然則内坊非官名，曰『内』者，示别於二坊，曰『坊』者，意即後世文房書坊之稱。故《輿服志》曰：太子及太子妃表啓教令俱以内坊印行之。考宋景祐鑄印令式，大者方二寸一分，至小者寸八分，與唐制同。又乾德三年，蜀鑄印官祝温柔，言其祖思言唐禮部鑄印官，世習繆篆，《漢·藝文志》所謂屈曲纏繞，以摹印章者也。因悉令温柔改鑄諸印。然則唐宋印文皆用疊篆。又今存宋印多寬欄，唐印欄粗細互見，而皆細朱文。此印細邊欄，方不及寸五分，而爲牙製。文獨古樸，故知爲隋印也。牙官印古多有之，釋達受藏有白文『騎督之印』，漢牙印也。宋制，東宫官屬不常設。仁宗、神宗、孝宗、光宗升儲時，有主管左右春坊事二人，以内臣兼；同主管左右春坊事二人，以武臣兼；承受官一人，以内侍兼。朱文公所謂東宫官屬不備，宜仿舊損益是也。明制，詹事多由他官兼掌，宫僚不備，僅爲翰林轉徙之階，自無内坊之制。且明印皆寬，九疊篆文，故知決非宋明之印也。民國丁卯三月二十三日，江寧鄧之誠書於京邸均字硯齋。

宋陳簡齋及楊廉夫銅印

此簡齋銅印。民國三十三年，得於上海。即袁簡齋《詩話》所紀之陳簡齋印也。

其如何流傳不可知，或者楊柳樓臺藏物散出，輾轉市上歟？

又銅印一，刊『廉夫』二字朱文，當爲楊鐵崖物。虎鈕，嵌銀絲，製作甚精，亦在滬所得。

孫壽玉印

此玉印，瓦鈕，黑漆色，滿身金銀沁，微露玉地，瑩潤異常。爲孫君壽所得，乃洛陽古玩商攜至北平者，不識爲何人之印也。孫君夙知東漢梁氏故事，又喜己名恰同，遂購之。余因搨存此紙。十九年四月二十二日。

或存齋獲古録玉印

蔡公湛可權年來專收古玉印。兹以所獲者，擇尤編爲《或存齋獲古録》見寄。凡四十方，其人之特殊者如王陵、張敞、蔡邕、王霸、田千秋、于吉、荀攸、臧洪、黄祖，任得其一，皆爲瑰寶。公湛陸沉宦海，久屈未伸，得此差足自慰矣。

漢蘇武玉印

吴湖帆藏有孫武玉印，殆爲孫淵如遺物。復得蘇武玉印，以爲雙璧。賦《蘇武慢》詞以紀之。

晋王戎玉印

余於吴門得王戎玉印，全身黑漆，古篆法渾厚，作陰文『王戎』二字。余意竹林七賢惟王戎爲最下，惜不得嵇、阮名印，以供尚友也。

石林居士玉印

余於滬市得先石林公玉印，文曰『石林居士』，作陰文小篆，鈕作獨角獸。

清黄莘田石章

民十四，余於北平得黄莘田桃花凍石章三事，皆有莘田題句刻於上。一云：『怡情到老同燕玉，好色於君似國風。』一云：『神骨每凝秋澗水，精華多射暮山虹。愛他冰雪聰明極，何止靈犀一點通。』一云：『十硯齋頭最可人，年來藉此伴閒身。摩挲每上葱尖手，麗澤更加一倍新。』石質之瑩膩，固不待言，至其題句，足令讀者神往。不知所謂葱尖手，是指金櫻否也？

明黄石齋逸詩

余得黄石齋手寫己作一卷，兹録其未入集者。

驪鸞肝髓已如柴，即化伊蒲未散懷。三萬六千鱗羽業，消多四十九日齋。
火雲勒雨五時難，禹步道人再上艱。仙掌露非魚嘴事，腥風箍箍動綸竿。
何處蓴葵不可嘗，五溪熟釜尚膏香。臥麟未識解蹄訣，别向蛇醫領妙方。
竹籃柳貫且分攜，惹得水田蛙鷺啼。試問鵾鵬天外事，更無慶弔到鷄棲。
已穿寶塔寶珠通，又記雲山龍虎功。總在碧囊收放裹，一番繞殿一番風。
百城飛乳滿啼號，沸鼎能游得幾遭。但願諸天弘網目，陀羅雨共洗屠刀。

希微天語但聞饒，議海星榆已渡橋。五萬金花新結果，百行猿鳥共聞韶。

右至淮上，聞裏邊法事已畢，作大放生。兩年以來，深慚魚鳥。漫成十二章，似圯孺詞壇一粲。黃道周印。

此詩作於甲申後，淮南共建薦亡功德時。公時借事寓慨，幽顯迷離，可微會而不可實指，孤忠心事，正自昭然。此卷乃係裝成後書者，故筆墨尤酣暢云。庚生。

原卷詩十二首，有五首已見集中，故不録。圯孺不知何人，各詩殆均有所指也。

明今釋逸詩

金堡於明亡後出家，名今釋。有《偏行堂正集》刻本五十一卷，又《續集》鈔本十六巨册。國内祇黃雨亭有其全，近聞已獻之廣東圖書館。其十六册曾由劉翰怡選印若干，非其全也。余於抗戰時在香港開廣東文物展覽會，有人以此十六册送會展覽。會畢取回，後聞亦已易主。今釋詩文敏捷，氣概雄肆，雖出家，實未忘故國也。相傳其出家後，匿迹某寺司厨事，人無識之者。值新貴遊寺，乃其門下也。一見大驚，百方詢所欲，不答。固請，乃曰：『寺中僧多，尚缺飯碗。』其徒乃特至江西景德鎮，定燒飯碗一千，捨之寺中，用之多年，至今尚有流傳，市上認爲珍玩者，名曰『澹歸碗』。澹歸本浙江平湖人，後歸鄉，病殁，即葬鄉中。乾隆時，因文字之獄，曾遭刨毁，但其文字仍流傳甚廣。余曾得其手稿多種，兹已散佚。僅餘《和陸孝山梅花詩》十二首一卷，又《㦲庵詩》十首一卷。孝山名世楷，與陸麗京同族。麗京因莊廷瓏史案牽連，遁迹爲僧。孝山不得已，出仕爲廣東韶州府知府。澹歸建刹丹霞，資其護法。此所謂孝老，即孝山也。

㦲庵詩

鵲繞知何定，鴻飛即此冥。經營吾自拙，點綴爾俱靈。老樹分依座，清池合跨亭。平生愛疏豁，攬取一峰青。

是眼誰能礙，非臺亦迥然。一痕開遠岫，百頃落平田。雲出重重樹，風歸縷縷烟。横橋滄海意，吞吐欲相連。

不向西湖老，横山省更賒。清陰疑畫舫，鄉思撤梅花。藻月參差竹，松風斷續茶。何須分主客，得嬾即吾家。

昨夢消無所，先秋説閉關。地偏心已足，事减日初閒。落葉聽多少，騎牛看往還。一番風雨過，幾幅米家山。

翦棘同相約，攜瓢到幾時。斷壠留曲徑，野色進疏籬。適意無前定，深山已後期。祇應長閉户，石上坐支頤。

戴民曾有國，好夢入南荒。衣食堪時具，園林到處涼。頻伽寧異舌，薝蔔尚餘香。爲語金身老，微分一色黃。

格外能相見，供看一味真。勝情饒引我，客氣罷繇人。便飯何妨飽，空茶不謝貧。方隅紛自畫，未限葛天民。

瑣屑提瓶鉢，殷勤筴米鹽。主人行掃葉，病客坐垂簾。底事辜清課，隨時會白拈。且無梵刹氣，孤冷亦莊嚴。

幽鳥呼晨起，忘言到夕曛。移松需及雨，立石乍添雲。味盡空中果，香來水外文。漸知明月上，不擬嘆離群。

伏暑麾之去，金風赴曉寒。病惟求衛老，藥豈勝加餐。露折蓮房嫩，雲梳菜甲繁。鷦鷯休漫賦，非分一枝寬。

辛丑春正月，書爲聖遊大士正之。今釋。

孝老垂示梅花詩十二首用韻奉酬

嶺嶠寒香未覺多，故園消息近如何？山中結素雲留影，湖上浮光月涌波。無葉肯隨風綽約，有花但許雪摩挲。即今放鶴亭邊樹，閱盡炎涼不改柯。

月澹風嚴迥絕塵，倚巖照水半藏身。千林珠玉還高士，一握冰霜領道人。冷澈窮年常守臘，暖回至日早迎春。葭灰欲動誰先覺，地闢天開不在寅。

流水高山共此音，新詩寄到即長吟。尊羹感慨餘千里，茗碗低回剩一心。紙帳垂垂留夢覺，玉毫粲粲憶登臨。可堪寂寞三春裏，老樹疏花鎖夕陰。

花發高枝客倚樓，關山層疊暗添愁。昭回日月香初動，暝戛風烟色未流。不得移舟尋鄧尉，何當控鶴過羅浮。指尖畫盡書生袖，兩字饑寒一帶收。

南嶺全開北嶺枝，舊花新樹費尋思。寂寥東閣人猶在，爛熳西谿夢已遲。百衲水雲寒又暖，半肩風雪點還癡。巡觴勒馬渾如昨，快拂冰綃寫軼詩。

昨歲梅花今歲開，人隨花發漫相猜。疏枝試暖蜂先得，蜜蕊禁寒蝶未來。雪點鸜哥驚換拍，烟沉龍腦怯登臺。傷心最是初香候，便有飛英卧碧苔。

幾將毳袖拂天風，萬樹寒花月下空。磬口未緘休寫蠟，牆頭雖露不舒紅。好從香裏窺無色，錯向春前守一冬。天上珠衣浮碧海，廣寒宮在水晶宮。

宦海曾同鷗海盟，曲籬深澗亞肩行。敲詩獨屈林和靖，擲賦兼逢宋廣平。舞遍孤山看鶴立，歌從庾嶺記冰清。開箋爲濯薔薇露，一片光摇白玉京。

春色偏從嶺外傳，流沙積雪到何年。偃松自蓋全輪豔，屈鐵交枝暫比堅。玉樹開時纔透石，珠簾落處忽抽泉。果然赤脚吞花客，贏得蘇卿一席氈。

緑玉垂條紫玉根，三珠倒影落崑崙。燕脂不借檀雙暈，菡萏初收碧一痕。未許香雲成寶相，誰持水月涴空門。可憐風雨春間事，贏得梨花又斷魂。

補石何難復種花，自然尊貴不留鵶。丹鉛盡洗開朝旭，水墨全圖失晚霞。爲説寒荒原有國，不知香夢落誰家。記從獨木橋邊看，幾個漁舟泊淺沙。

夢裏蒲團醒後僧，松寮竹簟喚常應。一瓶石乳吹殘火，滿樹霜華翦薄冰。未死凡情消白業，寫生妙手憶青藤。曾看梵網交光義，欲種螺巖最上層。

弟今釋手稿。

按：孝老即陸孝山，順治時爲韶州府知府。平湖人。當時廣東諸遺老多得其蔭庇，亦有心人也。葉恭綽志。

清姜實節手寫遺詩

萊陽姜實節於清初寄寓吳門，以賣字賣畫自給，時有故國之思。其詩流傳極少，余曾得其自書詩册。玆摘録於下：

揚州城外草芊芊，爲憶秦箏舊日緣。腸斷不堪回首望，緑楊風下少鞦韆。揚州感舊。

白雲遮斷青山院，絳節遥看鶴背閒。惟有泉聲能惜別，二更相送到人間。出黄山後寄黄虞道士。

小飲罏頭醉似泥，幸逢良友爲招攜。醒時記得歸時路，一半殘陽挂柳堤。飲虎丘山下。

萬里江流駛，乘風直上天。我將吹鐵笛，驚起老龍眠。《長江萬里圖》臨方方壺。

觵枝揺去風欲起，客枕欹時天未昏。數聲清磬水烟滅，日落山僧歸廟門。題畫。

山僧指樹爲余説，樹老心空有歲年。親見野鴉銜子入，種成槐樹復參天。陽山白龍廟前老樹内寄生槐樹一枝，緑陰如蓋，殊爲可觀。余以春日過其下，徘徊不能去，爲作詩紀之。

秋林繫馬鋪茵坐，黄葉隨風點碧苔。我憶湖南蕭寺裏，日斜空殿兩枝槐。題趙松雪《平林秋遠圖》。

六年前見傾城色，猶是雲英未嫁身。今日相逢重問姓，座中愁煞白頭人。贈女校書張憶孃。

黄葉迎風落，秋聲吹滿庭。竹枝僧院裏，清耐雨中聽。題畫。

紅幺點就新詞譜，未遣樽前按拍歌。如此好山如此水，老翁相對奈愁何。西湖寓樓毛大可、洪昉思爲余填詞，約歌者未至。

詩成當代説方干，何事辭家久不還。眼底烟霞非故國，夢中桐柏是名山。花深古竈憑燒藥，月冷啼猿爲守關。祇是白頭慈母在，不教容易别人間。送黄虞外史方望子入黄山修煉。

曉日舡頭滿翠微，菰蒲秋水見漁磯。白鷗也自知人意，祇傍紅妝不肯飛。光福舟中贈女校書陸小蠻。

歌憐翠黛雙眉斂，醉愛胭脂兩頰酡。我把好花摹豔色，海棠春睡不如他。盲女金孃善歌，有殊色，以扇索書，賦贈。

黃山三十六奇峰，絶頂能將帝座通。此夕結茅雲海上，共誰騎虎月明中。題吴夙山天都看雲小照。

賸有閒懷老不禁，手扶笻竹下階吟。山家一月無人到，青草門前許樣深。虎丘即事寄方望子二首。

雨中劚筍共餐飯，月底烹泉同論詩。此種高懷非易得，君行莫忘虎丘時。

路近南鄰得草堂，移裝差可當還鄉。梁鴻吴會依皋廡，朱子崇安署紫陽。官渡趁潮搖亂艣，女牆銜月下新霜。懸知兄弟論心處，樽酒城陰夜未央。方與可自黃山來吴，初寓閶門，已移寓胥江新安會館，題此贈之，兼柬其令兄望子。

淺草沙汀路，無人屧步還。白鷗多謝汝，同我看青山。題畫。

黃葉吹殘晚寂寥，疏楊木瀆水蕭蕭。驚心忽下天涯淚，猶有崇禎往日橋。由木瀆入崇禎橋。

山色湖光兩不分，晴烘香靄白於雲。畫舡泊在梅花岸，老我吟翁共使君。鄧尉山看梅酬宋中丞。

四海都成戰伐塵，家山回首各沾巾。月明夜靜千人石，衹有酸心兩個人。虎丘贈山陰戴南枝。

讀易山齋月照林，四更危坐一燈深。倦來忘却關窗睡，雲入孤帷濕滿衾。虎丘夜宿。

十年前亦到天都，擬倩長康作此圖。先得我心惟有子，未謀君面却愁吾。

清屈翁山逸文

屈翁山遺集其既刻者，近已陸續發見。其未刻之巨著如《四朝成仁録》近亦已校訂，刊入《廣東叢書》。其零篇斷簡則有《翁山佚聞》一、二輯，大致已蒐集略備矣。然諸文傳鈔有訛，或有隱諱删改，皆在意中，故仍有待訂補。如《屈門四碩人墓誌銘》原刻石近年於石涌山訪得，其中〔翁〕（屈）山八子二女之名皆可補各文之缺。兹録於下：

屈門四碩人墓誌銘。

四碩人者，屈子翁山大均之室也。一曰王氏，字華姜，榆林人。生丙戌正月七日，終庚戌正月二十七日，得年二十有五。以是年十有一月日葬於涌口石坑山，坐坤向艮兼丑未三分之原。一曰黎氏，字緑眉，東莞人。生丙戌十一月二十一日，終丙辰六月四日，得年三十有一。以是年八月日，葬於王之左。一曰梁氏，字文姞，南海人。生癸巳十一月十有一日，終丙寅閏四月二十日，得年三十有四。以是年六月日，葬於黎之左。一曰劉氏，字武姞，昭平人。生乙未十二月二十九日，終乙亥四月七日，得年四十有一。以是年五月十七日，葬於王之右。是爲大均之四配，皆孝淑慈惠有婦德者也。王生一女阿雁，殤。黎生一子明道，亦殤。梁生二子，曰明洪，博羅學生員，娶李氏；曰明治，未聘。劉生二子，曰明泳，聘陳氏；曰明渲，未聘。二女，曰明洙，許字莫元；曰明涇，許字蔡鎏。銘曰：嗚呼！吾生無德，當諸賢配。命帶刑傷，使皆不待。至於四三，終無成對。無禄碩人，偏來作妃。數乃莫逃，非夭不貸。少女長男，衆皆歸妹。知敝永終，辭非茫昧。初皆占之，求賢無悔。幸有兒孫，墓祭咸在。精靈同遊，先公塋内。既固既安，千年無害。乙亥之歲五月十七吉旦，屈大均抆淚撰書，時年六十有六。孝子屈明洪、明泳、明治、明渲、明漢、明瀟泣血立石。

此誌於一九三零年粤人重修沙亭寶珠峰翁山墓時，於石涌山訪得此石。

明金聖嘆遺文

李季雲舊藏邵僧彌山水，附金聖嘆跋。絹本，長及丈，淺青緑加墨，烟雲縹緲，筆意酣恣。末自題：『余與中行交廿餘年矣，南北離隔，山城間阻，事會分奪而文酒過從，風雨烟月，談笑論辯之期，殆十不得其二三。辛巳冬，中行索余爲圖，以當晨夕晤言，適符余志。自冬涉夏，結構略成，因誌我兩人投好，不特以其畫也。小弟邵彌。』金聖嘆遺文，除所批注各書外極少見。余昔藏僧彌是卷有長跋，作於崇禎甲申四月，更足徵其懷抱文筆之汪洋恣肆，自其本色。兹録於下：

昔嵇叔夜臨終顧視日影，索琴自彈，既而嘆曰：廣陵散於兹絶矣。又有哭王子敬者曰：子敬子敬，人琴俱亡。嗟乎！讀斯兩言，能不痛哉！群天下之人無慮億萬萬，至於其卓犖俊偉者，每每間百十年乃一生。生於世曾不五六十春秋，又必先此無慮億萬萬者以先〔去〕（生），然則造物者真於世間有惜、不惜之分别者也。其不惜者，如所謂無慮億萬萬者是也，富貴壽考，莫不具備，泥塗視之，皆是公也。然而我特無取焉。若其所惜者，則如嵇叔夜、王子敬，既不肯屢生於世，生又每每不能與富與貴遇。於是資生艱難，憔悴枯槁，身非金鐵所成，未免一旦遂没。嗟夫，人生世上，往往鹿豕聚耳，亦又何樂？而顧戀戀不能去乎！此幀爲瓜疇先生遺筆，老友般若法師藏之，而得之於聖默法師者也。余與先生生既同里，年又不甚相去，使先生稍得至今日猶未死，余與先生試作支許，竟日相對，至今日猶得與群公者睹先生之遺迹，而慨然追慕其人。嘗試通前通後計之，余之追慕先生實未知鹿死誰手。而天之不弔先生，竟已先賦玉樓去。余未死者，則既爲造物之所不惜，亦復爲時幾何，安能更有餘力爲先生多嘆惜哉！余不識先生者，而余甚識聖法師，則見先生不得，見法師如見先生，此余之所以傷於先生也。後之人不識先生，并不復識聖法師也，則恃有此筆在，見此筆如見先生，遂并如見法師，則又安知余亦幸不附此筆，而爲後人亦傷痛也。書之不勝三嘆。崇禎甲申夏盡日，涅槃學人聖嘆書。

當年畫友數聯盟，迂癖何曾誤此生。壽考尚書兼富貴，人間片紙總齊名。隻眼觀書悵絶倫，借傳孤憤墨猶新。高才異地同千古，傷痛先生又幾人。丁巳七月望前，寄雲。

是卷作於辛巳，爲僧彌先生晚年筆。金聖嘆之跋，則後三年耳。時當鼎革，故聖嘆語多感喟，非止觀河之傷逝也。邵、金二先生固不藉斯卷以傳，而此卷乃適緣二先生而增重。聖嘆所言，不啻爲今日道，不知千百年後，尚有因此卷而識吾徒者否？季雲先生其亦與吾同感也歟。至畫筆酣恣，乃僧彌僅見之作。跋語汪洋超俊，亦聖嘆本色，不待再贊一辭矣。民國二十四年二月，葉恭綽識。

邵瓜疇號稱惜墨如金，而吳祭酒又曰一生迂僻爲人尤，其畫之少概可想見。余集畫册都九人，獨缺者程松圓與瓜疇耳。此卷有聖嘆跋，時在甲申四月。言辭之間，感喟特甚，然其哭廟之舉，殆亦借題耳。清廷之殺聖嘆也，亦借題也，非爲哭廟也。讀聖嘆此文，可以知其志矣。惜瓜疇之不及見耳。吳湖帆識。

清朱竹垞風懷詩稿

朱竹垞《風懷》詩二百韻世所豔稱，其本事則所説不一。其原稿余在常熟張鴻家見之，原題曰《静志》。竹垞詩話曰《静志居》，殆即因此。後刻集乃改曰《風懷》，所謂我寧不食兩廡豚，不删《風懷》二百韻者也。竹垞少年風流倜儻，且與魏耕、屈翁山等皆有往來。後舉鴻詞，遂變節事清。清康熙帝之召入南書房，本有消反側意味，後爲高士奇所傾軋，以致失寵。此固高之薄德，亦朱之輕出有以致之。《曝書亭詩》云：『海内文章有定稱，南來庾信北徐陵。誰知著作修文殿，物論翻歸祖孝徵。高皇將將屈群雄，心許淮陰國士風。不分後來輸絳灌，名高一十八元功。』即指江村也。又竹垞出都時，與江村詩有云『寄言鸞鳳侶，釋此歸飛禽』，可哀也已。余意《風懷》本事不論其爲鴛水仙緣，抑青樓豔遇，皆不值深論。可惜者獨竹垞之高才博學，仍僅以文學名耳。然較之陳名夏等不保其身，猶略勝一籌。

梁節庵遺文

梁節庵丈鼎芬，少年通籍，年二十七以劾李鴻章罷官，天下仰其風采。其晚節以現代眼光衡之，固應别有評斷。但以文詞論，其俊逸處，固自不凡。其《款紅樓詞》爲余所刊，匆促間不無遺漏。兹檢得《菩薩蠻》四首録後，蓋有感時事之作，當在光緒甲午前後也。又丈工爲宋四六，其傳誦人口者，如《湖北按察使謝摺》云『病馬枯葵，嘆餘生之無幾；霜筠雪竹，誓九死以不移』，又《請開湖北按察使缺摺》有云『虎鬚曾捋，誰知韓偓之危；鸞翮難翔，不似稽康之鎩』，皆似歐、蘇名作。又丈工爲對聯，如武昌府廨大門云『燕柳最相思，身别修門二十載；楚材必有用，教成君子六千人』，書齋云『獨坐鬢成霜，那有高名驚四海；多年衾似鐵，勉修苦節過餘生』，兩湖書院云『講席廿年心，鹿洞傳經嚴義利；閒庭三月尾，龍川詞意寫芳菲』，皆迴異流俗。其遺詩除沔陽盧弼氏所刻數卷外，余曾爲輯刊三百首。至文集及他稿，粵中有人爲輯集數卷，於抗戰時爲炮火所燬矣。其遺文尚有《祭宋李忠簡公文》一篇。茲并録後：

緗奩春冷盤龍鏡，瑣窗愁怯靈蛇影。獨自畫蛾眉，淺深君不知。羅裙金蛺蝶，斜綰丁香結。吹落海棠風，玉欄人意慵。《菩薩蠻》。

畫堂春暖圍金谷，錦屏花隱芙蓉褥。一曲舞山香，羅巾貼地長。吴綾深什襲，都是鴛鴦織。絳蠟不分明，替人紅淚傾。前調。

湘裙疊翠泥金簇，玉臺斜彈鬟雲緑。綽約數花枝，此情鸞鏡知。青禽消息斷，夢冷蘼蕪院。影事半模糊，曉窗聞鷓鴣。前調。

畫欄幾點櫻桃雨，雕梁燕子留春住。門外柳依依，玉驄何日歸。惜花人未起，寂寞紗窗閉。鸚鵡語簾櫳，滿階堆落紅。前調。

祭海珠寺李忠簡公文。

惟我公之誕生，當嘉泰之初元。秉九月之辛氣，降大星於其門。長讀書於茲山，發光輝於鷺村。稱國器於增城，鑒忠直之所存。初端平之召對，獨抗言於治亂。恐禍至之無日，必衣冠之塗炭。忘勁敵之在前，欲恢復則已晏。陳四戒以儆心，拜賜金而長嘆。奚真魏之繼用，若荆公於先朝。朝彈墨而夕進，人才少而災饒。土地割則已割，其存者亦如僑。疏可再而涕薄，曾何救於焚燒。彼嵩之之巨奸，杜劉徐之枉死。賴前後之三疏，始下詔而致仕。結章子之同心，恨後村之無恥。事多略而不詳，嘆寂寥於脱史。逮寶祐之赴闕，悲開慶之已胎。國用竭則民槁，寵賂章則臣回。既似道之執政，又大全以爲媒。祈主心之大悟，等臣志於微埃。言不行不可禄，遂去國而還家。昔三學之諸生，賦庾嶺之梅花。今一載而遽舍，豈嬖佞之所諱。洞嚮陽以表志，里久遠而無邪。俄星隕於城東，遂建祠於漢寺。雖巨浸而不没，并高風而無二。海汝賢之所題，陳集生之所記。志未竟於生前，事足儆乎在位。薦菊坡之寒葉，汲文溪之清泉。敢陳詞於老少，莫缺祭於歲年。來此祠者勿忘，忠君敬師爲賢。江滔滔兮不返，心耿耿兮寺前。尚饗！

梁節庵别號之多，不亞傅青主、歸元公。暇偶憶録如下：

伯烈，星海，竹根，老節，孤庵，精衛，海客，汐社，鹿翁，夕庵，佳處亭客，藏者，蘭叟，性公，敷，不回翁，不回山民，毋暇，人間人，鳳水詞人，藏山，蘭道人，莈兮，蘭湖民，浪游詞侶，蘭農，蘭隱，藏叟，烈子，元節，好松，汐公，蘭湖游客，湖氓，苕翁，豐湖長，玉苕詞客，尚存學人，苕華，劍叟，棲鳳樓客，鮮民，琴莊，敝牛齋，鸞棲館，精衛庵，教忠堂，食魚齋，幽蘭居，冬庵，苕華室，紅柑榭，花敷亭，有恥堂，毋暇齋，鳳水亭，清士，今汐社，棲鳳樓，見鹿亭，文溪人家，飛玉澗，永願庵，藤戒軒，謝印樓，一盞軒，此閒齋，静學齋，四柿亭，蓴湖，二十八松堂，識字寮，魚齋，竹根亭，玉塵閣，坦照齋，寒亭，華待軒，歲寒堂，謝卜徐畫傅藥之齋，未園，鴨知橋，詩教堂，激楚堂，百花村，雪心堂，抱膝亭，破廬，别茶庵，二忠樓，燈味軒，蕙湖，種樹廬，玉山草堂，禮庵，千鈞堂，雙溪精舍，棲鸞館，芬花宅，清風堂，天山草堂，好松道人，賜福堂，綴春亭，四梅堂，紅玉簃，梅堂，葵霜閣，能秀精舍，思荔亭，方壺齋，玉泉山隱居精舍，百年村，隆中，老逹堂，香葉山房，刻翠詞人，正學堂，雙溪慕廬，草自然家，潔庵，抗風軒，蛾術齋。

先祖集外詩詞

先祖南雪公《秋夢庵詞》及《海雲閣詩》已先後刊行，但尚有遺逸。其最爲當時稱誦而未入集者，有甲午感事《菩薩蠻》十首，及臨終《病黄詩》四首。兹録於下：

菩薩蠻十首。甲午感事。

遥山黯淡春陰滿，游絲飛遍梨花院。野草罥閒庭，紅棠睡未醒。華筵歌舞倦，簾外流鶯唤。錦帳醉芙蓉，邊書不啓封。

琅璈鈿瑟瑶池宴，素娥青女時相見。濁霧起樓蘭，邊風鐵騎寒。扶桑東海樹，移種荒厓去。淚眼望斜陽，關山别恨長。

觸輪夜半飛緜惡，魚龍曼衍潛幽壑。海蜃駕長空，寒濤戰血紅。珊瑚金翡翠，滴盡鮫人淚。遺恨鵲填河，波斯得寶多。

鳳窠群女顳頏舞，纏頭百萬輸無數。紅錦稱身難，瑶箏不肯彈。銀屏圍十二，私印綢繆記。醉眼太迷離，雙雙金縷衣。

淮南赴召牙璋起，紫皇寵報金如意。烽火已漫天，何時著祖鞭。清人河上樂，卿子誰偕作。大漠陣雲昏，凄凉烈士魂。

封狼天塹能飛渡，鸛鵝半壁空如虎。釜底惜游魚，游魚薄太虚。華陽頒十賚，恩重鰲山戴。湯網總宏開，和羹宰相才。

金鑾下詔璇宫裏，繡裳特爲蒼生起。瓊户玉樓臺，誰教斫桂來。乘槎空挂席，未採支機石。青瑣點朝班，琵琶出塞難。

窮鱗縱壑滄溟闊，姮娥巧計能奔月。天際動輕陰，冥鴻何處尋。青燐飛不斷，慘慘蟲沙怨。江上哭忠魂，同仇粉將(去)軍。

向陽花木都腸斷，青鸞望絶音書遠。鵷鷺忒知時，春情聽子規。嗚珂金紫焕，赫赫麒麟楦。簪紱樂昇平，終軍漫請纓。

卅年競鑄神州鐵，水犀翻被蛟螭截。雷火滿江紅，傷心駭浪中。長城吾自壞，添築蠮螉塞。廷尉望山頭，思君雙淚流。

病黄戲作七律四首。

吟到秋花瘦骨單，居然黄面學瞿曇。誤驚雲物來蒸菌，那有鄉遺遠贈柑。守日何曾人瑞現，題碑祇覺色絲慚。忽然欲作游蜂想，斜抱花枝笑不堪。

衮袍何意竟加身，且聽彈琴樹下聲。幾度鵑啼埋土恨，頻年鸝唱説風情。赤松何地來尋石，靈藥無由解覓精。那有金臺能市駿，且憑阿孋護長生。

轉緑回時劇可憐，竟同梅雨夏初天。吟成豆葉詞人哭，説到槐花舉子顛。半世青燈叢卷裏，忽來白葦亂茅前。更無粉墨親題壁，替寫河流遠上篇。

由來我是土摶人，難説精金鑄島身。一領青衫仍鷄子，廿年烏帽抗蹄塵。蘖含自覺心中苦，粱熟誰貪夢裏真。雲海更無登覽興，詩吟山谷倍傷神。

文道希擬古宫詞

道希先生《擬古宫詞》，蓋指清同光間宫闈事，外間傳者不多。兹録於此，且略加注釋。讀者可與吴士鑑《清宫詞》參看。

鵯鵊聲催夜未央，高燒銀蠟照嚴妝。臺前特設朱墩坐，爲召昭儀讀奏章。清西太后垂簾聽政，以每日奏摺繁多，特令瑜貴妃助之閲看。妃，同治妃也。

書省高才四十年，暗將明德起居編。獨憐批盡三千牘，一卷研神記不傳。此亦指瑜貴妃。《研神記》，唐上官婉兒作。

椽筆荒唐夢久虚，河陽才調問何如。罡風午夜匆匆甚，玉几休疑末命疏。此指同治去世時，遺詔爲西太后所易。其所發布者，乃潘祖蔭所另擬也。

手摘珠松睡不成，無因得見鳳雛生。緑章爲奏鴲儀殿，不種桐花種女貞。此指西太后不許同治與皇后阿魯特氏同居。

富貴同誰共久長，劇憐無術媚姑嫜。房星乍掩飛霜殿，已報中宮撤膳房。此指同治后絶食死。

河伯軒窗透碧紗，神光入户湛蘭芽。東風不解傷心事，一夕齊開白柰花。此亦指同治后之死。

十門鎖鑰重魚宸，東苑關防一倍真。廿載垂衣勤儉德，媿無椽筆寫光塵。此指慈安太后之恭儉。

鼎湖龍去已多年，重見昭丘版築篇。珍重惠陵純孝意，大官休省水衡錢。此指西太后之修頤和園。

雲漢無涯象紫宮，昆明池水漢時功。三千犀弩沉潮去，祗在瑶臺一笑中。此指移海軍經費以修頤和園事。

龍耕瑤草已成烟，海國奇芬自古傳。製就好通三島路，載來新泛九江船。

碧海波澄晝景暄，畫師茶匠各分番。何人射得春燈謎，著得銀靴便謝恩。此指海關監督進鴉片烟於西太后，及其他進奉事。

月檻風闌擬未央，少游新署藝游郎。一時禁扁鈔傳遍，誰是淩雲韋仲將。此指南書房各翰林擬頤和園各扁聯事。

桂堂南畔最銷魂，楚客微詞未忍言。祇是夜深風露冷，黄輿催送出宮門。

未央宮闕自崢嶸，夜靜誰聞吠影聲。想見瑤池春宴罷，楊花二月滿江城。此指楊月樓入宮事。

各倚錢神列上臺，建章門户一齊開。雲陽宮近甘泉北，兩處秋風落玉槐。此指宮廷各售差缺事。

水殿荷香綽約開，君王青翰看花回。十三宮女同描寫，第一無如阿婉才。此殆亦指瑜貴妃。

金屋當年未築成，影娥池畔月華生。玉清追著緣何事，親攬羅衣問小名。隆裕皇后爲西太后之姪女，少時入宮爲光緒所見，追及之，攬衣問其名，曰名娥兒。西太后以爲光緒喜之，不料其後脱輻以終。

九重高會集仙桃，玉女真妃慶内朝。末座誰陪王母席，延年女弟最嬌嬈。此指李蓮英之妹入宮事。西太后本欲以之爲光緒妃嬪，而光緒意不屬，乃罷。

藏珠通内憶當年，風露青冥忽上仙。重詠景陽宮井句，菱乾月蝕弔嬋娟。此指珍妃被逼投井而死。

詔從南海索鮫珠，更責西戎象載瑜。莫問漁陽鼙鼓事，驪山仙藥總模糊。
彩鳳摇摇下紫霞，昆山日午未回車。玉釵敲折無人會，高詠青臺雀採花。
筠藍采葉盡吴姝，絲館風輕織作殊。新色綺花千樣好，兒家提調費工夫。
斜插雲翹淺抹朱，分明粉黛發南都。榴裙襯出鞋幫蝶，學得凌波步也無。
春老庭花喜未殘，雲浮翠輦上星壇。緱山笙鶴無消息，惆悵梁新對脈難。此亦指各地進奉，及綺華館之設立，與西太后之好裝飾。

歌之建立

余自束髮受書，嗜作詩詞，但未探其源，衹認爲文學中之一類而已。中年始有感於音樂、藝文合一之理，力圖倡導，但仍感其有扞格。避寇居香港，欲以歌曲激發國人抗戰情緒。又習聞辛亥革命前西南一般歌謡，鼓吹革命之普遍而深入，益感政治與文藝相關之密切，并灼見文藝進步方向之所趨。於是發生韻文必有新體制產生之感想，欲與先進後起諸君相爲討究。因於臨時遷港之嶺南大學講演一次，其題目爲《歌之建立》。雖然就今天來看，其意義係膚淺的，但彼時言及此者尚少，故姑録於此。

今天所要講的題目是《歌之建立》。這個題目的意思，在下面説明。我們大家都知道，中國的文學可分成許多種類，但大體來講，亦可畫做兩部分：一、有韻之文，如詩歌詞曲等；二、無韻之文。今天所講的，就是有韻之文中的一部分。我國的歌謠，其見於記載者甚古，如《書經》。在堯舜時代的社會，已經流行了。我們暫且不談關於它體裁的變化，作品的優劣，作風的盛衰，這些都是屬於中國文學史的一部分問題，且有專書論及。我們去研究一種學術，因爲想知道它的體裁和用處，尤其是文學，我們不能不知道它的源流正變。但是如果要自己做文學家，那就不祇應知古人作品的源流與正變，而且應知道它演變的原因、痕迹與背景。由這些演變痕迹與背景，再推演成一種我們現在及將來所需要的新文學出來。由這一點我們知道，不單祇要得到古人作品的面目，而且應要得到他們作品的精神，以做推陳出新之用。一般人常罵，死的文學非活的文學，這是就指祇得到古人文學的骸骨，而得不到它的精神，不能融合産生一種合時代需要的東西。中國有韻之文，除賦等外，許多散體文中如《易經》《書經》、諸子及其他皆有韻的，現在暫時省去不講，專論及那些可歌之文。換句話説，就是指詩歌詞曲。

剛説過有韻之文不祇是詩歌詞曲，現在我們怎樣來下一個界説呢？大體可以根據下列三個條件：一、有韻；二、可歌唱；三、合音樂。如古之《詩經》，與現行的詞曲皆是。據我的想像，可歌之文必須與音樂相配合，方能進步。古代如是，近代如是，將來恐怕也如是。歷代詩歌詞曲之發達，名家多至不可勝數，然其異彩每在既合音樂又可歌唱，得文學之精神，受韻味之配合。反之，如僅徒具形式，往往馴至不能生存。如詞之代詩，曲之代詞，便是這一點。當各位研究文學史時，應當注意到的。《書經》云：『詩言志，歌永言。聲依永，律和聲。』『詩言志』者，意思就是説將内心的情感在詩中表達之。『聲依永』就是拉長其腔詞，而使之易合於音樂。至於『律和聲』，乃聲之高低快慢完全要依定律，音調要協和之謂。足見中國古代，文學與音樂早已互相關連。雖然古代之音樂不可與現代音樂比較，但是我們當知道中國上古已有音樂的存在，并且文學與音樂早已配合，詩歌都是可以唱的。當時文學發達，而音樂方面亦有相當發達的，故此可以配合。音樂與文學的關係，至秦漢便開始轉變了。詩歌由可歌唱，漸漸變爲不可歌唱。秦漢詩歌不合樂的原因，爲的周末天下大亂，能配合詩歌之樂器樂譜多已失傳，古之遺留既失，而創新者又未有其人，遂成了文學與音樂分離的景象。漢代有所謂樂府，其名雖謂樂府，實多不能唱。郊祀祭天等流行歌曲，其樂譜之名之見於載籍，爲國家所制定者，亦不過二三十種而已。間亦有採諸民間及外國者，其果能配合音樂與否，已不可考。六朝亂，禮樂敗，漢之樂器樂譜又經一番紊亂而失傳。另一方面，漢代因詩歌不求盡合樂譜，一般文人單行演進，謀文字的整齊，及受其他的影響，遂由《詩經》二字、四字、九字均有的長短句的詩，變爲四言、五言、七言等的詩。再後至蕭梁時期，沈約倡聲病之説，注重對偶，聲律嚴行束縛，形體、精神均感殭硬，離樂越遠。當時祇有一二種禮節上所用之樂歌，及民間流行之謡唱，如《子夜》《烏棲》之類而已。此期内之音樂，未聞有何等進步與發明，故文學亦罕進步。余所論專指文學的體裁而言，至於作品，任何時代皆有佳者，不可誤會。六朝至隋，南北始合而一統天下。一般人漸有餘暇以注意於音樂方面，外國音樂流入於中國者又多，國家亦頗講制定音樂之事。當時音樂由七部增至九部，吸收外來音樂，如西涼、天竺、高昌等。故樂律得以發展，有許多樂譜産生。惟文學方面，仍受種種拘束。詩歌概爲五七言，没有什麽變化。僅隋煬帝之詩有由三字句、五字句至七字句者。至唐襲隋的音樂，當時外來音樂流入中國的更多，如甘州、凉州、波斯、突厥等的都有，故音樂起了很大的變化。但在詩歌體制方面，仍保持原來一樣，幾乎純粹係五七言。故此，音樂與詩歌已經難以配合。於是勉强配合，或字數仍舊而加以泛聲，或附加文字而不入正文。如《柳枝詞》《竹枝詞》《櫂歌》等，句末必加兩字，如襖靄、柳枝等，這就是泛聲。泛聲是不加入正文的，讀時所不用，祇在唱時加入。現在看唐代的詩集，因爲不是樂譜的原故，故多將泛聲鈎去不要。又初唐時發覺五七言詩之不易唱，而有五七言相間的詩，後人因名之曰『詞』，最早作者爲李白。現在我們拿他的《菩薩蠻》來看，看『平林漠漠烟如織，寒山一帶傷心碧。暝色入高樓，有人樓上愁』，頭兩句實爲七言詩，後兩句爲五言詩。五七言混合，便變成詞了。後來白居易、温飛卿等的作品，亦多是此種。嗣後再加改進，有些由五言減去兩字而成三言，或由五言加一字而成六言，六言加一字而變成七言等等。如《花間集》《尊前集》《雲謡集》中諸作，皆可見其痕迹。這樣將字數來加減，不祇在五代爲然，北宋也是一樣。如蘇軾的中秋詞内『明月幾時有，把酒問青天』，以上是五言。『不知天上宫闕，已變成六言。今夕是何年』。仍五言。其所以將字加減的原因，因爲想適合唱的條件。故此唐代所加的字是放在旁邊的，仍叫做詩，至宋乃將所加的字正式成爲正文，便叫做詞了。詞的本體，原則上完全係與音樂配合，此實係我國文化上一大進化。不過一般文人不盡能通音樂，往往信筆抒寫，不盡合律，故此唱者不免臨時加以補救，字數有加有減，聲調有高有低，但依然可以唱出。到了金元，外國音樂流入中國，與中國固有音樂混合而産生一種新音樂，這種新音樂既相當複雜，宋詞的文句不能與之配合，乃有北曲的産生。將詞句充分列入正文，除科、嗶、白之外。即是在正文上加句加字加聲，以與新樂相應，故北曲係一種文學與音樂完全配合的東西。其時音樂亦極爲進步，北曲本身文學之美更不待言，故元曲成爲中國文學史上一大重鎮。北曲發達之故，因元代在異族壓迫之下，學者多寄情歌曲，以抒懷抱。且當局及有勢位者對於中國文學程度及欣賞力較差，但音樂則易聽易懂，而普通流行歌曲亦易於欣賞。於是元曲爲適合一般人能了解之故，曲詞乃多白話而通俗，因通俗遂普及民間，具備一種通俗文學之特殊勢力，乃在中國文學史上建設了一個新時代。明太祖曾説《琵琶記》可與四書五經并列，可見元曲在當時的位置是怎樣了。但元末天下大亂，一切文化多不能保存，故至明太祖洪武十八年，朝廷大典尚衹用道士奏樂，其後更少人注意到這種與音樂相連的文學。但在民間的自然的轉變中，因北曲簡直雄大，而婉曲轉折不足，故有南曲的產生。江浙間有新腔出現，如崑腔等是。作曲家一時稱盛，作品大半能配音樂。到了清朝，情況與元代略同，本可產生一種文學、音樂合流的東西。可惜，雖然吸收許多外來的樂器，康熙、乾隆朝又研究了許多樂律，不過都没有拿來充分利用，以致未有新的文學音樂產生。但在民間却有許多自然的演變，亦有些地方能保留元明以來習慣者。大體看來，明清兩代的音樂没有多大變化，因此作曲方面亦衹由北曲變爲南曲。至於二簧、梆子等，實係畸形發展，故其詞句幾無文學上之價值。清代既然没人有發展音樂的抱負和計畫，所以没有新的發現。而且一般人亦不覺得音樂與文學是最有關連的，他們以爲詩詞是一件事，合樂能唱的是另外一種作品，所以把音樂與文學這一個關係大大忽略了。當時南北曲雖作者有人，而可唱的有限。如十種曲等。至乾隆間，蔣士銓的九種曲等雖係樂曲，而實已多不可唱。清代有文學價值的歌曲，既多不可唱，伶人乃自動地去做衹求可唱的歌曲，以應需要。故清代二百多年當中，最流行之崑曲、二簧、梆子三種，崑曲文詞雖典雅，但文學并非衹求雅的，二簧則有百分之九十以上没有文學價值，梆子更不能列入文學的範圍了。例如『你的朝來我的廷』這樣的句子。音樂與文學一直乖離，衹剩下各地的民間歌謡尚有可取，故近廿年來許多人採集各地歌謡，以作種種的研究，就是爲求新文學與音樂或戲劇的真髓。地方的歌謡，各時各地皆有存在的。它所包藏的力量最大，不過在歷代文學史上甚少理會到這點的重要性罷了。回溯已往，不祇元代是這樣，就是宋、唐以前都是這樣。蓋正式音樂與文藝配合極少，或且中斷，而在民間方面却永遠都有一種需要的。於是乎在不見天日、不受拘束底下，産生了許多極特色的文學，民間自由利用。同時，無論在某一個時代，民間的文學及音樂都由自，然轉變而産生并非根據有計畫的辦法去做出來的。我們現在姑勿論已往的事，自民國以後，正是新建設時期及國難嚴重的時期，許多人提倡我們應仿歐洲文藝復興時代的精神，而建立一種中華民國的新文藝。話是這樣説，方法亦多得很，但注意用音樂與文章配合，以爲精神上之新給養者尚少。現在香港和各地方努力於音樂歌詠的人漸多，但是否得其要領，而能創生一種新的體制，尚成一問題。我們當知道社會需要到某種事物的時候，它一要得到一種事物以滿足其需要。好的事物當然先接受，不過没有好的而祇有壞的時候，它亦祇好拿些壞的來滿足其慾望。故近年景象祇有以拉雜混亂的東西，來供餓不擇食的人。以前上海的《毛毛雨》《桃花江》一類的歌曲，就由此應運而生。現在報紙上仿粤謳、平喉等，已深入一般青年的腦根。在這樣情形之下，需要者多而供給者少，雖然黨部方面有種種的統制，亦没有辦法的，因爲他們肚子餓極的原故。所以文藝音樂我認爲已到了一個危險的時代。那些未經一番選擇而做的文藝，很容易以粗製濫造的東西搶去重要的地位。故在中國整個文化上，遂弄出現在青黄不接的景象。在國家社會立場上是如此，在文學立場方面又怎樣呢？我們説過，文學經二三百年總有一個變更，詩之後有詞，詞之後有曲，而曲的承繼者是什麼呢？上面已很顯明的説出梆子、二簧一類東西，多半没有文學的價值，這豈不是曲之後便成中斷的趨勢麽！在文學傳統方面，有中斷的可能，在國家社會文化立場有這樣大需要，我們應該有什麽辦法？鄙人最近的主張以爲，最低限度應將音樂與文學配合的關係，使之回復元代的情形一樣。現在我國門户大開，最易吸收外來文化，我們可以將我國古代音樂優點保存，加以外來音樂的優點，而製成一種中華民族的音樂。先從選定樂律器著手，然後創造新的樂譜，繼用優美的文學以作歌詞。這種新的產物，在文學方面表示中華民族的文學精神，在音樂方面奠定中華民族的音樂基礎。如此則無論如何總比得上宋代之産詞，元代之産曲。中華民國成立到現在已經多年，我們還定不出一首國歌，這不能不算是奇恥大辱。我們當然不承認我們的文化落後，所以我們要想辦法來補救。是以鄙人的意見常希望繼元曲之後應創造一種新的產物，在音樂前提未决定以前，亦可假定這個產物的體裁：一、一定要長短句；二、一定要有韻脚。因爲要適合歌唱的原因，故需用韻脚，韻脚不必一定根據清的詩韻；三、不拘白話、文言，但一定要能合音樂。如此經音樂家與文學家合作努力，相輔而行。這個希望不難，可以實現，這就是用文學之優點以激發新音樂，再用音樂之優點以激發新文學。倘若將來產生了這樣的一個產物，我們可以給它一個名字，叫做『歌』。各位都知道，詩的本義是什麽，詞的本義是什麽，曲的本義是什麽。但現在『詩』『詞』『曲』這三個字已成爲另外的一種專有名稱了，所以擬用『歌』這個字作爲這個新産物的名字。將來『歌』字自然成爲一個專有名詞。一説到歌，一般人都知道歌是指什麽。因此，現在我們可以將詩、詞、歌、曲四個字的次序改爲詩、詞、曲、歌。這整個計畫不是三兩個人可以做到的，一定要許多人一致主張，使此主張造成一種風氣，使這種風氣爲一種政策，然後循序纔能實現。至於音樂如何改進，本人并非音樂專家，不能妄下斷語。不過本人有這一個主張，有這一個意思而已。記得幾年來，曾同蔡孑民、易大庵、蕭友梅、黄自諸先生，屢加討論，曾有較具體之答案。將來有機會纔好發表，今天暫且用上面的話來供給各位。劉鉌筆録。

論四十年來文藝思想之矛盾

我國辛亥革命，非征誅而類揖讓，以是人多忘其爲革命。一般知識分子號稱開明人士者，亦視若無睹，有時且發露其時移世易之感。則以民國初期雖號共和，而大衆多不識共和爲何物，未嘗視民主爲二千餘年之創制，乃歷史上之一大轉變，衹視爲朝代轉移，如三馬同槽及劉宋、趙宋之禪代而已。因之一切文化、文學等等，皆未嘗含有革命前進之精神，而轉趨於悲觀、懷舊之途。此實當時革命文藝者之責任也。四十年來，余對此點至爲注意，而朋輩中注意及此者不多，且往往有意無意間做出不少遺老遺少口吻的東西。這可能是舊習慣在那裏作祟，但頭腦不清、思想未搞通的原因是主要的。而統治階級根本不注意這些，更是最主要的。我記得選清詞的時候，不少大詞家作品滿紙都是這些東西。其實說不上其人是主張復辟，或有反革命行動的，但字句間却流露出此種意識，這完全是没有中心思想之故。四十年來，似亦無人對此加以糾正，其關係殊非淺尠。論理辛亥革命既不是如以前歷史上之换朝代，則并無忠君守節之可言，而乃著之篇章，矜其獨行，本屬矛盾。此尚爲較小關係，其大關係則混淆革命與反革命之分别，寖至釀成復辟裂土之行爲，皆此種思想有以導之也。昔者粤中不少人作品慨想前朝，陳顒園斥之曰『憑弔驅除幾劫灰，有何禾黍足低回』，其言固甚正大。友人某君本隸南社，鼓吹革命。乃其詩詞對北京往事不勝追慕。經余揭穿後，亦啞然自失。昔人曾云『修辭立其誠』，此類作品與誠字實不無遺義，更望有主持風會者慎思之也。

論現代文字體制之應革新

文字所以代表語言，其性質不外三類：曰紀事、曰抒情、曰説理。言各有當，體自不同。今當科舉廢將六十年，凡八股性質之文，本可一掃而空。又科學日新，邏輯日進，凡一切膚泛模糊不合論理之文，將不足以充實用。當此之際，應有此時代之文體出現，以應需要，而啓新機。不論説理、紀事、抒情，皆應各有其新的精神與形式。其下手之法，應從小學教育及報章、文牘、雜誌、廣播著力，樹之模範，自可轉移風氣。至文言、白話僅爲形式之分，不必强其一致。如言之不當，白話亦可成八股。如理明辭達，文言亦可通行。所要者乃其涵義用字之準確，條理層次之分明，浮辭濫調之剔刷而已。初步必須從幼兒及文盲入手，要其詞必己出，不許鈔襲裝飾，久之自成習慣矣。

由舊日譯述佛經的情況想到今天的翻譯工作

印度文化輸入中國，是東方歷史上一件大事，而且占我國文化史上的重要篇幅。這所謂文化，無疑係以佛法佛經爲代表的。歷來流入我國佛經的文字，有梵文的，有西亞、中亞各國文字的，也有南亞各地文字的。幾千年來，譯成中文的不下幾千種。我想世界上任何一國，也没有這樣偉大的工作。這可見我國人民不但能創造文化，而且善於吸收外來文化。不然，一千幾百年前，人民在帝王專制之下，統治政教之時，却幹出這樣特别的事，實在是不可思議的。而且自佛教流入之後，我國的文化學術思想便起了極大的轉變，也是不容否認的。這其中媒介之力固有種種，而傳譯工作占其一部分，也是不容否認的。所以，傳譯佛經是我國文化史上光榮而重要的事。我國近日以文化輸入之增多，痛感譯才之缺乏，因而很多人追想歷代翻譯的盛況。這本是值得研究和剔發的，可惜關於這事的系統紀述極爲稀少，其一鱗一爪亦無非敘説規模之大、成績之優，或個人立志之堅强，授受流傳之廣遠。至此項工作的經過與内容，都未能詳述。概略的説，祇有一千年前，唐代國立譯場的十部職掌，及隋僧彦悰所舉譯經的八個標準，是最具體而扼要的。那時期實是我國翻譯的黄金時代，當時譯事的中心人物應以玄奘爲代表。玄奘却是一個留學印度十八年的學生，不但深通教義，而且博通印度各種語文。他所主持的譯場，自然不同凡響。上溯六朝時代，鳩摩羅什是一個翻經大師，譯經多種。他却是深通梵文及西域各國文字，而也明白漢文的。一個是通印度各地語文的中國留學生，一個是能明漢文的外國專家，其獲此成績自非偶然的事。之後，宋、元、明、清四代的經咒音義的翻譯校訂，亦不少特殊優點。我們當此時代，因輸入各種文化之需要，又因文字的不同，急於要展開翻譯工作，因此想及我們的祖先有翻譯佛經很好的經驗，可以效法的。因而想知道他當時的一切辦法，這也是當然的。但時代環境并不盡同，也不應盲從鈔襲。今姑就管見所及，略述於下：

一、唐代譯場十職固然詳密，但揆之今日事實，似可無須墨守。即如『書字』一職，係根據梵本的字音寫中文，其作用係完全在保留原音，以便不識梵文的查對與詢考。在當時，我國無注音符號，而反切又不能十分準確，故祇有用此方法。但事實上，勢仍不能一一吻合，故經典中恒有注明幾字合讀的事。而所用的字，復因時代、地域的殊異與變遷，有時復經重譯，遂迥不是原音。今我國雖已有注音符號，但尚不能完全拼出各國字音，而通達各外文者漸多，且原文多係印本，可用原文對照，更爲妥當。故『書字』一層，可以省却。又『筆受』與『綴文』及『刊定』與『潤文』均不必定分爲二。至第十之『梵唄』，今日非譯佛經，更不適用。故隋唐譯場制度不必完全模仿，不但虚糜人力、物力，且譯書已爲普通工作，勢難作如此之繁重組織也。但如近代譯書的粗濫，流弊亦必矯正與補救。竊以爲私人從事此項工作，勢必難免簡率，尤其今日之社會環境及私營出版事業。應由政府廩給一班專才，令其長期從事。其計算成績，須以全書的質能計算，而不專以時間與字數計算。當然不能每人每書均如此。庶譯事可以改進，而專才得以養成。

二、隋唐譯場未怎樣提及譯才的培養，大約當時外來的高僧固然不少，各寺院亦有力可以訓練傳習，更有碩學僧徒親赴國外求法，貫通中外，左右逢源，故譯場之開，但選拔延攬而已。到北宋初期，大中祥符、天聖、景祐迭有譯經之舉，其時國外高僧漸罕東來，國內人才更形缺乏，故恒有選取後生肄業梵文的事。見各《法寶録》及《釋教總録》。今日我國留學外國的人很多，要向外國聘專家來華，及國內培養新生力量亦都不費事，似乎可將隋唐和宋元明清的辦法參酌去做。即是一面選用，一面培養，又一面仍可借才異地。不但足以應急，且可繼續代興。至其詳細辦法，茲姑避繁不贅。

三、上述佛經譯事，不過以供效法。今日所須譯述的東西，自然與前不同，種類既多，方面亦廣。但撮要來説，其體制不過專著、課本、報章三者，其性質不外社會科學、自然科學、藝術三者。除自然科學可選專家譯出，尚不太難外，最要者却係社會科學，必須思想搞通，於該部門素有研究、切實體驗者，方能深入顯出、一如其分。故必須特別培養，亦如彦悰所説的八條件，連志趣、修養、操行、器度、才學都要完備。故此，譯書决非止是一種技術。原來佛法宗派甚多，如般若宗、華嚴宗之類，歷代譯經皆擇其素來研究這一宗者，其對該宗教義早已明了，故所譯極少瑕疵。這點我們必須仿效，例如譯一本數理、哲學或地球物理、原子能之類的書，如非對這門學有心得的，將無法從事也。進而譯馬、恩、列、斯之學説等，則尤其需要專才，不待深論。

綜合上列三點，我主張出版總署應設立一個譯學館，來專辦譯述工作。其譯員應分四類：一、最高級譯員。專從事各國有名專著，側重高深學術。此類譯員可以特約，或專譯其書，或綜司領導。其生活費用及職務所需材料，均由公家供給，不定限期，務期精善。其有私家譯成之書，特別完美者，亦可高價收購。二、高級譯員。從事較高深譯述，側重於自然科學，給予定薪或按其成績計酬，亦可收購其私人譯本。三、普通譯員。從事譯述報章、課本等類，給予定薪或按件計酬。四、練習譯員。經考取試用，給予津貼，隨同分任，或助理譯述，按期責交成績，第其等級，再正式録用。該館應附設一譯學專修學校，選大學畢業生，尤其外文系。及外文專修學校畢業生，加以一年期的訓練。畢業後，實習六個月，第其成績高下，分别正式録用。如此，則所養成的人員，及收購的譯本將不慮缺乏，且可逐漸提高水準，增廣部門。其大部的書，更可略仿隋唐譯場制度，采用集體翻譯之法，臨時商洽報酬，亦不限於係所用譯員與否。又專門性的書，亦可用合作法，選該門專家與文筆優者各一人，公用譯述，亦不限於係所用譯員與否。如此則野無遺賢，人争效力，收效更速且大矣。

以上辦法，似可與各大學及外交部取得聯繫，一同進行。緣譯事亦係一種專門工作，需其人性格與興趣合乎此道，方易發展，不止精通外文而已。或者其技能合用，而志在作外交家，則可令歸外交方面服務。或者其人沉静好學，喜於伏案深思，則可令任譯事。此在訓練、培養及試用時，即須量材分配，故以各方面聯合從事爲宜。此亦猶乎彦悰所舉八條之意，不過他未想到與他方面合作統籌，俾人得其用這一點耳。一九五三年。

我國六朝工藝美術集成於北京

北京經遼、金、元、明、清五朝之建都，不但爲政治中心，亦爲一切文化藝術之中心。所有工藝美術，自搜集以至改進、發展，皆有其有系統之過程，非突現或倖致也。

蓋遼、金、元、清以異族入主中國，本缺其固有之文化藝術，因之建都以後即竭力搜集勝朝之文物。趙宋初年，本來擄獲唐五代十國的文物不少，逮汴梁一失，又爲金所得。南宋在杭積累的文物也不少，逮元滅南宋，連遼、金的文物都取至北京。其後明滅元、清滅明，又繼取之。故此，五朝的文物可説都集中一處。而且每一朝代又自有其創造與改進，并且都徵集了當時各地的藝人巧匠，聚於北京及其近處。其中包括陶磁、絲繡、書畫、雕鏤、金石、牙骨、土木等等各門。如《輟耕録》等書具有詳細記載，兹不贅述。因此，北京今日的工藝美術、技術及其作品，實五朝全國之結晶。雖作品綿歷多年，不少作品流出國外，或自然破損，但其技能之傳授培育，確仍有伏流潛力不可没也。此類技能、作品，在當時當然係爲帝王卿相及豪紳名士服務，而且竭天下之物力、良工，以供少數人之玩好，係不合理的。但其人其物本身却成爲千百年民族文化之所寄，而且依新時代政治、經濟的制度，已幾乎無法再産生此類的文物與技能。例如以數年之工，做成一小件物品，以及終身從事一項小手工藝等等。所以維護此類工藝美術，以綿延歷代相傳之特有技術，以及維護原有而僅存的作品，是我們要繼承文化遺産的今天所必須要做，而且要做得徹底而有效的。也可説這是我國這時代對民族、對歷史應有的責任和義務，這與以前僅供帝王卿相、豪紳名士的玩賞娱樂者絶對不同。推之文詞、音樂、戲劇、建築等，其情況亦復如此，固絶非抱殘守缺之比也。暇再分析論之。

北京應有新型的琉璃廠

北京琉璃廠之名舊矣，然國内外固皆認爲此爲吾國古文物薈萃之所，非製造琉璃瓦之本義矣。昔李文（藻）（澗）曾就琉璃廠之書肆加以列舉評論，後無繼者。其金石、陶磁、碑帖等等，數百年來亦無人從事詳述，此固一缺典矣。近年我國國際地位日高，各國仰望及研求我國文藝者日衆，亦皆於琉璃廠是求。但事實上，今日的文物業迥非以前之比。解放後，既嚴格管理進出口，絶不可能如前之偷購偷運。又出土文物，各地方早經各有關機關保管，各文物業本身不可能有投機取巧情事，亦不必投機取巧。故以前僅供少數人玩賞的古玩商，今已變作爲公衆服務之性質。但其地既爲六七百年來首都古文物集散場所，在任何方面看，終有留存此一區域之必要，且其業務更應擴充改進。蓋以前各家店鋪旨在供求交易，故經常在開闢貨源，於中取利，因之搜求售出往往不擇手段，動啓弊端，其作僞、仿造、改造更是常事。今日新發現及藏家流出之物，尚層出不窮，仍宜有此類機關以爲樞軸。同時，法令不加限制之文物，亦可藉此流通。再，此類店鋪對古舊文物之仿造既所優爲，且裝飾所用如裝潢、座匣、囊套之製作，更有相傳之手藝。我想應該公開複製各有名文物，大量輸出，且更加以改進，如此則不但此類手藝不致失傳，足供國内外之需要，而且足助輸出業之躍進。各店鋪之業務可分爲幾部分：一、代公家吸收藏品；包括最高級及次級。二、代藏家流通存物；三、培養特種美工的製造修補的技術；四、培養鑑別研究的專材。竊意整個琉璃廠可分爲十大類，每類假定可設立二三家，則不過二三十家，即可包括一切。在今天的情况，整理二三十家房屋，當不成問題。如於和平門外的左右各設立一二十家，加以調整，由公家修好街道，由各家自整門面。將海王村公園略加修治，補種花草，開設茶座。其火神廟一帶，可設展覽及陳列場所，小型的。隨時更易。琉璃廠之出入，概走和平門内外馬路，另於南頭覓中心停車處，開寬人行道。如此則所費無幾，而氣象一新矣。其附近各小胡同，可擇宜爲作坊，供各手藝者作業及居住，與營業處所不相混雜，則外表亦自然美觀矣。至各行之分類，我想分爲圖書、字畫、金石、玉器、陶磁、雕刻、文具、織造、漆塑、用具十門，下各分細目，大體已可包括。其作坊不妨分散，但業務宜於集中。又美藝學校及傳習所等，亦宜設於附近，以資研習，且便改良，以符古爲今用之旨。各門之細目如左：

圖書。古籍之精刻本、批校本、鈔本、稿本及圖録，鐫刻及裝修附。

字畫。古舊之字及畫，以及畫象畫燈扇，裝潢、臨摹、複製、攝影、修補等附。

金石。古金石器，立體平面各雕刻，各碑帖及搨片，椎搨、複製、修補、鐫刻附。

陶磁。磁器、陶器、雕磁，燒料、仿造、複製、修補、加工。

雕刻。金石木竹牙骨、金銀銅錫鐵各細工、景泰藍、珐瑯器，仿造、複製、修補附、織造。織錦、刻絲、織絹、織絨、織紗、織毯、絲繡、綫繡、平金拉鎖，仿造、複製、修補附。

玉器。燒料、鑲嵌，仿造、複製、加工、修補附。

文具。硯筆墨紙、顔料、印章、印泥，仿造、複製、加工附。

漆塑。立體平面各像、漆製各種用器、雕填、彩畫、泥塑、木刻立體平面各像。

用具。各種家具、各種箱匣座子等，仿製、加工附。

以上細目，隸屬或未適當，然相差或不遠。實際上是包括傳授、研究、革新、創造在内的。依此漸進，庶可蜕化而産生符合新時代的文化，而不失民族的優良傳統。

近代藏書家略紀

自葉鞠裳爲《藏書紀事詩》後，倫哲如明繼之爲《辛亥以來藏書紀事詩》，徐信符又補《粤中藏書紀事詩》，然全國藏書家實不止此。近年時局多故，各地發見古籍極多，因此知以前藏家多有未爲人稱述者。余偶憑記憶，疏其氏名如下。勢必仍有缺漏，願關心文獻者更爲揚榷也。

傅沅叔增湘　董授經康　張菊生元濟　王培孫　楊惺吾守敬　文雲閣廷式　羅雪堂振玉　徐固卿紹楨　李木齋盛鐸　劉翰怡承幹　蔣孟蘋　梁節庵鼎芬　葉奂彬德輝　劉惠之體智　王壽珊

綬珊　曾剛甫習經　吳印丞昌綬　張石銘鈞衡　葉揆初景葵　趙蜚雲萬里　鄧孝先邦述　潘明訓宗周　許博明　莫天一伯驥　蔣抑之　潘博山厚　張南山維屏　陶蘭泉湘　袁克文　周叔弢　曾勉士釗　震鈞　吳道鎔　徐森玉　梁章冉廷枬　彥德　黃節　黃香石培芳　鄭振鐸　譚玉生瑩　黃子高　馬隅卿廉　冼玉清　譚叔裕宗浚　潘德輿仕成　鄧文如之誠　柳亞子　馮孟蒼龍官　孔季修昭鋆　江競庵　朱啓鈐　陳簠齋介祺　黃公度遵憲　易學清　陳澄中　許青皋玉彬　梁子春梅　陳樸園　徐行可　鄧秋枚實　吳荷屋榮光　汪景吾　倫哲如　石星巢德芬　陳子礪伯陶　陳慶笙　莫楚生　陳東塾澧　陳協之融　梁任公　桂浩亭　辛仿蘇耀文　沈羹梅　汪穀庵瑔　易容之若谷　吳梅　林敭伯國賡　潘景鄭　許印林　孔少唐廣陶　章式之　屈爔　龍伯鸞鳳鑣　陶春海福祥　方唯一　許槤　姚石子　邢贊廷之襄　吳湖帆　廖澤群　徐信符紹棨　王欣夫　王佩諍　趙學南　吳向之　徐積餘

以上各私人藏家，隨手憶録，未加次第，計必有遺漏。又，各地世代藏書家如道州之何，江寧之甘，仁和之丁，鶴山之易，順德之温，金山之錢，硤石之蔣，渭南之嚴，武進之盛與陶，崑山之趙等，不知應以何人爲代表。又，本國古籍以外，尚有專藏外國古籍者，如李木齋即有千餘種，曾親告我。今恐盡失矣。又如宋春舫、周越然、盛家倫等，亦藏外國小説、音樂、戲劇不少。又，敵僞時代陳群所收之書，勝利後即時四散，經徐森玉苦心收集，得十之九，歸於南京圖書館，其後不知尚有移轉否。又，汪時璟所收者，聞全散矣。至吾國藏書極少注意圖志及檔案，此實一大缺點，其現在尚存之圖志、檔案，似應爲特别之整理、保存及研究，願大衆注意焉。至圖書館之管理、編目等等，皆須專門知識經驗，此類人才更待多爲培養也。

罔極庵圖題詠

余於一九三零年至一九四零年期間，覩國勢之傾危，有感於《詩·小雅》所言『罔極』之義，别號罔極庵，浼吴湖帆爲繪《罔極庵圖》。繪成，則上海淪陷，余已避寇往香港矣。展視烟霧迷茫，水雲蕭瑟，備極掩抑之致，其畫之工，不待論矣。閲十餘年，余再到北京，檢此卷乞友人題詠，佳作如林。兹録於下：

同歲郡文學，各白少年頭。藐孤蒼昊長恨，身世幾宜休。老去樓臺無地，不信團茅蓋頂，佳處爲庵留。世界現彈指，一霎此浮漚。白雲裏，峰歷歷，見丹邱。座中萬象賓客，吾道付滄洲。造物真無盡藏，著我以無何有，六鑿泯天遊。獨詠茫歸處，知者舊盟鷗。《水調歌頭》奉題遐庵先生《罔極庵圖》，即希正拍。辛卯仲春，稊園關賡麟。

一角遥山擁翠螺，柴門臨水得春多。人生隨處足吟哦。　檻外銷魂餘落日，眼中無盡祇頽波。天涯芳草奈愁何。《浣溪沙》奉題遐庵先生《罔極庵圖》。辛卯仲春，夔庵吴仲言。

佳處能留否，莽乾坤紅桑碧海，白衣蒼狗。影事如潮排牆過，無限春痕消瘦，憑藉問六朝官柳。萬劫風輪隨運轉，笑蛙聲，紫色何成就。空閒煞，迴天手。殘年自笑枝巢叟。似鷦鷯，一枝尚借，漸成衰朽。身寄塵中心塵外，不解談空説有。也不慣，除葷戒酒。己事晚年須料理，卅年前，妙諦聞吾友。事何在，己誰某。《金縷曲》，遐庵二兄教正，枝巢夏仁虎。

春申畫卷，五載如新。寫騷人悱惻。葩經三百曾六見，風雅興懷罔極。蒼生滿眼。問幾輩、關心家國？從《蓼莪》、誦到《桑柔》，步步抒情深刻。　堯夫自榜行窩，結一座松庵，何藉雕飾。朝衫日换，未忘却、老路崎嶇荆棘。金門大隱，感舊事、猶填胸臆。記少時，粤贛趨庭，報答祖恩親德。《瑶花慢》奉題遐庵先生《罔極庵圖》。辛卯仲春，筱牧宋庚蔭。

納納乾坤，哀哀人海，天教著個茅庵在。叩閽呵壁總荒唐，洞簫吟徹雲霄外。　龍漠灰飛，鳳巢痕改，詞仙歷劫身無礙。華嚴樓閣指空彈，須彌依舊深藏芥。調寄《踏莎行》，奉題遐庵先生《罔極庵圖》。古閩經笙黄畬。

渺渺江湖放眼寬，一庵結境在人寰。閉門且續九歌篇。　湘水無靈終莫弔，昊天難問欲何言。敢因蕭艾怨芳蘭。《浣溪沙》，遐庵先生正拍。叢碧張伯駒。

攜得此身去，天外恣神遊。人間莫是，無地何處著蓬邱。試把山稠水疊，收入筆端縑尾，還似在皇州。趺坐一龕畔，辛苦莫回頭。　鳥驚心，花濺淚，總閒愁。白雲親舍，誰問風木幾經秋。公自寧庵圖就，宋張仁叔廬墓扁曰寧庵，以記無涯之感。謝疊山爲撰記，見本集卷七。我亦《蓼莪》篇廢，餘愴不能休。掩卷涕沾袂，佳句若爲酬。《水調歌頭》奉題遐庵前輩《罔極庵圖》，敬步原韻。晋齋錚拜稿。

歸去水雲鄉，明月清風載一航。留得是間佳處隱，徜徉，碧海稠桑憶夢場。　報德矢穹蒼，兩字分明榜影堂。詞學祖傳南雪研，毋忘，陳篋庵中日月長。《南鄉子》奉題遐庵詞丈《罔極庵圖》。慧遠夏緯明。

衣被常存天下心，結茅何處著高襟。浮雲眼底崇晴陰。　畫裏青山家國思，尊前白髮短長吟。海枯石爛淚痕深。師少日《詠蠶》詩有『衣被滿天下』之句。右調《浣溪紗》應遐庵夫子雅命。受業益公敬題。

累葉鱣堂清白吏，霾土塵塵，未省今何世。海上爰居風墅避，憂天滿紙詩人淚。　火宅百年身是寄，蘇晋長齋，了澈西來意。萬朵慈雲三界被，鑄成七寶莊嚴地。調寄《蝶戀花》。辛卯二月，耕木王耒。

黯羅浮一角，更無地，起樓臺。念浩浩恒沙，陰陰喬木，歷歷寒灰。休猜，補天事了，倚燕歌還許庾郎哀。檢點江關老淚，悄然滴向南陔。　圖開，翠墨濕瓊瑰，我亦寸心摧。算長劍兵塵，露車歌哭，莫報涓埃。崔嵬澥山恨緒，咽驚濤一去幾時迴。欲寫烏巖片影，春暉不照殘荄。丙子冬，先大父見背。次歲丁丑，膠澳被兵，松窗王孫爲作《天風海濤樓圖》紀事。時奉母澥濱，悽惶燹火，忽忽十餘年矣。白雲在天，春暉不駐，欒欒銜恤，藐是流離。披覽斯圖，《蓼莪》什在，彌增痛耳。調寄《木蘭花慢》，遐庵社長正拍。辛卯上巳，琴江黄君坦。

關河殘夢遠。乍風高凝寒，吴遊人倦。漸暗芳心，念故山何許，鬢霜飛滿。小有行窩，都付與、吟邊淒眷。掩了重門，縑素消磨，客懷休怨。經歲玄黄交戰，更幾劫狂塵，盡情吹卷。忍負蒲團，把畫禪參透，夜燈容伴。錯認維摩，空省識、天花零亂。老望白雲親舍，啼痕暗涴。《三姝媚》依碧山體，并協四聲，録呈遐庵先生正拍。辛卯上巳，婁生黄復。

問穹蒼終古步艱難，幾時到天垠。任飆輪掀轉，蘧廬莫繫，捲入昏泯。故是光陰過客，席幕可容身。心法原無住，住亦歡欣。寫出一庵風雨，對飄摇雲物，寄怨詩人。祇年來消息，脚綫逐蓬跟。看夸翁、長途追日，走璇球，顛倒覓烏踆。還拋却，舊邯鄲枕，喚覺先民。《八聲甘州》即乞遐庵先生教。武昌彭主鬯。時年八十有五。

人海茫茫，卅載虚舟，遐心語誰。張雲龍偃蹇，空思尺水，池蛙喧聒，待掩重扉。伺影含沙，偷光蔽日，萬里長河舊梦迷。頻搔首，羡成蹊桃李，共樂無知。平生意氣嶔奇，算袖手枯枰幾局棋。念我辰安在，過庭成録，乾坤待整，攬轡何期。往迹重尋，伊蒿伊蔚，皓首難忘孺慕悲。勳名外，祇昊天長仰，兩字親題。《沁園春》即請遐公正拍。辛卯立夏，蔡可權。時年七十，病臂後寫。

天半朱霞又夕陽，精廬嘯詠視茫茫。人生安得無量壽，造物從來不盡藏。名罔極，意難忘，白雲何處是親鄉。留將手澤停雲館，消盡心機掃雪堂。《鷓鴣天》敬題《罔極庵圖》卷，即似遐庵先生教。潛子高毓浵。

一庵高隱，問滔滔天下，誰能如此。平日心期儒與墨，祇有乘槎堪比。悶不書空，愁翻説夢，慣領閒滋味。塵埃回首，蒼茫都是烟水。　還幸海嶠歸來，棲遲東閣，未忘人間世。鼙鼓喧闐成妙曲，傳遍神州内外。一代風規，百年庭訓，出處非身計。元龍老矣，眼中多少餘子。《念奴嬌》奉題《罔極庵圖》。稼庵謝良佐。

遐翁紹家學，淵源陳東塾。東塾宗鄭君，經傳殊洽孰。翁取罔極字，顔厥讀書屋。問君何取義，詩言罔極六。吾意取《桑柔》，更不忘《莪蓼》。書帶韌如薤，夢境土階覆。數椽無定所，意義存圖幅。比迹稻城宅，世亂榛莽鞠。奉題遐庵先生《罔極庵圖》。夏敬觀。

生出兩儀憑太極，此理推研從讀《易》。遐翁庵正繪成圖，繫辭含義寧堪析。昊天句分拆，斷章聊取詩三百。一聲鐘，發人深省，箭放非無的。　頹世鴟鴞群展翼，舍岳幾難教禽格。濡毫題罷觸余悲，椎牛嘆不雞豚及。惟翁身作則，長懷鯉也趨庭日。望南雲，先塋宿草，矧尚狼烟隔。《歸朝歡》奉題遐庵先生《罔極庵圖》卷。惠陽廖恩燾。時年八十有七。

萬縷愁痕，都付與、暮烟寒蛩。有幾篇騷雅，伴予蕭索。風木當年留涕淚，桑田頻歲增漂泊。趁閒時，紈素寫孤瓢，於焉託。　懸心目，望寥廓，收精爽，回冥漠。問人間何世，天公難説。今古循環原不盡，吾儕俯仰寧無著。且拼擋、閒作畫中遊，酬前諾。辛卯仲夏，調寄《滿江紅》，奉題遐庵社長《罔極庵圖》卷子。三山陳宗蕃。

黄鳥止幽谷，春到喜遷喬。先成多少同調，一片友聲招。回首弄威風伯，日夕千林摧折，甚處覓安巢。啼語動真宰，遺恨幾時消。　署行窠，揭詩義，信文豪。多材弟子，揮灑神妙到秋毫。人嘆玄黄龍戰，我盼豐穰魚樂，飲至足春醪。終踐華胥夢，比户樂陶陶。《水調歌頭》奉題遐庵社長丁亥年撰《罔極庵圖記》。辛卯夏日雨後，福州劉孟純。

憶南遊。訪鷗情切，蒹葭尚隔芳洲。悵慧業低徊不盡，神夷薜荔偏遲，笛聲繞樓。春風明見書郵。孝感纏綿茹痛，詩心宛轉生愁。賸海隅、行窩半留鴻印，叩天無語，匪莪難廢，可憐屐齒風前笑折，園蕪江上成愁。恨悠悠。强梟夜鳴未休。調寄《八六子》，依淮海體，奉題遐庵先生《罔極庵圖》卷。宣威陳嘯湖。

自繪竹石長卷各家題詠

余於十五六歲，先公命從陳君衍庶習畫，雖承獎許，實無所得也。越三十年，因收藏名畫漸多，一日顔韻伯談次謂畫中以畫蘭竹爲最難，且論及與書法相通之理，且勸余試爲之。余漫應之而已。南下居滬，與余君紹宋、吴君湖帆往來，始究心於繪竹。習之不懈，三數年間，積至二三百幅，自不愜意則悉棄之廢簏。抗日戰起，余由滬至香港，又由港至滬，財物盪盡，無以給朝夕，遂與梅畹華、張大千諸君賣字及畫，所繪亦略有進，然實不敢謂有心得也。荏苒數年，亦兼習梅松、花卉、山水之屬，然皆小景而已。及再來京師，則舊友如陳師曾、姚茫父、金鞏伯等都已去世，余亦侵尋老矣。念人事無常，藝能無盡，以長卷畫竹乃艱於安排，姑試從事，以驗功能之進退，遂成此卷。親友題者甚多，兹彙録如右：

還我清虚。戊戌端午，章士釗題。

余習畫竹十年，僅略明鈎勒布白。滯香港，爲日寇拘繫，卧室中不出，乃畫竹自遣，始稍窺藴奥，然心手苦不相應。又爲之數年，方覺揮灑自如，且未墮清人窠臼。而五技已窮，日西方莫，今後能否再進，已不可知。暇日姑爲此卷，備他年徵驗所詣之用，正所謂猶賢博奕耳。葉恭綽遐翁記。時年七十。

廿年愛竹栽無地，展圖却惜伊名字。二十年借竹爲名，而無家種竹。蔣竹山語也。人竹兩平安，怒毫成喜歡。古人怒氣畫竹，今圖新萌秀茁，皆含喜氣，不拘拘於古所云也。彭城誰授訣，畫法通書法。篆幹草爲枝，知翁薄九思。調寄《菩薩蠻》，辛卯二月咫社詞集，遐翁以所畫墨竹卷子屬題。稊園關賡麟。

打疊丹青妙手，寫出瀟湘雨後。肉食未能謀，贏得帶圍消瘦。無咎，無咎，人與石公同壽。辛卯二月，奉題遐庵先生自畫竹石卷子，調寄《如夢令》，夔庵吴仲言。

寒烟側，叢篠娟娟自碧。老可王郎同一筆，不煩深著色。瘦處那嫌孤寂，澹處能標清節。小影自疑描寫出，此君兼此石。《謁金門》題遐庵二兄自畫竹石卷子。枝巢夏仁虎。

蓊茸礙石參差出，綴葉分枝多偃筆。披離風動蹙低鬟，蘸碧苔衣虚復實。恍如重露聞涓滴，乍覺棋枰侵翠色。使君才氣自拏雲，餘勇猶能追石室。《木蘭花》書奉遐庵先生正拍。梁啓勳。

瘦節峥嶸貌本癯，雲根依倚不須扶。閒籠澹月宵凉後，净洗浮烟晚霽初。枝細細，影疏疏，寫來瀟灑一塵無。家山幾劫篔簹盡，要倩先生筆底摹。令先祖南雪老人主講越華書院，花竹最盛，學海堂尤以竹名，今俱不可問。先生他日倘能寫之。《鷓鴣天》奉題遐庵先生自畫竹石長卷。婁生黄復。

瀟瀟一幅風和雨，岐王寶軸俄飛去。王右丞爲岐王畫石事。聊以寫高懷，珊柯影滿階。遠追與可墨，那得坡仙筆。絶憶歲寒堂，人琴俱已亡。梁節庵師顔所居曰歲寒堂，有與可畫竹，東坡題跋卷子，洵爲希世之物。公嘗以未獲見爲憾。今此卷不知猶在人間否？《菩薩蠻》奉題遐庵先生竹石長卷。辛卯花朝，胡先春。時年七十有六。

曾看筆尖掃萬軍，又驚紙上起風雲，長竿高節比經綸。善點龍睛飛素壁，自揮麈尾出清塵，何能一日座無君。《浣溪紗》遐庵先生正。叢碧張伯駒。

潑墨淋漓滿畫縑，檀欒磊砢併毫端。幽人高致肖蘇髯。六幅屏風顛可拜，千竿烟雨俗能砭。清流長短論何嫌。《浣溪沙》奉題遐庵先生自畫竹石長卷。辛卯仲春，筱牧宋庚蔭。

碎竹篩天碧四圍，長勞風雨護巖扉。此中有客澹忘歸。嶰谷鑾湖思往日，丹邱柯石室文話前徽。拂雲枝上五雲飛。

也是人間管若虛，偕來青士滿皇居。一年花事不關渠。僧院乍逢成久別，茂林無盡亦多餘。者般醫俗轉躊躇。

亂石千重信往還，湘雲一翦赴毫端。子猷七字不能刊。是處追凉情自足，幾回披卷意茫然。畫圖真作霸圖看。《浣溪沙》奉題遐庵前輩竹石長卷。晋齋錚。

展卷欣逢對此君，晴風雨露各精神。晚經霜雪都無恙，近種瀟湘不受塵。詩慷慨，筆嶙峋。虛心礪齒好成鄰。化龍本是公家學，新籜生時看入雲。《鷓鴣天》奉題遐庵詞丈竹石長卷。慧遠夏緯明。

翦取齊州十丈紈，渭濱千畝落胸前。花間草野遷人世，雪節風枝耐歲寒。同石瘦，掃雲漫。披圖令我憶眉山。揮毫自寫平生趣，付與千秋醒眼看。右調《鷓鴣天》，遐翁夫子自寫竹石長卷命題。受業唐益公。

盤根竦節向來剛，曾見森森政事堂。枝間密疏明取舍，葉隨舒卷寓行藏。偶伸筆底凌雲氣，小試囊中活國方。我是子猷看不厭，坐知風味此君長。遐庵先生屬題，即次原韻乞教。辛卯春，王耒。

鐵鎖鈎鏤，金刀錯落，凌雲妙墨初試。新梢靈鳳羽，貯千畝、蒼蒼胸次。蕭森如此，任醉彈風鬟，青飛霜氣。冰奩底，出山泉活，照人憔悴。最憶，花外驚雷，看籜龍騰起，讓他頭地。一春歌吹斷，漸烟月、揉將愁碎。枯禪情味，奈苦筍書裁，凄迷歸計。憑誰慰，釣鰲身手，暮天寒倚。調寄《翠樓吟》，遐庵詞家正。琴江黃君坦。

石瘦能奇，竹斜更好，畫禪餘事争天巧。槎枒芒角肺肝生，深明此意東坡老。什襲縹緗，流連文藻，題詩到處留鴻爪。崑山已比吉光稀，柯亭漫惜知音少。調寄《踏莎行》，即呈遐庵詞宗。潛子高毓浵。

萬簇清森玉不如，渭川春好灌園初。葉翻老鳳歸時羽，根茁蒼龍刼後雛。形錯落，意蕭疏，昏花醉眼亂菰蒲。未知烟月湘江上，淚點斑斑化得無。調寄《鷓鴣天》，遐庵詞宗正。稼庵謝良佐。

夢遶篔簹谷，羨此君、出塵節勁，干雲氣肅。一寸之萌都劍拔，令我披圖醫俗。寫胸次、閒愁千斛。咫尺莽蒼如萬里，是道機、正在耆年熟。湖州卷，何須讀。屈蟠三石神完足。有霜竿、卧龍偃蹇，儘娱幽獨。不入江湖餘子手，始信吴生可續。石泓處、敢嫌突兀，那待挾他烟雨勢，自峥嶸、奇態盈篇幅。心折矣，詠《淇澳》。調寄《賀新凉》，遐公命題。公湛蔡可權。

一幅晴窗戲濡墨。形竹態千百。習齋次第爲圖列。仲圭行看留真迹。清影愛篔簹，還爲伴拳石。　與可東坡今再見，洵飛灑尤力。迸跳垛疊從君筆。風翻雨戰未休息。不折老來剛，曾竹鄉深入。右調《撼庭竹》用王晋卿體，題遐庵先生竹石長卷。吷庵夏敬觀。

勁節寒梢，盎胸不盡丹淵稿。中庭月皎，影放千尋表。　翠裏空山，日暮憐幽草。苔窠老，吟鸞去杳，恨戛西窗曉。《點絳脣》題遐庵先生自畫竹石卷。義寧陳方恪。

勁節鏖風見至剛，毫端横掃陣堂堂。偶憑怒氣森戈戟，肯傍寒泉事退藏。　新雨露，舊冰霜，蟠根斬惡早知方。宵來鑑影溪頭月，牽引清愁似個長。《鷓鴣天》奉題遐庵先生自繪墨竹卷子，即用原作詩韻。萬載龍沐勳。

含毫蘸墨，寫得雨和晴。濃澹染，上縑素，勢難平，貌棱棱。兩也山同瘦，競奇處，嵐添翠，雲補色，神融洽，迹分明。休道年隨，筆老閒心寄，冷落丹青。想風摇葉動，驚起聽禽鳴。填海銜來，倘功成。　對瀟湘景，棋幾局，飛一字，響殘枰。仙得醉，那便倒，汲泉瓶，院逢僧。掃緑苔詩就，方欲拜，喚茶烹。圖妙在，渾繪盡，者時情。洗刷莓牆月鏡，呼鸞舞，叱鶴前行。引故園夢影，坐試笛柯亭。畫是通靈。《六州歌頭》奉題遐庵先生竹石長卷。惠陽廖恩燾。時年八十有七。

龍吟細細，勁節凌霜留晚翠。袖有蓬萊，欲把雲根到處栽。　超然象外，君可同居兄可拜。涴壁東坡，何事年年與墨磨。《減字木蘭花》敬題遐庵丈自畫竹石長卷。伯端劉景堂。

英多磊砢，憶否前身文與可。肝肺槎枒，濺淚斑斑墨作花。　華亭奇峭，拜石開軒容坐嘯。物我平分，月白風清識此君。《減字木蘭花》奉題遐庵先生竹石卷子。開封靳志。

揮毫點染瀟湘素，盡收取曉來烟露。俗流慎莫敲門顧，更不怕、凡花妒。　披來几案清光護，更奚必涉園成趣。籍咸豈爲清談誤，君子館、春無數。調寄《於中好》，奉題遐庵社長竹石長卷。三山陳宗蕃。

翩翩才調飛聲早，幾番陵谷重逢老。星宿久羅胸，騰輝片石中。　南山書且罄，錦里芟寧賸。畫裏自平安，伊人生耐寒。《菩薩蠻》奉題遐庵社長竹石畫卷。三山劉孟純。

室度墨花香，閒中事轉忙。更臨池、自寫新篁。放筆干霄爲立幹，清露潤到詩腸。嶰谷接烟江，筠聲韻草堂。動微風、搖曳生凉。掃逕留賓蠅到少，斟北海，未開缸。調寄《唐多令》，敬題遐庵先生竹石卷子。宣威陳嘯湖。

一卷重披劫後痕，紙長論丈墨論斤。窺江胡馬正憑陵。　海水難填心上石，筆花常粲佛前燈。此時魂夢此君亭。調寄《浣溪紗》丁酉三月，遐庵二兄屬題。冒廣生，同客京師。

靈臺原自祇虛空，萬象雲烟過眼中。晚乞湖州天不與，賸將心迹託文同。

向知君面近知心，未信行藏爾許深。竹葉於人既無分，自留殘影自沉吟。

一生俊異惹人嗤，身入窮奇嘆力疲。八駿不來駝穆滿，意中黄竹閟深悲。

擎將玉斧上天庭，七寶修成不用硎。伐桂未須兼伐竹，人間留得萬年青。何須心罣女兒箱，汗簡牛腰付渺茫。湘上幾竿風雨岸，任他斑淚灑千行。病中猶自念殘叢，媿我留題總未工。送向匡牀憑目驗，天涯爾汝虎從風。

玉甫自寫墨竹長卷囑題，稽延累月，迄未著筆。頃在病中，忽來促迫，率爾題六絶如右，亦證爾我晚年心迹之相同云爾。戊戌端午，士釗。

重到簪豪地，教窺舊墨痕。無言惟石丈，相對老龍孫。杜陵所到處，手植傍修椽。何必凌雲想，悠然静者便。近説東南寶，都堪抵棟梁。料應斤竹嶺，處處達舟航。於今浄業湖，無復長菰蒲。同是西涯主，還應補竹圖。自古在昔，利用厚生，竹參其功，無間鉅細。神州隩區，篤生異材，直節虚心，况多令德。詩人咒筍，抑何淺陋。近者爲用日廣，黄州所記益不足云。不佞一别春明十有三載，今度重來，耳目發皇。適承遐公命題此卷，輒就所感，綴成短章，倚裝占句，未暇精思，知荷鑒諒。己亥夏日，瞿蜕園。

鳳池精舍圖題詠

二十年前，余於蘇州得汪甘卿舊園，以先石林公本籍吴中鳳池鄉，故名曰鳳池精舍。既因亂棄去，遂屬吴湖帆爲之圖，以留夢痕。圖成，觀者咸推爲吴平生傑作。親友題者如林，兹擇其尤者列下：

碩人邁軸。遐庵先生囑。甲申冬至，王季烈。

鳳池精舍。遐庵姻丈囑寫斯圖，漫用王叔明筆法，不求形似，隨意成之。丁丑夏日，吴湖帆。

鳳池遺迹久榛蕪，夢想家園有此圖。聊與吴中添故事，可能清閟學倪迂。

由來明鏡本非臺，花木平泉恥自哀。猶有烟雲堪供養，不須料理劫餘灰。余屬湖帆畫此圖，圖成而園之棄去久矣。漫題二絶，譬寫夢痕。民國三十三年四月，遐庵。

世之構園林珍書畫者，恒願子孫永保。余不作此癡想，但冀後之得此者珍視此卷，知吾與湖帆交非恒泛，且畫筆迥出時流耳。遐翁。

余既棄其吴門寓園之明年，屬吴湖帆圖其景物。越三年，圖成。園固未定名也，乃名之曰《鳳池精舍圖》，將自爲之記。客曰：『固矣哉！君之爲此也。君從政數十年，今乃無半椽片瓦於北都及津滬，既屢棄其宅，所戧亦不恒厥居，君之拙於計也久矣。晚居吴門，辛勤以有此廬，復不能守。平素既不以求田問舍爲意，不治産業，於此園固宜視若傳舍，而胡戀戀爲。抑世方泯棼，有産非佳名，以世諦之無常、人生之多艱，君亦不樂乎，有家即又奚取乎？圖已棄之園，而名之記之，令人與己皆多此一物，而滋其障執耶！』余曰：『此非君之所知也。夫形者，神之所寓也。然形之所在，神不必定寄焉。名者，實之所附也。然名之所昭，實未必果副焉。古之平泉、金谷，今皆何有？不但地久易主，即泉石花木且罕遺迹，所存者獨其名而已。余之有是園，本以備幽棲、遠塵事，非如他人侈游觀建築之勝。余既不能有，則天地之大，何處非吾之園囿？必斤斤焉某街某宅，乃爲吾之所營，斯已隘矣！其圖之而名之也，正以示不必定是地乃爲是圖。昔沈石田爲友圖神樓，乃本無是樓。王謔庵爲《寓山志》，謂山皆寓耳。余本不必有是園，然後圖之。今既曾有一園，則謂即圖是園也，固無不可。非有所戀而始圖之，以存其迹也。』客曰：『然則曰鳳池精舍也，何居？』曰：『余固吴人也。先石林公籍吴之鳳池鄉，今故居之址猶在乘魚橋西。余數典不敢忘祖，亦猶世系之稱南陽云爾。』客曰：『有是哉！子之辨也。斯圖之傳，子其永有是圖，湖帆之貺子也厚矣！今後園果何屬，圖又何屬，殆均不必計。』余曰然。遂録以爲記。他日志平江坊巷者，謂吴中曾有是園，即以斯圖爲證可也。民國三十三年春日，葉遐翁。

見説城南舊草堂，石林遺業水雲鄉。爽鳩居在春空好，杜曲花飛迹已荒。世事百年成逆旅，幾人四萬買滄浪。重來待闢羊求徑，賭酒先尋謝傅莊。遐庵先生教正，弟蔡晋鏞。

鹿走蘇臺，習家池閣，韻事頓散香塵。舊東陵遺老，澆瓜種菜，閲世浮雲。東海揚波，我生無造不逢辰。鷗波法繪，柔毫焦墨，古木回春。魚城往迹休問，有幾人遇此，壞劫飆輪。想石林巖下，落花流水，辜負深恩。飲水參禪，小魚吹網幻漚新。林泉老，待健歸，再把風熏。調寄《鳳池吟》用吴夢窗韻，遐庵先生正拍。丙戌初秋，王謇。

遐丈文章、政事欽遲久矣。丁丑變後，丈由港而申，杜門謝客，以書文自遣。峻節介操，睥睨時流。因請湖帆師爲之介，得獲拜識，乃知丈原籍餘姚，先世以宦游流寓粤中。溯吾家石林公爲遷吴六世祖，丈固亦吴人也。自此得暇輒往請益，丈多識前賢往行，談論亹亹不窮，聆之忘倦。癸未歲，逸得明路文貞公撰書《張承業傳》真迹卷，丈讀而激賞，欣然加題，詞意感慨，更得見其志趣風骨焉。丈舊有寓園在吴中，名曰鳳池精舍。自經喪亂，劫火滄桑，不禁有『自胡馬窺江去後，廢池喬木，猶厭言兵』之感。湖師嘗爲之圖。今秋出視，命跋數語，因志得交聯宗始末如此。乙酉秋八月，葉逸拜識。

澡臆玄經，除煩絳雪，未回頭白。夢繞魚城，危橋跨溪碧。行歌片羽，教記省、吴游期約。春陌。飛鳥行空，真尋求無迹。　山屏卧側。圖畫巖居，冥濛水雲色。飄燈夜雨桁箔，獨歸寂。不忘祖庭風韻，玉潤卡山南北。縱結廬人境，長遺漁樵遥識。調寄《惜紅衣》。昔漚尹、叔問僑居吴門，屢和白石此調。余亦繼聲，凡四五疊。且謂夢窗《鷓鴣天》『楊柳閶門』之句，蓋有老屋相近皋橋，而次韻白石，不及夢窗，惜其脱簡。後得明萬曆張廷璋鈔本，是正知小異白石，宜爲另體。乙酉重九，遐庵吾兄命題《鳳池精舍圖》，因補次夢窗韻就正。吷庵夏敬觀。時年七十有一。

烟霞一軸託幽居，奚必林泉始結廬。寂莫吴趨幾陵谷，蒼茫巒觸萬盈虚。永將槃澗留長卷，彌勝岑樓轉敗墟。我亦小園歸劫後，樹殘池廢最愁予。遐庵先生《鳳池精舍圖》。顧頡剛。

番禺葉遐庵先生謝政歸來，僑寓吴門，卜築精舍，有泉石花木之勝。領袖文壇，發揚地方文化，嘗主修甪直唐塑像，保護崑山葉文莊墓，復創辦吴中文獻展覽會，藏家競出珍秘，盛况空前，衰歇文風，遂爲一振。既而倭寇肆虐，先生棄園，隱於香港。淪陷八年，吾吴士氣文物摧殘殆盡，艱於恢復。先生復檢所藏要離墓碣、王文恪畫像等有關吾吴文獻者，舉以贈諸蘇州圖書館，以資提倡。先生石林之裔，亦吴人也。因精舍不可復得，倩湖帆丈摹想爲圖，附以題詠，并指石林所居之鄉以名其圖，其訢然敝屣之精神，與飲水知源之德意，堪爲後來楷模。咸盼其返居姑蘇，頤養大年，爲我復興之先導。敬書此以祝之。中華民國三十五年十一月十三日，顧廷龍謹識。

石林高隱神仙宅，森林喬木留春屐。塵話溯前塵，中吴堪紀聞。滄江縣鼎沸，轉眼河山異。麋鹿走吴宫，銅駝荆棘中。

朱門紫陌迷烟蕪，依稀池閣渾無據。萬事付滄桑，歡離總斷腸。名園興廢幾，舊夢一彈指。壯志已無多，江山唤奈何。

暮雲荒草寫風月，湖山妝點試奇筆。粉墨足千秋，鴻泥證去留。幽懷更何限，塵世半虛幻。展卷一凄然，九州渺點烟。

江南風月今如昨，故家飄零盡伊洛。淚眼看蘇臺，夢華半劫灰。俊遊我亦倦，醉醒長安遠。衰鬢倚西風，亂愁無語中。調寄《菩薩蠻》四首奉題。丁亥二月潘承弼。

海闊天空未老身，祖庭花木溯前因。江山自有閒風月，認得伊誰是主人。

大家風度數王蒙，墨戲淋漓不盡同。演溢故人名實意，溪山空色有無中。

越王臺下小顛園，一變坳塘養鴨村。安得楞伽心訣妙，雪留痕館爲留痕。丁亥歲除，陳顛園。

前有吳應之吳君特後鄭叔問朱古微，詞人例合向吳居。閶門回首好精廬。蟬庛西風環佩冷，雁將秋雨夢游虛。青山畫扇影模糊。《浣溪沙》。黎六禾。

小築虛深榜鳳池，吳門舊費草堂資。安心鄉土居何擇，無地樓臺起苦遲。人外敝廬宜寫實，老來故物幾推移。卧遊也算園林在，况復回思未有時。

池館移將入畫圖，楚弓得失竟何殊。分無應物僑居福，幸免修仁我宅呼。傳舍不常誰地主，勢家互奪是財奴。如今同洗看花眼，到處名園屬老夫。庚寅展重陽日，關賡麟。

祖德宗風衍石林，一家吳粵感情深。文人口舌招奇禍，難忘松岑論奐彬。

家土開山重景文，巢南考證語尤精。遺詩順適堂無恙，要向吳江集裏尋。

巨室先推葉振宗，小花園築見豪雄。玉清捨地傳宣贊，後起齊賢意未慵。

別派崑山季質賢，長方唱和有吟箋。松江秋泛傳名句，短櫂夷猶落照間。

葉家埭好接池亭，坊巷平江亦此名。豈但天寥侈文采，討倭先世重奇勳。

曾與坤儀爲義子，歸宗猶署紹袁名。傷心一卷愁言集，天壤王郎著義聲。

壎篪協奏競皇都，遺澤誰知有菀枯。記得粤南亡命日，遺碑曾爲剔榛蕪。

昭齊夭逝小鸞休，黯淡聲情重蕙綢。後起瑶期分一席，蘆梢楓葉與驚秋。

猾夏東胡三百秋，傳聞留髮不留頭。古爲崛起能張臂，一集春暉萬古愁。

横山門下歸愚老，文獻南明重學山。惆悵流虹橋下影，羊車看殺衛郎來。

黯淡猶存半帙詩，葉津秋語幾人知。開頭便著星期訂，越角吴頭倘本枝。

珍重流傳月珮詞，景鴻後起亦權奇。最憐斷頰霞飛句，鐵秀犂泥拔舌時。

香王館主號蘭曇，零落宗風意未堪。好向詞徵搜佚事，鄭璜而後葉鑚諳。

一重簾幙一重窗，難遣紅樓舊雨忘。湘竹梅花容懺悔，改吟至竟笑情長。

傳經南一自堂堂，女教應憐未易忘。又見篋中初學稿，同時瑜亮小疏香。

唾壺擊碎清漪閣，拈筆題圖三秀軒。齊向壇場占片席，零星殘墨忍輕删。

戟甫當年擅著書，留題眉研入時無。北平詞客吴仙吏，新月娟娟合有圖。

仲甫先生舊霸才，重游泮水亦豪哉。老夫當日猶年少，一敘昌言赤化來。

梨仙謹厚最難忘，藎篋遺書畀楚傖。留得研緣造録在，豐碑重與表瓊章。

豐碑重與表瓊章，往事辛酸未忍忘。朱亥騎鯨沈約死，元龍小女亦滄桑。

黄帝龍髯素女仙，奐彬才大欠精嚴。終憐未得同杯酒，鄉邑尤慚失印濂。
一卷能傳小石林，茀原昆弟用心深。論交群紀平生願，悒悒無歡痛老成。
大雅番禺一代雄，翁山名著播寰中。椎輪亦是君家傑，前後温徐并世宗。
班荆話舊扶餘島，傾蓋新知滬瀆江。好士憐才君宿願，徐陵彩筆未輕降。
日夕名園載酒過，扶餘風月未蹉跎。六郎何似蓮花好，話柄流傳簡陸多。
史家已失黄慈博，女士難忘冼玉清。要向黄罏搜赤簡，更看絳帳障紅城。
曾向吴門作寓公，如何舊第委秋蓬。神樓沈與神廬郭，一樣紅桑碧海中。
扶餘揮手又隗臺，同向昭王傳裹來。敬老崇文新德政，勸君努力莫遲迴。
從古當仁不讓師，自家懷抱自家知。開新拓舊吾曹事，萬歲千秋某在斯。
落魄吴淞老畫師，窸齋華胄我能知。鳳池一卷堪千古，殿後虬翁本事詩。

遐庵老兄以吴湖帆所作《鳳池精舍行看子》屬題，余爲狂搜六百年來吴趨越絶間君家舊事報之，於本題轉没關涉也。禪師偈語曰：『菩提本無樹，明鏡亦非臺。』余平生持論不喜一切宗教，但盜用機鋒，亦自不免。遐老學佛者，其謂我何？一九五零年十一月十八日，吴江柳亞子題於都門紫禁城御河西岸之鷗夢圓簃。

故里吴閶，乘魚橋畔，野水静浣芳塵。恁隨緣占宅，心情冉冉，恰似頽雲。結夢溪山，泠吟判平與遺蕭辰。茫茫對此，祖庭何處，散盡瓊春。猶餘倦旅無恙，溯石林舊韻，重待扶輪。任晚收偉略，鑽研鉛槧，散原老人答先生滬居見寄詩語。且共長恩。過眼林巒，鳳池秋色幾番新。生綃在，伴浄禪，賸浥蘭薰。調寄《鳳池吟》踵夢窗韻，奉題遐庵先生《鳳池精舍圖》卷。吴江黄復。

此圖爲湖帆傑作，故七年前來京曾徵求題詠。然事如春夢，不復留痕。今春劉士能、陳從周二君北來，述及吴下名園各情况，云鳳池精舍已大異舊觀，亭榭無存，花木伐盡，池湮徑没，已成廢墟，衹嵌壁界石猶在。余聞之憮然，蓋興廢本屬恒情，况已早經易主。惟造園藝術本吾國優良傳統之一，且群衆遊賞亦文化福利之所需，今吴門百廢漸興，余終望各名園之能保其佳構也。又徐電發故居假山，在吴門升平橋衖十四號，傳出名工戈裕良之手，結構極有匠心，而知者不多。余告之劉、陳二君，必圖保存，度二君必能有所規畫也。附志於此，以諗後來。遐翁再志。時年七十又六。

空谷歸魂勸藁砧 一九三九年

〔南音〕山阿含睇月娟娟，風露清冥十畝園。賸有香魂，觸起遐方怨。南飛孤鶴，一夢翩躚。虧得我天涯海角都尋遍，宵征何止路三千。君呀點想我地分離，好似西飛燕，一别於今二十幾年。今日遇著你，清宵數盡殘更漏，南柯一枕夢游仙。因此我待訴衷情千萬疊，滿懷幽恨，付與冰絃。君呵我想人生本是渾如寄，追懷往事好似一抹輕烟。空説璧合珠聯，彼此嘅情分，永無遷變。點想風狂雨驟，噉就吹斷咽個朵并〔轉二王收板〕頭蓮。常言道一日三秋死別後，況復緣慳一面，又怕道相見争如不見。銜碑石闕，反倒有口難言。你想我滯燕郊翠微山館，承你意爲了我卜葬牛眠。今日裏家何在，景物都非，淚隨花濺。銅駝荆棘，翻幸得未留命來待桑田。愴孤魂，逐哀鴻，南飛翼展，則祇見烽烟下千萬里、千萬衆，無一處、無一個，不是困苦顛連。那血成河、骨成山，真叫我心驚膽戰。誰無骨肉噉就一個個去把溝壑來填。想敵人同種同文，點應該把我地同胞咁樣嚟作踐。唔怪得全個國都一律怨氣衝天。過黄河，渡長江，兵氛一片。望故鄉常熟地，更令我加倍凄然。〔二流〕我知你憂國憂民，當此際定必是回腸九轉。因此上圖一面把你心寬。誰料得，到淞濱，形迹唔見。越關山，蒙霧露，好容易得到君前。君啊想你廿年來愁病交攻，幸尚未容顔大變。祇是蓼蟲辛苦，有那個向你垂憐。我知道三臺座、萬錢餐，都不是你心中所願。因此功名富貴，都減不了你嘅痛苦憂煎。想當初，你胸懷，我尚略能窺見。嘆消磨，今老矣，愁緒依然。想人生，一刹那，真如露電。誰承望，今世裏，月缺重圓。〔轉西皮〕痛群生，冤叢重，災星迭現。有慈航，難普渡，苦海無邊。我勸你，好修心，牟尼一串。黄花翠竹，就此了却塵緣。想當初，你爲我，持齋發願。資冥福，承超度，感徹重泉。〔重句〕〔滚花〕我今日，要盼君，聽我解勸。切莫再，空悲憤，意惹情牽。我非是要勸君萬事撒開唔管，祇隨緣來應付，莫過癡纏。想古語云，忠孝勞生，功名滅性，用意幾多深遠。試參詳其中意，便即是上乘禪。〔乙凡慢板〕至於那兒女情，早該排遣，更切莫蠶絲蠟淚，此恨綿綿。廿年來，到秋期，你就心情歷亂。一篇篇、一字字，淚浥啼鵑。累得我，唱秋墳，肝腸寸斷。要知道，尋覺路，首要把愛欲來捐。盼此後，斬情絲，休縈故繭。碧天空，瀛海闊，任你魚鳥回旋。要知道，比翼鳥、連理枝，本來虛幻。憑空花、結空果，有乜相干。你如果要我心不生牽絆，千萬是聽我話，免我懸懸，唉，話雖是，説開嚟，好似情塵不染。究竟是，有何計，止住得意馬心猿。空谷中，挺孤芳，本自名高九畹。今日裏，幽明隔，知爲誰妍。正好似，滄海月明珠化淚，藍田暖日玉已成烟。我見佢，苦憂時，蕉心不展。因此上來譬解，減佢愁煩。點知道，轉引我，傷心無限。這茫茫，一片土，是那個的河山。我知你，忍悲悽，恰正似穿胸萬箭。叩巫陽，都莫訴，呢種煩冤。〔滚花〕終望你，減憂思、安眠食，自家檢點。休令得，九原下，寢饋難安。但望你，千金軀，保全康健。我甘願，月地雲階各自寒。這其間除咀是梁間燕子聞長嘆，點禁得，又到了，斷腸聲裏唱陽關。影幢幢，一盞燈無燄。真正是，相見時難別亦難，何當終夜長開眼。唉！應共懺，雲散天容澹。君啊，説到本來無一物，大衆好夢醒華鬘。

可憐金谷墜樓人 一九三九年

〔首板〕盼名園春色深，落紅成陣。〔中板〕鵑啼血、驀驚起金谷芳魂。〔慢板〕想當初、夜明珠生在嶺南鄉郡，渾比似浣紗女埋没苧蘿村。麗質天生，不覺芳名難隱，離鄉越國，敢就入了朱門。雖説是侯門一入深如海，却也是寵惜還過席上珍。想夫君氣豪雄，振衣千仞。擅詞華，工韜略，舉世無倫。友廿四，客三千，金臺市駿。樹珊瑚，衣火浣，海宇羅珍。後房中、説不盡多少濃香豔粉，誰信是寵愛原來在一身。〔中板〕真正是描摹苦覓千題品，喜怒皆由一笑顰。况復是妙知音，心心密印。聽歌聲，和笛韻，消盡幾許温存。從前説知己勝過感恩，我都唔信。今日身臨其境，方覺得忍不住一往情深。〔滚花〕我也知天忌盈，陰晴莫準。勸夫君持戒慎，好夢應醒。點想到暴風災真來俄頃，恃强權，懷惡意，指索瓊英。〔二王首板〕我正在滿懷悲憤。〔二王慢板〕早聽得夫君話，拒絶來人。任多少重寶嬌姿，送出都唔打緊，惟獨是緑珠吾愛，斷不忍鏡破釵分。想你如此鍾情，天應垂憫。誰料得，翻惹起大禍來臨。假皇命，滅全家，將成虀粉。憶前因，原禍始我，怎不傷心。倚迴欄，望長天，雲凄風緊。〔二流〕霎時間，變作了，地獄陰森。我累君，今至此，於心何忍。拚一死，明我志，玉碎珠沉。御風行，一翻身，捷如秋隼。嘆芳菲，全委地，莫挽仙裙。似飛花，化春泥，終竟勝於墜溷。人生彈指，敢就閲盡了去來。

今望鄉園雙角山，雲烟隱隱。家何處，人安往，祇好靠著魂夢來尋。想夫君詠明妃，嗟傷薄命。今日我，全芳潔，不落迷津。明妃佢朝漢宫暮胡地，終慚衾影。又何必，留青冢，空弔黄昏。正所謂，紅顔一代爲君盡，歲寒松柏自青青。沉冤千古難深問，漫天涯誰草瘞花銘。〔南音〕銘幽何處埋香徑，空自省。太息山河，典午一樣共飄零。

辛稼軒愁譜鷓鴣詞 一九三九年

耿清宵，倚危闌，醉看星斗。望中原，禁不住，熱淚交流。年光如駛，雙鬢蕭疏，已非復健兒身手。江山如此，幾時恢復得大好神州。壯歲旌旗擁萬夫，錦襜突騎渡江趨。燕兵夜捉銀胡簶，漢將朝飛金僕姑。思往事，嘆今吾，春風不染白髭鬚。都將萬字平戎策，换得東郊種樹書。老夫辛稼軒，三十年前因憤金人侵宋，奪我江山，糾合同志數萬人，間關南下，力謀恢復。不料年光垂暮，一事無成，祇落得冷醉閒吟，疏狂送日，思想起來，真令人長歌當哭也。想當初，氣凌雲，志呑狂寇。戰沙場，曾坐擁，十萬貔貅。誓搗黄龍，金甌重奠，歸飲一杯清酒。班超投筆，立心豈在封侯。人生不過百年，照影恒河，瞬歸衰朽。光陰彈指便等閒，白了少年頭。於今一切都休。都休，不須回首。殘山剩水，頽波祇管向東流。絃管拋殘，别院笙歌，又正是鷓鴣啼後。風狂雨横，落紅無數，殘香待遣誰收。撫瑶琴，乏知音，問向何人彈奏。哀鴻遍野，嗷嗷祇助人愁。盼遼陽，久絶音塵，誤盡佳期，恨煞斜陽烟柳。王官谷裹築亭，好號三休。彭澤門前開徑，空栽五柳。歸來松菊，卧龍諸葛想風流。神鴉社鼓，强飯廉頗，空自題詞京口。將杭作汴，江山千古，生子何人似仲謀。望家山，陷胡塵，川巒蒙垢。龍洞烟嵐，鵲華秋色，那堪追憶少年游。問舍求田，蒔花種竹，禁得老來消受。帶湖卜築，停雲在望，有時相與盟鷗。論秋水，喻天地，齊物忘機，好學漆園莊叟。女蘿山鬼，憂傷漫擬靈修。想當塗狐鼠縱横，真正令人疾首。沉吟今我更何時，共賦同仇。傷心白髮催人，人漸比黄花啊瘦。登山臨水，真令我欲回天地入扁舟。最可惜，一片江山，已到殘陽時候。霎時間，多少事，涌上心頭。呼遠志，寄當歸，初心已負，耽閒充隱，難道祇爲了稻粱謀。細思量，忍不住，淚揾紅巾翠袖。百年沉陸，問君何處覓菟裘。已拚夢斷歌殘，倦數相思紅豆。祇落得，寸寸山河寸寸愁。難禁受，君知否。連朝風雨，獨自怕上層樓。

屈翁山悲吟緑綺琴 一九四零年

〔梆子首板〕望江山，閲今古，依然無恙。〔中板〕嘆塵寰，經幾度，芳草斜陽。念知音，埋碧血，滿懷凄愴。廣陵散絶，移宫换羽，點想佢就咁様收場。〔詩白〕海雪畸人死抱琴，朱絃疏越有遺音。九疑淚竹娥皇廟，字字離騷屈宋心。〔白〕王漁洋此詩因弔鄺海雪烈士而作，寫得十分悲切。今日人亡物在，見此綠綺臺，真似人間天上也。〔士工慢板〕想當初，附騷壇，得識爾文章宗匠。氣凌雲，詞倒峽，不愧國士無雙。恨年來，天柱折，海水群飛，大局不堪設想。憑寸萬，支大厦，點樣得固金湯。文武官怕死貪錢，就唔須再講。賣國通番，貪贓枉法，生就別有心腸。想高皇，滅胡元，苦把江山來創。霎時間，誰知到，敗得咁樣淒涼。我慚愧，一個國民，今日飄零天壤。恨無計，執戈衛國，共掃攙槍。想先生，授命時，情節幾多悲壯。〔二流〕挾金徽，嘗白刃，真算節凜秋霜。呢個琴，亦因你光芒萬丈。配號鐘，和潤雪，同管興亡。辱泥塗，幸不與，衣冠同葬。嘆無情，絲與木也，閱盡滄桑。今日裏，聽松風，憶起故人遺相。你知否，多少移巢燕子，早就換咗雕梁。

百花冢 一九四零年

春雨潮頭百丈高，錦帆那惜挂江皋。輕輕燕子能相逐，怕見西飛似伯勞。〔白〕呀！百花冢上這首詩，乃明末張二喬女史送黎美周烈士北上之作。想當日美人名士、文章節義，輝映一時，但終竟報國有心，補天無術。今日道經遺冢，傷今弔古，真令人不勝悲慨也。〔唱〕望郊原，帶疏林，一鞭殘照。來眼底，誰家墓，芳草蕭蕭。撫殘碑，三百字，回腸曲繞。埋香葬玉，幾多遺恨，待認前朝。想張嬢正芳春，生就靈心玉貌。擅歌喉，工畫筆，倩影難描。會南園，詩社開，群公英妙。共傳箋，勞捧研，月夕花朝。恨其時，亂方興，中原俶擾。鬭胡塵，傾漢鼎，風雨飄搖。野遺賢，在鄉邦，祇落得氣衝雲表。剩東南，支半壁，重擔誰挑？最傷心，戰玄黄，分洛蜀，相争未了。塞貪囊，填欲壑，鍋裏金銷。一處處，一樁樁，活現出傾亡史料。苦諸公，謀恢復，歷盡了駭浪奔濤。練要堂，蓮鬚閣，都是當時首要。成仁取義，占了青史高標。至其餘，有的是避羶腥，藏名屠釣；有的是甘薇蕨，棲身海嶠；有的是畏虞羅，晦迹僧寮。例銷沉，好一似，長空飛鳥。幸嬋娟，先示疾，脱屣塵囂。〔白〕這正所謂，庸知朝露非爲福，免得似銅雀春深鎖二喬啊。〔唱〕述遺聞，有多少，風華窈窕。人長往，空留此，三尺蓬蒿。讀彭郎悼亡詩百首，比紅悽調。真正是，一聲聲、一字字，淚斷魂銷。社中人，共摧傷，銜悲祭弔。覓佳城，藏玉蜕，就選在此處梅坳。葬西施，五更風輕，把彩幡吹倒。種百花，成錦幛，年年此日好。到此撫樹攀條。想素馨斜君臣冢，一樣冷烟衰草。獨此花，經歷劫，香韻彌嬌。痛興亡，如轉轂，説什麼江山文藻。嘆芳菲，空在眼，不見素口蠻腰。感遺文，一集蓮香，風流已邈。無情流水，再休説暮暮朝朝。傷心緑暗紅稀，又是天涯春老。望中故國，魂倩誰招。今日滿目江山，空剩作詩情畫料。未知何日再見，珠瀣回潮。客經過，尚移情，仿佛婷婷嫋嫋。怪不得，傾城士女，每逢佳節都要杯酒同澆。

少日集李義山詩

余少嗜義山詩，曾紀懷集句成七絶十七首，不擬入集，聊紀於此。

獨背寒燈枕手眠，樂遊園外斷腸天。西樓一夜風箏急，直是當時已惘然。
爲有銀屏無限嬌，碧潭珍重駐蘭橈。春風自共何人笑，莫損愁眉與細腰。
密鎖重關掩緑苔，長眉畫了繡簾開。低樓小徑城南道，安得好風吹汝來。
柳綿相憶定章臺，碧沼紅蓮頃倒開。見我佯羞頻顧影，不知香頸爲誰迴。
八字宫眉捧額黄，忍寒且欲試梅妝。誰言瓊樹朝朝見，不信年華有斷腸。
玉匣清光不自持，想思枝上合歡枝。柔腸早被秋眸割，莫遣佳期更後期。
鸞扇斜分鳳幄開，含羞迎夜復臨臺。嫣熏蘭破輕輕語，不覺猶歌起夜來。
對影聞聲已可憐，微香冉冉淚涓涓。更深欲訴蛾眉斂，錦瑟無端五十絃。
枉破陽城十萬家，不教容易損年華。春窗一覺風流夢，笑倚牆東梅樹花。
杜蘭香去未移時，龍護瑶窗鳳掩扉。虚爲錯刀留遠客，高唐宫館坐迷歸。

莫枉陽臺一片雲，當罏仍是卓文君。更無人處簾垂地，兩兩鴛鴦護水紋。
香炧燈光奈爾何，嚴城清夜斷經過。身無采鳳雙飛翼，一夜夫容紅淚多。
五更鐘後更回腸，不遣當關報早霜。惟有夢中相近分，雕文羽帳紫金牀。
碧雲東去雨雲西，待得郎來月已低。幾日嬌魂尋不得，赤簫吹罷好相攜。
相見時難別亦難，豈知孤鳳憶離鸞。禿襟小袖相逢道，不敢公然仔細看。
定子當筵睡態新，銀屏不動掩孤嚬。誰知一夜秦樓客，家近紅蕖曲水濱。
珠簾不捲閱江樓，同向春風各自愁。空留暗記如蠶紙，好好題詩詠玉鈎。

索　引

凡　例

一、索引以本書正文中的標題爲範圍，分爲人名、作品名索引兩部分。索引條目以漢字筆畫排序。

二、關於人名：

1. 以姓名作爲主條目，書内出現的其他稱呼，如字號、齋號等，以括注的方式跟在姓名後。字號、齋號待考的，徑以本文列入索引。

2. 先秦諸子，不作索引。

3. 帝王以習稱的謚號或廟號作爲索引條目，如北齊武平王、宋徽宗等。

4. 釋教人物均冠以“釋”字作姓。

三、關於作品名：

1. 以書畫作品（含金石銘文）爲主，兼及器物名、造像名等。十三經、正史（含單獨出現的志書）、諸子百家、方志之類書籍，不作索引。

2. 作品以完整、常見名稱作爲索引條目。作品的簡稱，不單獨列條目，也不以括注形式出現。如《進士元夜出游圖卷》，歸入“鍾馗圖”；《十六應真圖》、《宋人渡海羅漢真蹟卷》、《宋僧法能畫五百羅漢卷》、《宋梵隆和尚畫羅漢卷》等，均歸入“羅漢卷”。

人名索引

四畫

王士禄（西樵），264
王世禛（漁洋），264
王戎，441
王安石，39，320
王希孟，311
王振鵬，214
王莽，352
王淵，201，329
王蒙（叔明），324
王詵，56
王獻之，13
王鑑，266
尤求，232
日本藤原皇后，29
文彦博，34
文道希，459
方從義，210，217

五畫

石恪，141，328
石熙明，71
石濤，319
北齊武平王江妃，17，380
白玉蟾，82
玄覺廬，423

六畫

邢慈静，232
朱之蕃，255
朱次琦（九江），349
朱克柔，384
朱舜水，384
朱熹，62，63
朱彝尊（竹垞），453
米芾（元章），43，268，316，321
阮大鋮，316

七畫

李公麟，149，151
李若農，349
李卓吾，376
李流芳，234
李商隱（義山），510
李綱，435
吴澄（草廬），94
吴鎮，223
辛棄疾（稼軒），506
沈子蕃，384
宋徽宗，164，323
邵雍，42，322
邵彌，240，243

八畫

耶律楚材，317
金聖嘆，451
周伯琦，93
周亮工（櫟園），392
周祚新，256，260
居節，246
屈大均（翁山），450，507

九畫

柯九思，98

要離，357
姜實節，447
祝允明，114
姚公綬，228，231

十畫

秦檜，315
馬湘蘭，250
馬遠，171
袁崇煥，377
耆壽民，430
夏仲昭，252
畢澗飛，270
高士奇（江村），333
高益，149
海瑞（剛峰），315
陸廣，222
陳容（所翁），70，173，324
陳與義（簡齋），439
陳澧（東塾），349
孫克弘（雪居），234，385
孫壽，440
陶成，228
陶宗儀（南村），106

十一畫

聊城楊氏，338
黄任（莘田），442
黄庭堅（山谷），50，319
黄道周（石齋），118，124，442
菉斐軒，335
麥嘯霞，390
曹知白，213，326
盛昱（鬱華閣），426
盛懋，216
婁子柔，117
梁鼎芬（節庵），454
梁楷，162
梁鴻（伯鸞），357
張子高，429
張見陽，268，334
張即之，67，68
張雨，96
貫休，140

十二畫

項聖謨，238，257
揚補之，170
揭傒斯，89
葉衍蘭，457
葉夢得（石林居士），441
萬壽祺，256
董復，91，322
温日觀，186

十三畫

載銓（行有恒堂），390
楊時，64，325
楊基，225
楊維楨（廉夫），105，439
詹穀人，336
褚遂良，19

十四畫

趙左，235
趙孟堅，174，178，182，184，326
趙麟，212
蔡可權（或存齋），440
管道昇，202，205
端華，319
鄭元祐，100
漢南越王，389

十五畫

黎美周，126，329，331
魯得之，255
劉大夏，383
劉世珩（葱石），379
潘桐岡，382

十六畫

燕文貴，158，160
薛素素，247
霍渭厓，318
錢信，29
錢選（舜舉），197，199，327
鮑天成，385

十七畫

戴明説，269
韓幹，322
鮮于樞，83，86

十八畫

豐道生，112
歸昌世，259，260
顏秋月，207，208

十九畫

蘇武，441
蘇軾（東坡），319
羅聘（兩峰），332
羅隱，26

二十畫及以上

釋大風，260
釋今釋，443
釋半山，264
釋法能，142，328
釋法常，169
釋珂雪，261
釋素然，317
釋高閑，23
釋梵隆，166
釋雪庵，101
釋溥光，321
釋韻香，332
顧定之，211
龔開，190，314

作品名索引

二畫

十二家吉金圖録，365
十六應真軸，149

三畫

山水小卷，234
山水册，257
山水卷，158，240
山水軸，213，222，326
千字文，23，89，91，322
千里江山圖卷，311

四畫

王戎玉印，441
王安石字卷，39

王安石詩卷，320
王莽所制銅器，352
王詵書蝶戀花詞卷，56
五牛圖卷，238
内坊之印，436
水仙卷，182，184
文彦博三札，34
文殊師利問菩提經卷，29
文道希擬古宫詞，459

五畫

古泉幣，394
可憐金谷墜樓人，505
左旋定風螺，382
石林居士玉印，441
石勒問道圖卷，199
石鼓，350
石濤著名劇迹，319
布袋和尚像，162
北京大慶壽寺元碑，366
北齊王江妃棺版墨書，380
北齊武平王江妃墓版，17
北齊河清年佛像軸，137
四川大邑磁，388
四家藏墨圖録，419
仙廬峰六詠字卷，82
白描大士卷，232
白描高士傳象卷，232
玄覺廬墨贉，423
永憲録，348

六畫

老人星賦，98
百花冢，508
列仙卷，164
夷堅志，114
朱次琦（九江）佚文，349
朱熹字册，63
朱熹字卷，62
竹石長卷，487
竹石軸，259，270
竹石雙鴛軸，201，329
竹長卷，259
竹卷，223，252，260
竹亭軸，264
竹軸，211，255，256，269
伏波神祠帖，319
伏波神祠詩，50
仿古山水册，266
仿古畫册，243
仿米山水小卷，268
向太后挽詞，321
行有恒堂所製文具，390
多景樓詩帖，43
江山臥游圖卷，225
阮大鋮字，316

七畫

花卉卷，234
花鳥蔬果卷，169
李卓吾墓，376
李綱之印，435
吴越王謝鐵券表，26
吴澄（草廬）字卷，94
佛像卷，139
佛像軸，138
辛稼軒愁譜鷓鴣詞，506
宋元书翰册，75
宋開寶琴，379
妙法蓮華經，29，320
邵雍大字屏，42，322

八畫

武夷山色圖卷，160
青卞隱居圖，324
耶律楚材詩卷，317

松壑高閒軸，246
或存齋獲古録玉印，440
明末九科進士履歷便覽，346
明末南園諸子送黎美周北上詩卷，126，329，331
明妃出塞圖，317
罔極庵圖，482
和陶南村詩稿卷，106
兒女英雄傳，347
依緑軒圖卷，210
金明池圖卷，214
金聖嘆遺文，451
郊園春意卷，197，327
刻絲，384
空山聽雨圖册，332
空谷歸魂勸藁砧，502
屈大均逸文，450
屈翁山悲吟緑綺琴，507

九畫

春宵透漏圖，141，328
春景山水卷，261
春蘭卷，174，178
草庵歌，101
要離梁伯鸞斷碣，357
虹縣詩帖，316
秋林漁隱軸，216
鬼趣圖，332
風懷詩稿，453
姜實節手寫遺詩，447
洪厓出遊圖卷，190，314

十畫

秦檜書字，315
捕魚圖卷，207
馬，322
馬卷，163
袁崇焕祠墓碑，377
華嚴經，67，68，376
師孺齋記，100
殷墟刻字玉飾，389
高士奇（江村）書畫目，333
海源閣藏書，337
祥龍石卷，164，323
陳容（所翁）自書詩卷，70，324
陳與義（簡齋）銅印，439
陳澧（東塾）佚文，349
孫登銅琴，378
孫壽玉印，440
陰符經，19

十一畫

黄庭經，71
黄莘田石章，442
黄道周（石齋）逸詩，442
黄道周召對分注卷，118
黄道周詩卷，124
梅花軸，170
雪羽圖軸，228
雪竇山圖卷，235
婁堅（子柔）詩卷，117
國史箴，93
側理紙，381
清各家爲王西樵畫册，264
清初各家贈周亮工（櫟園）詩文册，392
梁鼎芬（節庵）遺文，454
張雨字卷，96
張乾地莂，350
紹興出土磁墓誌，386

十二畫

項伯鐘，352
揭缽圖卷，145
葉衍蘭集外詩詞，457
萬壽祺妙品真蹟，256
葡萄卷，186

雲林鍾秀圖卷，217
雲岡石窟，359
紫芝圖軸，231
紫檀酒斗，385
集李義山詩，510
詞林韻釋，335
寒食帖，319
畫竹扇面，262
犀角杯，384，385

十三畫

楝亭夜話圖，334
楊時自書詩卷，64，325
楊維楨（廉夫）铜印，439
楊維楨字軸，105
詩竹卷，228

十四畫

銅簡，388
銀杯，383
鳳池精舍圖，494
廣州語本字，336
廣東欽州分茅嶺石碑，378
廣東戲劇史略，390
端華詩册，319
端溪硯石，395
漢南越王冢中古木，389

十五畫

蕃王禮佛圖卷，151
醉仙圖卷，171
墨竹小横幅，260
墨竹卷，202
墨守，430
墨董，429
墨緣彙觀，391
墨籍彙刊，434
徵刻詞林典故題名册，345
劉葱石所藏古樂器，379

十六畫

蕭翼賺蘭亭圖卷，212
霍渭厓書，318
鴨頭丸帖，13
龍卷，173

十七畫

韓詩字卷，321
魏墓誌，359
鍾馗圖，149，208
鮮于樞草書卷，83
鮮于樞書道經卷，86
臂閣，382

十八畫及以上

豐道生草書卷，112
蘇武玉印，441
羅定龍龕道場銘石刻，361
羅漢册，205
羅漢卷，142，166，195，328
羅漢軸，140
蘭，315
蘭竹卷，247
蘭卷，250，326
釋今釋逸詩，443
觀音立像軸，138
鬱華閣藏墨簿，426

圖書在版編目（CIP）數據

遐庵清秘録　遐庵談藝録 / 葉恭綽撰；李軍點校
. -- 上海：上海書畫出版社, 2019.4
（中國書畫基本叢書）
ISBN 978-7-5479-1937-8

Ⅰ. ①遐… Ⅱ. ①葉… ②李… Ⅲ. ①書畫藝術 - 私人收藏 - 專題目録 - 中國②雜文集 - 中國 - 當代 Ⅳ. ①Z88: G262.1②I267.1

中國版本圖書館CIP數據核字(2019)第047337號

遐庵清秘録　遐庵談藝録

葉恭綽 撰　李 軍 點校

責任編輯	雍 琦
責任校對	周倩芸
審　　讀	田松青　李保民
特約編審	陳麥青
特約校對	張瑩瑩　江偉達
整體設計	王 峥
技術編輯	顧 傑
出 品 人	王立翔

出版發行	上海世紀出版集團 上海書畫出版社
地　　址	上海市延安西路593號　200050
網　　址	www.ewen.co www.shshuhua.com
E-mail	shcpph@163.com
印　　刷	上海中華商務聯合印刷有限公司
經　　銷	各地新華書店
開　　本	720×1000mm　1/16
印　　張	34
字　　數	340千字
版　　次	2019年4月第1版 2019年4月第1次印刷

書　　號　**ISBN 978-7-5479-1937-8**

定　　價　**188.00圓**

若有印刷、裝訂質量問題，請與承印廠聯係